出境旅游领队服务技能与管理

主　编◎李　俊　徐　璐
副主编◎李　霞　秦　娟　孔文捷　李丛崚
参　编◎杜　鑫　刘海涛　符　倩　潘志刚　殷顺麟

内容提要

本书以出境旅游领队的工作操作流程为线索，共设计出境旅游领队概述、出境旅游领队知识储备、行前准备、行中带团服务、后续工作、常见问题和事故的预防与处理、突发应急事故的处理与预防、出境旅游领队在国际邮轮上的工作以及出境旅游领队管理九个学习项目。每个项目中设计不同的工作任务，以任务导入、任务准备、任务实施、任务评价的逻辑顺序编排。以出境旅游领队的业务流程和职业能力要求作为活动的载体，以工作任务为中心整合相关理论和实践，实现学做一体化。强化出境领队服务规范和操作技巧的训练，注重出境领队服务艺术和应变能力的培养。

本教材除了可以作为高职院校教学用书，还可作为旅行社出境领队上岗培训的参考用书。

图书在版编目(CIP)数据

出境旅游领队服务技能与管理 / 李俊，徐璐主编
. —上海：上海交通大学出版社，2023.11
ISBN 978 - 7 - 313 - 29642 - 9

Ⅰ. ①出… Ⅱ. ①李… ②徐… Ⅲ. ①国际旅游—旅游服务 Ⅳ. ①F590.63

中国国家版本馆 CIP 数据核字(2023)第 189566 号

出境旅游领队服务技能与管理
CHUJING LÜYOU LINGDUI FUWU JINENG YU GUANLI

主　　编：李　俊　徐　璐
出版发行：上海交通大学出版社　　地　　址：上海市番禺路 951 号
邮政编码：200030　　电　　话：021 - 64071208
印　　制：上海锦佳印刷有限公司　　经　　销：全国新华书店
开　　本：787 mm×1092 mm　1/16　　印　　张：19.75
字　　数：488 千字
版　　次：2023 年 11 月第 1 版　　印　　次：2023 年 11 月第 1 次印刷
书　　号：ISBN 978 - 7 - 313 - 29642 - 9
定　　价：58.00 元

序

亲爱的读者们：

欢迎阅读《出境旅游领队服务技能与管理》！本书致力于帮助领队岗位从业者、领队工作管理者以及旅游专业的在校大学生们进一步掌握领队技能，作为本书的主编之一，我非常高兴能够与你们分享我的经历、经验和见解。

旅游服务是这个世界上最复杂的服务之一。从最先的预订服务开始，到客人的出行归来结束；从期望得到客人的复购，到客人复购后的再度满意，可谓环环相扣。而作为旅游服务中的关键一环，现场服务人员又承接了旅游服务环节中最重要的执行职责。在某种意义上，一次优质的旅行服务，现场服务人员的服务能力和质量起到了决定性的作用。出境领队作为旅游现场服务中综合素质要求最高的岗位之一，一直在这个行业中有着举足轻重的地位。

我从业至今已经将近30年的时间。事业初期，也曾经作为出境领队工作过一段时间。时至今日，我始终认为要成为一名优秀的出境领队，并不是件容易的事情。还记得我第一次带团的经历，犹记得当年经理对我的临行嘱托："千万不能让客人知道你没出过国、你没带过团，服务要机警周到，客人的要求要视情况尽量满足！"当时的我从未出过国，连飞机是什么样子都只是在电视里看过。就是这样的状态下，就要带着16个客人去东南亚那个同样只在世界地图和一些纪录影片里瞥见一眼的地方，那时的紧张和无助我至今记忆犹新。为了更好地服务客人，我自己对行程做了全方位的功课。从机场的机票办理，出境边防的提问，到行程中客人酒店住房的分配，应急事件的预案，等等。最终那个团还算顺利，但可能是因为过度紧张和焦虑，我自己在团上却病倒了。不过让我至今印象深刻的是当透过候机楼的落地长窗往外看去，临近傍晚，夕阳艳红，像我沸腾着的鲜血，那种兴奋，和奔向未来美好的希冀……复杂而激动的心情，就是我领队生涯的开端。

进入携程工作后，我开始负责管理出境业务。其中有一个板块就是领队团队的管理。当年的领队管理还没有什么好的工具，全凭简陋的Excel派团表格和定期的领队培训，培训的内容也多是案例分享及心理干预等，领队整体的对客满意度不高，投诉率一直在10%上下波动，而对于携程这样一个把质量和客户满意度刻进骨子里的大型企业来说，这样的结果显然是无法接受的。我接手领队管理工作后的第一个目标就是将整体团队对客满意度中客人对领队的投诉率降到2%以下。要知道当年携程的领队派团量是月均500个团，峰值的时候达到了1200个团。在这样的大规模团量下，该项目的目标就变得尤为有挑战性。项目开始之初历经了几轮会议和访谈，列出了优化和改善的方向，基于多年做六西格玛项目积累的经验和方法论，将大项目拆小，将大目标分类，精准定义，各个击破，布置了几个重要的提升项目，包括：领队整体心理风险排查（分析和分类领队人群个体）；领队心理干预方法及紧急事件处理方案；领队派团系统（这套系统目前仍在使用）；领队 NPS 分析法运用等。通过近 2 年的持续改进和优化，对客端投诉率从 10% 降至 1.7% ~ 1.9%，携程领队也成为行业内“质量和满意”的代名词。

通过自身的锻炼和对领队实务管理的过程，我认为领队作为中国出境旅行团队质量的代言群体，其重要性不言而喻。未来，我们需要进一步提高除携程外全市场的领队素质和质量。期望通过本教材，在院校内培养未来的领队新生力量，通过理论学习和技能实训等方法，让学子们切实了解领队的实务工作内容，为将来更好地工作打下基础。

前　　言

中国旅游研究院（文化和旅游部数据中心）发布的《2019 年旅游市场基本情况》报告显示，2019 年中国公民出境旅游人数达 1.55 亿人次，保持世界第一大出境旅游客源国地位。自 2023 年 1 月 8 日起国内出境人次快速增长。官方数据显示，2023 年 1 月 8 日至 12 日，日均出入境人员 49 万人次，较“乙类乙管”政策实施前上升 48.9%，是 2019 年同期的 26.2%。其中，日均出境 24 万人次，较政策实施前上升 43.3%。预计到 2023 年年底，国内出境旅游人数可能达到 1.15 亿人次。出境旅游已呈现出强劲的复苏势头。在出境旅游快速发展的同时，也需要培养大量的出境旅游领队人才。出境旅游领队是组团社的代表，协同境外地接社完成旅游计划安排，协调处理旅游过程中的相关事务，在整个旅游产品服务环节中占据决定性一环。

当今，越来越多的旅游院校及旅游学系开设了“出境旅游领队实务”这门课。但由于缺乏相应的师资与专业实用性的教材，使出境旅游领队人才培养与行业及学科发展不相适应。基于此，本书的编写团队在多年亲自带团担任出境旅游领队积累实战经验和参阅大量国内外研究出境旅游带团文献的基础上，对旅行社出境旅游领队带团的流程进行了梳理，编写了《出境旅游领队服务技能与管理》一书。

本书的总体设计思路以 2023 年 3 月 29 日起开始实施的《出境旅游领队服务规范》为依据，以出境领队的工作任务和职业能力分析确定教学目标并设计内容，以工作任务为线索构建任务引领型教材，以职业能力为核心组织教学内容，让学生通过完成具体项目发展职业能力。

本书的结构以出境领队工作操作流程为线索，结合领队岗位工作的相关职业能力要求，共包括出境旅游领队基础理论篇、出境旅游领队操作实务篇、出境旅游领队技能提升篇和出境旅游领队关怀管理篇四部分内容。涵盖了出境旅游领队概述、出境旅游领队知识储备、行前准备、行中带团服务、后续工作、常见问题和事故的预防与处理、突发应急事故的预防与处理、出境旅游领队在国际邮轮上的工作以及出境旅游领队管理九大工作项目，每个项目中设计不同的工作任务。任务内容的选取以满足学生职业能力的培养要求为目标，同时又充分考虑学生对理论知识的掌握和应用，融合出境领队的职业标准对知识、技能和态度的要求。每个项目的学习都以出境领队的业务流程和职业能力要求为载体，以工作任务为中心整合相关理论和实践，实现做学一体化。强化出境旅游领队服务规范和操作技巧的训练，注重出境旅游领队服务艺术和应变能力的培养。

本书的编写分工如下：郑州旅游职业学院旅游管理学院院长李俊负责全书的框架和统稿工作，李霞老师负责项目一和项目九，杜鑫老师负责项目二和项目七，符倩老师负责项目五和项目六，国家文旅部“万名英才计划”金牌导游潘志刚负责项目三，秦娟老师负责项目四，刘海涛老师负责项目八。携程旅游学院徐璐和孔文捷提供了来自行业和一线工作经验的指导。

本书在编写过程中得到了很多老师及同行的大力支持，在此一并表示感谢。书中如有不当之处，请给予批评指正，谢谢！

编　者

2023 年 4 月 12 日

编者的话

寄语即将开启职业生涯的你们：

对于在校大学生来说，就业选择的重要性不言而喻。这个决定将直接影响你们的职业生涯、个人发展和生活品质。

首先，职业选择会对你们的幸福感和满意度产生深远影响。做一个你们热爱并擅长的工作，能够提供满足感和成就感。相反，如果你们选择了一个不合适或不喜欢的职业，可能会感到不满和失落。因此，制定明智的就业选择对于保持积极的心态和幸福的生活非常重要。

其次，就业选择会对你们的职业发展路径和机会产生影响。选择一个与你们的兴趣和技能相匹配的职业，会使你们更容易在该领域取得成功。同时，选择一个有前景和发展空间的行业，会为你们提供更多的成长机会和晋升空间。因此，聪明地选择就业方向可以为你们的未来发展奠定坚实的基础。

此外，就业选择还涉及经济稳定和财务独立的问题。选择一个有竞争力的行业和一份有良好薪酬待遇的职业，将有助于你们获得经济上的独立性和稳定性。对于毕业生而言，这意味着你们能够自主支配自己的生活，并为个人和家庭的需求提供经济支持。

最后，大学生就业选择还与个人成长和自我实现紧密相关。通过选择一个有挑战性和发展机会的职业，你们将能够锻炼自己的技能、扩展自己的知识领域，并实现自己的潜力。实现个人目标和职业梦想是每个人的追求，而明智的就业选择将成为这个实现过程中的关键一步。

因此，大学生就业选择的重要性体现在多个方面：幸福感和满意度、职业发展与机会、经济稳定和财务独立，以及个人成长和自我实现。希望通过深思熟虑、调研和与专业人士交流，你们能够做出明智的决策，并选择一个使你们充满激情、充分发挥潜力，并为你们带来成功和满足的职业道路。

作为一名行业实践者，我认为领队是能践行旅行服务定义的关键岗位，你们可以直观地面对客群，并在实战中获得真正的经验和技能。我明白领队职业所面临的挑战以及对领导能力的需求。而作为在校大学生，你们也许正处在寻找和塑造自己未来职业的过程之中，而领队职业确实是一个非常吸引人的选择。它不仅能磨练意志，更能通过你的眼睛，你的语言，你的服务之心，进入旅游业务中，使你们成为合格的从业者。

无论你们是已经担任领队职务，还是对领队职业抱有浓厚的兴趣，这本书都能为你们提供重要的指导和建议。我希望通过分享我的知识和经验，能够为你们的领队之路带来一些启示，并激励你们发展出独特的领导风格。

最后，希望你们能从这本教材中获得实用的知识和技能，并将它们应用于实际生活和职业发展中。成为一名出色的领队需要时间、努力和不断的学习。我相信，通过这本教材，你们将能够在领队领域取得更大的成功。

祝愿你们在领队职业中获得卓越的成就！

目　录

第一篇　出境旅游领队基础理论篇

第二篇　出境旅游领队操作实务篇

第四篇　出境旅游领队关怀管理篇

第一篇

出境旅游领队基础理论篇

项目一　出境旅游领队概述

项目导学

- 出境旅游领队概述
  - 出境旅游领队认知
    - 出境旅游领队基础认知
    - 出境旅游领队的职业素养
    - 出境旅游领队的工作职责
  - 出境旅游领队相关政策运用
    - 出境旅游领队应具备的法律法规知识
    - 出境旅游领队的权利与义务
  - 出境旅游领队发展历程探源
    - 出境旅游领队职业发展历史沿革
    - 出境旅游领队职业发展现状
    - 出境旅游领队职业发展趋势

学习目标

☆知识目标：1. 掌握出境旅游领队的概念。

2. 掌握出境旅游领队的职业要求。
3. 了解出境旅游领队的职业素养和工作职责。
4. 熟悉我国出境旅游领队职业相关的法律规定。
5. 了解出境旅游领队的现状与发展趋势。

☆能力目标：1. 具备出境旅游领队职业认知能力。

2. 具备出境旅游领队职业发展规划能力。

☆素质目标：1. 培养学生以旅游者为本、市场导向的思维，提升学生的服务意识。

2. 培养学生知法、懂法、用法的法制意识，提升学生的法律素养。

任务一　出境旅游领队认知

任务导入

旅游管理专业的大一学生王同学，期望自己将来能成为“用双脚丈量世界，用双眼记录风景”的出境旅游领队，为实现这一职业规划目标，王同学应如何认知这一职业，又应做好哪些准备呢？如果你是王同学，你能帮自己制作一份领队职业规划表吗？

任务分析

(1) 王同学先需要了解什么是领队。

(2) 王同学还需要了解领队的执业要求有哪些。

(3) 王同学也需要掌握领队应具备什么样的职业能力与职业素养。

(4) 王同学亦需要掌握领队人员的工作职责有哪些。

任务准备

一、出境旅游领队基础认知

(一) 出境旅游领队的概念

出境旅游领队又称海外领队,是指依法取得从业资格,受组团社委派,全权代表组团社带领旅游团出境旅游,监督境外接待旅行社和导游人员等执行旅游计划,并为旅游者提供出入境等相关服务的工作人员。作为出境旅游的灵魂人物,海外领队也是出境旅游团的指挥者、领导者、组织者及核心。其主要的任务就是负责维护好我国出境旅游组团社的权益以及旅游团队旅游者的安全及合法权益,是出境旅游组团社派往境外的合法代表。

知识拓展 1-1-1

出境旅游领队与其他领队的区别

(1) 取得领队资质的方式不同。一般的领队往往是被任命或指派的,而出境旅游领队需要通过国家统一考试获得导游证,满足一系列要求,通过旅游行政管理部门的备案,申请后方能获得领队资质。

(2) 担负的任务不同。出境旅游领队的主要工作是团队服务、团队协作,而其他领队更多的是承担管理者的角色。

(3) 带团的数量不同。出境旅游领队每年频繁地带领不同的旅游团队出游,而其他领队根据需要可能每年就带一两次团。

(4) 出境旅游领队是一项职业,而其他领队一般是临时工作或兼职。

(5) 出境旅游领队人数最多。

(二) 出境旅游领队的从业条件

根据《中华人民共和国旅游法》《旅行社条例实施细则》及《国家旅游局办公室关于领队管理工作有关事宜的通知》等规定,在我国从事出境旅游领队服务应当具备以下五个条件,其中赴台旅游领队还应当符合《大陆居民赴台湾地区旅游管理办法》中的要求。

(1) 取得导游证。这是从事出境旅游领队服务工作的前提条件。出境旅游领队与导游类似,取得导游证,表明具备了从事领队职业的基本素质。

(2) 具有大专以上学历。包括普通高校、成考、自考及国家承认的其他形式的具有大专及以上的同等学力。

(3) 取得相关语言水平测试等级证书,或通过外语语种导游资格考试,但为赴港澳台地区旅游委派的领队除外。取得相关语言水平测试等级证书,是指取得国家级发证机构颁发的或国际认证的、出境旅游目的地国家(地区)对应语种语言水平测试的相应等级证书。

(4) 具有两年以上旅行社业务经营、管理或者导游等相关从业经历。

(5) 与委派其从事领队业务的取得出境旅游业务经营许可的旅行社订立劳动合同。这也表明我国目前只允许旅行社的正式员工从事领队职业。

只有同时满足上述条件的持证导游,才能由所在旅行社向所在地设区的市级旅游行政管理部门备案,取得出境旅游领队资质。

知识拓展 1-1-2

边境旅游领队、赴台旅游领队的条件

1. 边境旅游领队

从事边境旅游领队业务的人员,应取得导游证,并与委派其从事领队业务的、取得边境旅游业务经营许可的旅行社订立劳动合同,学历、语言、从业经历等条件由边境地区省、自治区结合本地实际另行规定。

2. 赴台旅游领队

从事大陆居民赴台湾地区旅游领队业务的人员,应符合《大陆居民赴台湾地区旅游管理办法》规定的要求,暂不实施在线备案。

(三) 出境旅游领队的作用

出境旅游领队作为一个出境旅游团不可缺少的部分,所能起到的作用是多方面的。出境旅游领队的作用表现,是对领队的价值衡量与基础要求,应重点关注。

(1) 出境旅游领队是完成旅行社出境旅游团队运作的重要环节。领队可代表组团社督促境外的地接社及导游执行旅游接待计划;领队可代表组团社的利益,保证旅游合同的有效实施;领队服务质量高低在很大程度上影响着旅游者对出境旅游服务的评价。

(2) 出境旅游领队是旅游者在整个旅程中不可缺少的心理依赖。领队依托自己的专业素养为旅游者提供异域环境和语言服务保障;领队作为出境旅游团队的核心为旅游者间的和睦团结提供保障;领队依托各种知识储备在特殊事件发生时为旅游者带来安全感。

(3) 出境旅游领队在旅行社业务拓展中具有特殊作用。具体表现在:优质领队服务形成的良好口碑会起到比广告更好的招徕作用;领队具备更为优良的旅行社线路产品推介的机会和环境,能增强旅游者复购的可能性;优质领队服务有益于旅行社企业品牌的塑造;领队是旅行社派出的产品执行者,更易于提供合理的产品改进建议,优化产品;领队更易于把脉旅游市场,发现甚至预测旅游热点线路产品。

(4) 出境旅游领队是出境文明旅游的引导者。领队在旅游过程中应时刻以身作则,不断提高自身的素质和修养,做文明旅游的引导者和践行者。

知识拓展 1-1-3

领队工作与导游工作的区别

众所周知，出境旅游领队属于导游的职业范畴，但领队工作与导游工作的内容还是有一定区别的。

1. 领队工作由专职领队承担

《中华人民共和国旅游法》第三十六条规定，旅行社组织团队出境旅游或者组织、接待团队入境旅游，应当按照规定安排导游或领队全程陪同。《中国公民出国旅游管理办法》第十条第一款规定：组团社应当为团队安排专职领队。

2. 领队具有独特且不可替代的重要作用

出境旅游领队代表旅行社，带领旅游团队出境旅游，单独在境外工作，实施旅游计划，履行旅游合同，具有独特且不可替代的重要作用。

3. 出境旅游领队与导游的区别

(1) 出境旅游领队带团周期比较长。领队和导游都是旅游产品实施过程中的直接参与者，在旅游行程中，提供全过程的导游服务，但领队的带团周期往往比较长，这是由于出境旅游产品周期相对较长，一般出境旅游产品周期为10天左右，而长线出境旅游产品周期为20多天甚至100多天。

(2) 出境旅游领队对于抗压力、耐挫力、自控力的要求较高。领队长时间独自在境外带团工作往往需要承担更大的工作压力，还要承担长时间和家人分离的精神压力，所以非常考验领队的抗压能力、耐挫折能力及自我控制能力。

(3) 出境旅游领队要熟悉境外各种不同的环境。领队的工作场所主要是在境外，我国出境旅游目的地国家和地区日益增多，领队需要掌握不同国家和地区的不同政策规定、风俗习惯、自然风光，因此，领队要熟悉境外各种不同的环境。

(4) 出境旅游领队在境外是旅游者的依赖。领队作为境内旅行社的代表，必须努力学习和掌握目的地国家的各种资讯，熟悉目的地国家的环境，成为旅游者的依赖。

(5) 出境旅游领队在境外必须协调好各种关系。领队作为旅行社的代表，必须保护旅游者的各种合法权益不受侵害，保证旅游者按照合同承诺的标准得到服务。领队还必须协调好和境外地接社、境外供应商的关系，执行和监督地接社与境外供应商严格履行合同。

(6) 出境旅游领队要具备扎实的语言能力与沟通技巧。领队在境外工作，可能要在多个国家或地区间往返，因此要具备扎实的语言能力、相关知识的储备及良好的沟通技巧，并且了解各个国家或地区的相关法律法规。

二、出境旅游领队的职业素养

职业素养是指职业内在的规范和要求，是职业过程中表现出来的综合品质，包含职业道德、心理素养、职业技能等。

(一) 出境旅游领队的职业道德规范

出境旅游领队的职业道德规范见表1-1-1。

表1-1-1 出境旅游领队的职业道德规范

	领队职业道德规范	规范内涵解读
1	遵纪守法,敬业爱岗	(1) 依法依规保障出国旅游者和旅游经营者的合法权益 (2) 对领队职业保持热忱,刻苦钻研领队业务
2	优质服务,宾客至上	(1)“宾客至上”的核心是关心旅游者,善解人意,热情周到 (2) 以旅游者利益为重,克服困难,满足旅游者合理要求
3	真诚公道,注重信誉	(1) 真实诚恳,不弄虚作假,不欺骗或为难旅游者 (2) 讲究信用,信守诺言和合同,树立良好的信誉形象
4	不卑不亢,一视同仁	(1) 面对旅游者不自卑、不高傲,待人接物态度得体,分寸恰当 (2) 面对团队旅游者没有亲疏之分,态度亲切、温暖
5	团结协作,顾全大局	(1) 出境领队服务是关联性强的综合性服务,应加强合作 (2) 发生矛盾和冲突时,领队要力争各方的谅解和合作 (3) 三服从:个人服从集体,局部服从整体,眼前服从长远
6	虚心好学,钻研业务	(1) 树立虚心学习的观念,向旅游者、地陪、其他领队学习 (2) 具备扎实的基本功,才能提供优质服务、尽到领队责任
7	意志坚定,沉着冷静	(1) 具备充分的自信心和抗干扰能力,维护企业和旅游者的利益 (2) 遇到突发事件时,沉着冷静、果断坚定、处理得当

案例精选 1-1-1 我是领队,这是我的错

澳大利亚、新西兰的自然环境很美,但海关手续和动植物检疫非常严格。在一次出境旅游中,飞机降落到悉尼国际机场后,旅游者依次排队准备出关,领队再次向旅游者强调不能带任何商品,包括在超市购买的休闲食品,但当旅游者跟随领队进入绿色通道过关时,一对年长的夫妇被要求抽检,海关人员发现二人的一个手提袋中有一盒酸牛奶,海关人员声称携带食品需要罚款200澳元。老夫妇强调那是飞机上发的飞机餐,由于当时吃不下才放进手提袋里的。但由于双方语言不通,场面非常尴尬。领队看到后,马上用英语对海关人员说:“我是领队,这是我的错,是我没和旅游者说清楚。”海关人员将领队的护照资料输入电脑后说:“这次因为你是领队,就不罚你了,下次再有类似的情况发生,就需要加倍罚。”老夫妇虽然听不懂领队和海关人员的对话,但也明白多亏领队的灵活处理才解决了问题,维护了他们的利益。

【案例评析】

领队要时刻为旅游者着想,维护他们的正当利益;领队要灵活处理突发事件,让旅游者满意;领队还要培养自己的预见性,考虑周全,完善服务。

案例精选 1-1-2 临危不惧,躲过海啸

2004 年,印度洋海啸发生前,某领队正带团前往披披群岛,观察到海水退潮异常,立刻组织团员跑向宾馆。在海水淹没宾馆前,更是没有让一个团员落下,将他们全部转移到山上过夜。第二天该领队带领旅游者到海边,所有旅游者全部乘上救援船,离开披披群岛。

当天有另一位领队带团刚到披披群岛,海啸就发生了。因为泰国很少发生台风、海啸之类的自然灾害,地陪对海啸很麻木,但领队学过救灾知识,知道在海上遇到困难时,船往深海开比靠岸安全一些,所以领队要求船长将船开往深海,拯救了全船人。

【案例评析】

以上两名领队在遇到突发事件时,都能临危不惧,沉着应对,利用自己的知识、经验思考问题,并能够果断、坚定地采取适当措施处理问题,保障了旅游者的生命安全,使事件的影响或损失减小到最低限度。

(二)出境旅游领队的心理素养

出境旅游领队的心理素养及培养方法见表 1-1-2。

表 1-1-2 出境旅游领队的心理素养及培养方法

	出境旅游领队心理素养	培养方法
1	有良好的感知能力	(1) 提前了解旅游者需求,满足旅游者的个性化需求 (2) 加强旅游目的地知识储备 (3) 针对旅游目的地实际情况,预判各种问题,防患于未然
2	有控制自我情绪的能力	(1) 感知变化,提前预警 (2) 调节安抚,降低等级 (3) 合理引导,适当发泄
3	有化解自我不良情绪的能力	(1) 自我暗示法 (2) 联想后果法 (3) 转移注意法 (4) 自我安慰法
4	有坚强的意志和自信心	(1) 树立目标,坚定信念 (2) 苦练技能,迎接挑战 (3) 直面挫折,磨砺意志 (4) 发现优点,接纳自我 (5) 扬长避短,恰当定位 (6) 排除压力,充分准备

(三)出境旅游领队的职业技能

出境旅游领队的职业技能见表 1-1-3。

表 1-1-3　出境旅游领队的职业技能

	出境旅游领队职业技能	课　　程
1	沟通能力	“旅游沟通技巧”
2	外语能力	“旅游英语”“旅游日语”“旅游德语”“旅游俄语”等
3	应急处置能力	“旅游安全管理”“旅游政策与法律法规”等

案例精选 1-1-3　睿智的出境旅游领队

2019年2月5日至13日，深圳某出境旅游组团社委派张某陪同深圳大学6位学者前往印度进行了为期9天的考察活动。此次印度高端旅游团队的团员中，来自深圳大学文学院的有3人，来自管理学院的有1人，来自国际交流学院的有1人，来自外国语学院的有1人。从旅游目的来看，有考察文学、推进科研项目、院校交流、拜访朋友、学习梵文等多种需求。从年龄来看，50岁以上2人，30岁以上3人，30岁以下1人。从学历来看，博士研究生2人，硕士研究生2人，本科学历2人。

1. 出境旅游领队行前准备工作

（1）提前了解旅游者需求，帮助实现个性化需求。例如了解到管理学院的老师承担了一项重大科研项目，此行目的是约谈相关人士。领队就主动提前并在旅游全程为其收集相关的资料和信息，协助其安排会见活动。

（2）知识准备。① 找专家学者列书单，进行针对性研究。例如《中印文化比较》《印度笔记》《尼赫鲁家族和印度政治》《泰戈尔诗集》等。② 通过百度搜索、新闻节目、相关视频来了解印度的全面和最新资讯。③ 行前去品尝印度菜，掌握其热门菜谱和英文菜单。④ 看电影了解印度生活，例如曾获得奥斯卡金像奖的影片《阿育王》《贫民窟的百万富翁》以及《三宝大闹宝莱坞》等。总之，阅读目的地国家的历史、文学、政治书籍，掌握当地风俗、民族、人文知识。

（3）针对旅游目的地实际情况，提前做好准备。例如，领队听说当时前往印度的旅游者易患腹泻，经查阅医学资料，了解到当地的饮水水质、进餐用具等是主要诱因后，采取了相应的对策，如提前提醒团友购买治疗肠胃及消炎的药物。

2. 出境旅游领队行中特色工作

（1）组织团内的读书会、研讨班、谈心会。旅游途中，德里—阿格拉段车程较长，领队为旅游者在车上朗读关于阿格拉红堡和印度泰姬陵的游记，帮助旅游者在下午参观时更加了解景点的情况。而在占西—克久拉霍路段，领队分三段安排了车上活动，先是安排旅游者在车上拍摄沿途景观和休息，接着举行读书会，为旅游者朗读次日要参观的世界文化遗产克久拉霍爱庙群的游记并围绕建造克久拉霍爱庙群的原因进行讨论。旅游团中相关专家大量谈论了书中没有提到的资讯信息，进行知识补充。最后阶段为团友举行谈心会，大家讲述各自的奋斗历程。谈心会使得原本枯燥无味的路程变得生趣盎然、轻松愉快。

（2）收集旅游者需要的各种资讯。了解到文学院的老师因为下一个学期要开设东方文化史的课程，课程内容涉及印度电影等娱乐资讯，领队就连续几天在旅途中专门为该老师收集印度英语报纸的生活版，很受老师喜爱。在印度的德里、孟买等大城市，领队为每位旅游者收集了当地的地图,及时向旅游者解说所处方位和景观,帮助旅游者更好地了解印度。

(3) 满足旅游者的个性化需求。此次印度之行的第3天,计划参观印度尼赫鲁大学、德里大学和国家博物馆,但老师们却有不同的个性化需求。领队通过征求旅游者意见,针对不同需求,提出合理的建议供旅游者选择。旅游者在上午结束尼赫鲁大学的访问后,各自分头行动,参观博物馆的一组分成中文组和英文组,分别通过由地陪介绍和佩戴英语导览机两种方式接触馆藏国宝级文物;而政党访谈的一组与其约好的德里大学教授畅谈了一个下午,完成了其此行的科研任务。忙乱的一天被梳理得井井有条,大家的需求都得到了满足。

【案例评析】

上述案例中出境旅游领队非常睿智,为提高自己对团队的感知能力,他充分了解旅游者需求,帮助旅游者实现个性化需求。为获得旅游者的信服与满意,他阅读了大量的书籍,查阅大量资料,增强了自己对旅游目的地知识的掌握。针对旅游目的地实际情况,预判各种问题,防患于未然,体现了他周到服务、宾客至上的服务理念。

实践活动 1-1-1 王同学的现状与成为出境旅游领队目标之间的匹配分析

假如你是王同学,请根据出境旅游领队的心理素养和职业技能要求,结合自身实际情况,分析自己的优势与不足。

<table>
<tr><td rowspan="9">王同学的现状与成为出境旅游领队目标之间的匹配分析</td><td rowspan="5">我的优势</td><td></td></tr>
<tr><td></td></tr>
<tr><td></td></tr>
<tr><td></td></tr>
<tr><td></td></tr>
<tr><td rowspan="4">我的不足</td><td></td></tr>
<tr><td></td></tr>
<tr><td></td></tr>
<tr><td></td></tr>
</table>

三、出境旅游领队的工作职责

(1) 自觉维护国家利益和民族尊严,并提醒旅游者抵制任何有损国家利益和民族尊严的言行。

(2) 遵守职业道德,维护职业形象,文明诚信服务。

(3) 向旅游者介绍旅游目的地国家的相关法律法规、风俗习惯以及其他有关注意事项。

（4）尊重旅游者的人格尊严、宗教信仰、民族风俗和生活习惯。

（5）在带领旅游者旅行、游览的过程中，应当就可能危及旅游者人身安全的情况，向旅游者做出真实的说明和明确的警示，并按照组团社的要求采取有效措施，防止危险的发生。

（6）旅游团队在境外遇到特殊困难和安全问题时，领队应当及时向组团社和中国驻所在国家使领馆报告；组团社应当及时向旅游行政部门和公安机关报告。

（7）旅游者在境外滞留不归的，领队应当及时向组团社和中国驻所在国家使领馆报告，组团社应当及时向公安机关和旅游行政部门报告。有关部门处理有关事项时，组团社有义务予以协助。

（8）向旅游者告知和解释文明行为规范、不文明行为可能产生的后果，引导旅游者健康、文明旅游，劝阻旅游者违反法律法规、社会公德、文明礼仪规范的行为。

实践活动 1-1-2　出境旅游领队职业目标规划表

结合所学的领队的从业条件，领队应具备的职业技能、工作职责及心理素养等，假设自己就是王同学，帮自己制作一份领队职业规划表。

出境旅游领队职业目标规划表

<table>
<tr><td>姓名</td><td></td><td>性别</td><td></td><td>专业</td><td></td><td colspan="2">年级</td><td></td></tr>
<tr><td rowspan="9">自我评价</td><td colspan="2">性格</td><td colspan="6"></td></tr>
<tr><td colspan="2">兴趣、爱好、特长</td><td colspan="6"></td></tr>
<tr><td colspan="2">情绪、情感状况</td><td colspan="6"></td></tr>
<tr><td colspan="2">意志力状况</td><td colspan="6"></td></tr>
<tr><td colspan="2">感知能力</td><td colspan="6"></td></tr>
<tr><td colspan="2">沟通能力</td><td colspan="6"></td></tr>
<tr><td colspan="2">外语能力</td><td colspan="6"></td></tr>
<tr><td colspan="2">应急处置力</td><td colspan="6"></td></tr>
<tr><td colspan="2">人际关系状况</td><td colspan="6"></td></tr>
<tr><td rowspan="6">职业目标</td><td colspan="2" rowspan="2">长期目标(4~6 年)</td><td colspan="2">领队资格</td><td colspan="4">优秀领队</td></tr>
<tr><td colspan="2"></td><td colspan="4"></td></tr>
<tr><td colspan="2" rowspan="2">中期目标(2~4 年)</td><td colspan="2">外语导游资格证</td><td colspan="2">CET－6 或其他</td><td colspan="2">专升本</td></tr>
<tr><td colspan="2"></td><td colspan="2"></td><td colspan="2"></td></tr>
<tr><td colspan="2" rowspan="2">短期目标(2 年内)</td><td colspan="2">普通话导游资格证</td><td colspan="2">CET－4 或其他</td><td colspan="2">大专毕业证</td></tr>
<tr><td colspan="2"></td><td colspan="2"></td><td colspan="2"></td></tr>
</table>

续 表

阶段目标	导资考试相关课程	全导	地导	政策与法律法规	导业	模拟导游
	大学英语					
	旅游英语					
	旅游沟通技巧					
	领队服务技能与管理					
	旅游安全管理					
	导游大赛等学生赛事					
	专业自主实习实训					
注：请及时自查，祝你成功！						

任务评价

任务内容	评 分 标 准	是否达标
出境旅游领队综合认知	清楚概念、明确从业条件、了解领队作用	□是 □否
出境旅游领队职业素养	清楚职业道德规范、明确心理素养、掌握职业技能	□是 □否
出境旅游领队工作职责	熟悉工作职责、围绕职业要求主动进行职业探索	□是 □否

学习反思

任务二　出境旅游领队相关政策运用

任务导入

赵先生一家共4人报名参加某出境旅游组团社组织的英国、葡萄牙、西班牙深度13日旅游团。出发前旅行社通知赵先生由于旅游者时间无法统一，不再集中召开行前说明会，改为出境旅游领队单独通过电话与旅游者沟通行前说明会的重点内容，但赵先生始终未接到领队的沟通电话。出发当天赵先生在机场首次见到领队小王，发现领队小王未佩戴导游身份标识，且领队小王见到赵先生的第一句话是通知每人准备13天的小费390元，他要现场收取一下，这让赵先生非常不舒服。第2天，合同约定在唐人街自由活动1个小时，结果从下车到上车不足10分钟，而在比斯特名品购物村的时间却从约定的100分钟延长至180分钟。第3天，从英国飞往葡萄牙，领队擅自取消晚餐安排，导致赵先生的父亲（一位糖尿病老人）严重低血糖，发生休克。行程第8天，在马德里，合同约定参观西班牙皇宫，但领队与地接私自将参观改为购物，此次购物在合同上并没有约定，也未事先征得旅游者同意。行程第9天，合同约定参观瓦伦西亚火祭博物馆、陶艺博物馆、美术馆等，在参观过程中，领队不仅不引导旅游者规范游览行为，还带头在参观中大声喧哗，被当地媒体曝光。最终，赵先生等旅游者向旅游投诉处理机构投诉了领队，旅游投诉处理机构直接吊销了领队的导游证，领队对此表示不服。

试分析该案例中涉及的领队执业中的法律问题，可从领队的权利、职责、义务及文明引导规范等方面进行分析。

任务分析

（1）首先需要掌握《中国公民出国旅游管理办法》《旅行社条例实施细则》及《导游管理办法》中规定的出境旅游领队人员的义务及执业行为规范有哪些。

（2）其次需要掌握《中华人民共和国旅游法》及《导游领队引导文明旅游规范》中有关导游、领队引导文明旅游的相关规定有哪些。

（3）依据上述法律法规，结合案例实际进行案例剖析与总结。

任务准备

一、出境旅游领队应具备的法律法规知识

《中华人民共和国旅游法》第三十六条规定：旅行社组织团队出境旅游或者组织、接待团队入境旅游，应当按照规定安排领队或者导游全程陪同。

（一）掌握相关法律法规知识的重要性

（1）指导领队依法为旅游者提供服务。

（2）规范领队的行为。

（3）保护领队的合法权益。

（4）准确判断和处理行程中发生的意外事件。

（5）依法协调和处理旅游者的各类不满和投诉。

（二）领队管理立法

1999 年，国务院发布《导游人员管理条例》。

2002 年，国务院发布《中国公民出国旅游管理办法》。

2009 年，国务院发布《旅行社条例》。

2009 年，国务院旅游行政管理部门发布《旅行社条例实施细则》。

2013 年，中华人民共和国第十二届全国人大常委会通过了《中华人民共和国旅游法》。

2015 年，国务院旅游行政管理部门发布了旅游行业标准——《导游领队引导文明旅游规范》。

2016 年，原国家旅游局办公室发布《国家旅游局办公室关于领队管理工作有关事宜的通知》。

2017 年，国务院旅游行政管理部门发布了《导游管理办法》。

（三）领队执业备案制度

《旅行社条例》第三十一条规定：旅行社应当将本单位领队名单报所在地设区的市级旅游行政管理部门备案。《国家旅游局办公室关于领队管理工作有关事宜的通知》又对领队备案、取消备案流程做出以下规定：

（1）与出境社、边境社签订劳动合同并通过“全国旅游监管服务平台”完成换发电子导游证的导游，登录自己的平台账号上传本人的学历证书、语言等级证书及劳动合同的扫描件。

（2）出境社、边境社登录“全国旅游监管服务平台”使用“领队备案管理”功能，将符合条件的导游备案为领队。

（3）出境社、边境社取消领队备案的，可登录“全国旅游监管服务平台”使用“取消备案”功能取消领队备案。

领队应当对其填报、提供的学历、语言能力、从业经历等材料的真实性负责，旅行社应当严格审核领队填报、提供的有关材料。不具备领队条件的人员隐瞒有关情况或者提供虚假材料取得领队备案、从事领队业务的，由旅游主管部门对领队依照不具备领队条件从业、对旅行社依照委派不具备条件的领队的有关规定予以处理。

任务实施

二、出境旅游领队的权利与义务

（一）出境旅游领队的权利

领队的权利，来自法律法规的授权，所以主要指领队的法律权利。根据《中华人民共和国旅游法》（以下简称《旅游法》）《旅行社条例》《中国公民出国旅游管理办法》《导游管理办法》等法律法规的规定，本书将领队的权利概括为以下几种类型。

1. 人身权

人身权是领队人员享有的最基本的权利。《导游人员管理条例》第十条、《导游管理办法》

第二十六条规定，导游在执业过程中，其人格尊严受到尊重，人身安全不受侵犯，合法权益受到保障。导游有权拒绝旅行社和旅游者提出的侮辱其人格尊严、违反其职业道德、不符合我国民族风俗习惯或者可能危害其人身安全的要求。旅行社等用人单位应当维护导游执业安全、提供必要的职业安全卫生条件，并为女性导游提供执业便利、实行特殊劳动保护。

案例精选 1-2-1 不卑不亢，合法维权

领队王某受某出境旅游组团社委托带团赴新加坡、马来西亚、泰国旅游，到达泰国时，旅游者李某提出请王某代为安排观看涉及色情内容的“成人秀”表演，领队王某对此要求当即予以拒绝。为此，旅游者李某觉得失了面子，于是利用自己的社交平台账号，发表散播有辱王某人格的言论，给领队王某的名誉造成严重损害。

【案例评析】

(1)《导游人员管理条例》第十条、《导游管理办法》第二十六条规定，导游在执业过程中，有权拒绝旅行社和旅游者提出的侮辱其人格尊严、违反其职业道德、不符合我国民族风俗习惯或者可能危害其人身安全的要求。本案中，李某提出的请王某代为安排观看涉及色情内容的“成人秀”表演的要求是违反领队职业道德的不合理要求，故领队王某有权拒绝。

(2)《民法典》第一千零二十四条规定:“民事主体享有名誉权。任何组织或者个人不得以侮辱、诽谤等方式侵害他人的名誉权。”公民有权在名誉权受侵害时追究侵权人的法律责任。本案中，李某在社交平台上发表散播侮辱王某人格的言论，侵犯了领队王某的名誉权，王某有权追究李某的法律责任。

2. 劳动报酬与社保权

为保障领队的劳动报酬与社保权，《旅游法》第三十八条规定，旅行社应当与其聘用的导游依法订立劳动合同，支付劳动报酬，缴纳社会保险费用。《旅行社条例》第三十二条规定，旅行社聘用导游人员、领队人员应当依法签订劳动合同，并向其支付不低于当地最低工资标准的报酬。此外，《旅行社条例》第三十四条规定，旅行社不得要求导游人员和领队人员接待不支付接待和服务费用或者支付的费用低于接待和服务成本的旅游团队，不得要求导游人员和领队人员承担接待旅游团队的相关费用。

3. 履行职务权

《旅行社条例实施细则》第四十九条规定，旅行社及其委派的导游人员、领队人员在经营、服务中享有的履行职务权包括以下几种。

(1) 要求旅游者如实提供旅游所必需的个人信息，按时提交相关证明文件。

(2) 要求旅游者遵守旅游合同约定的旅游行程安排，妥善保管随身物品。

(3) 出现突发公共事件或者其他危急情形，以及旅行社因违反旅游合同约定采取补救措施时，要求旅游者配合处理防止扩大损失，以将损失降低到最低程度。

(4) 拒绝旅游者提出的超出旅游合同约定的不合理要求。

(5) 制止旅游者违背旅游目的地的法律、风俗习惯的言行。

案例精选 1-2-2 履行职务权,该行使应行使

赵先生今年刚退休,和老伴想去欧洲旅游,最后报名参加了甲旅行社组织的旅游团,由小李担任该旅游团的出境旅游领队。途经瑞士时,旅游车辆出现了故障。由于缺乏行前信息沟通和安全指导,赵先生及该团部分旅游者有些慌乱,不同意境外地接社提出的换乘火车的补救方案,且坚持滞留酒店。此时,领队小李首先就车辆出现故障一事向旅游者真诚道歉,其次向旅游者说明即使是旅行社违反了旅游合同,当旅行社为此采取补救措施时,旅游者是需要配合防止损失进一步扩大的,如若旅游者得理不饶人,一意孤行,导致损失扩大,旅游投诉处理机构或者人民法院不会就扩大的损失支持旅游者的赔偿;最后小李告诉旅游者,出境游不依照旅游行程安排、强行滞留酒店是违反旅游目的地法律的行为,需要承担相应的法律责任。在小李的解释说明下,旅游者最终接受了地接社换乘火车的补救方案,离开了入住的酒店,将损失降到最低。

【案例评析】

(1)《旅行社条例实施细则》第四十九条规定,领队人员在经营、服务中,如出现旅行社因违反旅游合同约定采取补救措施时,有权要求旅游者配合处理防止扩大损失,以将损失降低到最低程度。本案中,当旅游者拒绝接受地接社换乘火车的补救方案时,领队小李果断行使此权利,通过耐心解释与说明,让旅游者接受了换乘火车的补救方案。

(2)《旅行社条例实施细则》第四十九条规定,领队人员有权制止旅游者违背旅游目的地法律、风俗习惯的言行。本案中,当旅游者坚持滞留酒店时,领队小李同样及时行使此权利,通过介绍目的地相关的法律知识,制止了旅游者可能违反旅游目的地法律的行为。

4. 调整或变更接待计划权

《导游人员管理条例》第十三条第二款规定,导游人员在引导旅游者旅行、游览的过程中,遇有可能危及旅游者人身安全的紧急情形时,经征得多数旅游者的同意,可以调整或者变更接待计划,但是应当立即报告旅行社。

案例精选 1-2-3 出境旅游领队变更计划,妥否?

徐女士一家4人参加了某出境旅游组团社组织的30人的东南亚旅游团,小王受组团社委托担任此次东南亚之旅的领队。团队到达曼谷的第二天,根据行程安排,上午游览卧佛寺,下午游览大成水上集市,晚上体验大成夜市。谁知天公不作美,早晨就开始下雨,旅游者在雨中游览了卧佛寺,午餐后,中雨转为暴雨,能见度不足5米,多数旅游者考虑这种天气状况下游览水上集市存在安全风险,且晚上能见度更低,加上第一天行程较满,旅游者旅途疲劳仍未缓解,多数旅游者提出取消下午的行程。领队小王在征求了多数旅游者的同意后,取消了该景点的安排,并报告了国内的组团社。但当时徐女士向领队明确表示他们一家不同意取消下午的行程,他们全家坚持必须前往景点参观,希望单独将他们一家送往大成水上集市和大成夜市。但领队小王以继续游览该景点存在安全风险且多数旅游者同意取消行程为由,拒绝了徐女士一家的要求。徐女士回到国内后立即投诉,要求旅行社对领队进行处分,并给予赔偿。

【案例评析】

(1)《导游人员管理条例》第十三条第二款规定，导游人员在引导旅游者旅行、游览的过程中，遇有可能危及旅游者人身安全的紧急情形时，经征得多数旅游者的同意，可以调整或者变更接待计划，但是应当立即报告旅行社。本案中，由于暴雨，能见度不足5米，这样的天气状况，无论是游览大成水上集市还是体验大成夜市，都有可能危及旅游者人身安全，且30人的团队仅徐女士一家4人不同意取消行程，已满足征求多数旅游者同意的要求，且领队也及时报告给组团社。领队小王的做法属于合法行使调整或变更接待计划权，旅行社不承担赔偿责任。

(2) 遇到可能危及旅游者人身安全的紧急情形，领队在调整和变更旅游接待计划后，应针对旅游者的不理解，做好解释与安抚工作。本案中领队人员未关注旅游者的情绪，没有做好解释与安抚工作，领队小王应针对未做好解释与安抚事宜向旅游者真诚道歉。

5. 诉权

领队人员的诉权具体包括申请复议权和起诉权。申请复议权是指领队对旅游主管部门的具体行政行为不服的，依法享有申请复议的权利。起诉权是指领队人员对旅游主管部门的具体行政行为不服的，享有向人民法院提起行政诉讼的权利。

6. 求偿权

领队人员的求偿权是指其权益受损时，可获得赔偿的权利。《旅游法》第十四条规定：旅游者在旅游活动中或者在解决纠纷时，不得损害当地居民的合法权益，不得干扰他人的旅游活动，不得损害旅游经营者和旅游从业人员的合法权益。《旅游法》第七十二条规定：旅游者在旅游活动中或者在解决纠纷时，损害旅行社、履行辅助人、旅游从业人员或者其他旅游者的合法权益的，依法承担赔偿责任。可见，当领队人员的合法权益受到旅游者的侵犯时，可以依法获得赔偿。

实践活动 1-2-1 出境旅游领队权利实训

结合篇首案例，请思考案例中是否涉及领队相关权利的主张与行使情形。

	权利依据	案例分析
1		
2		

（二）出境旅游领队的义务

1. 提供领队服务应当接受委派

领队服务从属于出境旅游组团社，必须经过出境旅游组团社的委派方能执业。依据《旅游法》第四十条、《旅行社条例实施细则》第三十三条规定，导游和领队为旅游者提供服务必须接受旅行社委派，不得私自承揽导游和领队业务。领队从事领队业务，应当接受与其订立劳动合同的取得出境旅游业务许可的旅行社委派。

《旅游法》第一百零二条第二款规定，导游、领队违反规定，私自承揽业务的，由旅游主管部门责令改正，没收违法所得，处一千元以上一万元以下罚款，并暂扣或者吊销导游证。

2. 携带、佩戴有效执业证件

《旅游法》第四十一条、《旅行社条例实施细则》第三十三条规定：领队从事领队业务，应当携带导游证、佩戴导游身份标识。领队携带导游证、佩戴导游身份标识，既可以向旅游者证明合法从业资格，也便于旅游者、旅游经营者和旅游主管部门识别和监管。

《导游人员管理条例》第二十一条规定，导游人员进行导游活动时未佩戴导游证的，由旅游行政部门责令改正；拒不改正的，处五百元以下的罚款。

3. 不安排违反法律和社会公德的旅游活动

依据《旅游法》第三十三条、《旅行社条例》第二十六条、《中国公民出国旅游管理办法》第十六条第一款、《导游管理办法》第二十三条第一款规定，组团社及其旅游团队领队应当要求境外接待社按照约定的团队活动计划安排旅游活动，并要求其不得组织旅游者参与涉及色情、赌博、毒品内容的活动或者危险性活动。境外接待社违反组团社及其旅游团队领队根据前款规定提出的要求时，组团社及其旅游团队领队应当予以制止。

依据《中国公民出国旅游管理办法》第三十条规定，组团社或者旅游团队领队未要求，境外接待社不得组织旅游者参与涉及色情、赌博、毒品内容的活动或者危险性活动，在境外接待社违反前述要求时未制止的，由旅游行政部门对组团社处组织该旅游团队所收取费用2倍以上5倍以下的罚款，并暂停其出国旅游业务经营资格，对旅游团队领队暂扣其导游证；造成恶劣影响的，对组团社取消其出国旅游业务经营资格，对旅游团队领队吊销其导游证。

4. 严格执行旅游行程安排

依据《旅游法》第四十二条第二款、《导游人员管理条例》第十三条第一款、《中国公民出国旅游管理办法》第十六条第二款、《导游管理办法》第二十三条第二款规定，组团社及其旅游团队领队，不得擅自改变行程、减少旅游项目，不得强迫或者变相强迫旅游者参加额外付费项目。境外接待社违反组团社及其旅游团队领队根据前款规定提出的要求时，组团社及其旅游团队领队应当予以制止。

依据《旅游法》第一百条规定，在旅游行程中擅自变更旅游行程安排，严重损害旅游者权益的，由旅游主管部门责令改正，处三万元以上三十万元以下罚款，并责令停业整顿；造成旅游者滞留等严重后果的，吊销旅行社业务经营许可证；对直接负责的主管人员和其他直接责任人员，处二千元以上二万元以下罚款，并暂扣或者吊销导游证。

依据《导游人员管理条例》第二十二条规定，导游人员有擅自增加或者减少旅游项目、擅自变更接待计划、擅自中止导游活动的，由旅游行政部门责令改正，暂扣导游证3个月至6个月；情节严重的，由省、自治区、直辖市人民政府旅游行政部门吊销导游证并予以公告。

依据《中国公民出国旅游管理办法》第三十条规定，组团社或者旅游团队领队未要求，境外接待社不得擅自改变行程、减少旅游项目，在境外接待社违反前述要求时未制止的，由旅游行政部门对组团社处组织该旅游团队所收取费用 2 倍以上 5 倍以下的罚款，并暂停其出国旅游业务经营资格，对旅游团队领队暂扣其导游证；造成恶劣影响的，对组团社取消其出国旅游业务经营资格，对旅游团队领队吊销其导游证。

5. 不诱导、欺骗、强迫或变相强迫消费

依据《旅游法》第四十一条第二款、《导游人员管理条例》第十六条、《中国公民出国旅游管理办法》第十六条及二十条、《导游管理办法》第二十三条第三至六项规定，旅游团队领队不得强迫或者变相强迫旅游者参加额外付费项目，也不得与境外接待社、导游及为旅游者提供商品或者服务的其他经营者串通欺骗、胁迫旅游者消费，不得向境外接待社、导游及其他为旅游者提供商品或者服务的经营者索要回扣、提成或者收受其财物。

依据《旅游法》第九十八条规定，旅行社以不合理的低价组织旅游活动，诱骗旅游者，并通过安排购物或者另行付费旅游项目获取回扣等不正当利益，由旅游主管部门责令改正，没收违法所得，责令停业整顿，并处三万元以上三十万元以下罚款；违法所得三十万元以上的，并处违法所得一倍以上五倍以下罚款；情节严重的，吊销旅行社业务经营许可证；对直接负责的主管人员和其他直接责任人员，没收违法所得，处二千元以上二万元以下罚款，并暂扣或者吊销导游证。

依据《导游人员管理条例》第二十四条规定，导游人员进行导游活动，欺骗、胁迫旅游者消费或者与经营者串通欺骗、胁迫旅游者消费的，由旅游行政部门责令改正，处一千元以上三万元以下的罚款；有违法所得的，并处没收违法所得；情节严重的，由省、自治区、直辖市人民政府旅游行政部门吊销导游证并予以公告；对委派该导游人员的旅行社给予警告直至责令停业整顿；构成犯罪的，依法追究刑事责任。

依据《中国公民出国旅游管理办法》第三十条规定，组团社或者旅游团队领队，强迫或者变相强迫旅游者参加额外付费项目，或者在境外接待社违反前述要求时未制止的，由旅游行政部门对组团社处组织该旅游团队所收取费用 2 倍以上 5 倍以下的罚款，并暂停其出国旅游业务经营资格，对旅游团队领队暂扣其导游证；造成恶劣影响的，对组团社取消其出国旅游业务经营资格，对旅游团队领队吊销其导游证。

依据《中国公民出国旅游管理办法》第三十一条规定，旅游团队领队与境外接待社、导游及为旅游者提供商品或者服务的其他经营者串通欺骗、胁迫旅游者消费或者向境外接待社、导游和其他为旅游者提供商品或者服务的经营者索要回扣、提成或者收受其财物的，由旅游行政部门责令改正，没收索要的回扣、提成或者收受的财物，并处索要的回扣、提成或者收受的财物价值 2 倍以上 5 倍以下的罚款；情节严重的，并吊销其导游证。

实践活动 1-2-2 篇首案例分析实训

结合篇首案例，请思考：领队未尽到哪些职责？违反了哪些义务？依据相应的罚则，应受到哪些处罚？

	内 容	罚 则	案例解析
职责			
义务			

（三）出境旅游领队的行为规范

1. 行程变更的规范操作与要求

根据《旅游法》第三十五条规定，旅行社不得以不合理的低价组织旅游活动，诱骗旅游者，并通过安排购物或者另行付费旅游项目获取回扣等不正当利益。旅行社组织、接待旅游者，不得指定具体购物场所，不得安排另行付费旅游项目。但是，经双方协商一致或者旅游者要求，且不影响其他旅游者行程安排的除外。发生违反前两款规定情形的，旅游者有权在旅游行程结束后三十日内，要求旅行社为其办理退货并先行垫付退货货款，或者退还另行付费旅游项目的费用。

因此，如若旅行社已与旅游者协商一致或者旅游者要求在行程计划之外增加自费项目及购物，或者遇到了来自自然或社会的不可抗力，需要变更行程的，出境旅游领队人员可按照旅行社的要求组织旅游者填写行程变更同意书（见图1－2－1）。

2. 因客观原因致行程变更费用退还的规范操作与要求

如若在旅游行程中，遇到可能危及旅游者人身安全的紧急情形，领队人员可以调整或变更旅游接待计划，但应严格依据《导游人员管理条例》第十三条第二款规定执行：导游人员在引导旅游者旅行、游览过程中，遇有可能危及旅游者人身安全的紧急情形时，经征得多数旅游者的同意，可以调整或者变更接待计划，但是应当立即报告旅行社。

关于因客观原因导致行程变更产生的退费，则应依据《旅游法》第六十七条规定执行："因不可抗力或者旅行社、履行辅助人已尽合理注意义务仍不能避免的事件，影响旅游行程的，按照下列情形处理：（一）合同不能继续履行的，旅行社和旅游者均可以解除合同。合同不能完全履行的，旅行社经向旅游者做出说明，可以在合理范围内变更合同；旅游者不同意变更的，可以解除合同。（二）合同解除的，组团社应当在扣除已向地接社或者履行辅助人支付且不可退还的费用后，将余款退还旅游者；合同变更的，因此增加的费用由旅游者承担，减少的费用退还

<table>
<tr><td colspan="4">行 程 变 更 同 意 书</td></tr>
<tr><td>日期</td><td></td><td>团号</td><td></td></tr>
<tr><td colspan="4">尊敬的游客，非常抱歉地通知您，由于如下原因，原定行程将进行相应调整。</td></tr>
<tr><td rowspan="2">行程变更原因</td><td colspan="3">①天气原因　②交通拥堵　③航班延误　④航班取消　⑤其他不可抗力</td></tr>
<tr><td colspan="3">⑥客人原因　⑦其他原因</td></tr>
<tr><td rowspan="2">涉及调整内容</td><td colspan="3">① 调整景点顺序　② 减少景点　③ 减少游览时间　④ 目的地延住</td></tr>
<tr><td colspan="3">⑤ 行程天数减少　⑥ 酒店变更　⑦ 其他行程变更</td></tr>
<tr><td>更改后行程
（详细记录）</td><td colspan="3"></td></tr>
<tr><td rowspan="3">费用方案</td><td colspan="3">根据《旅游法》等有关法律法规及旅游合同，按下列____、____、____执行：</td></tr>
<tr><td colspan="3">①多退少补　②客人承担　③携程承担　④第三方承担　⑤保险承担　⑥其他方案</td></tr>
<tr><td colspan="3">说明：</td></tr>
<tr><td>携程补充方案</td><td colspan="3"></td></tr>
<tr><td>领队签名</td><td></td><td>导游签名</td><td></td></tr>
<tr><td rowspan="2">团员签名</td><td colspan="3">本人同意并接受上述变更及费用处理方案</td></tr>
<tr><td colspan="3">（签名）</td></tr>
<tr><td colspan="4">本团共计______人，签名合计________人</td></tr>
<tr><td colspan="4">备注：
根据《中华人民共和国旅游法》第十四条，旅游者在旅游活动中或者在解决纠纷时，不得损害当地居民的合法权益，不得干扰他人的旅游活动，不得损害旅游经营者和旅游从业人员的合法权益。
第十六条 出境旅游者不得在境外非法滞留，随团出境的旅游者不得擅自分团、脱团。
第六十七条 因不可抗力或者旅行社、履行辅助人已尽合理注意义务仍不能避免的事件，影响旅游行程的，按照下列情形处理：
(一)合同不能继续履行的，旅行社和旅游者均可以解除合同。合同不能完全履行的，旅行社经向旅游者做出说明，可以在合理范围内变更合同;旅游者不同意变更的，可以解除合同。
(二)合同解除的，组团社应当在扣除已向地接社或者履行辅助人支付且不可退还的费用后，将余款退还旅游者;合同变更的，因此增加的费用由旅游者承担，减少的费用退还旅游者。
(三)危及旅游者人身、财产安全的，旅行社应当采取相应的安全措施，因此支出的费用，由旅行社与旅游者分担。
(四)造成旅游者滞留的，旅行社应当采取相应的安置措施。因此增加的食宿费用，由旅游者承担;增加的返程费用，由旅行社与旅游者分担。
第七十条　旅行社不履行包价旅游合同义务或者履行合同义务不符合约定的，应当依法承担继续履行、采取补救措施或者赔偿损失等违约责任；由于旅游者自身原因导致包价旅游合同不能履行或者不能按照约定履行，或者造成旅游者人身损害、财产损失的，旅行社不承担责任。
第七十二条 旅游者在旅游活动中或者在解决纠纷时，损害旅行社、履行辅助人、旅游从业人员或者其他旅游者的合法权益的，依法承担赔偿责任。</td></tr>
</table>

图 1－2－1　行程变更同意书示意图

旅游者。”

因此，无论是由于什么客观原因导致行程变更或缩减发生，领队人员首先应严格按照《旅游法》相关规定，做好解释与说明工作；其次，仍需要按照旅行社的要求组织旅游者填写行程变更同意书；再次，依据法律规定调整或变更行程；最后，根据出境旅游组团社的退费流程和退费规定，积极协助旅游者向旅行社申请应退还的费用。

3. 旅游者自愿放弃行程的规范操作与要求

依据《旅游法》第六十五条规定，旅游行程结束前，旅游者解除合同的，组团社应当在扣除必要的费用后，将余款退还旅游者。依据《旅游法》第六十八条规定，旅游行程中解除合同的，旅行社应当协助旅游者返回出发地或者旅游者指定的合理地点。依据《旅游法》第六十六条规定，行使解除权，返程费用由旅游者自己承担。

如果旅游者因个人原因主动解除合同或自愿放弃行程的，出境旅游领队操作要求如下：首先领队人员应严格按照《旅游法》相关规定，做好解释与说明工作；其次，根据出境旅游组团社的退费流程，告知旅游者组团社会扣除必要的费用后，将余款退还旅游者；再次，应积极协助旅游者向旅行社申请应退还的费用；最后应根据返程费用的承担主体做好解释说明。

4. 旅游者因故请假离团的规范操作与要求

依据《旅游法》第十六条第一款规定，出境旅游者不得在境外非法滞留，随团出境的旅游者不得擅自分团、脱团。

因此，若行程中领队及导游已多次劝阻旅游者不得脱团、离团，但旅游者因个人原因仍需要离团的，领队人员须要求旅游者办理请假离团手续，填写离团安全责任书，明确离团、脱团期间旅游者的安全要求与责任划分，费用承担主体，不退还离团、脱团期间费用的声明等(见图1-2-2)。

(四) 出境旅游领队文明旅游引导

1.《中国公民出境旅游文明行为指南》

中央文明办、国家旅游局2006年10月2日发布了《中国公民出境旅游文明行为指南》。具体内容为：

中国公民，出境旅游，注重礼仪，保持尊严。

讲究卫生，爱护环境；衣着得体，请勿喧哗。

尊老爱幼，助人为乐；女士优先，礼貌谦让。

出行办事，遵守时间；排队有序，不越黄线。

文明住宿，不损用品；安静用餐，请勿浪费。

健康娱乐，有益身心；赌博色情，坚决拒绝。

参观游览，遵守规定；习俗禁忌，切勿冒犯。

遇有疑难，咨询领馆；文明出行，一路平安。

2. 文明旅游是领队工作的法定内容

(1) 一岗双责。《导游领队引导文明旅游规范》规定，导游、领队应一岗双责，应兼具为旅游者提供服务与引导旅游者文明旅游两项职责。

(2) 掌握知识。领队人员应掌握文明旅游的知识和技能、基本的文明礼仪和规范、必要的紧急情况处理技能，熟悉目的地的法律法规、宗教信仰、风俗禁忌、礼仪知识及社会公德。

(3) 率先垂范。领队要以身作则，遵纪守法，恪守职责，体现良好的职业素养和职业道德，注意仪容仪表、衣着得体、言行规范、举止文明，做文明旅游的良好示范。

(4) 合理引导。领队进行文明旅游引导时应诚恳、得体，要有维护文明旅游的主动性和自觉性，关注旅游者的言行举止，在适当时机对旅游者进行相应的提醒、警告和劝告。

(5) 正确沟通。领队应与旅游者充分沟通，真诚友善，增强互信，面对旅游者的合理批评和意见，认真听取，虚心接受。

(6) 分类引导。在带团工作前，领队应熟悉团队成员、旅游产品、旅游目的地的基本情况，

离团安全责任书

旅游者充分了解并知晓以下情况：

一、　携程旅行网及当地导游已多次劝阻不得脱团、离团；

二、　脱团、离团期间自愿放弃原团队行程安排，认可旅游费用均已实际产生，不得要求退还；

三、　脱团、离团期间产生的费用由本人承担；

四、　脱团、离团期间遵守中国及所在国相关法律法规，并对自身的安全负责，在能够控制风险的范围内活动，不参加不适合自身条件或威胁安全的旅游活动，若因此导致人身损害、财产损失，旅游者应承担全部责任，不予采取任何方式向携程旅行网及相关方追究责任。

本人仍坚持于　　年　月　日至　　年　月　日期间不参加团队行程，脱团或离团自由活动，于　　年　月　日归团继续参加后续行程，如因未及时归团、滞留当地、违法行为等给携程旅行网带来的一切损失均全权承担。

签名：

（18 岁以下须监护人同时签名）

身份证号码：

日期：

图 1－2－2　行程变更同意书示意图

为恰当引导旅游者做好准备。对未成年，侧重对家长的引导，关注未成年人特点，避免损坏公物、喧哗吵闹等不文明现象发生。对无出境记录旅游者，应特别提醒旅游目的地风俗禁忌和礼仪习惯，以及出入海关、边防（移民局）的注意事项，提前告知和提醒。若旅游者生活环境与旅游目的地环境差异较大时，导游领队应提醒旅游者注意相关习惯、理念差异，避免言行举止不合时宜而导致的不文明现象。

针对不文明行为的处理：对于旅游者因无心之过而与旅游目的地风俗禁忌、礼仪规范不协调的行为，应及时提醒和劝阻，必要时协助旅游者赔礼道歉；对于从事违法或违反社会公德活动的旅游者,或从事严重影响其他旅游者权益的活动,不听劝阻、不能制止的,根据旅行社的指示,导游领队可代表旅行社与其解除旅游合同;对于从事违法活动的旅游者,不听劝阻、无法制止,后果严重的,导游领队人员应主动向相关执法、管理机关报告,寻求帮助,依法处理。

3. 文明规范告知与解释

领队可通过行前说明会,以书面方式提前告知和解释,也可在旅游行程中的吃、住、行、游、购、娱各个环节现场进行口头提醒。

(1) 出行前文明告知的内容具体如下:

① 领队参加行前说明会的,宜在行前说明会上向旅游者讲解《中国公民国内旅游文明行为公约》或《中国公民出境旅游文明行为指南》,提示基本的文明旅游规范,并将旅游目的地的法律法规、宗教信仰、风俗禁忌、礼仪规范等内容系统、详细地告知旅游者,使旅游者在出行前具备相应知识,为文明旅游做好准备。

② 不便于召集行前说明会或领队不参加行前说明会的,领队宜向旅游者发送电子邮件、传真,或通过电话沟通等方式,对文明旅游的相关注意事项和规范要求进行说明和告知。

③ 在旅游出发地机场、车站等集合地点,领队应将文明旅游事项向旅游者进行重申。

④ 若旅游产品具有特殊安排,如乘坐的廉价航班上不提供餐饮、入住酒店不提供一次性洗漱用品的,领队应向旅游者事先告知和提醒。

(2) 登机(车、船)与出入口岸文明告知的内容具体如下:

① 领队应提醒旅游者提前办理检票、安检、托运行李等手续,不携带违禁物品。

② 领队应组织旅游者依序候机(车、船),优先安排老人、未成年人、孕妇、残障人士。

③ 领队应提醒旅游者不抢座、不占位,主动将上下交通工具方便的座位让给老人、孕妇、残障人士和带婴幼儿的旅游者。

④ 领队应引导旅游者主动配合机场、车站、港口以及安检、边防(移民局)、海关的检查和指挥。与相关工作人员友好沟通,避免产生冲突,如携带需要申报的物品,应主动申报。

(3) 乘坐公共交通时文明告知的内容具体如下:

① 领队利用乘坐交通工具的时间,将文明旅游的规范要求向旅游者进行说明和提醒。

② 领队应提醒旅游者遵守和配合乘务人员指示,保障交通工具安全有序运行。如乘机时应按照要求使用移动电话等电子设备。

③ 领队应提醒旅游者乘坐交通工具的安全规范和基本礼仪,遵守秩序,尊重他人:如乘机(车、船)时不长时间占用通道或卫生间,不强行更换座位,不强行开启安全舱门。避免不文雅的举止,不无限制索要免费餐饮等。

④ 领队应提醒旅游者保持交通工具内的环境卫生,不乱扔乱放废弃物。

(4) 住宿时文明告知的内容具体如下:

① 领队应提醒旅游者尊重服务人员,服务人员问好时要友善回应。

② 领队应指引旅游者爱护和正确使用住宿场所设施设备,注意维护客房和公用空间的整洁卫生,提醒旅游者不在酒店禁烟区域抽烟。

③ 领队应引导旅游者减少一次性物品的使用,减少环境污染,节水节电。

④ 领队应提醒旅游者在客房区域举止文明,如在走廊等公共区域衣着得体,出入房间应轻关房门,不吵闹喧哗,宜调小电视音量,以免打扰其他旅游者休息等。

⑤ 领队应提醒旅游者,如在客房内消费,应在离店前主动声明并付费。

（5）就餐时文明告知的内容具体如下：

① 领队应提醒旅游者注意用餐礼仪，有序就餐，避免高声喧哗干扰他人。

② 领队应引导旅游者就餐时适量点用，避免浪费。

③ 领队应提醒旅游者自助餐区域的食物、饮料不能带离就餐区。

④ 就餐时，领队应提醒旅游者正确使用公共餐具。

⑤ 旅游者如需在就餐时抽烟，领队应指示旅游者到指定抽烟区域就座，如就餐区禁烟的，应遵守相关规则。

⑥ 就餐环境对服装有特殊要求的，领队应事先告知旅游者，以便旅游者准备。

⑦ 在公共交通工具或博物馆、展览馆、音乐厅等场所，应遵守相关规则，勿违规饮食。

（6）游览时文明告知的内容具体如下：

① 领队宜将文明旅游的内容融合在讲解词中，进行提醒和告知。

② 领队应提醒旅游者遵守游览场所规则，依序文明游览。

③ 在自然环境中游览时，领队应提示旅游者爱护环境、不攀折花草、不惊吓伤害动物，不进入未开放区域。

④ 在观赏人文景观时，领队应提示旅游者爱护公物、保护文物，不攀登骑跨或胡写乱划。

⑤ 在参观博物馆、教堂等室内场所时，领队应提示旅游者保持安静，根据场馆要求规范使用摄影摄像设备，不随意触摸展品。

⑥ 游览区域对旅游者着装有要求的（如教堂、寺庙、博物馆、皇宫等），领队应提前一天向旅游者说明，提醒准备。

⑦ 领队应提醒旅游者摄影摄像时先后有序，不妨碍他人。如须拍摄他人肖像或与他人合影，应征得同意。

（7）娱乐活动时文明告知的内容具体如下：

① 领队应组织旅游者安全、有序、文明、理性参与娱乐活动。

② 领队应提示旅游者观赏演艺、比赛类活动时遵守秩序，如按时入场、有序出入。中途入场或离席以及鼓掌喝彩应合乎时宜。根据要求使用摄像摄影设备，慎用闪光灯。

③ 领队应提示旅游者在观看体育比赛时，尊重参赛选手和裁判，遵守赛场秩序。

④ 旅游者参加涉水娱乐活动的，领队应事先提示旅游者听从工作人员指挥，注意安全，爱护环境。

⑤ 领队应提示旅游者在参加和其他旅游者、工作人员互动的活动时，文明参与、大方得体，并在活动结束后对工作人员表示感谢，礼貌话别。

（8）购物时文明告知的内容具体如下：

① 领队应提醒旅游者理性、诚信消费，适度议价，善意待人，遵守契约。

② 领队应提醒旅游者遵守购物场所规范，保持购物场所秩序，不哄抢喧哗，试吃试用商品应征得同意，不随意占用购物场所非公共区域的休息座椅。

③ 领队应提醒旅游者尊重购物场所购物数量限制。

④ 在购物活动开始前，领队应提醒旅游者购物活动结束时间和购物结束后的集合地点，避免因旅游者迟到、拖延而引发不文明现象。

（9）如厕时文明告知的内容具体如下：

① 在旅游过程中，领队应提示旅游者正确使用卫生设施；在如厕习惯特别的国家或地区，

或卫生设施操作复杂的，领队应向旅游者进行相应说明。

② 领队应提示旅游者维护卫生设施清洁、适度取用公共卫生用品，并遵照相关提示和说明，不在卫生间抽烟或随意丢弃废弃物、不随意占用残障人士专用设施。

③ 在乘坐长途汽车前，领队应提示旅游者行车时间，提醒旅游者提前上卫生间。在长途行车过程中，领队应与司机协调，在中途安排停车如厕。

④ 在游览过程中，领队应适时提示卫生间位置，尤其应注意引导家长带领未成年人使用卫生间，不随地大小便。

⑤ 在旅游者众多的情况下，领队应引导旅游者依序排队使用卫生间并礼让老人、未成年人、残障人士。

⑥ 在野外无卫生间等设施设备的情况下，领队应引导旅游者在适当的位置如厕，避免污染水源或影响生态环境，并提示旅游者填埋、清理废弃物。

4. 特殊/突发情况处理

（1）旅游过程中遭遇特殊/突发情况，如财物被抢被盗、重大传染性疾病、自然灾害、交通工具延误等情形，领队应沉着应对，冷静处理。

（2）需要旅游者配合相关部门处理的，领队应及时向旅游者说明，进行安抚劝慰，还应积极协助有关部门进行处理。在突发紧急情况下，导游领队应立即采取应急措施，避免损失扩大，事态升级。

（3）领队应在旅游者和相关机构与人员发生纠纷时，及时处理、正确疏导，引导旅游者理性维权、化解矛盾。

（4）遇到旅游者采取拒绝上下机（车、船）、滞留等方式非理性维权的，领队应与旅游者进行沟通，晓以利害。必要时应向驻外使领馆或当地警方等机构报告，寻求帮助。

实践活动 1-2-3 篇首案例分析实训

结合篇首案例，请思考：领队有哪些文明旅游引导不利的情形？在带团实践中如遇到此种不文明行为，领队应如何引导？

<table>
<tr><td></td><td>文明旅游引导不利情形</td><td>正确引导规范</td></tr>
<tr><td rowspan="2">文明引导</td><td></td><td></td></tr>
<tr><td></td><td></td></tr>
</table>

任务评价

任务内容	评分标准	是否达标
熟悉领队的权利	能正确理解并复述章内案例分析，章首案例实训基本正确完成	□是　□否
掌握领队的义务	能完整复述领队的义务，章首案例实训基本正确完成	□是　□否
熟悉领队引导旅游文明行为规范的内容	熟悉领队引导旅游文明行为规范的内容，章首案例实训基本正确完成	□是　□否

学习反思

任务三　出境旅游领队发展历程探源

任务导入

出境旅游需求呈现新变化

中国旅游研究院的专项调查显示，出境旅游受访者出游重视因素由高到低排序为“旅游产品的性价比”“旅游过程中卫生状况”“旅游产品的丰富度”等，旅游者出境旅游需求亦呈现明显的四大变化。

一是从“打卡游”到“深度游”，游客现在更青睐舒缓的行程，更加注重文化体验和生活方式的深度体验。游览历史文化街区、旅游地特色集市，感受当地烟火气的“城市微旅行”深受出境旅游者喜爱。

二是出境旅游地直播互动成为旅游者旅游决策重要的影响因素。受国内旅游从业者深耕国内近郊游、市内游的经验影响，出境旅游直播互动成为吸引中国旅游者出境旅游的“新绝招”。

三是游客关注服务质量与旅游体验，私密性、小团化以及定制化的需求明显，众多出境旅游组团社一方面致力于积极寻找新的旅游资源，满足游客的新需求变化；另一方面通过业务部门人员调整、增加培训、将更有经验的员工安排在热门目的地等来提升游客体验感。

四是出行安全是游客出行考虑的重中之重。因此，文旅部门致力于加强对旅行社及在线旅游企业的监督检查，切实维护旅游市场秩序；旅游企业则努力提高对旅游突发事件的防范和应急处理能力，加强对从业人员的安全教育和培训；旅游执法部门应密切关注市场动态，加强对旅游市场的执法监管力度。

请思考：出境旅游领队职业现状将对快速发展的中国出境旅游产生哪些影响？出境旅游

需求的新变化将如何影响出境旅游领队职业发展趋势?

资料来源:出境团队游重启 出境旅游市场加速复苏.新浪新闻:https://k.sina.com.cn/article_3740356007_def14da70200331kb.htm

任务要求

1. 查阅政府工作报告、官方门户网站、头部企业行业调查报告等,试分析:现阶段出境旅游领队队伍现状对快速发展的出境旅游产生哪些影响?

2. 查阅政府工作报告、官方门户网站、头部企业行业调查报告等,结合出境旅游的目的地变化、旅游者最重视因素变化等,试分析:出境旅游需求的新变化、新趋势、新发展又将如何影响出境旅游领队的职业发展趋势呢?

任务准备

一、出境旅游领队职业发展历史沿革

(一) 出境旅游领队导入期

1983 年,中国旅行社开始经营中国内地居民赴港、澳探亲旅游业务,我国首次出现了出境旅游领队。

1990 年,旅行社组织中国公民赴东南亚的新加坡、马来西亚、泰国三国旅游,形成了出境旅游领队职业。

1996 年,国务院出台的旅游行政法规《旅行社管理条例》中,首次使用"领队"称谓。

(二) 出境旅游领队发展期

1997 年,经国务院批准,由原国家旅游局和公安部联合发布了《中国公民自费出国管理暂行办法》,标志着中国出境旅游业务全面展开,国务院持续不断批准出国旅游目的地国家或地区,这也标志着出境旅游领队进入了发展期。同年,国家旅游局发出了第一张领队证,标志着出境旅游领队管理走上规范化的道路。

2012 年,原国家旅游局公布的目的地国家(地区)已达到 114 个。全国持证出境旅游领队约 4 万人,实际行业内仍有 40%缺口。

(三) 出境旅游领队成熟期

2015 年,原国家旅游局发布《导游领队引导文明旅游规范》,进一步规范了出境旅游领队的工作职责。

2016 年,《旅游法》修订,取消领队证,对领队的管理由资格准入制改为备案管理制。

任务实施

二、出境旅游领队职业发展现状

2020 年疫情前数据显示,我国领队职业队伍中,外语导游比重下降、小语种导游严重不

足，领队语种结构不合理，一定程度上影响了我国出境旅游的发展。

（一）出境旅游领队供不应求

2019 年，我国的出境旅游市场仍然保持增长态势，规模达到 1.55 亿人次，相比 2018 年同比增长了 3.3%。2019 年，中国出境旅游市场的增长速度放缓。2019 年，我国出境旅游者境外消费超过 1 338 亿美元，增速超过 2%。与此同时，领队人员的增速远远低于出境旅游发展的速度。

（二）工作环境复杂

领队的工作在各国各地区进行，各地奔走加大了他们在交通事故、自然灾害方面出现问题的可能性。另外，由于一些国家在政策方面存在一定的不稳定因素，更是加大了领队工作的危险性。

（三）工作强度大

领队工作包括出团前的准备、境外行中服务、协调组团社与地接社和履行辅助人之间的关系，并协调各地导游落实旅游者的食、住、行、游、购、娱等事宜，做好旅游接待工作，监督当地接待旅行社执行旅游计划，遇到各种突发事件时要积极有效地解决，工作强度较大。

（四）工资收入差别较大

领队虽然与其他类型的导游相比收入相对较高，但不同领队的收入有高有低，极不稳定，差别也很大。

（五）缺乏归属感

由于我国目前尚未建立正规的领队行业队伍，领队人员在缺乏归属感的同时，自身的合法权益也无法得到保障。

实践活动 1-3-1　出境旅游领队职业现状分析实训

查阅政府工作报告、官方门户网站、头部企业行业调查报告等，试分析：受全球公共卫生事件影响导致的领队队伍现状，将对快速复苏的出境旅游产生哪些影响？

三、出境旅游领队职业发展趋势

（一）领队的专业化水平越来越高，分工越来越细化

随着组团社业务越来越专一、行业内部分工日益精细，领队私人化服务会越来越细化，对旅游者的贴心程度会比传统导游要高，可以进一步繁荣旅游市场，同时吸引一些外行业的人进入行业，如顺风车等，可以加大对行业的深度挖掘。

（二）领队服务的内容更加丰富

随着私人定制旅游方式在“北上广”等城市的快速发展，旅游者对旅游产品的个性化需求日益增强，领队还需要充当家庭或私人旅游定制顾问，为旅游者定制路线和旅游服务等。甚至还需要根据旅游者的要求帮其选择志同道合的同行旅伴，提供全程的信息咨询服务，解决出行前和出行中遇到的问题。

（三）领队要专注于旅游者的情感体验

随着人们物质生活水平的提升，旅游者越来越关注情感体验，希望通过旅游来丰富经历、增长见识、享受生活。领队应日益关注旅游者的情感需求，充分利用细节服务和情感服务增强旅游体验。

实践活动 1-3-2 出境旅游领队职业发展趋势

查阅政府工作报告、官方门户网站、头部企业行业调查报告等，结合出境旅游的目的地变化、旅游者最重视因素变化等，试分析出境旅游的回暖将如何影响出境领队职业发展趋势。

任务评价

任务内容	评价标准	是否达标
出境旅游领队发展的历史沿革	了解领队发展的各个阶段的特征与标志事件	□是 □否
出境旅游领队职业现状	熟悉出境旅游领队职业状况，能查阅相关资源，基本完成实训任务	□是 □否
出境旅游领队职业发展趋势	熟悉行业快速发展的外部环境下出境旅游领队职业发展趋势，能查阅相关资料，基本完成实训任务	□是 □否

学习反思

____

____

____

____

____

____

____

____

____

项目小结

本项目从出境旅游领队人员的职责、权利与义务探析出发，在对出境旅游领队的概念、从业条件、作用、职责等知识认知的基础上，开展对领队人员在实际带团中享有的权利与履行义务的综合分析与运用实训，并深入落实领队“一岗双责”制度，着重探索了领队引导旅游者文明旅游规范内容。在此基础上，引导学生积极探寻新发展阶段下，领队职业发展面临的新机遇与新挑战。

一、判断题

1. 根据《中国公民出国旅游管理办法》，旅游团队领队不得与境外接待社、导游及为旅游者提供商品或者服务的其他经营者串通欺骗、胁迫旅游者消费，不得向境外接待社、导游及其他为旅游者提供商品或者服务的经营者索要回扣、提成或者收受其财物。（　　）
2. 领队作为出境旅游组团旅行社的代表，对组团旅行社与旅游者签署的旅游合同有解释权、执行权、监督执行权和自行变更权。（　　）
3. 在旅游团观看节目的过程中，如果领队有其他的事情，可以暂时离开，由境外地接导游负责陪同观看即可。（　　）
4. 领队的穿着是领队精神面貌的体现，应该比照对职业人士的服装要求，同时要考虑到旅游者的需要，着装应该易于辨认、方便寻找。（　　）
5. 领队与旅游者相处时应该遵循以旅游者为中心的原则，尽量满足旅游者提出的各项要求。（　　）

二、单选题

1. 导游从事领队业务应当具有（　　）以上旅行社业务经营、管理或者导游等相关从业经历。
   A. 1 年　　B. 2 年　　C. 3 年　　D. 5 年
2.《导游领队引导文明旅游规范》规定，导游领队应具备（　　）一岗双责。
   A. 领导旅游者文明旅游与加强旅游安全管理
   B. 引导旅游者文明旅游与讲好中国故事
   C. 提供服务与引导旅游者文明旅游
   D. 提供服务与加强旅游安全管理
3. 领队小李带团赴马来西亚游览时，团中一位旅游者见当地的小孩十分可爱，便走过去抚摸了一下孩子的头，引起其父母的强烈反应，此时，小李应该（　　）。
   A. 尽力为旅游者的行为辩解　　B. 不介入，让双方自行解决
   C. 立即对旅游者进行批评教育　　D. 协助旅游者向对方赔礼道歉

4. 一旅游团的20位旅游者从国内飞往卡塔尔观看2022年世界杯足球赛，领队在卡塔尔航班上需要提供的服务是(　　)。

A. 组织旅游者探讨足球赛事　　B. 监督旅游者全程系好安全带

C. 旅游者取餐时做好必要翻译　　D. 请空乘人员帮助旅游者填写入境卡

5. 某旅游团在境外与多个外国旅游团一起用自助餐时，部分团员一到餐厅就蜂拥而至餐台前，并大声招呼同伴，对这种不文明行为，领队应采取(　　)的办法予以劝阻。

A. 以退为进　　B. 旁敲侧击　　C. 对比引导　　D. 因势利导

三、多项选择题

1. 按照《导游领队引导文明旅游规范》，领队在引导旅游者游览时，正确的做法有(　　)。

A. 提醒旅游者摄影摄像时先后有序，不妨碍他人

B. 提醒旅游者爱护环境，不进入未开放区域

C. 游览区域对着装有要求的，应在出发前提醒旅游者

D. 提示旅游者爱护公物、保护文物

E. 提醒旅游者遵守游览场所规定

2. 导游人员调整或者变更接待计划的条件包括(　　)。

A. 在引导旅游者旅行、游览过程中

B. 遇到可能危及旅游者财产安全的紧急情形

C. 征得多数旅游者的同意

D. 征得旅行社同意

E. 立即报告旅行社

3. "旅游不文明行为记录"信息内容包括(　　)。

A. 不文明行为当事人的姓名、性别、籍贯

B. 不文明行为当事人的工作单位

C. 不文明行为的具体表现

D. 不文明行为所造成的影响和后果

E. 不文明行为的记录期限

携程的相关数据显示，作为跨境旅行放开后的首个长假，2023年春节期间出境游整体订单同比增长640%。众多旅游企业表示，2023年春节，选择境外游的旅游者比预想的要多，大家的热情被唤醒，让旅游企业深刻感受到文旅复苏的强劲动力。调查数据显示，在当下的境外游市场，"95后""00后"愈发成为出行的主力人群。与3年前相比，如今的旅游市场更偏向细分化、专业化、特色化，这对导游自身能力也提出了更高的要求。领队人才的变革迫在眉睫。

实训要求：请以小组为单位，分工协作，查找资料，分析领队服务供给如何与旅游者消费需求更加匹配。

项目二　出境旅游领队知识储备

项目导学

- 出境旅游领队知识储备
  - 出境旅游证件知识
    - 护照的基本知识
    - 往来港、澳、台地区通行证
    - 签证的基本知识
  - 境外购物退税知识
    - 认识购物退税
    - 购物退税流程
  - 出境旅游交通知识
    - 国际航线
    - 机票的相关知识
    - 行李规定
  - 出境旅游保险知识
    - 旅行社责任险
    - 建议游客主动购买旅游者个人保险
  - 邮轮相关知识
    - 邮轮母港
    - 邮轮航线
    - 邮轮公司
    - 邮轮舱位

学习目标

☆知识目标：1. 掌握各种出境旅游证件和签证的知识。
　　　　　　2. 熟悉各国购物退税的规定。
　　　　　　3. 掌握国际航班机票信息和行李规定。
　　　　　　4. 了解旅行社责任险和旅游意外险的保险责任。
　　　　　　5. 了解邮轮公司和邮轮舱位。

☆能力目标：1. 具备办理各种出境旅游证件和签证的能力。
　　　　　　2. 具备协助出境旅游者办理购物退税的技能。

☆素质目标：1. 培养领队在出境旅游行前、行中和行后全过程的服务意识。
　　　　　　2. 增强领队境外旅游风险防范意识。

任务一　出境旅游证件知识

任务导入

2018 年 5 月，何女士在某境外游组团社报名参加赴新加坡、马来西亚、泰国 10 日游旅游团,并按组团社要求交付了本人的护照和其他办理签证的有关材料。过了几天,何女士接到一个电话,对方自称是该公司东南亚部计调人员,并通知何女士:“签证没有问题,您报名参加的旅游团将按时出发,请您到我公司缴纳团款并签订出境游合同。”不久,何女士又接到一位王小姐的电话,她自称是该团的领队,并通知何女士该团集合的时间、地点、航班和应带的物品等。

但直到该团上飞机时,领队王小姐才告诉何女士该团办理的是“落地签证”,即待抵达泰国下飞机后,再办理签证手续。何女士听了此话,不置可否地登上了飞机。

该团抵达泰国曼谷机场后,领队收齐了全团护照,连同填好的“落地签证”表格以及签证费送进了机场移民局。等待入境时,一位签证官出来告知,何女士的护照有效期只有5个月了,不满6个月,不符合签证条件,拒绝其入境。何女士只能在机场“逗留”了一夜,第二天乘早班机被遣返回国。

回国后,何女士向当地旅游质量监督管理部门投诉,并要求赔偿。她认为旅行社没有按合同规定的标准提供服务,是违约行为。工作人员严重失职、欺骗、敷衍,致使自己的旅游行程无法顺利进行,给自己的精神造成了极大损失。同时,在泰国曼谷机场入境受阻,领队没能及时采取有效的应急措施进行弥补,只是向客人摆摆手说“回去再说吧”,亦是严重的失职行为。为此,何女士要求旅行社退赔团费3 980元,其他相应的交通费、误工费等费用2 500元,以及精神损失赔偿费5 000元。

任务分析

护照是出国旅行的重要证件,我国普通护照根据持有者的年龄有不同的有效期限。何女士抵达泰国时,护照还在有效期内,为什么会被泰国移民局拒绝入境?

任务准备

一、护照的基本知识

(一)护照的定义

护照是一个主权国家发给本国公民出入国(境)在国外旅行、居住时使用的证件,它是证明持证人(拥有护照者)的国籍、身份的法律依据。

2006年4月29日,第十届全国人民代表大会常务委员会第二十一次会议通过的《中华人民共和国护照法》(以下简称《护照法》)规定:“中华人民共和国护照是中华人民共和国公民出入国境和在国外证明国籍和身份的证件。”

(二)护照的分类

中华人民共和国护照分为普通护照、外交护照和公务护照。普通护照由公安部出入境管理机构或者公安部委托的县级以上地方人民政府公安机关出入境管理机构以及中华人民共和国驻外使馆、领馆和外交部委托的其他驻外机构签发;外交护照由外交部签发;公务护照由外交部、中华人民共和国驻外使馆、领馆或者外交部委托的其他驻外机构以及外交部委托的省、自治区、直辖市和设区的市人民政府外事部签发。

（三）护照颁发的对象

公民因前往外国定居、探亲、学习、就业、旅行、从事商务活动等非公务原因出国的，由本人向户籍所在地的县级以上地方人民政府公安机关出入境管理机构申请普通护照。公民申请普通护照时，应当提交本人的居民身份证、户口簿、近期免冠照片以及申请事由的相关证明材料。国家工作人员因《护照法》第五条规定的原因（办理普通护照的原因）出境申请普通护照的，还应当按照国家有关规定提交相关证明文件。

普通护照的登记项目包括：护照持有人的姓名、性别、出生日期、出生地，护照的签发日期、有效期、签发地点和签发机关。普通护照的有效期为：护照持有者未满16周岁的5年，16周岁及以上的10年。

知识拓展2-1-1

护照有效期不足6个月，可以出境吗？

《中华人民共和国出境入境管理法》中并没有证件有效期不足6个月就不能出境的要求，我国边防检查部门也不会以此拒绝出境。这种要求基本是目的地国家或地区及航空公司的要求，也是国际惯例，因为绝大多数国家或地区要求入境时护照有效期在6个月以上，即使已取得前往国签证，但护照有效期不足6个月，也会被拒绝入境。

当然，并不是所有的国家护照有效期不足6个月就不能去的，每个国家在入境查验时，对护照有效期长短的要求不同（普遍为6个月以上，也有的在3个月以上），有效期计算方式一般是从出发日起，也有从到达日起算的，而且各国政策会有调整。

所以出行前一定要先确认目的地国家或地区的入境规定，确保护照的有效期符合目的地国家或地区的入境要求，尤其是去往落地签、免签国家或地区，不要到机场才发现，被制止入境或无法离境。

二、往来港、澳、台地区通行证

（一）往来港澳地区通行证

往来港澳地区通行证俗称“双程证”，是由中华人民共和国出入境管理局签发给中国内地居民因私往来香港或澳门地区旅游、探亲、从事商务、培训、就业、留学等非公务活动的旅行证件。

往来港澳地区通行证持有人未满16周岁的，证件有效期为5年，年满16周岁的，有效期为10年。来港澳地区前，必须取得内地公安部门签发的有关来港澳地区目的的签注，签注分为探亲签注（T）、商务签注（S）、团队旅游签注（L）、个人旅游签注（G）、其他签注（Q）和逗留签注（D）。持证人须在往来港澳地区通行证和签注的有效期内，按照规定的次数和停留时限往来香港或者澳门地区。

（二）往来台湾地区通行证

中国大陆地区居民往来中国台湾地区所持有的证件，一般与入台证一起检查。

通行证有效期分为5年和10年。申请人未满16周岁的,签发5年有效通行证;年满16周岁的,签发10年有效通行证。

个人旅游签注有效期为6个月,持证人在台湾地区停留时间自入境台湾地区次日起不得超过15日。

任务实施

三、签证的基本知识

(一)签证的定义

签证是一个主权国家发给申请出入该国的外国公民或本国公民的出入境许可证明,即在申请出入境人员持有的护照或其他有效的旅行证件上签注盖印,以示准许其出入境或经过该国国境。

持有效护照的我国公民,不论因公或因私出国,除了前往同我国签订有互免签证协议的国家外,事先均须获得前往国家的签证。签证一般做在护照上,和护照同时使用。未建交国,通常将签证做在另纸上,称为另纸签证,与护照同时使用。一些国家对中国的旅游团队会给予一张整团的另纸签证。

(二)签证的申请

因公出国由政府外事部门通过外交部领事司统一申办签证。截至2023年2月,中国已与152个国家缔结互免签证协议,中国公民持所适用的护照前往这些国家短期旅行通常无须事先申请签证。

(三)签证的种类

1. 根据护照的种类划分

可分为外交签证、公务签证和普通签证三种。与护照对应,即对持有外交护照的发放外交签证;对持有公务护照的发放公务签证;对持有普通护照的发放普通签证。

2. 根据出入境情况划分

可分为出境签证、入境签证和出入境签证(含一次、多次)三种。出境签证:只允许持证人出境,如需要入境,须再申办入境签证。入境签证:只允许持证人入境,如需要出境,须再申办出境签证。出入境签证:持证人可出境,也可以再入境,其中多次出入境签证的持证人在签证有效期内可多次出入境。

3. 根据出入境目的划分

可分为移民签证和非移民签证。获得移民签证即取得该国永久居留权,居住一定期间后可归类为该国公民;非移民签证又分为旅游签证、留学签证、工作签证、商务签证和家属签证等。

4. 根据逗留的时间划分

可分为长期签证和短期签证。在前往国停留三个月以上的签证称为长期签证,申请长期签证,不论其访问目的如何,一般需要较长的申请时间。在前往国停留三个月以内的签证称为短期签证,申请短期签证所需时间较短。

（四）特殊的签证

1. 另纸签证

另纸签证是签证的一种形式，它和一般签注在护照上的签证具有同样的作用，所不同的是在护照以外单独签注在一张专用纸上，但必须和护照同时使用。这类情形大多由于两国尚无邦交时表示暂不承认对方护照。另外一种另纸签证是团体签证，一般是因为团体旅游时验明护照后及时出签以减少手续，或时间紧迫来不及逐本护照制作签证等。

2. 口岸签证

口岸签证是指在前往国的入境口岸办理的签证。这是仅次于免签证的优惠待遇。有时亦需要邀请人预先在本国提出申请，并将批准证明副本寄给出访人员。

3. 落地签证

落地签证是指申请人不能直接从所在国家取得前往国家的签证，而是持护照和该国有关机关发放的入境许可证明等抵达该国口岸后，再签发签证。落地签证通常是单边的。往往需要两国间的海关协商、双方同意以后，中国海关才能让自由行的客人（散客）从中国出境。

知识拓展 2-1-2

办理落地签证的注意事项

1. 最好提前与前往国使馆联系

申请人一定要注意，办理这种落地签证的国家的政策随时都可能变化，申请人行前最好与前往国使馆联系，在出发前搞清楚后再启程，千万不能盲目行动，以免抵达后得不到签证。

2. 赴“落地签证”国家旅游需要什么材料

一般来说，办理个人落地签需要提供比较完整的个人资料、指定相片、身份证、护照、签证费、往返该国或第三国的机票、下榻酒店的订单、足够资金及财产证明等。每个国家所需材料会略有不同，需要提前向领事馆或有关部门确认，但有备无患，准备充分总是好的。

3. “落地签证”在什么情况下会被拒签

（1）许多国家对入境旅客携带物品都有相关的规定，例如水果、部分药品、动植物等都在严格管制的范围之列。

（2）必须准备好预订的住宿酒店订单和一定数额的资金，作为到该国旅游的证明。任何国家的入境移民局都有权检查入境外国客人携带的资金数额，没有携带该国认可范围内的旅游备用资金的游客，该国有权拒绝其入境。

（3）办理“落地签证”所需要提供的材料不完整，例如往返机票、规定数量的证件照等。

4. ADS 签证

ADS（Approved Destination Status）签证中的 ADS 的中文解释是“被批准的旅游目的地国家”。加注 ADS 签证后仅限于在被批准的旅游目的地国家一地旅游。ADS 协议是中国在特定时期内在公民出境旅游政策方面的一个创造，在国际上没有先例。ADS 签证是旅游签证的一种，只颁发给 5 人以上的旅游团队的成员，签证最长有效期为 30 天。此签证在目的地国家境内不可签转,不可延期。持有这种签证的人必须团进团出。

5. 欧洲申根签证

欧洲申根签证(European Schengen Visa)源于 1985 年 6 月 14 日在卢森堡的一座名叫申根的小城签署的一份国际条约。该条约由德国、法国、荷兰、比利时和卢森堡 5 国最先签署。条约规定了单一的签证政策,即凡外国人持有任何一个申根会员国核发的有效入境签证后,可以多次进出其会员国,而不需要另外申请签证。截至 2023 年 1 月,申根成员国一共有 27 个国家,它们是:德国、法国、意大利、奥地利、希腊、西班牙、葡萄牙、荷兰、比利时、卢森堡、瑞典、挪威、芬兰、丹麦、冰岛、爱沙尼亚、匈牙利、立陶宛、拉脱维亚、马耳他、波兰、斯洛文尼亚、斯洛伐克、捷克、瑞士、列支敦士登、克罗地亚。

知识拓展 2-1-3

"申根签证"的具体申请规定

(1) 只前往某一申根国家,应申办该国的签证。

(2) 过境一申根国或几个申根国前往另一申根国,应申办另一申根国(入境国)的签证。

(3) 前往几个申根国,应申办主要访问申根国(主访国)或停留时间最长的申根国的签证,递交申根国带名单的邀请信,在签证申请表停留期限一项中必须将在各申根国停留的时间累加填写。

(4) 无法确定主访国时,应申办前往的第一个申根国的签证。

(5) 各国颁发签证所需的材料要求不变,必要时受理国可要求提供附加材料。

(6) 申根签证不能逐个国家申办,须统一在某一申根国办理。

(7) 根据《申根协定》,办妥一国签证可进入其他申根国,被一国拒签意味着被其他申根国拒签。

6. 过境签证

当一国公民在国际间旅游,除直接到达目的地外,往往要途经一两个国家才能最终进入目的地国境(多见于使用联程机票,搭乘国际航班转机的情况)。这时不仅需要取得前往国家的入境许可,而且还必须取得途经国家的过境许可,这也被称为过境签证。

关于过境签证的规定,各国不尽相同。有的国家规定,旅客搭乘交通工具通过其国境时,停留不超过 24 小时或一定期限的,均免办过境签证(一般都不允许出国际机场),如俄罗斯、申根成员国、东南亚地区等国家;也有的国家规定,不论停留时间长短或是否出机场,一律须办过境签证,如英国、美国、加拿大等国家。过境签证同出入境签证一样,都有对有效期和停留期限的规定。按照国际惯例,如无特殊限制,一国公民只要持有效护照、前往国入境签证或联程机票,途经国家均应发给过境签证。

7. 互免签证

互免签证是随着国际关系和各国旅游事业的不断发展,为便利各国公民之间的友好往来而发展起来的,是指根据两国间外交部签署的协议,双方公民持有效的本国护照可自由出入对方的国境,而不必办理签证。互免签证有全部互免和部分互免之分。

互免签证(免签),即从一个国家或者地区到另外一个国家或者地区不需要申请签证。互免签证通常是双边的,双方公民持有效护照可自由出入对方国家或地区。免签入境并不等于可无限期在协定国停留或居住。根据协定要求,持有关护照免签入境后,一般只允许停留不超过30日。持照人如需要停留30日以上,按要求应尽快在当地申请办理居留手续。根据2023年2月中华人民共和国外交部发布的中国与外国互免签证协定一览表,有152个国家对外交护照实行互免签证政策,但主要仅对持有外交、公务及因公普通三类护照的大陆公民免签。截至2021年1月,持普通护照的中国公民免签或落地签前往的国家或地区共有72个。其中15个可互免普通护照签证、17个单方面允许中国公民免签入境、40个单方面允许中国公民办理落地签证,这代表着中国护照的"含金量"进一步提升。边检机关查验有效护照和订妥座位的联程客票无误后即放行。

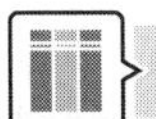

知识拓展2-1-4

签证与签注的区别

签证是出入他国国境的许可证明,是国与国之间的许可证件,由目的地国家的国家移民局或驻外使领馆签发。签证需要与护照一同使用。

签注主要指内地居民出入香港、澳门地区,以及大陆居民出入台湾地区的许可证明,是地区与地区之间的许可证件,由我国公安机关出入境管理机构签发。签注签发在往来港澳地区通行证、往来台湾地区通行证上。

实践活动2-1-1　中国公民出境旅游目的地国家(地区)免签或落地签查找实训

	互免签证国家(地区)	单方面免签国家(地区)	落地签国家(地区)
亚　洲			
非　洲			
美　洲			

续 表

	互免签证国家(地区)	单方面免签国家(地区)	落地签国家(地区)
欧 洲			
大洋洲			

任务评价

任务内容	评 价 标 准	是否达标
护照的分类和有效期	了解护照的分类,熟悉我国普通护照的有效期限,掌握出境时护照有效期的时限	□是 □否
往来港、澳、台通行证	熟悉往来港、澳、台地区通行证的有效期,掌握签注类型	□是 □否
签证的类型	了解签证的分类,熟悉出境旅游常见的签证类型,掌握落地签、申根签等特殊签证的相关规定,熟悉对我国公民免签或落地签的国家(地区)	□是 □否

学习反思

任务二 境外购物退税知识

任务导入

2018年,中国的出境旅游市场规模和消费支出再创历史新高,出境旅游人数接近1.5亿人次,消费总额则超过了1 200亿美元,中国已成为世界旅游经济繁荣与增长日渐重要、不可或缺的支柱力量。购物是中国人到境外旅游的重要环节，由于欧洲的奢侈品价格相对低且有退税优惠，法国、德国、英国和意大利都成了中国游客的“购物天堂”。国际知名退税公司环球蓝联（Global Blue）的数据显示，早在2010年，中国游客的海外购物退税金额就已跃居全球首位，但其实至少有三成人没有报退税。环球蓝联的报告显示：“每年中国出境消费者约有10亿欧元的退税款项无人认领。”

根据多家旅行社领队反馈，实际上，多数旅游者并非“大款”，有的旅游者付给导游或司机几十元小费都很不乐意。而购买奢侈品能退不少税，为什么反而不去争取呢？并非因为“不知道”这么简单。出境游前，本地旅行社一般会给旅游者讲解退税流程，在退税时只要能抽身也会带领旅游者前去。但在这种情况下，依然有许多旅游者放弃退税。

在旅行社看来，不喜欢退税的旅游者，基本都在以下范围之内：① 无知型，这类人往往是自助游，外语不太好，对于海外退税流程不太了解；② 无所谓型，这类人不在乎退税，认为退税的金额太少，不值得办理；③ 怕麻烦型，这种类型的人较多，有些人是因为不熟悉流程而怕麻烦，还有一些人虽熟悉流程但怕惹其他麻烦；④“被迫放弃型”，因为没有妥善保存好单据等原因而被迫放弃退税。

任务分析

中国游客在境外的消费支出早已位居全球首位，但每年有大量出境旅游者因各种原因而没有申报购物退税或没有成功领取到退税金额，对于中国出境旅游者而言是一项经济损失。作为带领旅游者到境外旅游的领队，要熟悉境外各国的退税政策和退税流程，尽可能地协助出境旅游者成功申请购物退税，维护属于他们的利益。这不仅体现了领队的专业素养，也有利于增强客户黏性。

任务准备

一、认识购物退税

（一）购物退税的含义

购物退税是指对境外旅游者在退税定点商店购买的随身携运出境的退税物品，按规定退税的政策。购物退税制度起源于20世纪80年代初的瑞典，包括欧盟主要成员国、澳大利亚、日本、韩国、新加坡、泰国等在内的50多个国家和地区都实行了这一制度。

（二）购物退税的条件

各个国家的购物退税政策不同，以欧洲为例，退税应符合以下条件：

（1）非欧盟居民。

（2）没有欧洲3个月以上的居留许可。

（3）所购物品未经使用，在3个月之内由个人携带出境。

（4）在同一商店购买商品的含税价格在一定额度以上（每个国家要求的额度不同）。

（5）在标有退税标识的商店中所购的物品，为私人使用，非商业用途。

（三）退税服务机构

1. 环球蓝联

图 2-2-1 环球蓝联标志

环球蓝联（Global Blue，见图 2-2-1），原全球回报集团（Global Refund），1980 年创建于瑞典，现已发展形成全球最大的购物退税（Tax Free Shopping）服务体系，市场份额高达 85%。在四大洲 36 个国家和地区建立了分公司和代表处，23 万多家的加盟零售商已遍及欧洲、亚洲、南北美洲。为方便旅游者以最快的速度、最简化的手续完成退税，在 36 个国家设立了超过 700 个现金退税点（Cash Refund Office）。一般使用蓝色的退税单，在机场投递挂号信时也要选择有该公司标识的蓝色邮筒。

为方便中国出境游客顺利完成购物退税，自 2000 年 5 月起，环球蓝联先后与中国工商银行和香港东亚银行在北京、上海、广州和香港的机场和市内建立了 6 个现金退税点。

2. Premier Tax Free

图 2-2-2 Premier Tax Free 标志

Premier Tax Free（见图 2-2-2），1985 年成立于爱尔兰，是一家专门服务于欧盟国家退税服务的机构。在中国国内有退税点。一般使用橘白相间的退税单，在机场投递挂号信时也要选择有该公司标识的橘色邮筒。

3. Tax Free Worldwide

图 2-2-3 Tax Free Worldwide 标志

Tax Free Worldwide（见图 2-2-3）成立于 2003 年，目前在全球 15 个国家营运。在 19 个国家拥有超过 350 个退税点。如今已和 Premier Tax Free 机构合作。

4. Innova Tax Free

图 2-2-4 Innova Tax Free 标志

Innova Tax Free(见图 2-2-4),2003 年成立于西班牙首都马德里,是欧洲最大的退税代理机构之一。在中国国内设有退税点。

任务实施

二、购物退税流程

1. 在有退税购物标志的商店购物

并非在所有境外的商店购物都可以获得退税,能够退税的商店一定要有蓝、白、灰三色的退税购物(Tax Free Shopping)专用标志,或有 Tax Refund、VAT Refund 这样标志的商场或店铺,购买常规商品,如服装、化妆品、电子产品、工艺品等能够携带出境的物品,才能获得退税。

2. 购物时索要退税支票

旅游者在有退税标志的商店购物时必须要向商店索取退税支票(Tax-free Shopping Cheque)。退税支票上面的各项内容要用英文填写,要写上自己的详细邮寄地址(含邮编)及有效的国际信用卡的号码,并仔细核对姓名、护照号、银行卡号、签名以及购物小票等信息,支票必须要保证填写正确,才能确保获得退税。

3. 海关在退税支票上盖章

全球退税支票(Global Refund Cheque)必须由海关盖章后方可生效,而旅游者购买的退税商品有相应的时间限定。例如在欧洲,携带购买的商品在不超过 3 个月离开欧洲时才符合要求。

知识拓展 2-2-1

海关盖章的注意事项

(1) 一般有托运行李和手提行李两种情况。

各国机场规定不一,一般托运行李退税需要先办理登机牌,在办理登机牌时告诉工作人员退税物品在内,贴好行李票后取回,将行李拿至海关查验处,盖好章后再在旁边托运。托运行李退税随机抽取验货,一样物品有问题会导致全部退税单作废。手提行李是过安检后再验货盖章。部分机场盖章全部在安检前完成。

(2) 贵重物品(手表、珠宝必须手提)需要验货。

(3) 所有物品须未经使用。

(4) 手表的发票和保修卡不能托运。

按规定,海关盖章需要在最后一个离开的欧盟国家进行,转机时长超过 3 小时,应在转机过境国完成退税盖章。一般操作时尽量在起飞国完成盖章手续。

德国、丹麦、瑞士接受国内领馆盖章。

案例精选 2-2-1 "申根"认成"欧盟"

一位参加欧洲三国游的庄先生,从瑞士入境,到法国、德国,再从瑞士出境。他在法国和德国买了箱包和锅具，当时想东西太多太重，还是到了瑞士机场离境时再退税。可他到达机场退税柜台时却被告知退税单没有盖海关章，无法退税。后来他才搞清楚，瑞士只加入了申根协议，没加入欧盟，所以从法国到瑞士算出境。如果是乘飞机，他应该在法国机场盖海关章。在瑞士购买的商品，则只能在瑞士海关办理退税审验手续。

【案例评析】

欧洲退税的各项规定较为繁杂，领队要熟悉欧盟内各成员国以及非欧盟各国关于购物退税的具体规定，同时做好旅游者的提醒工作，避免游客错失退税的机会。

4. 领取退税款额

只要以上手续齐全，退税支票上有海关检验商品盖章，旅游者就可以直接完成退税手续，领取退税款额。取款可以在欧洲的出境海关，也可以在中国国内。目前在国内北京、上海、广州、香港等地的机场，有欧洲的退税公司设立的退税柜台。旅游者可以在这些地方完成退税的最后手续。

国内办理退税还有一些具体的规定需要了解：在退税的币种上，在北京、上海、广州现金退税的币种只能为美元，在香港只能为港币；退还金额将按退税支票上的金额四舍五入，只退还整数金额。

知识拓展 2-2-2

税款返还的几种方式及优劣比较

1. 信用卡担保提前领取

优点：不需要排队，没有汇率损失，领取的现金可以继续消费。

缺点：从领取现金的那天开始，21天之内需要将盖好章的退税单寄到退税公司，逾期则从担保卡内扣取税款和罚金，如在退税有效期内到达，退还税款，罚金不退。

2. 机场现金退款

优点：现金直接入袋为安，没有后顾之忧。

缺点：排队时间长，工作人员操作较慢，可能来不及。部分机场不退欧元，汇率损失较大，有些退税公司需要手续费。退税款超过1 000欧元拿不到现金。

3. 信用卡退税

优点：不需要长时间排队。

缺点：邮寄退税单有遗失的风险。非欧元卡退税有3%手续费。

4. 回国内退税

优点：不需要排队，无明显汇率损失。

缺点：不是所有退税公司在国内都有代理点，也不是所有的退税单都可以在国内取钱。国内对单据的审核较严，任何一点小差错都有可能导致不能退税。

欧洲各国的退税率因国而异，可退税的最低购物金额也不尽相同。各国的增值税税率和退税起退金额也会随着政策的变化而调整。退税款额中还将扣除手续费。

实践活动 2-2-1 部分国家购物退税起退金额和增值税率

国 家	起退金额	增值税率	国 家	起退金额	增值税率
法 国			瑞 士		
意大利			匈牙利		
希 腊			波 兰		
德 国			瑞 典		
奥地利			挪 威		
西班牙			丹 麦		
葡萄牙			南 非		
荷 兰			澳大利亚		
比利时			泰 国		
芬 兰			日 本		
卢森堡			韩 国		
捷 克			新加坡		
英 国			土耳其		
冰 岛			爱尔兰		

任务评价

任务内容	评 价 标 准	是否达标
境外购物退税基本知识	了解境外购物退税含义,熟悉境外购物退税的基本条件,了解主要的退税服务机构	□是 □否
境外购物退税流程	熟悉境外购物退税的流程,包括如何确认购物退税的商店和商品,正确填写退税单	□是 □否
境外购物退税注意事项	熟悉境外购物退税关于海关盖章的注意事项,了解不同税款返还方式的优缺点	□是 □否

学习反思

任务三　出境旅游交通知识

任务导入

2018年9月3日，领队田小姐带旅游团赴澳洲旅游。9月10日，离开澳洲当天，领队田小姐带领全团按原计划提前三个小时到达墨尔本机场办理登机手续，她再三向本次航班的地勤人员确认登机时间和登机门。但等旅游者托运完行李后，田小姐又一次问一位职员，他用英语答道："因空中管制，飞机要延误到9点才起飞，登机门也改了。"田小姐很惊讶，因为电子显示屏所显示出来的登机信息并无改变。无奈，领队要再次向客人一一告知起飞时间和登机门号，并带领全团前往变更后的登机门等候。又过了半小时，领队再次询问机场的工作人员，在谈话过程中，她得知飞机坏了，正在修理，还要延误一个小时，而登机门又改了。航班原本的起飞时间应该是7点，而根据服务人员的说法，飞机要到10点才能起飞，而客人连早餐都没用……领队找到当日的值班经理，向他提出："现在在机场等候的起码有5个中国旅行团，大部分的中国游客都听不懂英语，你们应该用中文广播一下。"但是，他不以为然。此时，领队田小姐发现几个同航班的外国旅行团和散客都被航空公司安排在餐厅用早餐，田小姐心里很不平衡，她找到其他4个中国旅行团的领队共同商量，一定要维护旅游者的权益。田小姐和另外一名中国领队找到该航空公司的负责人，在他们的据理力争下，墨尔本机场终于响起了中文的广播，就误机事件向中国乘客道歉。机场给田小姐团里的游客每人发了价值人民币80元的早餐券，并因飞机机械故障，给每位客人发了价值600元的货币券作为赔偿。

任务分析

（1）领队要熟悉国际航空知识，掌握航班信息。

（2）领队是出境旅游团的核心，代表中国的组团社保护客人的合法权益。

任务准备

团体出境旅游的交通工具主要是飞机。因此，出境旅游领队对航空知识的掌握显得尤其重要。

一、国际航线

国际航线指民用航空领域里的一种商业航班，这种航班的始发与到达发生于两个不同的国家（地区）。当航线上两个国家（地区）处于不同大洲时，此航线亦称为"洲际航线"，当航线需要跨越大洋时，此航线亦称为"跨洋航线"。国际航线由各大航空公司运营，拥有国际航班服务的机场被称为国际机场。

知识拓展 2-3-1

部分航空公司二字代码

代码	中文名称	代码	中文名称
AA	美国航空公司	JS	朝鲜航空公司
AC	加拿大航空公司	KE	大韩航空公司
AF	法国航空公司	KL	荷兰航空公司
AI	印度航空公司	KU	科威特航空公司
AY	芬兰航空公司	LH	汉莎航空公司
AZ	意大利航空公司	LO	波兰航空公司
BA	英国航空公司	LY	以色列航空公司
BI	文莱航空公司	MA	匈牙利航空公司
BR	长荣航空公司	MF	厦门航空公司
CA	中国国际航空公司	MH	马来西亚航空公司
CI	中华航空公司	MU	中国东方航空公司
CX	国泰航空公司	NH	全日空航空公司
CZ	中国南方航空公司	NW	美国西北航空公司
DL	三角航空公司	NZ	新西兰航空公司
FK	阿联酋航空公司	OA	奥林匹克航空公司
MS	埃及航空公司	OM	蒙古航空公司
FM	上海航空公司	OS	奥地利航空公司
ET	埃塞俄比亚航空公司	OZ	韩亚航空公司
FI	冰岛航空公司	PK	巴基斯坦航空公司
GA	嘉鲁达印度尼西亚航空公司	PR	菲律宾航空公司
GF	海湾航空公司	QF	澳洲航空公司
HU	海南航空公司	QR	卡塔尔航空公司
IB	西班牙航空公司	RG	巴西航空公司
JL	日本航空公司	SA	南非航空公司

续 表

代码	中文名称	代码	中文名称
SC	山东航空公司	UL	斯里兰卡航空公司
SK	北欧航空公司	UX	西班牙欧洲航空公司
SQ	新加坡航空公司	VN	越南航空公司
TG	泰国航空公司	VS	维珍航空公司
TK	土耳其航空公司	ZH	深圳航空公司
UA	美国联合航空公司	3U	四川航空公司
UM	津巴布韦航空公司	6U	乌克兰航空公司

实践活动 2-3-1 我国公民主要出境旅游目的地国际机场及代码

国家	城市	机场名称	IATA 代码
如:泰国	曼谷	素万那普机场	BKK

二、机票的相关知识

(一) 航空公司的不同种类机票

航空公司为适应不同地区的航线经营,会将机票分为很多种类。各种机票又各有不同的用途、票价和限制条件,以便与旅客的需求及消费能力相对应。

1. 普通一年期机票

这种机票的有效期为一年,购买时不需要指定航班,持票人如持有护照及签证,只须在启程前订位。经确认机位后，便可按时登机出发。这种按票价购入的普通一年期机票，也允许换乘其他航空公司的航班。一般来说，普通一年期机票票价较高，但灵活方便，没有太多限制，时间上较易掌控。若预计途中可能随时改变旅行的线路、时间的话，以购买普通一年期机票较好。虽然票价较高，但物有所值。所节省的时间及其灵活性可能比购买特价票更划算，且退票时较为有利。

2. 旅游机票

旅游机票的票价一般要比普通一年期机票更便宜，但同时限制也很多。例如只能购买往返票而不能购买单程票、不能更改目的地等。旅游机票又分为中途停站及中途不停站两种。中途容许停站的票价较贵，持票人一定要在目的地停留一段时间，还要在规定机票有效期内回程。例如我国香港到伦敦的旅游机票，规定为 90 天内有效，即持票人必须在此限期内回程，否则机票失效。旅游机票的限制视每一条航线而有不同。有些旅游票也有最少停留目的地若干天的限制。例如有限期为 7~30 天内有效，即表示持票人在目的地最少停留 7 天，而必须在 30 天内回程；21 天或 60 天内有效的以此类推。购买此种机票时，应该详细了解有效期，以免因机票过期失效而招致损失。

3. 团体机票

团体机票是旅行社特有的一种廉价机票。按照规定，旅行社作为航空公司的指定代理商向航空公司订下的这些优惠机票，只能作为旅行社组织团体旅行之用，不能出售给散客。但实际上，散客在一些旅行社也能买到这类机票。购买这类机票时，应该注意机票的有效期以及是否允许退票。多数团体票会有不能退票的限制并会在机票上注明。购买了此类机票后，如因签证或其他原因延误，导致不能按期出发，则一定会有损失。

4. 包机机票

包机公司或旅行社向航空公司包下整架或部分飞机座位，以供旅客乘坐。这类机票的票价及营运限制，均是由包机公司或旅行社自行确定。在购买此类机票时，需要事先向售票部门了解清楚。

 **知识拓展 2-3-2**

机票舱位的划分

航空公司票价一般分为头等舱、公务舱和经济舱三种等级。每种等级又按照正常票价和多种不同特殊优惠票价划分为不同的舱位代号。头等舱代号一般为 F、A；公务舱代号一般为 C、D；有的航线的经济舱划分为 Y、M、L、K、T 五种代号，代表不同的票价，分别拥有不同的座位数量。世界上各个航空公司一般均自行定义使用哪些字母作为舱位代号，在舱位代号上无统一的规定。

（二）OK 机票与 OPEN 机票

OK 机票指的是去程和回程都确定了座位的机票，去程日期时间和回程日期时间都会在机票上清楚地标明。当我们此次旅行的行程非常的明确，回程时间不会提早或推后，到航空公司出票的时候，就可以出 OK 机票。因为去与回的时间、航班都已经定了下来，所以，它能确保我们旅行计划的严格执行。旅游团队的机票通常都会是OK机票,团队因而会按照计划往返。

OPEN机票是指回程日期和航班没有确定,机票上不标明回程的日期和航班,而标注有OPEN的字样。持OPEN机票的旅游者如果确定下来回程时间和航班后,必须要到航空公司在境外的办事处去进行登记与确认。

OPEN机票的好处是回程时间暂时未定。旅游者如果想在某个国家(地区)、某个城市多停留几天,那出票时要求航空公司出OPEN机票是十分合适的。自助游的旅游者到了某个地方,如果被当地美景所吸引,难免会希望改变原来的旅行计划,延长在当地的停留时间。出发前预定好OPEN机票,自由行的灵活度就更大了。

究竟是要出OK机票还是OPEN机票,最好在出发前就想好。因为如果出了OK机票,则航空公司肯定不会给你临时进行更改。OPEN机票虽然较为灵活,但也需要认真考虑,因为有时会有航班密度或机位紧张的问题出现。若取消了在原定的日期乘机返回,可能就要三天以后才有航班。你原本想的是延后一天,但却可能不得不延后三天。有时候,特别是旅游旺季,整月订不到机位的情况也会发生。订OPEN机票的旅客则往往会被迫或补差价购买高舱位机票或另购其他航空公司的机票返回,经济上损失较大。

(三)机票的再确认手续

按照国际航空惯例,对于往返和联程机票,如果在某地停留时间超过72小时,无论是否已订妥后续航班机位,客人均需要提前至少72小时在该地办理后续航班的机位再确认手续。一般方法是打电话给航空公司告知是否按时乘坐后续航班继续旅行。否则,航空公司有权取消机位。

目前,航空公司对回程机位进行再确认的要求已经不是那么严格了。不过领队最好能致电航空公司确认下,核对航班时间是否有变化、航班是否取消等事宜。

知识拓展 2-3-3

机票上的一些特殊标记

国际机票上面可能会有一些特殊标记。比如"NON ENDO"代表不能转让,"NON-RTE"代表不能更改行程,"NON-REF"代表不能退票。不能忽视这些标记,也许就因为我们没有看见或没有读懂这些标记,便会影响我们的行程和计划。

三、行李规定

国际航线免费行李额分为计重免费行李额和计件免费行李额两种。常见的免费行李额如下:

1. 计重免费行李额

按照旅客所付的票价座位等级,每一全票或半票旅客免费行李额为:一等舱为40千克,公务舱为30千克,经济舱(包括旅游折扣)为20千克,按成人全票价10%购票的婴儿无免费行李额。

2. 计件免费行李额

按照旅客所付的票价座位等级，每一全票或半票旅客的免费行李额为两件，每件长、宽、高三边之和不得超过158厘米，每件重量不得超过32千克。但持有经济舱（包括旅游折扣）客票的旅客，其两件行李长、宽、高的总和不得超过273厘米，按成人全票价10%购票的婴儿无免费行李额。

每个航空公司的免费行李额不尽相同。实际免费行李额以国际机票（电子机票行程单）上记载的为准，领队也可以向承运的航空公司进行确认。

知识拓展 2-3-4

国际机票信息解释

英文字段	中文含义	字段说明
ISSUED BY	由××航空公司开票	如AIR CHINA即指“中国国际航空公司”
PASSENGER NAME	乘客姓名	如LI/JIADONG，须与证件（护照、港澳通行证等）姓名完全一致
DATE OF ISSUE	开票日期	如18FEB2023即2023年2月18日
ORIGIN/DESTINATION	起点/终点	如CAN CAN代表由广州出发，回程终点亦是广州的机票
BOOKING REF	订位代码	是由6位（少数航空公司为5位）字母和数字组成的编码，如2MW6UE
AIRLINE PNR	航空公司代码（大编号）	
PLACE OF ISSUE	开票代理、开票地	如CYTS ZJ即指机票由浙江中青旅开出
ETKT NBR	电子机票票号	如014－4793766617（由13位构成：前3位为航空公司的号码，后10位为机票票号）
FROM AND TO	行程栏	出发地及抵达地
CARRIER	承运的航空公司	如CZ代表中国南方航空公司
FLIGHT	班机代号	若回程未定时此处打出OPEN的字样；VOID是指此栏空白作废，以防他人篡改
CLASS	飞机的舱位	Y＝经济舱，C＝商务舱，F＝头等舱
DATE/TIME	起飞日期及时间	DATE由两位数与三个英文字母的月份代号组成，如08APR，即4月8日；TIME则为飞机起飞地的当地时间

续 表

英文字段	中文含义	字段说明
STATUS	订位状况	OK=已确定,EQ=候补,NS=婴儿不占座
NOTVALID BEFORE/AFTER	在××之前/之后无效	通常越是便宜的特殊票,此栏标明的限制就越多
ALLOW	免费托运行李的限制	有两种表达方式:① 计件式(PC):美国、加拿大、中南美地区;② 重制(K):上述以外的地区采用,通常因舱等不同限制会不同;F(40 千克)、C(30 千克)、Y(20 千克)
TAX	税	有时经过某些国家或城市时,需要加付当地政府规定的某些税。此字段即表示所代收的税款金额及种类
TOTAL	票面总价	即机票款及税费的总金额
ISSUING AIRLINE	开票的航空公司	如 AIR CANADA(加拿大航空)
FORM OF PAYMENT	付款方式栏	标示旅客购买机票时的付款方式,如现金(cash)、信用卡(credit card)
ISSUING AGENT	开票的代理	如 ZHEJIANG CYTS INTERNATIONAL TRAVEL CO., LTD(浙江省中青国际旅游有限公司)

任务评价

任务内容	评 价 标 准	是否达标
航空公司和国际机场	了解全球主要航空公司的二字代码和主要目的地城市机场的三字代码	□是 □否
国际机票	了解机票的分类,熟悉 OK 机票和 OPEN 机票的区别,熟悉国际机票(行程单)上的英语信息含义	□是 □否
行李规定	熟悉国际航班免费行李额的两种方式:计重免费行李额和计件免费行李额。熟悉常见的免费行李	□是 □否

学习反思

任务四 出境旅游保险知识

任务导入

某国际旅行社领队部安排了小许担任“新西兰南北岛8日游”的领队。出发前,小许来到旅行社与出境旅游中心澳新部计调人员陈小姐进行交接工作。当陈小姐将带团的资料交给小许时,小许一眼发现“中国公民出国旅游团队名单表”中的某一位客人的年龄为81岁。小许立刻问陈小姐客人是否购买了“旅行社意外保险”。经陈小姐与收客的门市销售人员核实,该客人只购买了一份几十元的意外保险。小许凭他多年的带团经验,又向门市销售人员询问了该客人的身体状况,销售人员告诉小许:“老人的报名是由他的儿女来办理的,共有六名亲属一同前往,老人具有国际旅行健康证明书。”接着,小许又问:“你与老人见过面吗?”销售人员告诉他:“几次到旅行社来送报名及签证的材料均是他的儿女,所以一直没有见到过老人。”小许心想,虽然老人有“国际旅行健康证明书”,但销售人员没有与他见过面,总是觉得心里不踏实,万一老人在新西兰旅游时有意外发生,没有购买高额保险的话理赔起来就比较吃亏。于是,小许将自己的想法与陈小姐进行了交流,陈小姐将该事情向澳新部经理汇报。经商量决定,考虑到老人是该旅行社的常客,且年龄超过80岁,旅行社出钱给老人购买价值300元的境外旅游意外保险。

旅行的最后一天,在返程登机前,小许将旅行社特地为老人购买境外意外保险的事情告诉了本人。老人兴奋地告诉小许:“此次新西兰之旅要比欧洲旅行更惬意。下次旅行我一定会再来找你们旅行社,如有可能也希望你能再次陪我们一同前往世界各地。”

任务分析

(1) 出境旅游带团过程中,领队与旅行社保险的关系十分密切。领队应该认真对各种保险的内容、范围进行学习,以便在实际问题发生时进行清楚解释和有效处理。

(2) 旅行社责任险和旅游意外保险的区别是什么?

任务准备

一、旅行社责任险

旅行社责任险,是目前国家规定的旅行社企业需要投保的唯一强制险种。按照《旅行社投保旅行社责任保险规定》所做定义,旅行社责任险是指旅行社根据保险合同的约定,向保险公司支付保险费,保险公司对旅行社在从事旅游业务经营活动中,致使旅游者人身、财产遭受损害应由旅行社承担的责任,承担赔偿保险金责任的行为。

2001年4月25日经国家旅游局局长办公会议审议通过,2001年9月1日起施行的《旅行社投保旅行社责任保险规定》，是旅行社责任险的操作指南，包含了对旅行社责任险险种的细致解答。

（一）旅行社责任险的投保范围

旅行社投保的旅行社责任险是一种有限责任，而不是无限责任。《旅行社投保旅行社责任保险规定》的第二章第五条，对旅行社责任保险的投保范围进行了详细阐释：旅行社应当对旅行社依法承担的下列责任投保旅行社责任保险：

（1）旅游者人身伤亡赔偿责任；

（2）旅游者因治疗支出的交通、医疗费赔偿责任；

（3）旅游者死亡处理和遗体遣返费用赔偿责任；

（4）对旅游者必要的施救费用，包括必要时近亲属探望需支出的合理的交通、食宿费用，随行未成年人的送返费用，旅行社人员和医护人员前往处理的交通、食宿费用，行程延迟需支出的合理费用等赔偿责任；

（5）旅游者行李物品的丢失、损坏或被盗所引起的赔偿责任；

（6）由于旅行社责任争议引起的诉讼费用；

（7）旅行社与保险公司约定的其他赔偿责任。

《旅行社投保旅行社责任保险规定》列出了旅行社责任险的六项赔偿责任及一项承担的费用。由此我们可以看出，旅行社责任险负责的只是旅行社正常的行程表中写明的各项活动中由于旅行社的责任造成旅游者损失的赔偿。旅游者在行程表之外的活动中的损失，不在此保险的范围之内。旅游者虽然参加的是行程表之内的旅游活动，但如果是因旅游者自身的原因（比如自身疾病）造成的损失，也不在此保险的赔偿范围之内。

（二）正确认识“旅行社责任险”

1. 旅行社责任险与旅游意外险的差异

从旅行社责任险险种的内容中可以看出：此险种是旅行社作为经营主体为自身所应当负担的责任所进行的投保，完全区别于以往旅行社代游客投保的旅游意外险。旅游意外险所包括的旅游活动中出现的各种意外的内容，并没有被包含在旅行社责任险之中。也就是说这两种险种所投保的内容是全然不同的。

许多旅游者认为旅行社投保了“旅行社责任险”，就已经是为自己购买了全程旅游的保险。这是一种错误的认识。一些旅行社在线路产品的媒体宣传中，将“已投保旅行社责任险”作为吸引旅游者的一种手段，也存在误导旅游者的嫌疑。

2. 旅行社责任险规定的旅行社不承担赔偿的范围

《旅行社投保旅行社责任保险规定》第二章“旅行社投保旅行社责任保险的投保范围”当中，除规定了旅行社所应当承担赔偿责任的情况外，对旅行社不承担赔偿责任的几种情况也有明确的规定：

第六条　旅游者参加旅行社组织的旅游活动，应保证自身身体条件能够完成旅游活动。旅游者在旅游行程中，由自身疾病引起的各种损失或损害，旅行社不承担赔偿责任。

第七条　旅游者参加旅行社组织的旅游活动，应当服从导游或领队的安排，在行程中注意保护自身和随行未成年人的安全，妥善保管所携带的行李、物品。由于旅游者个人过错导致的人身伤亡和财产损失，及由此导致需支出的各种费用，旅行社不承担赔偿责任。

第八条　旅游者在自行终止旅行社安排的旅游行程后，或在不参加双方约定的活动而自行活动的时间内,发生的人身、财产损害,旅行社不承担赔偿责任。

从以上三条中可以看出,旅行社对旅游者由于自身疾病、个人过错或者是自由活动期间造成的人身伤亡及财产损失这类问题没有赔偿的义务和责任。

许多旅行社在常规的行程之外,会安排自由活动时间给旅游者,出境旅游领队应该特别叮嘱旅游者在自由活动期间的逛街、购物、拍照等活动的安全。按照旅行社责任险的规定,旅游者在自己活动期间受到的损失将无法落实到旅行社责任险这项险种的赔偿。

3. 高风险旅游项目需要另行保险约定

旅行社责任险所保的是旅行社常规旅游线路,对于含有高风险旅游项目的特殊线路,还需要另外投保或附加旅行社特殊旅游项目责任保险。旅行社组织的赛车、赛马、攀崖、滑翔、探险性漂流、潜水、滑雪、滑板、跳伞、热气球、蹦极、冲浪等高风险旅游活动,均属于常规线路以外的内容,因而需要另行投保。《旅行社投保旅行社责任保险规定》第十一条对此有所规定:

旅行社组织高风险旅游项目可另行与保险公司协商投保附加保险事宜。

在东南亚、澳洲等地,中国游客常常在导游的带领下参加深潜、冲浪、跳伞等有一定危险性的水上活动。在新西兰等国家旅游,还会参加蹦极等较危险的活动。按照《旅行社投保旅行社责任保险规定》,这些活动均需要旅行社与保险公司在通用的"旅行社责任险"之外再签署特殊旅游项目附加险。否则,旅游者在参加这类活动时发生意外,保险公司有理由不负责理赔。对于这一点,领队在带团过程中需要事先向旅游者做出解释说明,以免出现问题之后,旅游者对领队及旅行社产生抱怨。

案例精选 2-4-1 谁来承担赔偿责任?

王先生参加某国际旅行社组织的澳洲 8 日游。在报名时王先生向旅行社咨询,中途是否可以离团一天,因为想去悉尼参加一个商业活动,旅行社告诉他不可以离团,如果参加商业活动就应当办理商务签证,而不是参加旅游团。王先生承诺随团旅游。到了悉尼后,王先生仍然按照原计划参加当地的商业活动,但事先没有和领队商量,领队和他通话后才得知事件经过,只能要求他尽快回到旅游团。当天下午王先生电话告知领队,他在商业活动中不慎扭伤了脚踝,已经在朋友的帮助下住进了医院。领队得知情况后,要求地接旅行社派人前往医院探望,了解王先生的伤情,并提供了适当的帮助,王先生感谢旅行社的关心,表示会在行程结束时与团队会合后回国。王先生回国后,要求旅行社承担相关医疗费用。由于出团前旅行社已经向王先生说明了责任保险和意外保险的区别,并向王先生推荐了意外保险,但王先生不愿意购买意外保险,旅行社以非旅行社责任事故为由,拒绝承担赔偿责任。

【案例评析】

从受理的旅游者人身伤害投诉看,绝大多数人身伤害属于意外伤害范畴。针对这一现象,旅行社除了履行安全保障义务外,更多的是要推荐旅游者购买意外保险。

首先,旅游意外保险应当由旅游者自愿购买。旅游者人身伤害大致可以分为责任事故和意外事故两大类,责任事故由责任人承担赔偿责任。如果责任人是旅行社,旅行社就可以启动责任保险加以赔偿;如果是意外事故,可以通过旅游者投保的意外保险加以赔偿,而旅游意外保险必须由游客自愿购买,但旅行社必须向游客做出明确的提示。按照《旅游法》的规定,旅行社应当提示参加团队旅游的旅游者按照规定投保人身意外伤害保险。按照此项规定,推荐意外保险为旅行社的法定义务。旅行社提示在先,王先生拒绝购买意外保险,其意外伤害自然难以得到赔偿。

其次,旅行社不负责赔偿旅游者擅自离团期间所受到的人身财产损害。《最高人民法院关于审理旅游纠纷案件适用法律若干问题的规定》第二十条规定,旅游者在旅游行程中未经导游或者领队许可,故意脱离团队,遭受人身损害、财产损失,请求旅游经营者赔偿损失的,人民法院不予支持。

再次,领队必须强调旅游者不可离团。在出境游行前和旅游途中,领队必须明确要求旅游者不可离团,必须随团旅游,也不能向旅游者收取离团费。

二、建议旅游者主动购买旅游者个人保险

(一)主动向旅游者推荐保险是旅行社从业人员的责任

旅行社从业人员向旅游者推荐保险的做法,在《旅行社投保旅行社责任保险规定》第二十四条有规定:

旅行社在与旅游者订立旅游合同时,应当推荐旅游者购买相关的旅游者个人险。

目前,在许多具有出境资质的旅行社或代理销售点的门市销售柜台,旅游者都可以购买一些保险产品,门市销售人员也会向旅游者推荐多种保险产品。为了强调保险的重要性,在行前说明会上,领队还应当就旅游者个人保险问题再做介绍,力求旅游者能为自己的旅游安全多做考虑。出境旅游者在外出旅行时,投保一份人身意外险,就是为自己系上了一条“安全带”。通常情况下,人身意外险的保障范围都会涵盖自然灾害等不可抗力造成的损失。部分保险公司推出的人身意外险还涵盖了旅行期间的行李损失、行程延误以及旅行外出期间家庭财产盗抢损失等。以下是一家保险公司的境外旅行综合保险的介绍。

知识链接 2-4-1

全球旅游保险计划

适用人群:0~80周岁,因旅游、探亲而出国的人群。

保险期限:1~183天。

保障范围:意外伤害身故、残疾;意外及疾病住院和门急诊;紧急医疗救援;旅行期间家庭财产保障;托运行李损失和延误;随身行李损失;银行卡和支票盗抢;第三者责任;旅程取消等。

保障金额:最高400万元保障金额。

境外险会根据不同国家对前往的国外旅游者签证有不同要求,有的国家对险种有明确要求,有的国家对保障额度有明确要求,而有的国家对投保的保险公司有明确要求。一些国家要求签证申请者必须购买保险，比如法国、德国、希腊等欧盟国家，办理申请国家签证需要购买额度不低于 3 万欧元（约 30 万元人民币）且具有境外救援功能的意外医疗保险。但若是去泰国、马来西亚或非洲等国家（地区），旅游保险并不是签证的必需条件，是否购买保险就看旅游者自己的选择了。

（二）推荐旅游者购买的几类保险

目前国内各大保险公司推出的专门针对出境旅游者的旅游保险种类相对较多，一般旅游者出游可以从以下 3 种类型的保险中选择购买。

1. 旅游人身意外伤害保险

属于外出旅游人身最基本保障，所有出境旅游的旅游者都应该购买这类保险，防止意外发生后在境外产生高昂医疗费用及其他费用损失。这类保险的责任主要包括：在旅游途中因为意外或急性病导致的必须在医院治疗的事故；在旅游途中因为意外事故导致伤残的；在旅游途中因为意外事故导致死亡的。

2. 旅游救助保险

这是购买意外伤害保险后的增值服务，该保险是国内各保险公司普遍开办的险种，是保险公司与国际救援中心联合推出的，旅游者无论在国内外任何地方遭遇险情，都可拨打电话获得无偿的救助。

3. 旅游财物损失保险

这类保险的责任包括钱包、行李、证件遗失等，视个人需求购买。

其中，旅游人身意外伤害保险是购买人数最多的，在旅游过程中遭受意外事故，并因该事故所导致的意外身故、残疾、医疗等都属于保障范围内，并且被保险人在签署旅游意外伤害保险合同的情况下，还可签署旅游遗体遣返保险、旅游误工保险、旅游护理保险、旅游疾病身故保险、旅游突发急性病保险、境外紧急救援医疗保险等相关附加合同，能够为被保险人提供全面有效的意外保障。

投保境外旅行人身意外险时，要注意选择投保具有全球紧急救援服务的产品。这样，一旦发生意外事故，投保人可通过保险公司的紧急救援系统展开"自救"。目前，中国的一些保险公司推出了多种出境旅游综合保险，保险范围涵盖境外旅游意外事故、境外紧急救援服务、财产损失等，可供出境旅游消费者根据个人需求进行选择。

案例精选 2-4-2　塞班岛之旅的意外

2018 年 6 月，吴女士参加前往塞班岛的旅游团，启程之前，她在领队的建议下参保了境外旅游意外伤害保险。

6 月的塞班岛风景迷人，正值凤凰花开的季节，整个小岛都飘满如云如霞的凤凰花，盛开的凤凰花在蓝天绿树的映衬下，火红得犹如天边彤云，鲜艳夺目，十分壮观。吴女士是位摄影爱好者，在到达塞班岛的第二天，吴女士徒步在岛上拍摄迷人的风景。不料，意外发生了，吴女士在全神贯注取景拍摄的过程中，不小心摔倒，致踝骨骨折。领队帮助吴女士拨打了保险公司的境外救援电话，在救援中心的安排下，吴女士被送入当地医院进行治疗，救援机构为其垫付了医疗费用。

该次事故，保险公司共赔付吴女士医疗费用折合人民币 12 000 元。虽然吴女士的境外旅游出现了意外，但她很感谢领队在出游前关于保险购买的建议以及领队在她出现意外后的帮助，这使她能够及时入院治疗，并且得到保险公司的赔付。

【案例评析】

出国旅游是需要买保险的。尤其是去申根国家，如果不买保险的话，是办不了签证的。而且有些国家对医疗保额还有一定的要求。因为去国外旅游的风险未知，所以为了人身安全保障，买一份保险也是非常有必要的。若是在境外旅游时遭遇了意外，就可以直接联系保险公司申请救援。本案例中，虽然去塞班岛旅游不强制旅游者购买旅游保险，但是经验丰富的领队在出发前建议吴女士购买旅游意外伤害保险，当吴女士在境外出现意外时，保险就发挥了重要作用。

在购买保险的时候，最好选择一份包括意外和紧急救援医疗双重保障的境外旅游保险，这样能更好地应对在国外的突发风险，不管是重要财物丢失、行李延误，还是出现意外事故，需要紧急救援、医疗，都可以通过购买的保险获取保障。

大家还需要注意，购买的保险是一定要覆盖整个旅游行程的，这样才能保证整个旅游过程都是时刻有保障的，而且多出几天会比较好。

任务评价

任务内容	评价标准	是否达标
旅行社责任险	了解旅行社责任险的定义，熟悉旅行社责任险的投保范围，熟悉旅行社责任险不承担赔偿的范围	□是 □否
旅游意外险与旅行社责任险的区别	熟悉旅游意外险和旅行社责任险的差异，熟悉旅游意外险的保障范围	□是 □否
旅游综合保险	熟悉旅游人身意外伤害保险、旅游救助保险、旅游财务损失保险等险种的保险责任	□是 □否

学习反思

任务五 邮轮相关知识

任务导入

暑期里，领队小陈带了一个加拿大全境加阿拉斯加州的邮轮团。团队在加拿大境内的行程进行得非常顺利。很快就到了登“公主号”邮轮的日子了。由于旅游者预订的船舱类型不同，所以大家的房间都分布在不同的楼层。并且，船一旦离开了码头，在海上就没有手机信号了，领队和团员的沟通也就不如陆地上那么方便。所以在登船之前，小陈就已经早早地把船上的一些注意事项、船上的主要功能区域划分、预订上岸行程的方法、用餐时间和地点、房间电话拨打方式等都告知了客人。同时他还和客人约定好将每天晚上的用餐时间作为大家的沟通交流时间。此外，小陈还准备了一个“秘密武器”。由于之前小陈就坐过“公主号”邮轮，发现船上提供了一项非常人性化的服务——免费无线局域网(WiFi)。具体来说，只要登船客人打开自己的移动终端，无论手机还是平板电脑，连接上船上的免费WiFi，打开浏览器，在相关页面输入自己的个人信息，就可以注册一个账号。通过这个账号，可以快速查询船上的各项服务，如行程安排、娱乐活动、个人账单等。最重要的是，通过这个账号还可以添加船上的好友，和好友之间互发信息，并且支持群发功能。而所有的这些服务都是免费的。这项服务很好地解决了游客在船上的通信问题，对于领队来说，群发等功能也非常实用。所以当时小陈就将注册账号的每一个步骤和相应的页面都截屏保存了。在此次出国之前，小陈就将相关图片都打印出来，并标注了中文，制作了一份“公主号邮轮船上局域网使用手册”。在登船之前，小陈把这份手册分发给每个客人，并详细介绍了注册步骤和注意事项。旅游者对于船上提供的这项服务也非常期待。整个登船过程进行得非常顺利，没用多长时间，所有的旅游者都已经拿到了各自的船卡，上船享用美食去了。可是，没过多久，领队小陈的手机就响个不停。客人纷纷来电说小陈提供的局域网注册说明有误，根据说明根本无法完成注册。小陈赶紧也试着注册了一下，果然，根据以往的注册流程操作，注册到最后一步的时候总是出错，页面显示为“Service not available”(无法提供服务)。小陈立刻拿着手机来到了服务台，在询问了工作人员以后，才得知当前网络服务器正在停机维护中，一旦开船就会恢复服务，可以顺利注册。小陈随即将这个消息通知了各位团员。到了晚上用餐的时候，大多数团员已经成功注册，只有几位年纪稍长的乘客实在不懂如何操作。小陈就一个个地帮他们完成注册，并彼此添加了好友。此后的几天，通过这个船上的局域网服务，大家之间的交流和沟通变得十分顺利。

任务分析

(1) 随着邮轮旅游在中国市场的快速发展，越来越多的中国游客选择邮轮旅游这一新型的出游方式。虽然现在各大邮轮公司为了更好地服务中国游客，都在不断地改进自己的服务，除了添加中文菜单外，在船上也可以看到更多会说中文的服务人员。但是对于大多数中国游客来讲，由于语言的关系，很多时候还要求助于领队。

(2) 如果领队能从细节入手，详细了解邮轮的设施和服务，满足一些客人非常迫切又实际的需求，就能极大改善游客的船上体验。

任务准备

近十多年来，随着许多大型豪华邮轮投放到世界各地，也催生了新一代邮轮旅行爱好者。如今，邮轮旅游航线已遍布全球七大洲，邮轮本身更像是集吃、住、行、游、购、娱为一体的海上移动度假村，为人们提供度假休闲的全套服务。

一、邮轮母港

邮轮母港是邮轮旅客规模较大、服务功能较为完备和城市邮轮相关产业集聚度较高的始发港。中国的主要邮轮母港如下：上海吴淞口国际邮轮港、上海港国际客运中心、天津国际邮轮母港、厦门国际邮轮母港、三亚凤凰岛国际邮轮港、青岛国际邮轮母港。详见表2－5－1。

表2－5－1 中国主要邮轮母港及概况

城 市	主 要 情 况
上 海	上海港现拥有2座邮轮码头，即上海吴淞口国际邮轮港和上海港国际客运中心，逐渐形成以吴淞口为母港的上海邮轮、游船观光旅游圈，同长江沿线城市合作，共建长江水上旅游黄金水道，与沿海著名港口城市合作，共同打造沿海水上旅游黄金岸线。同时，吴淞口将致力于成为世界邮轮旅游航线的重要轴心
天 津	天津国际邮轮母港位于天津港东疆港区南端，意大利歌诗达“浪漫”号、美国皇家加勒比“海洋神话”号以天津作为母港首航
厦 门	厦门在已有总建筑面积8.1万平方米的邮轮中心基础上，正在积极筹划建设新的邮轮母港项目。新的邮轮母港，将成为厦门邮轮产业实验区的承载体
三 亚	三亚凤凰岛国际邮轮港通航，嘉年华、皇家加勒比以及丽星等世界知名的大邮轮公司纷纷选择三亚凤凰岛国际邮轮港，开通了数条经停三亚的航线，共接待380多个航次的国际邮轮
青 岛	2016年，共运营90个母港航次，接待出入境邮轮旅客8.95万人次。皇家加勒比、歌诗达、地中海等世界知名邮轮公司来青岛运营多个航次

任务实施

二、邮轮航线

国际上主要有以下几种邮轮航线。

1. 地中海航线

航线经过埃及、希腊、土耳其、意大利等国，古文明与爱琴海上的千百座迷人岛屿交相辉映，营造出独特的浪漫氛围。

2. 阿拉斯加航线

每年的5月到9月是阿拉斯加航线旅行的最佳时期。阿拉斯加航线基本上可分为“内湾航道”和“冰河湾航道”两种。大多数航行是从加拿大温哥华或者美国西雅图启程北上，航行至哈伯冰川后再折返南下，更北则可以到达苏厄德和安克雷奇等地。

3. 东南亚航线

东南亚航线以新加坡、曼谷、马尼拉、马来西亚吉隆坡（巴生港）、马来西亚马六甲、马来西亚槟城、马来西亚兰卡威岛、马来西亚热浪岛、泰国普吉岛、泰国苏梅岛和泰国甲米等地为主要目的地,航线环绕南中国海、泰国湾、印度洋和菲律宾海。

4. 南极航线

南极航线经行区域为南极洲,是极地航线的一种。极地航线是邮轮航线中最为特殊的一种,航行目的地都是人迹罕至的两极地区,沿途风光更能令人留下任何旅行都无法替代的珍贵记忆。

5. 日韩航线

日韩航线是距离我国最近的邮轮航线之一,也是亚洲地区重要的旅游线路。

6. 北欧航线

此航线基本串起了所有北欧知名的大城市和港口,包括丹麦首都哥本哈根、瑞典首都斯德哥尔摩、芬兰首都赫尔辛基、挪威首都奥斯陆。还会途经俄罗斯、波兰等国家,有些航线能到达荷兰和拉脱维亚等国。

7. 英国列岛航线

乘邮轮体验英伦风情,该航线会途经英格兰、苏格兰、爱尔兰、北爱尔兰。

8. 中南美洲航线

中南美洲航线亦称拉丁美洲航线,是包括南美洲、墨西哥、加勒比海及西印度群岛等部分北美洲南部区域在内的相关航线的统称。在国际航运的航线分类当中,通常包括南美东线、南美西线、加勒比海航线、中美洲航线等。

9. 太平洋岛屿航线

大溪地、夏威夷是这个航线途经区域的代表,区域内多为热带气候,适宜全年旅游。

10. 澳新航线

澳新航线即澳大利亚和新西兰的航线,多以悉尼为中心,从悉尼港向南经墨尔本、霍巴特进入南太平洋到达风景宜人的新西兰,经过新西兰的南北岛到达奥克兰。还有相当多的航线是围绕着澳大利亚大陆,分成不同的航段,从悉尼经布里斯班、黄金海岸到凯恩斯,参观著名的大堡礁。澳大利亚南部的塔斯马尼亚岛周边也是邮轮航线活跃的区域。

澳新航线是太平洋的航线中航行天数较长的一种。与太平洋岛屿航线不同,澳新航线位于南半球,也是世界上为数不多的位于南半球的邮轮航线,只有当每年北半球秋冬季节来临的时候,南半球邮轮旅行才会迎来升温的时期。

11. 美国加拿大赏枫航线

在秋天,从美国东部的波士顿向北到加拿大,一路上洋溢着丰富绚丽的色彩,9 月下旬至 10 月上旬是这一地区赏枫的最佳时间。

12. 中东与非洲航线

中东航线以迪拜为中心,是性价比很高的航线。非洲航线季节性强,航期长,途经印度洋沿岸的东非地区和大西洋沿岸的西非地区,可选择余地不大,每年会有相对较少的航次在此地区运营,所经过的地区和国家比较密集。

13. 环球航线

环球航线多数是在一月份开始,也有少数是在四月份起航,多数航程在 100~110 天,通常从迈阿密出发,大体航线经加勒比海过巴拿马运河到达南美进入太平洋,经日本、中国、越南、泰国、新加坡、澳大利亚,再经过印度、中东和地中海到达意大利或是英国的伦敦。

三、邮轮公司

以下为全球较为知名的几大邮轮品牌。

1. 嘉年华邮轮

嘉年华邮轮于1972年成立，目前是全球第一的超级豪华邮轮公司，被业界誉为“邮轮之王”，总部设在迈阿密，航线广布巴哈马、加勒比海、墨西哥度假区、巴拿马运河、阿拉斯加、夏威夷、百慕大及加拿大等世界最美的海域。嘉年华邮轮集团有25艘8~12万吨大型豪华邮轮，这也是迄今为止最为庞大的豪华邮轮船队。船队全年在欧洲、加勒比海、地中海、墨西哥、巴哈马航线运营；而季节性航线则有阿拉斯加、夏威夷、巴拿马运河、加拿大海域航线等。

2. 皇家加勒比邮轮

皇家加勒比邮轮是目前世界上第二大邮轮公司，成立于1969年，总部位于美国迈阿密，在全球范围内经营邮轮度假产品，在世界范围内运行多样化的航线，并提供覆盖七大洲、300余个目的地的陆地游度假产品。行程覆盖全世界各地，从美洲地区的阿拉斯加、加拿大、加勒比海、墨西哥、巴哈马群岛、夏威夷群岛、百慕大群岛、南美、巴拿马运河、太平洋海岸，到充满欧陆风情的北欧、地中海、新英格兰地区，从澳洲、新西兰，来到热情诚挚的亚洲。

3. 精致邮轮

精致邮轮是皇家加勒比邮轮集团的品牌之一，成立于1989年，规划超过260条精彩的度假航线，足迹遍及七大洲，包含世界上最有趣的旅游胜地，让旅客们能有更多时间探索精彩夺目的景点。

4. 歌诗达邮轮

歌诗达邮轮隶属于世界邮轮业翘楚嘉年华集团，于2006年首次开启以中国为母港运营的国际邮轮航线，成为首家进驻中国的国际邮轮公司。2015年，歌诗达中国出发母港航次共168个，母港游客人数近50万人，占中国邮轮母港出入境游客份额的38.31%，成为在华运营母港航次及游客人数最多的邮轮公司。

5. 保罗高更邮轮

保罗高更邮轮旗下只有两艘邮轮，但主打奢华路线，是超豪华的六星级邮轮，特色航线为大溪地航线。

6. 伯曼邮轮

伯曼邮轮公司成立于1971年，总部设立在西班牙首都马德里。2006年伯曼邮轮正式加入国际闻名的皇家加勒比邮轮的大家庭。除了自身拥有的豪华游船运营外，还有丰富的岸上观光旅游度假套餐可供乘客选择，此外还经营3艘747喷气式客机用来提供游船始发地的港口和目的地之间的空中飞行服务。被皇家加勒比邮轮公司收购后，其在皇家加勒比邮轮公司的麾下将保持其品牌独立自主，以保持它与众不同和成功的客户市场经验。

7. 星梦邮轮

星梦邮轮是云顶香港有限公司推出的邮轮品牌，也是亚洲第一个本土品牌的高端邮轮。星梦邮轮致力于服务亚太区，其星梦套房拥有独特的“船中船”体验，配备宽敞套房、豪华设施以及各项专属礼遇和欧式管家服务。星梦邮轮是真正专注于中国市场的本土高端邮轮品牌，专为中国旅客量身定制邮轮度假体验，特别准备了大量迎合家庭旅客需要的相连客房，并精心设计了提供地道中餐的多间餐厅。

8. MSC 地中海邮轮

意大利全资拥有的 MSC 地中海邮轮，于 1987 年成立，并于 1995 年正式命名为地中海邮轮，同年开始发展邮轮业务。地中海邮轮在地中海区域全年都有邮轮航行，同时也提供世界范围内的季节性邮轮航程，包括北欧、大西洋、加勒比海、北美洲、南美洲、南非等地区。MSC 地中海邮轮能够让旅客陶醉于充满意大利特色的旅程，凭借独特的意大利风格，于行内独树一帜。船上热情的招待，华丽的装潢，舒适的设计，精致的美食，浪漫的气氛，处处流露出公司秉承“意大利制造”的理念，也是 MSC 地中海邮轮的不同凡响之处。

四、邮轮舱房

邮轮舱房一般会以“类型+人数”的形式命名，如内舱双人房、海景三人房等。舱房类型主要有内舱房、海景房、阳台房、套房四类。

内舱房：无窗，基本设施完备，是性价比最高的房型。

海景房：有窗但无法打开，可以观赏海景，除此之外与内舱房差异不大。

阳台房：有步入式阳台或露台(露台上方无顶盖，面积一般比阳台略大)，可走出舱房观赏海景，呼吸海上新鲜的空气。

套房：一般均有步入式阳台(极少数无阳台)，面积较大，房间配套设施更完备。套房客人可享受专属服务，如 24 小时管家服务、免费气泡酒、新鲜水果等。

邮轮舱房对于可入住人数有比较严格的规定。比如双人房规定入住 2 人，多于 2 人则无法预订此类舱房，如仅有 1 人预订，则必须支付单房差，合计下来与 2 人入住的价格相差无几。

在常见的舱房中，双人房、三人房和四人房居多。一些邮轮上有少量单人房，如海洋量子号上的单人内舱房。部分邮轮也存在少数可入住多人(大于 4 人)的舱房，如海洋量子号的家庭连通房最多可入住 10 人，该房型由 1 间标准套房、1 间阳台房及 1 间单人内舱房组合而成，3 间房共用一个独立入口和门廊。

任务评价

任务内容	评价标准	是否达标
邮轮母港	了解我国沿海邮轮港口的基本情况	□是　□否
邮轮航线	了解目前国际上主要的邮轮航线有哪些，以及各邮轮航线的基本情况	□是　□否
邮轮公司和邮轮舱位	熟悉全球主要邮轮公司的基本情况，掌握邮轮舱位的类别和各等级舱位的标准	□是　□否

学习反思

____

____

____

____

____

____

____

项目小结

本项目从出境旅游领队带团工作必备的相关知识出发,在对出境证件和飞机、邮轮等交通工具常识性旅游知识认知的基础上,开展领队办理各种类型签证和协助游客境外购物退税的综合技能实训,并在分析对比旅行社责任险和旅游意外保险的差异后,强调领队带团出境前落实旅游者意外险投保的重要性。

项目考核

一、判断题

1. 我国普通护照的有效期是10年,出境旅游时要求护照有效期在6个月以上。 (　　)
2. 在有Tax Free Shopping、Tax Refund、VAT Refund等标志的商场或店铺购买的所有商品都可以享受退税政策。 (　　)
3. OPEN机票上不标明回程的日期和航班,而标注有OPEN的字样。持OPEN机票的游客如果确定下来回程时间和航班后,必须要到航空公司在境外的办事处进行登记与确认。 (　　)
4. 旅行社责任险的投保范围包括:旅游者人身伤亡赔偿责任;旅游者因治疗支出的交通、医疗费赔偿责任;旅游者行李物品的丢失、损坏或被盗所引起的赔偿责任等。 (　　)
5. 国际航线免费行李额分为计重免费行李额和计件免费行李额两种。 (　　)

二、单选题

1. 港澳通行证上的L签注代表(　　)。
   A. 探亲签注　　B. 商务签注
   C. 个人旅游签注　　D. 团体旅游签注
2. 以下哪一个不是境外购物退税的服务机构(　　)。
   A. Premier Tax Free　　B. Tax Free Worldwide
   C. Tax Free Shopping　　D. Innova Tax Free
3. 国际机票信息中的ALLOW表示的中文含义是(　　)。
   A. 免费托运行李　　B. 订位状况
   C. 飞机的舱位　　D. 承运的航空公司
4. 所有中国籍公民在进入申根国前都需要获得申根签证。作为签发申根签证的基本前提,所有申请人都必须购买赔偿金额不低于(　　)的医疗保险。
   A. 2万欧元　　B. 3万欧元　　C. 4万欧元　　D. 5万欧元
5. 我国拥有2座邮轮母港的城市是(　　)。
   A. 广州　　B. 深圳　　C. 上海　　D. 天津

三、多选题

1. 以下属于欧洲申根协议国的国家有(　　)。

   A. 法国　　B. 英国　　C. 冰岛　　D. 瑞士

2. 中国籍游客王先生参加欧洲 10 日游,他在欧洲购买了不少商品,王先生如要成功领取购物退税,必须满足的条件有(　　)。

   A. 所购商品必须是在指定的有免税标识的商店内购买

   B. 向商店索取退税支票并正确完整填写

   C. 离境时在退税支票上盖海关章

   D. 在离境机场退税柜台领取退税现金

3. 以下哪些情况不属于常规旅行社责任险的赔偿范围(　　)。

   A. 旅游者在旅游行程中,由自身疾病引起的各种损失或损害

   B. 旅游者个人过错导致的人身伤亡和财产损失,及由此导致需要支出的各种费用

   C. 旅游者参加旅行社组织的滑雪活动身体受伤

   D. 旅游者在自己活动期间发生的人身、财产损害

林小姐参加“欧洲五国游”,到了法国后,她购买了不少商品,可退税约 1 400 元人民币。然而,当林小姐在机场找到退税专柜之后,发现填英文单据加上排队要 3 个多小时。为了不耽误之后的行程,林小姐决定放弃办理退税手续。

实训要求:如果你是林小姐的领队,你如何帮助林小姐领取到退税款项?

第二篇

出境旅游领队操作实务篇

项目三　行前准备

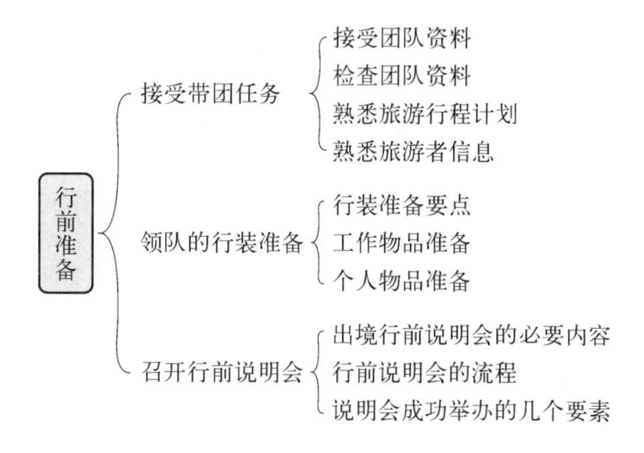

☆知识目标：1. 了解出境领队上团前的工作流程和服务技巧。
2. 熟悉出发前的准备工作内容。
3. 掌握召开行前说明会的必要内容和基本流程。

☆能力目标：1. 具备出团前周密、完善准备各项工作的能力。
2. 具备独自召开行前说明会的能力。

☆素质目标：1. 培养学生细心周到的工作态度。
2. 培养学生敢于当众讲话的勇气。

任务一　接受带团任务

携程国际旅行社的领队王朋朋接到公司派团中心经理的电话，通知他去公司领取计划书，下周他要带领一个30人的团队赴日本旅游，旅游时长为1周。那么接下来王朋朋需要做哪些准备工作？团队在日本的行程详见表3-1-1，旅游费用包括及不包括的项目见表3-1-2。

表 3-1-1 团队在日本行程表

日期	日本本州经典7日行程计划	参考酒店
第1天	**郑州—大阪　CZ8381　08：45~12：50** 在郑州机场搭乘国际航班飞往日本大阪关西机场，降落后由导游接机，乘坐酒店巴士前往酒店入住。 **【大阪城公园】**为日本名将丰臣秀吉所造，分为本丸、二之丸和城廊之外的三之丸，四周以护城河围绕，四周均为绿意盎然的公园绿地，秀丽的庭园和亭台楼阁、奇花异卉、满目青翠，充满诗情画意。 **【心斋桥、道顿堀】**所谓“购在心斋桥，吃在道顿堀”。心斋桥作为大阪最大的购物区，集中了许多精品屋和专卖店，从早到晚熙熙攘攘，到处是市民和游客。而来到号称“日本厨房”的大阪，道顿堀美食街是绝对不能错过的。	大阪关西酒店
	晚餐：蟹道乐	
第2天	**大阪** **今日安排** **【日本环球影城】**日本环球影城（Universal Studios Japan，简称USJ）位于日本大阪市此花区，1998年10月28日由美国动作演员、加州州长阿诺德·施瓦辛格主持动工仪式，2001年3月31日开幕。 影城中有各种亲子娱乐设施，还有日本特色的卡通人物，更是一座电影主题游乐场，分为纽约区、好莱坞区、旧金山区、哈利·波特的魔法世界、水世界、亲善村、环球奇境、侏罗纪公园8个区域。	大阪关西酒店
	酒店自助早餐　　午餐：自理　　晚餐：日式火锅	
第3天	**奈良—京都—中部　（奈良—京都，50千米，1小时车程；京都—中部，130千米，2小时车程）** **今日安排** **【奈良神鹿公园】**占地5.25平方千米，东西长约4千米，南北宽2千米，范围甚大，堪称世界上数一数二的大公园，公园内有很多名胜古迹，巨树丛立，还有历史悠久的古花草、山林及岩石等，这些都让到日本旅游的游客赞叹不已，另外，这里共有1 200多只梅花鹿，都散布于山间、林下或寺庙的池畔，是奈良观光的象征。 **【金阁寺】**在京都必看的景点。金阁寺（Golden Pavilion）的正式名称为鹿苑寺，位于京都市北区，是一座临济宗相国寺派的寺院，日本室町时代（1336—1573）最具代表性的名园，其名称源自足利氏第三代幕府将军足利义满（1358—1408）之法名，又因为“舍利殿”的外墙全是以金箔装饰，所以又称为“金阁寺”。 **【伏见稻荷大社】**伏见稻荷大社位于稻荷山，由楼门、本殿、千本鸟居等构成，绿树掩映深处，一条看似隧道、由千座朱红色鸟居构成的神秘通道，直通稻荷山山顶，是京都独特风景的代表之一。 **【千本鸟居】**伏见稻荷大社内的千本鸟居也十分有名，前来此地还愿的人们往往会在神社境内建立一座鸟居来表达对神明的敬意，使得伏见稻荷大社内有了很多不同大小的鸟居。	中部周边酒店
	酒店自助早餐　　午餐：日式拉面　　晚餐：日本料理	

续 表

日期	日本本州经典7日行程计划	参考酒店
第4天	**中部—富士山 （中部—富士山，250千米，3.5小时车程）** **今日安排** **【富士山五合目】**停留时间1小时。富士山由山脚到山顶分为十合，由山脚下出发到半山腰称为五合目，利用巴士可上到2 305米的五合目，这里的景色一年四季随季节变化而不同，日出日落，气候变化，都会令富士山呈现不同的风景。 **【忍野八海】**日本山梨县山中湖和河口湖之间忍野村的涌泉群，因为错落有致地散布着八个清泉——御釜池、底无池、铫子池、浊池、涌池、镜池、菖蒲池和出口池，“忍野八海”故而得名且名扬四方。据说忍野八海在1 200年前就有了，是富士山融化的雪水流经地层过滤而成的八个清泉，平均水温约13℃，水质清冽甘甜，被誉为“日本九寨沟”，是忍野地区指定的国家自然风景区。景区内有秀丽的田园风光，池水波光粼粼，与美丽的富士山合为一体，引来无数摄影家前来捕捉富士山与忍野村的自然美景。 **【富士急乐园】**（约120分钟，含入园首道门票）地处富士山麓的日本著名游乐园。1997年富士急乐园的云霄飞车以4项世界最高纪录而载入吉尼斯世界大全。富士急乐园给人以很大的刺激和快感，可在富士山美丽壮观的大背景下感受非日常的体验，留下难忘的记忆。 入住温泉度假酒店，体验日式温泉泡汤乐趣。	温泉酒店
	酒店自助早餐 午餐：日式烤肉 晚餐：温泉料理	
第5天	**富士山—东京 （富士山—东京，130千米，2.5小时车程）** **今日安排** **【皇居外苑二重桥】**皇居是日本天皇及家眷曾经的住所，隐藏在大片树林和庭园的深处。二重桥位于皇居正门前，桥下的护城河水平如镜，垂柳倒映其中，显得格外优美，被公认为皇居最美之地。 **【浅草寺】**浅草寺是东京最古老的寺庙，浅草寺的大门雷门是公元942年为祈求天下太平和五谷丰登而建造的，正式名称是“风雷神门”，是日本的门脸、浅草的象征。 **【仲见世商店街】**是日本最古老的商店街之一，出售日本最具特色的旅游纪念品、民间工艺品、和服以及日本人喜食的小吃等。游客可在此选购日本特色纪念品或礼物。 **【银座】**与巴黎的香榭丽舍大街，纽约的第五街齐名，是世界三大繁华中心之一。东京最主要的繁华商业街，以其华丽高雅、雍容大方、充满成熟浪漫的气息而著称。既有百年老店、高级名牌精品店，也有令人目不暇接的新潮店铺。有美味甜点的咖啡厅，夜晚陆续开张的寿司店、日本料理店，还有高级俱乐部等，将街道装点得多彩多姿。 **【银座东急广场】**站在日本东京最著名的商业区——银座，一幢巨型玻璃帷幕建筑映入眼帘，由全球前三大、拥有百余年历史的建筑设计公司日建设计（Nikken Sekkei）打造的银座东急广场，以“光之船”的意象驶进东京，改写城市轮廓。因此被誉为“银座之门”。银座东急广场占地五万平方米，在寸土寸金的银座地段极为少见。 **【电器免税店】**银座的电器免税店有彩电、计算机和数码照相机等，还有各种家电小商品，包罗万象，专门为外国人提供免税商品，可以代办托运手续，十分方便。	成田地区酒店

续 表

日期	日本本州经典7日行程计划			参考酒店
第5天	**【综合免税店】**是以销售日本制造商品为主的综合商店。商品包括品牌电器、名品手表、护肤保养品,保健品及生活杂货和礼品等。在为日本国内外游客提供优质商品和热忱服务的同时,还可为海外游客提供商品免税服务。满足您的购物乐趣,让您的日本之旅更加丰富回味无穷!			成田地区酒店
	酒店自助早餐	午餐:日式料理	晚餐:自理	
第6天	**东京一日商务活动** 上午参观**东京现代建筑博物馆**,下午参访**东京现代建筑协会**,随后举行座谈会。			成田地区酒店
	酒店自助早餐	午餐:商务简餐	晚餐:中华料理	
第7天	**东京—郑州 CZ8384 13:50—16:50** 搭乘航班返回郑州,结束愉快的日本之行!			
	酒店自助早餐			

表3-1-2 旅游费用包括与不包括项目

旅游费用包括项目	旅游费用不包括项目
(1) 全程国际往返机票费用、燃油附加税。 (2) 全程日本4~5星酒店(1晚温泉酒店)。 (3) 日程所列餐饮,全程9顿正餐。 (4) 豪华观光旅游巴士。 (5) 全程中文导游陪同。 (6) 日本签证费用。 (7) 行程所列景点门票费用。	(1) 个人护照办理费用。 (2) 航空保险费、行李保险费、超重行李费。 (3) 酒店客房、行李员、餐馆等其他自愿支付小费。 (4) 各项私人额外费用,如:洗衣、长途电话、酒水等消费。 (5) 行程外任何观光项目及自费活动(包括这些活动期间的用车、导游和司机服务等费用)。 (6) 单人间房差:500元/人/天。 (7) 因私人原因、交通延阻、罢工、台风或其他不可抗力因素而产生的额外费用。

任务分析

出境领队接到带团通知并接受该任务,是整个带团工作开始的标志。提前了解旅游目的地国家的基本概况、相关法律要求、出入境政策等,做好充分且完整的准备工作,有条不紊地逐项准备,可为后续带团工作的顺利进行提供必要保障。在旅行社找团队操作人员拿到团队资料后,领队要先做好以下工作:

(1) 检查团队资料。

(2) 熟悉旅游行程计划。

(3) 熟悉旅游者信息。

任务准备

一、接受团队资料

出境旅游领队在接到带团工作任务后,要做的第一件事就是与旅行社的计调人员取得联系,约定时间,听取计调人员对此团队的详尽介绍。领队需要认真听、仔细记,对不清楚的问题要马上进行针对性的提问。团队资料的内容应当包括以下几个方面:

(1) 团队基本构成情况。

(2) 团内重点团员的情况。

(3) 团队的完整行程。

(4) 团队的特别要求。

(5) 行前说明会时间。

(6) 出境旅游行程信息。

任务实施

二、检查团队资料

领队拿到团队资料后,首先要逐项检查各项资料是否完整有效,包括护照、签证、机票、保险、团队出入境名单表、酒店预订单、行程计划书、分房表、质量调查单、说明会确认单,等等,确保所有资料都是完整、有效的。一旦检查发现有任何问题,领队要及时与团队操作人员进行沟通解决。需要特别注意如下几点:

(1) 护照及签证。检查护照和名单是否一致,护照有效期及签证有效期,护照是否有空白页面及护照是否有破损情况,等等。

(2) 中国公民出国旅游团队名单表。团队旅游通常会出现此项资料,检查出入境日期和目的地是否正确,名单信息、证件号码、护照签发地是否一致,是否已经盖章并签字等。按照《中国公民出国旅游管理办法》的规定,旅游团队出境必须持有"中国公民出国旅游团队名单表",该表一式四联,分别为:出境边防检查专用联、入境边防检查专用联、旅游行政部门审验专用联、旅行社自留专用联。领队在带团出境时,需要携带名单表的第 1 至第 3 联,在口岸出境时,将名单表的第 1、第 2 联交边防检查站核验,边防检查站在名单表上加注实际出境人数并盖上验讫章后留存第 1 联,将第 2、第 3 联交还给领队保管。在团队入境时,领队将第 2、第 3 联交边防检查站核查,边防检查站在名单表上加注实际入境人数并加盖验讫章后留存名单表第 2 联,第 3 联由领队带回旅行社交给团队操作人员。

(3) 机票及酒店预订单。检查航班日期、往返机场、机票名单、中转航班信息是否有误。检查酒店预订单的酒店名称和入住日期是否和行程计划书保持一致。前往美国、加拿大等国家,入境时有可能会要求出示机票订单和酒店订单,可以多打印几份备用。

(4) 行程计划书。旅游行程计划书是旅游过程的指导性和关键性文件,主要包括旅游线路、游览时间、游览景点、交通信息、酒店信息、餐饮信息、购物及自费项目、注意事项、紧急联络人信息等内容。

（5）分房表。检查旅游者和用房数量是否有误，是否有不占床的儿童，是否产生单男或单女游客等。

（6）其他资料。检查保险单的名单和保险覆盖日期，检查需要旅游者签字的质量调查表和参加说明会的确认单是否足够用。

三、熟悉旅游行程计划

旅游行程计划书是旅游过程的指导性和关键性文件，主要包括旅游线路、游览时间、游览景点、交通信息、酒店信息、餐饮信息、购物及自费项目、注意事项、紧急联络人信息等内容。

作为领队，首先要对整个旅游行程有一个全面的了解，认真阅读旅游行程计划书，掌握每日行程安排，尤其需要特别注意：

（1）交通信息。全程航班信息及机场信息，除了国际航班外，还有目的地国家、城市之间的内陆航班信息或当地火车、高铁、轮渡信息等，对于大型国际机场要注意区分航班起降的航站楼。

（2）游览项目。熟悉行程计划中的全部游览项目，包括景点、演出、体验项目等。如有特殊项目，需要提前了解是否会对行程有所影响并做出应对方案。比如参观教堂、寺庙或其他宗教场所是否对游客着装有要求；体验高空项目是否对年龄、体重、健康情况有特殊要求等。

（3）酒店及餐饮。熟悉全程酒店安排，包括酒店星级、品牌、位置、周边环境等。熟悉全程餐饮安排，包括每天用餐的标准、是否有特色餐、是否有特殊餐饮要求等。

（4）其他。熟悉行程中的购物安排、自费项目及其他内容，包括购物次数、购物内容、购物时间、自费项目的内容、收费标准、如何发放小费等，从而更好地配合地接完成以上工作。

以上信息一般都会在旅行社的行程计划中有详细说明，领队拿到团队资料后要仔细阅读，对于行程计划书上的内容有任何疑问都要及时与团队操作人员进行沟通并确认。

四、熟悉旅游者信息

领队需要掌握全团旅游者的基本信息，包括年龄、性别、民族、职业、联系方式、健康状况以及是否有同行人等，以便根据游客情况制定个性化服务。需要特别注意以下几点。

（1）未成年人和老人旅游者。了解未成年人是否有监护人陪同，老人是否有直系亲属陪同，老人的健康情况等。

（2）少数民族旅游者。了解是否有特殊餐食要求。

（3）有宗教信仰的旅游者。了解是否有特殊餐食要求，是否有特殊作息要求，对于行程中的参观场所是否有特殊禁忌等。

（4）职业信息。旅游者的职业信息一般不会体现在团队名单表上，如果整团为同一职业人员组成，组团社通常会提前告知，需要提前了解注意事项。

领队在接受旅行社带团任务后，经过检查团队资料、熟悉旅游行程计划和熟悉旅游者信息这三个步骤之后，就可以进入下一个准备环节了。做好充分的出团准备，不断积累经验，是成为一名专业的出境旅游领队的重要历程。

实践活动 3-1-1 认真阅读王朋朋的“日本本州经典7日行程计划”，分析以下问题

（1）该团队一共安排了几顿特色餐饮？分别有什么特点？为什么行程中有2餐需要游客自理？

（2）行程中是否存在不适合老人和儿童参与的游览活动项目？为什么？

（3）出发当天，通知参团游客几点在机场集合比较合适？

（4）第三天有参观宗教场所的行程，领队应该提前告知游客哪些信息？

任务评价

任务内容	评分标准	是否达标
检查团队资料	对所要检查的团队资料的复述翔实、全面	□是　□否
旅游行程计划	对旅游行程计划的主要内容及注意事项的复述全面、清晰	□是　□否

学习反思

____

____

____

____

____

____

任务二　领队的行装准备

任务导入

领队王朋朋即将开启日本本州7日游的带团工作，他将团队资料再次整理了一遍后，开始整理个人行装。在王朋朋整理行装过程中，都需要注意哪些事项？

任务分析

领队的行装主要由以下三项组成：

（1）带团必备物品。

（2）工作辅助物品。

（3）个人生活用品。

任务准备

一、行装准备要点

由于领队工作的特殊之处，对行装的准备，主要的原则是：第一要方便工作，第二要方便自己。

方便工作，即领队的行装中所带的东西要便于寻找，一些带团所需的文件，要放在随手可取的地方。方便自己，即携带的个人物品简单实用即可，领队每日都行色匆匆，因而对个人生活各项事物的处理都要顺畅快捷。

领队的工作特点就是经常出差，所以要始终养成行装整齐、所有物品放置有序的良好习惯。想要找需要的东西时，无须乱翻，开箱就能找到。

领队要处处树立“旅游者至上”的观念，不仅在思想当中，即使在准备自己行装的时候，也应该坚守如一。每日的衣着都要整洁，但行囊要轻便简捷。领队的行李，通常以一大一小两件为宜。大件行李装个人衣物，可办理托运；小件行李要随身携带，将接团资料和个人贵重物品放在里面，以备不时之需。

任务实施

二、工作物品准备

领队在出团前需要准备一些与工作相关的物品，以保证带团过程中的顺利和便捷。

(一) 证件

1. 出入境证件

目前中国大陆居民出入境涉及的证件有护照、港澳通行证、台湾通行证、入台证等。领队除了要准备好自己的相关出入境证件之外，还要对团队旅游者的证件进行逐一检查整理，确保证件有效期大于6个月，有足够的空白页面且证件没有破损，有一张有效的目的地国家签证等。如前往港澳台地区，要准备好港澳地区通行证、台湾地区通行证，并确认签注有效期和有效的签注类型(团签/个签)，前往台湾地区还需要提前准备好入台证。

2. 签证

签证是一国主管机关在本国或外国公民所持的护照或其他旅行证件上签注、盖印，表示准许其出入本国国境或过境的手续。签证类型根据入境目的不同有多种分类，出境旅行一般涉及的是旅游签证。根据目的地国家出入境政策，有的目的地国家需要提前申请签证，有的目的地国家可以办理落地签，有的目的地国家则是免签证。签证通常签注在各自的护照上，称之为“个人签证”，也有团体签证，团体签证又称为“另纸签证”，是一张有签证效用的纸质材料，上面有团队名单信息、签证有效期、停留期限等内容，一定要妥善保管。总之，领队在出团前务必要核实好自己和旅游者的签证信息，确保真实有效，才能顺利入境。

3. 证件的复印件

领队可以将自己和旅游者的护照信息进行拍照保存或复印一份，在境外旅游时以备不时之需。

（二）相关团队资料

对上一节中提到的团队资料，每一项都要按要求检查并准备好。除此之外，建议领队准备并携带旅游行程中另行付费项目的文字性材料及旅行社对其他事项的承诺声明，如对遇到不可抗力造成的损失说明、对临时退团收费退费的说明等。

（三）导游旗

导游旗作为醒目的团队标志，在机场、车站、景点等地招呼、集合旅游者时显得至关重要。领队在出团前应当准备好导游旗，工作时随身携带，方便随时使用。

（四）入境卡、海关申报单等

大部分国家入境时需要填写入境卡和海关申报单，领队通常需要帮助首次出境旅游者或出境旅游经验不多的旅游者填写。如果旅行社有准备入境卡和海关申报单，可以领取一部分，提前填写好旅游者的基础信息，再发放给旅游者确认签字，从而减少入关前的填写时间，提高通关效率。

（五）其他物品

（1）行李牌或行李标签。统一行李标识便于清点行李数量，方便团队成员在机场认找自己的托运行李，同时也避免其他旅客错拿行李。

（2）旅游标牌或纪念品。旅游过程中为了使全团旅游者有统一的识别标志，便于领队快速认识团队成员，旅行社通常会制作统一的标牌、徽章、旅游帽、旅游包等，有的可能还有转换插头、雨伞、纪念品等，领队在出团前可以向旅行社确认并领取。

（3）曲别针、夹子、皮筋、便签本、签字笔等。

三、个人物品准备

作为领队，除了工作物品的准备外，还需要考虑个人物品的准备。具体有以下几个类别的物品。

1. 服装

领队的着装是领队精神面貌的体现，同时也是一个地区的形象展示。一般来说，如果行程中要出席相对正式的参访环节，或者有观赏歌剧、音乐会等项目，建议准备一套正装。在一般的参观游览活动中，应当根据环境、气候的变化准备好合适的衣物。可以根据出团的天数、目的地国家天气、行程涉及的项目这几点进行整理，合理搭配。建议一天一换，避免重复。

2. 个人洗漱用品

目前，境外很多酒店基于节能环保方面的原因，通常不再提供一次性洗漱用品，如牙膏、牙刷、拖鞋、洗发水、沐浴露、毛巾、浴巾等。领队应当准备好个人洗漱用品并提醒游客提前准备好。

3. 个人常用药品

领队在境外工作时，难免会因为天气突变或其他原因导致身体不适，在症状清晰且不方便就医的情况下可以适当自行服用常用药物缓解症状。领队在出团前应当准备一些个人常用药品，如治疗感冒、发烧、肠胃不适的常备药及云南白药、创可贴等。

4. 通信工具

手机是领队在境外工作和生活的必需品，可以极大地方便领队与游客、地接、旅行社、家人的联系沟通。在出团之前,领队要检查话费余额是否充足,开通国际漫游服务,准备好充电器和符合规定的充电宝,必要时还应当提前租借一台移动 WiFi 等。

5. 相关书籍资料

领队需要对目的地国家或地区进行全方位的了解,如果带团前往不太熟悉的地方,应当提前准备好相关书籍或资料,随时可以翻阅查看,不但可以增加自己的知识储备,而且在游客询问的时候可以及时查看并解答。

6. 其他物品

(1) 小礼物。领队可以准备一些有中国地方特色的小礼物,以备不时之需。比如送给当地司机感谢他帮忙搬运行李,到村镇观光时送给小朋友等。小小的礼物,能够融洽人际关系,有时会收到意想不到的良好效果。

(2) 外币零钱。在境外旅游的过程中,很多场合都有付小费的惯例,比如餐厅、酒店礼宾部等,领队应当提前兑换一些小额外币,便于在餐厅用餐、在高速公路服务区上洗手间以及在酒店行李生帮忙运送行李后都支付小费。有时也可以帮助游客兑换,解决游客的燃眉之急。

(3) 防晒霜、帽子、墨镜、水杯、雨伞、转换插头、相机等个人常用旅行物品。

领队物品的准备是保证自己在境外工作顺利进行的重要环节,因此领队需要认真准备上述物品并确保没有遗漏。

实践活动 3-2-1 请认真阅读王朋朋的“日本本州经典7日行程计划”,分析以下问题

(1) 在检查该团游客证件时,需要重点检查哪些内容?

(2) 如果该团的出发时间是 5 月份,请合理搭配王朋朋 7 天的着装并制作成表格。男生可以默认王朋朋为男性,女生可以默认王朋朋为女性。

(3) 根据该团队的行程安排,除了正常的衣物和旅行用品外,还应该特别提醒团队成员携带什么?

任务评价

任务内容	评 分 标 准	是否达标
工作物品准备	对工作物品准备内容的复述全面、清晰	□是 □否
个人物品准备	对个人物品准备内容的复述全面、清晰	□是 □否

学习反思

______

______

______

______

______

______

任务三 召开行前说明会

任务导入

出境旅游行前说明会是领队对游客进行全面介绍、讲解旅游相关事宜的重要环节。说明会能够让旅游者对行程有更清晰的认识,从而更好地享受旅游。说明会召开的成功与否,关系到后续旅游活动是否能够顺利开展;领队能否第一时间取得旅游者的信任与支持也和这场说明会有着莫大的联系。所以,每一位出境领队都应当重视说明会,精心准备说明会的内容,以确保说明会的顺利和成功。

任务分析

一场严格的、正式的行前说明会应当在团队出发前一周左右召开,由组团社联系旅游者参会,由带团领队主持并现场解说。目前还有相当多的散客团队因各种原因无法提前组织召开说明会,那么负责带团的领队就要通过其他方式召开说明会,比如通过线上会议的方式召开,邀请旅游者并约定时间参会。如果以上两种会议形式都无法提前举行,那么就需要领队提前把该团的旅游须知和注意事项通过电话、微信或其他方式告知游客,并且出发当天在机场或车站举行临时行前说明会。无论哪一种方式的说明会,其内容都是相同的,而且基本也是领队和团队旅游者的第一次见面,这场说明会是建立旅游者对领队信心的关键,虽然只是短短的说明会,但对接下来的旅游行程能否顺利进行影响很大。所以,领队一定要重视并好好把握行前说明会,给旅游者留下良好的第一印象。

任务准备

一、出境行前说明会的必要内容

2002 年 7 月 27 日,国家旅游局发布并于同日实施的《旅行社出境旅游服务质量》当中,已经明确列出了在团队出境前,组团社应召开出团行前说明会,说明会应当包含的必要内容有如下几点:

(1) 向旅游者说明出境旅游的有关注意事项,以及外汇兑换事项与手续等。

(2) 向旅游者发放“出境旅游行程表”、团队标志和“旅游服务质量评价表”。

(3) 介绍相关法律法规知识以及旅游目的地国家的风俗习惯。

(4) 向旅游者翔实说明各种由于不可抗力/不可控因素导致组团社不能(完全)履行约定的情况,以取得旅游者的谅解。

任务实施

二、行前说明会的流程

（1）约定会议地点、会议时间。

（2）领队提前10分钟到达会场，做好会议准备工作。

（3）将领队姓名、联系方式、团队名称、出发日期、航班信息、集合地点、集合时间等重要信息打在屏幕上或显示在醒目位置。

（4）分发出团通知书（出团通知书上应当包含以上重要信息）、旅游行程单、团队标识、行李贴牌、纪念品和其他资料。

（5）领队自我介绍，表明会用心服务。

（6）行程安排：详细介绍旅游行程的安排，包括具体景点、行程时间、游览顺序等。如果行程中有变更的内容需要特别说明（如航班或酒店变更等）。

（7）生活安排：告知旅游者当地的酒店、餐饮、购物等生活安排。宣布旅游团的住宿名单安排，如有问题及时调整，确定最终分房表。

（8）旅行规则：说明领队的职责、旅游者的自身责任、团队行为规范等。

（9）安全提示及出入境常识：告诉旅游者当地的安全注意事项，例如气候、道路、紧急情况等。告知出入境注意事项及海关规定，保管好个人旅行证件等。

（10）其他内容：介绍旅游目的地的风俗、禁忌，做好安全提醒；提醒旅游者准备必要的旅行物品；说明如何使用通信设备，以保证在境外联络通畅；强调文明旅游。

（11）回答旅游者的问题，预祝团队旅游愉快。

（12）请旅游者在行前说明会确认单上签字并回收确认单。

以上内容应该在行前说明会上进行详细说明，并确保每位旅游者都完全知晓以上信息。此外，领队应当鼓励旅游者有任何疑问都要及时在说明会上询问，并为他们提供充分的解答和指导。

三、说明会成功举办的几个要素

（1）制定说明会议程：领队需要制定详细的说明会议程，明确说明会的目的和内容，以便让旅游者对说明会有清晰的了解。

（2）安排说明会地点：领队需要根据旅游者人数和具体情况，选择合适的说明会地点，保证旅游者听清楚说明会的内容。

（3）准备说明会内容：领队需要准备说明会的资料，包括行程安排、住宿安排、交通安排、安全提示、注意事项等重要信息，以便说明旅游行程的相关情况。

（4）召开说明会：领队需要采用流畅的语言与清晰易懂的方式，向旅游者详细说明行程安排、住宿安排、交通安排、安全提示、注意事项等重要信息，并回答旅游者的相关问题。

实践活动 3-3-1 请认真阅读王朋朋的“日本本州经典7日行程计划”,制作说明会流程

(1) 请各自准备一份该团的说明会内容,并分组演示。

(2) 小组成员之间根据对方的说明会演示,寻找亮点并互相纠错。

(3) 根据小组内部演示、纠错和讨论的结果,以小组为单位提交一份完整的说明会内容报告。

知识拓展 3-3-1

欧洲旅游行前说明会应特别注意的内容

当领队组织一次欧洲旅行的行前说明会时,需要特别注意以下几点:

(1) 简要介绍欧洲的地理位置,让旅游者对欧洲有一个整体的了解。

(2) 详细介绍每个国家的旅游景点和文化,强调各国的特色。

(3) 介绍当地的交通方式,例如火车、巴士、地铁等,并告诉旅游者如何利用这些交通工具出行。

(4) 详细介绍住宿情况,包括住宿地点、住宿标准、酒店设施等。

(5) 告诉旅游者如何购买当地的通信工具,例如电话卡和流量卡等。

(6) 介绍当地的餐饮习惯,并告诉旅游者如何在餐厅点餐。

(7) 介绍当地的货币,告诉旅游者如何兑换货币。

(8) 提醒旅游者注意安全,例如不要随身携带大量现金、不要随便到危险的地方等。

(9) 讲解旅游者的权益,例如保险的作用、保险理赔程序等。

(10) 最后,告诉旅游者如何与领队联系,以便在旅途中遇到困难可以及时和领队沟通。

知识拓展 3-3-2

泰国旅游行前说明会应特别注意的内容

在开展泰国旅游的行前说明会时,领队需要对旅游者进行如下内容的说明。

(1) 旅行目的地。详细介绍泰国的主要旅游景点和行程安排,使旅游者对旅游目的地有一个全面的了解。

(2) 文化差异。提醒旅游者泰国的文化和中国不同,说明如何适应泰国的生活方式,例如泰国人不穿露肩裙子等。

(3) 用餐习惯。介绍泰国的饮食文化,提醒旅游者注意饮食卫生,说明如何防止食物中毒。

(4) 货币。介绍泰国的货币种类及兑换方式,提醒旅游者注意保护现金。

(5) 通信。介绍泰国的通信工具及使用方法,提醒旅游者注意保护手机等电子设备。

(6) 健康。介绍泰国的医疗保健环境,提醒旅游者注意保护身体健康,包括避免感染疾病等。

(7) 旅行安全。提醒旅游者注意旅行安全,说明如何保护财物安全,如何应对紧急情况。

知识拓展 3-3-3

美国自驾游行前说明会应特别注意的内容

对于美国自驾游的行前说明会，除了常规的旅游说明之外，领队还需要说明的内容包括：

(1) 道路交通安全。对于美国自驾游，领队要向旅游者说明交通规则、安全驾驶技巧，并告诉他们应该注意哪些交通标志和标识。

(2) 车辆驾驶。美国的驾驶规则和中国不同，领队需要告诉旅游者在美国驾驶的基本规则，如道路标志、交通信号灯、限速等。

(3) 保险问题。领队需要告诉旅游者租车公司的保险政策，包括车辆损坏、人身伤害、第三者责任等。

(4) 卫生问题。领队需要告诉旅游者美国公共卫生设施的使用方法以及如何保持卫生。

(5) 法律问题。领队需要告诉旅游者美国的相关法律规定以及如何避免在旅行过程中遇到法律问题。

(6) 车辆租赁。领队应该详细说明如何租赁车辆、车辆保险政策和维修流程。

(7) 行程安排。领队应该与旅游者详细说明行程安排，告诉他们每天的目的地、住宿地点和行车路线。

(8) 紧急情况。领队应告诉旅游者如何在紧急情况下联系领队以及应采取哪些措施确保安全。

知识拓展 3-3-4

主要目的地国家或地区电源插孔制式

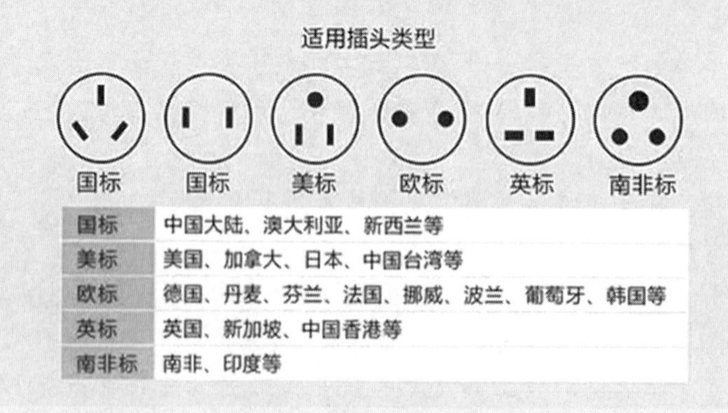

国标	中国大陆、澳大利亚、新西兰等
美标	美国、加拿大、日本、中国台湾等
欧标	德国、丹麦、芬兰、法国、挪威、波兰、葡萄牙、韩国等
英标	英国、新加坡、中国香港等
南非标	南非、印度等

任务评价

任务内容	评　价　标　准	是否达标
模拟召开行前说明会	说明会内容清晰、全面	□是　□否
说明会成功举办的要素	复述成功举办说明会的要素	□是　□否

学习反思

____

____

____

____

____

____

项目小结

本项目主要让学生了解领队行前准备工作的要点,掌握出境旅游团队资料的内容,掌握行前说明会的内容和要点,了解行装准备技巧,为后续工作开展打好基础。

一、判断题

1. 出境领队接到带团通知并接受该任务,是整个带团工作开始的标志。 (　　)
2. 团队旅游者名单表是旅游过程的指导性和关键性文件。 (　　)
3. 签证通常签注在各自的护照上,称为“个人签证”,“团体签证”又称“另纸签证”。 (　　)

二、单选题

1. 领队对旅游者进行全面介绍、讲解旅游相关事项的重要环节是(　　)。
   A. 机场集合　　B. 通关前
   C. 行前说明会　　D. 安检前
2. 熟悉旅游者信息时应特别注意哪些群体(　　)。
   A. 女性　　B. 老年人
   C. 自由职业者　　D. 医生
3. 中国公民出境旅游团队名单表一式(　　)。
   A. 四联　　B. 三联
   C. 五联　　D. 二联

三、多项选择题

1. 旅游行程计划书主要包括(　　)等内容。
   A. 旅游线路　　B. 游览时间
   C. 交通信息　　D. 酒店、餐饮信息
   E. 购物、自费信息等
2. 领队在带团前的证件准备主要有(　　)。
   A. 护照、港澳地区通行证、台湾地区通行证、入台证等
   B. 签证
   C. 导游证
   D. 证件的复印件
3. 说明会成功举办的要素有(　　)。
   A. 制定说明会议程　　B. 安排说明会地点
   C. 准备说明会内容　　D. 召开说明会

任选一出境旅游线路,完成以下任务:

1. 制作出团通知书。
2. 模拟召开行前说明会。
3. 制作团队资料和行前准备速查表。

项目四　行中带团服务

项目导学

- 行中带团服务
  - 带团出关前的准备
    - 机场行李托运物品的相关规定
    - 出发前的集合
    - 办理乘机手续及行李托运手续
    - 将过边检、登机所需物品发还给游客
  - 出境流程及相关手续办理
    - 基本知识
    - 通过卫生检疫
    - 办理海关申报
    - 边防检查
    - 通过安全检查
    - 等待登机
  - 飞行途中及旅途中转机
    - 入境卡和海关申报单的填写内容
    - 飞行途中
    - 旅途中转机
    - 与境外导游接洽
  - 目的地国家（地区）入境
    - 入境检查
    - 卫生检疫
    - 入境审查
    - 提取托运行李
    - 接受海关入境检查
    - 与接团导游会合
  - 转机、入境的英语会话
    - 常用词汇
    - 在中转处英语会话
    - 入境英语会话
  - 境外带团服务
    - 导游的服务要求
    - 领队与境外导游的工作配合
    - 境外餐饮服务
    - 境外入住服务
    - 境外交通服务
    - 境外游览服务
    - 境外购物服务
    - 境外自由活动安排
  - 不同团型的服务技巧
    - 了解旅游者
    - 对老龄旅游者的服务
    - 对儿童的服务
    - 对残疾旅游者的服务
  - 他国离境服务
    - 基础知识
    - 办理乘机手续
    - 购买离境机场税
    - 前往机场移民局办理离境手续
    - 办理海关检查
    - 办理购物退税
    - 准备登机
  - 归国入境服务
    - 中国海关入关相关规定
    - 接受入境检查
    - 领取行李

学习目标

☆知识目标：1. 了解出境旅游领队带团出关前的各项准备工作。
2. 掌握出入境流程及手续的办理。
3. 熟悉飞行（邮轮航行）途中领队的工作内容。
4. 熟悉转机/入境的英语会话。
5. 掌握境外带团服务的主要内容及操作流程。
6. 熟悉不同团型的服务技巧。

☆能力目标：1. 具备顺利办理通关手续的能力。
2. 具备做好各项离境、入境工作的能力。
3. 具备境外独立带团服务的工作能力。

☆素质目标：1. 培养学生吃苦耐劳、精益求精的服务意识。
2. 培养学生博览群书、终生学习的意识。

任务一　带团出关前的准备

任务导入

2023年2月20日下午14：30，领队王小姐来到了郑州新郑国际机场5号门国际出发大厅，她要带领旅游团前往新西兰旅游。进入大厅后，王小姐首先来到电子显示屏前查看自己的航班值机柜台，然后找了一个离柜台比较近的休息区等候游客的到来。

王小姐到达机场后，在带领团队旅游者出境通关之前都需要做哪些准备工作？

任务分析

（1）领队王小姐应该提前到达机场，并组织旅游者集合。

（2）当所有旅游者都到齐后，王小姐应该召开一个机场临行说明会，讲解出关的注意事项。

（3）带领旅游者办理乘机手续和行李托运，处理机场突发问题。

任务准备

一、机场行李托运物品的相关规定

（一）只能随身携带，不能托运的物品

（1）贵重物品。重要文件和资料、珠宝、贵重金属、易碎或易损坏物品、易腐物品、旅行证

件等需要专人照管的物品不得作为托运行李或夹入行李内托运。

（2）锂电池等。锂电池禁止放入托运行李。含锂电池的电子设备可作为手提行李携带登机，备用锂电池及充电宝须随身携带。

（二）只能托运，不能随身携带的物品

（1）生活用刀。菜刀、剪刀、水果刀、剃刀等。

（2）专业刀具。手术刀、屠宰刀、雕刻刀等专业刀具。

（3）文艺单位表演用的刀、矛、剑、戟等其他可能危害航空安全的锐器、钝器。

（4）液体。旅客携带液体，其容器容积不得超过100毫升，并应置于独立袋内，接受开瓶检查。超出可以随身携带的种类及总量限制的液态物品要托运。

任务实施

领队带团离境出关前的准备工作主要包括组织旅游者集合、办理乘机手续和行李托运手续、处理机场的突发事件，如图4-1-1所示。

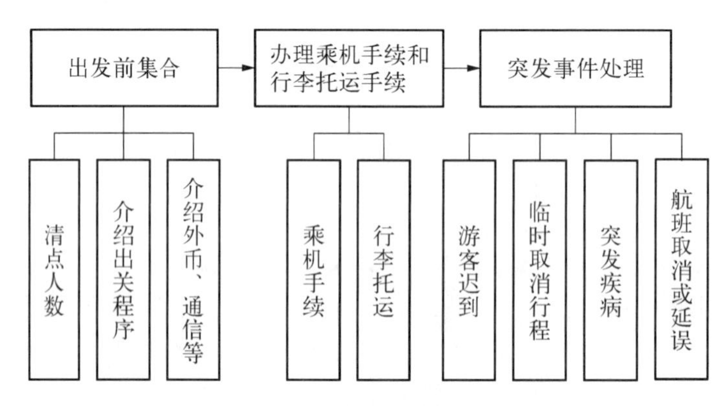

图4-1-1 机场离境出关前的工作流程

二、出发前的集合

（一）领队提前到达

乘坐国际航班，要求旅游者提前2.5个小时到达机场；节假日或者出游高峰，建议提前3~3.5个小时到达机场。领队应当至少比规定时间早30分钟赶到机场、车站等出境口岸的集合地点。集合地点应选择方便认找的明显位置，如“机场出境大厅5号门内”，以方便旅游者赶来集合时目标明确。到达集合地点后，领队应竖起旅游公司的领队旗，以方便旅游者认找。在等待期间，随时保持手机通畅以便接听旅游者电话。

如果所带的团是老年团、亲子团，领队应该更早一点抵达集合地点。通常老年旅游者或家长携儿童会早早赶到，领队的出现，可以让他们感到心安。旅游者中如果有前来送行的家人，领队应当主动与其打招呼，并请其放心。

领队提前到达机场的目的主要有以下几个：一是领取WiFi；二是熟悉机场的环境，包括办理登机手续的地点及流程；三是了解航班是否延误及办理登机手续开始的时间和地点，是否有团体办理柜台等信息。如果团队柜台可以开始办理，则代替旅游者去办理相应的登机手续。

这个时候可以先把自己的登机牌办好，再办理行李托运。在集合时间到来之前，在集合地点高举旗帜等待旅游者的到来。

需要注意的是，国际航班最晚的办理登机手续的时间是在航班起飞前45分钟，即提早45分钟会关闭相应的办理柜台。

（二）旅游者签到

与旅游者会合后，应拿出全团的名单表，核对旅游者信息并为已抵达的旅游者签到，以方便后期对照旅游者实到情况。签到后嘱咐旅游者原地休息，不要走远。

在临近规定的集合时间时，如团队尚未到齐，领队要主动与未及时赶到的旅游者电话联系，并确认旅游者所在的位置及预计抵达的时间。

（三）临行简要说明会

在全体团队成员到齐后，领队需要说一段简短的欢迎词，代表公司欢迎旅游者参加本次的旅游活动，并对旅游者选择本公司的旅游线路表示感谢。之后对即将要办理的手续向旅游者做简单介绍，告知旅游者下面将要办理的登机手续、海关申报手续以及边防检查手续等的步骤和注意事项。对旅游者不清楚的地方做逐一简要解答，确保全体旅游者了解出境步骤并能配合领队工作。

1. 收取护照、照片、余款

在机场，领队要根据团队情况收取护照、照片，一般做落地签的国家需要收取旅游者护照和照片，领队也会在团队出发前以短信和电话形式通知旅游者携带相关证件与照片。另外，有时候还有代收款，代收款一般都是杂费或者签证费等，也可在此时完成收取。

2. 协助换取外币、租赁WiFi、购买境外电话卡等

领队在机场还可以协助旅游者换取外币、租赁WiFi、购买境外电话卡，现在国际机场的相关服务非常完善，一般推荐旅游者自行购买。

知识拓展4-1-1

机场说明会的内容

（1）讲解各种行李托运手续，各种物品违禁处罚办法。其中，像尖锐的物品以及100毫升以上的液态物品，包括各种啫喱、胶、摩丝、面膜等，是必须要托运的。像充电宝、锂电池等，可提醒旅游者随身携带。

（2）简单介绍行程安排。

（3）告知旅游目的地的一些简单的风土人情和注意事项等。

（4）提醒旅游者带好飞机上所需要用到的一些物品。如长途航班，可能在飞机上会吃一些小零食或者披一件外套等。还要提醒旅游者各种入关前需要拿取的物品。

实践活动4-1-1　入关前突发事件的处理

领队规定的集合时间已经到了，但是还有两位旅游者没有赶到机场，领队王小姐该如何处理这种突发事件呢？

	处理流程	如何规避此类问题
旅游者迟到的处理		
旅游者临时取消行程的处理		
旅游者身体不适的处理		

三、办理乘机手续及行李托运手续

（一）告知旅游者航空公司的相关规定

国际航班中各家航空公司对乘客行李托运携带的规定并不相同，领队应熟知不同航空公司对乘机旅客行李的相关规定，并在办理乘机手续前，对一些可能出现的问题再次提醒旅游者。

案例精选 4-1-1 李女士过安检为什么受阻

2019 年国庆假期，李女士参加了一个"澳洲 7 日游"的旅游团，原定乘飞机从郑州飞往墨尔本，在郑州的机场过安检时受阻。原来是李女士新买的一支洗面奶和七瓶医院熬制的液体中药不能随身携带上飞机，只能托运，而要托运的行李早在过安检前就已经托运走了。

但是李女士必须要带走这七瓶中药，因为李女士患有痛风病，这七瓶中药是李女士临出发前特意去医院让医生开取的。有了这七瓶中药，李女士在澳洲旅游时不用担心自己走路膝关节疼痛而影响旅游行程。工作人员请李女士出示医生处方或病历以及医院证明，李女士均拿不出来。最后工作人员找到领队，让他帮助李女士让机场包装行李服务处将其中六瓶中药用坚硬的材料包装好，再与办理托运行李柜台的工作人员商量，将托运的行李找出来，把包装好的中药打包在行李里，重新托运。李女士可以随身携带一瓶中药上机。

【案例评析】

该案例中，领队没有提醒旅游者，负有不可推卸的责任。民航总局《关于限制携带液态物品乘坐民航飞机的公告》规定："乘坐国际、地区航班的旅客要将随身携带的液体物品（包括液体、凝胶、气溶胶、膏状物）盛放在容积不超过 100 毫升（ml）的容器内。对于容积超过 100 毫升（ml）的容器，即使该容器未装满液体，亦不允许随身携带，应办理交运。"李女士的一支洗面奶有 180 毫升，七瓶中药每瓶有 150 毫升，都超过了随身携带行李的规定。但由于领队在机场托运行李前忘记强调托运行李的注意事项，不仅给自己的工作带来了一定的麻烦，也给李女士和工作人员的工作带来了很多的麻烦。所以领队带团无小事，要细心地强调注意事项。

（二）协助旅游者办理乘机手续及托运行李

1. 集体办理乘机手续

通常航空公司会指定旅游团的旅游者到值机柜台的团队专用柜台办理乘机手续。领队带领团队游客在航空公司值机柜台前的工作如下。

(1) 交验护照以及相关资料。领队首先收集好旅游者的护照,准备好团体签证、电子机票单等,到所要搭乘的航空公司值机柜台前,交验全部护照,换发登机牌。在收取护照之前,应该有意识地将小孩、老人与其家人的护照放置在一起,并向地勤人员说明情况,争取将其座位安排在一起。对于座位已经排好的航班,需要向该类旅游者说明情况,在飞机上再进行灵活调整。

(2) 办理行李托运。换发好登机牌后,领队将团队游客集中,分发登机牌和护照,并组织旅游者将要托运的行李在柜台前顺序摆放。现在行李托运都是实名个人托运,领队需要提醒旅游者保管好行李票据,尤其不能帮陌生人携带任何物品,提醒旅游者在看到自己的行李进入值机柜台行李传送带后方可退后等待。

(3) 清点航空公司值机员交还的物品。在办理完乘机手续后,领队应该在柜台前仔细核对航空公司工作人员交还回来的所有物品,包括:护照、登机牌以及交付托运的所有行李票据是否齐全完整。

知识拓展 4-1-2

行李托运中的直挂问题

乘坐转机的航班,一般情况下行李应当托运至最终的目的地。但也有中途转机需要再次提取行李的情况,怎么判断行李是否能直挂到目的地呢?

1. 行李直挂

航司对不能直飞的行程,可能会通过联盟航司或合作航司开代码共享的航班。这种航班需要转机,但中转时游客不用重新托运行李,行李直接运送到目的地。

一般情况下,行李直挂是需要在第一段行程时就托运确认的。这时会给到游客一张行李票,上面有所有的航司代码。此处一定要注意,保存好这张行李票,后续行李发生任何问题,都需要靠这张行李票进行下一步处理。

2. 不能行李直挂的情况

(1) 第一段行程的航司是廉价航空,或者不属于航司联盟或合作航司的,通常不可以进行行李直挂。

(2) 中转机场是国内的机场,一般需要提取行李进行海关检查。

(3) 一些国家就是没有行李直挂的,比如美国。

知识拓展 4-1-3

行李的声明价值

1. 国内运输的一般规定

当旅客的托运行李每千克价值超过人民币 100 元时,可自愿申请办理托运行李声明价值,自理行李和随身携带物品不予办理行李声明价值。每一旅客的行李声明价值最高为人民币8 000元。

2. 国际运输的一般规定

(1) 属于《华沙公约》界定的行李运输,托运行李每千克价值超过17特别提款权时(约20美元),可自愿办理声明价值,每一旅客的最高声明价值为2 500美元。

(2) 属于《蒙特利尔公约》界定的行李运输,托运行李的价值超过1 000特别提款权(每千克约30美元)时,可自愿办理声明价值,每一旅客的最高声明价值为2 500美元。

(3) 行李的声明价值不能超过行李本身的实际价值。

(4) 航空公司不对行李中的任何单个物品办理行李声明价值,只办理整件行李的声明价值。

(5) 旅客办理行李声明价值,应支付声明价值附加费。

实践活动 4-1-2 办理团体乘机手续要提交的资料有哪些?

领队王小姐走到所乘坐航空公司的值机柜台前,从资料袋里拿出了团队旅游者的资料递给柜台的工作人员。工作人员审核完毕后,开始给王小姐的团队打印登机牌。王小姐需要给柜台工作人员的资料有哪些?

案例精选 4-1-2 贴错了的签证照片

领队王小姐带领团队前往新加坡、马来西亚,因为客人临时增加,导致团队签证在出发首天才从大使馆寄往郑州。下午4点在机场集合,王小姐却是在中午时分才拿到团队26人的护照和新加坡电子签证。因为时间紧张,王小姐只能匆匆检查护照、新加坡电子签证、机票单、出团通知书、游客信息表等团队资料是否齐全,之后便赶往机场。在打印登机牌的过程中地勤人员发现两位旅游者的马来西亚签证照片与护照个人信息照片不符,经反复核对发现两人的马来西亚签证照片贴错了,于是不予发放登机牌。

【案例评析】

在办理乘机手续的过程中,领队会遇到一些突发状况,导致团队手续办理不顺利,最常见的情况是机票信息错误,也会出现签证信息错误的个例。该案例较特殊的是拿到计划的时间和团队出发时间临近,导致领队没有时间核查资料,容易出现疏漏。

1. 机票信息错误

领队发现机票信息错误,需要联系计调人员并反馈情况,旅行社可以联系航司在售票终端修正游客信息,领队王小姐在等待处理结果时可以先办理其他旅游者的手续。

2. 签证信息错误

签证信息错误也偶有发生,原因是多方面的,有可能是旅行社工作人员工作疏漏,也有可能是在大使馆出签过程中出了差错。这类问题往往在旅游旺季容易出现。该案例中有两位旅游者的证件照片贴错，签证信息与护照信息不符，航空公司查验认为该签证无效不予办理乘机手续，是符合相关工作流程的，如旅行社协调无果，该旅游者将会被迫取消行程。

该案例中旅游者照片贴错虽然是大使馆出现了疏漏，不是旅行社的责任，但领队也不能轻视，也需要安抚旅游者，耐心解释并说明原因，并及时联系公司，由公司工作人员接手处理并做好相关后续工作。

案例精选 4-1-3 传送带上无行李标签的行李箱

2023 年 1 月，一个赴澳大利亚、新西兰十日游的旅游团，结束了在悉尼的游览行程，第二天乘某国外航空公司的航班飞往墨尔本。抵达机场后，按该航空公司的规定，全团要到该航空公司的柜台自己办理乘机和行李托运手续。领队王小姐站在办理登机手续的柜台前，帮助客人将行李一个一个地放在传送带上，等待工作人员查验、称重量和贴行李标签。当最后一对夫妇办理行李托运时，柜台工作人员还没给这对夫妇的行李挂行李标签，不知怎么传送带就启动了，把行李给输送了进去。此时，那名工作人员正在电脑前输入资料，领队王小姐用英语大声地对他讲："我客人的那件行李还没挂行李标签就被传送带送进去了！"这名工作人员的左手还拿着一长条行李标签，问领队王小姐："行李在哪里？"领队再次认真并严肃地说行李没挂托运行李标签就被传送带输送进去了。这名工作人员进去了十多分钟，出来对领队说没问题了。领队王小姐马上看向这名工作人员胸前戴的工牌的编号及英文名字，用笔写在手心上以便记住，之后带着全团游客过移民局、海关、候机大厅，等待上机。但她的心里仍然忐忑不安。

果然，到了墨尔本，其余所有客人都拿到了各自的行李，唯独那对中年夫妇没领到行李。领队王小姐陪客人到行李服务处询问并帮助客人填写了表格，又带着客人找到该航空公司的负责人，把在悉尼机场托运行李时，柜台工作人员没有贴行李标签一事的经过复述了一下，并清楚无误地写出他的工牌编号及英文名字。该航空公司的负责人听完领队的陈述后，立刻打开电脑查了一下，然后向领队道歉并解释说，悉尼至墨尔本的航班一天有多次，行李保证明天会送到旅行团入住的酒店，请领队留下入住酒店的地址、电话号码、旅行团名称和领队的名字、手机号码。负责人将他们领到行李服务处，让工作人员拿出 200 澳元，请他们夫妇二人在机场内购买一些当晚用的洗漱用品和替换的衣物。

第二天早餐后，领队被通知去总台领取行李和该航空公司送的一束鲜花。夫妇二人见到失而复得的行李高兴极了，连声称赞领队工作认真负责。

【案例评析】

出国旅行团，特别是赴欧洲等国的旅行团，行李丢失的情况时有发生，一旦行李丢失，行李牌就是索赔的重要依据，而领队处理这类事件的经验、能力，直接影响到行李丢失者的切身利益。

第一，领队要熟悉旅游目的地机场里"行李服务处"的位置和联络方式。

第二，如果行李当日找不到，领队可以代表旅游者要求赔偿用于购买当日洗漱用品和一两件替换衣物的费用。

第三，如果在旅游目的地逗留期间仍没有找到行李，回国前领队可在地接社的协助下，向航空公司索赔，切不可将问题带回国内。

第四，目前各国索赔行李的方式基本上分两种：① 按行李的尺寸赔偿；② 按行李的重量赔偿。但都不会按丢失的行李里面所装物品的价值赔偿，除非托运前单独给托运的行李办理了行李声明价值。

---

2. 旅游者单独办理乘机手续

并非所有的航空公司都会要求旅游团队统一办理乘机手续。有的航空公司因考虑到行李查询方便等原因，可能会要求乘机旅客必须单独办理乘机手续和托运行李。在这种情况下，领队在带领全团来到航空公司值机柜台前，应先告诉旅游者注意事项，然后要站在一旁等待旅游者自行办理乘机手续，必要时立刻进行协助。

为体现领队的服务意识，领队不应先于旅游者办理手续，而应在全团所有旅游者办完手续后再为自己办理乘机手续。

在办理乘机手续的时候应告知每一位旅游者的登机时间、登机口和领队本人的座位号。如后续有转机，须告知旅游者下飞机后的集合位置（如廊桥、出口尽头等）。对于团队机位不靠在一起的问题，需要提前做好解释说明工作。

另外，对于一些需要特殊照顾的旅游者，领队应该给予必要的协助。如团队中有推轮椅的旅游者，应告知轮椅必须在海关之外托运，机场轮椅一般需要与航空公司提前联系，由专人负责推轮椅送至登机口。手推儿童车可以带进关内，最终可以在登机口办理托运手续。

四、将过边检、登机所需物品发还给旅游者

集体办理完乘机手续后，领队应将旅游者的证件、机票等物品发还给每一位旅游者。所有需要发给旅游者的物品要逐一发放，如护照、登机牌等。发给旅游者的时候要注意以下几点：

1. 不能委托其他旅游者代为转发

领队一定要亲自将所有的物品发给旅游者，不能怕麻烦。借此机会也可以熟悉每位旅游者的姓名。千万不能让其他旅游者代为转交。

2. 提醒旅游者拿好手中的物品

领队将护照、机票、登机牌等发给旅游者后，要求旅游者当面点清并提醒旅游者要妥善保管。

3. 行李托运

统一托运的行李牌不再单独发放，由领队统一保管。

知识拓展 4-1-4

行前突发事件的处理

1. 旅游者迟到的处理

首先要了解如何预防旅游者迟到，可以通过出团前短信联系、电话说明会、提早赶到机场通过微信或微信群再次确认，实时关注旅游者信息。旅游者迟到超过 10 分钟后，可以先安排到达人员办理手续，如果迟到时间较长，可以先送其他人员入关，再等待迟到旅游者。如果遇到特殊情况，需要统一走名单表入关，可以和海关打招呼，押领队护照和登机牌之后走专用通道出来接迟到的客人。

2. 航班延误或取消的处理

首先应实时关注航班信息，可以下载“非常准”“航旅纵横”等专用航班 App 查看。其次，可以有理有节地为旅游者争取权益，如进行经济补偿、后续航班跟进等。关键是要让航空公司开具延误或取消证明。有了这些证明，后续才可以为旅游者办理保险的理赔手续。

3. 旅游者临时取消出行

一般在出行前需要多次跟旅游者联系，如果旅游者临时取消行程，应该第一时间报备公司，关键是千万不要将旅游者的证件一起带出境。因为有时候旅游者临时取消或更改行程，有相当一部分旅游者可以自己改签第二天的航班，或者买第二天的航班跟进行程。可以把旅游者的证件放在寄存处，或者跟公司联系，派专人领取旅游者的证件。

4. 航空公司柜台拒绝办理登机手续

这种情况下领队应第一时间确认原因，寻求产品经理和后台的协助。为了避免此类问题发生，领队在拿到旅游者的签证、签注后，必须仔细检查，行前还有时间更改。一定要仔细核对旅游者的姓名、航班号、出行日期等信息。

5. 旅游者证件丢失

帮旅游者寻找(包括安检处等)。必要时寻求航空公司工作人员、公安人员、失物招领处人员的协助。如没有找到，应提醒旅游者报警，相关丢失证明一定要开好，以减少部分损失。

6. 旅游者身体不适

第一时间报案救援，并协助救护，报备给公司和管理人员，如旅游者确认无法出行，记得交接护照等证件(切不可带出境)，将旅游者的情况报备给保险公司。

实践活动 4-1-3 召开机场行前说明会

如果你是一位将要去俄罗斯带团旅游的领队，你如何在机场召开临行前的简要说明会？

任务评价

任务内容	评　分　标　准	是否达标
出发前的机场集合	(1) 机场集合时间、地点选择的注意事项讲解清晰	□是　□否
	(2) 掌握机场临行简要说明会的召开技能	□是　□否
乘机手续及行李托运手续	(1) 掌握办理乘机手续需要的有效证件	□是　□否
	(2) 掌握民航部门关于托运行李和手提行李的规定	□是　□否

学习反思

____

____

____

____

____

____

____

____

任务二　出境流程及相关手续的办理

任务导入

领队王小姐顺利地协助全团旅游者办理好了乘机手续和行李托运，当王小姐把出关需要的证件发还给旅游者，并准备带领旅游者通关的时候，游客王先生紧张地问王小姐："我们是第一次出境旅游，海关检查、边防检查都需要检查哪些内容？我们能不能顺利地通关？"面对旅游者的不安，王小姐接下来该怎样带领游客出境呢？

任务分析

领队王小姐在带领旅游者办理出境手续的过程中要经过卫生检疫、海关检查、边防检查和登机的安全检查等关口。领队需要对所有手续及办理过程中的注意事项十分熟悉才能带领旅游者顺利出境。

任务准备

一、基本知识

（一）国境卫生检疫

为了防止传染病由国外传入或者由国内传出，保护人体健康，各国都制定了《国境卫生检疫法》。我国设立了国境卫生检疫机关，在出入境口岸依法对包括游客在内的有关人员及其携带的动植物和交通运输工具等进行传染病检疫、检测和卫生监督，只有经过检疫，由国境卫生检疫机关许可，才能出入境。

出境旅游团在出境时，根据前往的国家和停留的时间长短，可能会要求旅游者提前办理"国际预防接种证书"和"国际旅行健康检查证明书"，也就是俗称的"黄皮书"和"红皮书"。如遇到这种情况，领队应提前告知旅游者办理地点，否则旅游者在到达该国时可能会被隔离、采取强制检疫等措施。

（二）中国海关对进出境物品的相关规定

1. 中国海关部分限制进出境物品

（1）旅行自用物品。照相机、收录机、摄影机、摄录机、文字处理机，每种限携带一件。超出范围的，需要向海关如实申报，并办理有关手续。经海关放行的旅行物品，旅游者应在回程时复带出境。

（2）金、银及其制品。旅客携带金、银及其制品入境应以自用合理数量为限，超过 50 克的，应填写申报单，向海关申报；复带出境时，海关凭本次入境申报的数量核放。在中国境内购买的金银及其制品，海关验凭中国人民银行制发的"特种发票"放行。

（3）外汇。2003 年 8 月 28 日发布的《携带外币现钞出入境管理暂行办法》规定：5 000 美元及以下无须申领"携带外汇出境许可证",海关予以放行;5 000 美元以上至 10 000 美元的应向指定银行申领"携带证",海关凭加盖外汇指定银行印章的"携带证"验放。除特殊情况外,出境人员原则上不得携带超过等值 1 万美元的外币现钞出境。

(4) 人民币。2005 年 1 月 1 日起,出入境携带人民币的限额为 20 000 元。

(5) 文物(含已故现代著名书画家作品)。旅游者携带出境的文物,须经中国文化行政管理部门鉴定。携运文物出境时,必须向海关详细申报。对在境内商店购买的文物,海关凭中国文化行政管理部门钤盖的鉴定标志及文物外销发货票查验放行;对在境内通过其他途径得到的文物,海关凭中国文化行政管理部门钤盖的鉴定标志及开具的许可出口证明查验放行。未经鉴定的文物,不得携带出境。携带文物出境不据实向海关申报的,海关将依法进行处理。

(6) 中药材、中成药。旅游者携带中药材、中成药出境,前往国外的,总值限额为人民币 300 元;寄往国外的中药材、中成药,总值限额为人民币 200 元;寄往港澳地区的中药材、中成药,总值限额为人民币 100 元。入境旅游者出境时携带用外汇购买的、数量合理的自用中药材、中成药,海关凭有关发货票和外汇水单放行。麝香以及超出上述规定限值的中药材、中成药不准出境。

(7) 旅游商品。入境旅游者出境时携带的用外汇在我国境内购买的旅游纪念品、工艺品,除国家规定应申领出口许可证或者应征出口税的品种外,海关凭有关发货票和外汇水单放行。

2. 中国海关部分禁止出境物品

内容涉及国家机密的手稿、印刷品、胶卷、照片、唱片、影片、录音(像)带、CD、VCD、计算机储存介质及其他物品,珍贵文物,所有禁止进境的物品,濒危、珍贵动物、植物及其标本、种子和繁殖材料等,都属于中国海关禁止出境的物品。

任务实施

领队王小姐带领旅游团抵达国内口岸后,应协助旅游者办理各种出境手续,出境流程见图 4-2-1。

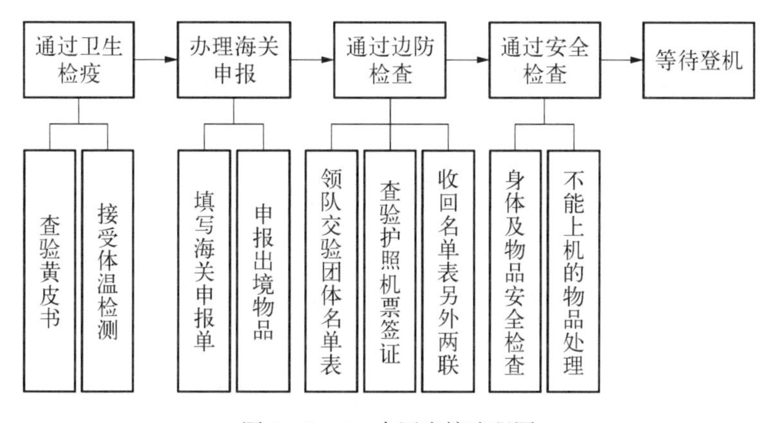

图 4-2-1 中国出境流程图

二、通过卫生检疫

(一) 查验黄皮书

如果旅游团将要前往的国家(地区)为传染病流行疫区,或者将要前往的国家(地区)对国际预防接种有明确要求,都需要提前办理黄皮书。黄皮书作为国际证书,不是所有出境人员都需要提供的。如前往非洲、南美洲部分国家需要提供黄热病等疫苗的接种证明。

需要注意的是,黄皮书必须由中国检验检疫机关授权的执业医师签字,并且必须盖有中国检验检疫的印章。证书仅供本人使用,不得涂改或转借他人。

知识拓展 4-2-1

黄皮书简介

《中华人民共和国国境卫生检疫法实施细则(2019年修订)》中所说有效的传染病预防接种证书,在国内即为"疫苗接种或预防措施国际证书",又称"黄皮书",因它的封面通常是黄色的而得名。黄皮书的有效期是按疾病种类划分的。对于预防霍乱,黄皮书的有效期为:自接种后6天起,6个月内有效。如前次接种不满6个月又经复种,自复种的当天起,10年内有效。我国的黄皮书由各省、自治区、直辖市的卫生检疫局签发。许多国家对来往某些国家、地区的旅客,免验黄皮书。但对发生疫情的地区,检查较为严格。

(二)接受体温检测

中国各出入境口岸都有自动测量游客体温的设备,旅游者的体温如果超出规定,将被要求复查并说明理由,严重者将被限制出境。

案例精选 4-2-1 孙先生一家糟心的肯尼亚之旅

孙先生一家四口在当地旅行社报名参加了赴肯尼亚的为期15天的旅游活动,在缴纳了每人52 998元的团费后,孙先生一家对即将到来的肯尼亚之旅充满了期待。可当孙先生一家搭乘肯尼亚航空公司的航班从广州飞到肯尼亚首都内罗毕后,在入境海关时被拦了下来,被要求出示接种过黄热病疫苗的黄皮书。因孙先生一家之前去往泰国、澳大利亚等国家旅游时并没有携带过黄皮书,这次出境旅游领队也没有交代要进行黄热病疫苗的接种并携带接种证书,所以在入境海关时孙先生一家被告知不能入境。

【案例评析】

虽然并不是所有国家都要查验黄皮书,但领队应该提前了解哪些国家入境需要查验黄皮书并提前通知旅游者接种。为了保证所有旅游者都能顺利入境,领队可以在出发前10天通知旅游者把黄皮书的具体接种页扫描传给领队,以防有旅游者漏掉接种,影响入境。

三、办理海关申报

(一)帮助需要申报的客人填写海关申报单

海关检查一般询问是否有需要申报的物品,或填写旅游者携带物品出境申报单,必要时海关有权开箱检查所携带物品。领队应帮助需要申报的客人填写"中华人民共和国海关进出境旅客行李物品申报单”(见图4－2－2),如旅游者无物品可申报,无须填写申报单。

实践活动4-2-1

完成“中华人民共和国海关进出境旅客行李物品申报单”(见图4－2－2)的填写。

中华人民共和国海关
进出境旅客行李物品申报单

请仔细阅读申报单背面的填单须知后填报

姓　名　男　女
出生日期　年　月　日　国籍(地区)
护照(进出境证件)号码

进境旅客填写	出境旅客填写
来自何地	前往何地
进境航班号/车次/船名	出境航班号/车次/船名
进境日期:　年　月　日	出境日期:　年　月　日
携带有下列物品请在“□”划✓	携带有下列物品请在“□”划✓
□ 1. 动植物及其产品、微生物、生物制品、人体组织、血液及其制品	□ 1. 文物、濒危动植物及其制品、生物物种资源、金银等贵重金属
□ 2. 居民旅客在境外获取总值超过人民币5,000元的物品	□ 2. 居民旅客携带需复带进境的单价超过人民币5,000元的照相机、摄像机、手提电脑等旅行自用物品
□ 3. 非居民旅客拟留在境内总值超过人民币2,000元的物品	□ 3. 超过20,000元人民币现钞,或超过折合美元5,000元外币现钞
□ 4. 超过1,500毫升的酒精饮料(酒精含量12°以上),或超过400支香烟,或超过100支雪茄,或超过500克烟丝	□ 4. 货物、货样、广告品
□ 5. 超过20,000元人民币现钞,或超过折合美元5,000元外币现钞	□ 5. 其他需要向海关申报的物品
□ 6. 分离运输行李,货物、货样、广告品	
□ 7. 其他需要向海关申报的物品	

携带有上述物品的,请详细填写如下清单

品名/币种	型号	数量	金额	海关批注

我已经阅读本申报单背面所列事项,并保证所有申报属实。

旅客签名:

图4－2－2　中华人民共和国海关进出境旅客行李物品申报单

(二)带领旅游者办理海关申报

领队在带领旅游者经过中国海关时,需要做好的工作有:首先,提前告知旅游者中国海关禁止、限制出境的物品;其次,告知红色通道和绿色通道的选择。领队带领携带有向海关申报物品的旅游者从红色通道到海关柜台办理手续。无须向海关申报物品的旅游者从绿色通道通过海关柜台等候。对于需要申报的旅游者,领队可提前向海关柜台索取《中华人民共和国海关进出境旅客行李物品申报单》发给旅游者,并协助旅游者填写。填写完成后,领队组织旅游者携带申报单、护照到海关柜台,经海关人员检验后,盖章准予放行。领队须提醒旅游者保管好申报单,以便回国入境时海关查验。

需要注意的是,有些物品申报之后只能托运,不能随身携带,领队在机场说明会上应强调并提醒旅游者提前进行申报再办理托运手续,以免误机。

知识拓展 4-2-2

海关申报中的绿色通道与红色通道

外交及礼遇签证旅客、国家给予免验待遇的人员和携带无须向海关申报物品的中国旅客可由绿色通道通过海关。

以下情况或以下类型的旅客应当经红色通道通关:携带海关限量及应征税物品的;有人、物分离进、出境的;携有物品、货物、货样以及其他需要办理出境验放手续物品的;未携带应复带出、入境物品的;携带外币、金银及其制品而又未获得有关出境许可或数额超出限额的。

案例精选 4-2-2

2023 年 1 月 25 日,一名旅游者李某在郑州新郑国际机场出境时携带了 60 万欧元现钞,在申报时刻意隐瞒,在《出入境旅客行李物品申报单》中"是否携带超过限额的外币现钞"一栏填写了"无",属于未如实申报。郑州海关对其违规行为做出处理,李某受到警告,同时被处以 100 万元罚款。

【案例评析】

经航空口岸出入境的旅客都要填写《出入境旅客行李物品申报单》。该单除要填写一些基本数据外,还明确规定:若旅客携带超过 2 万元人民币现钞或超过折合 5 000 美元外币的现钞等则需要申报。该旅客不仅携带现钞数额巨大,而且刻意隐瞒,属严重违规。领队应该提醒并严肃告知旅游者遵守中国出入境相关法律规定,提醒旅游者自觉遵纪守法,维护国家法律尊严是每一个中国公民应尽的义务。

四、通过边防检查

通过边防检查是旅游者跨出国门的象征,在旅游团队通过边检时,领队首先要走在队伍的最前面,向边检工作人员提交团队签证资料、团队名单表等进行查验。向边检工作人员提交过团队资料后,领队应迅速站在团队旅游者队伍的最后面排队等待个人证件资料的查验。旅游者需要提交本人的护照、登机牌查验,排队依次通过。待领队最后通过查验后,"中国公民出国旅游团队名单表"中除出境边防检查专用联被边检人员留存以外,领队应将剩余的入境边防检查专用联、旅游行政部门审验专用联收回。

通过边防检查时,护照上会盖上出境日期戳印,领队要提醒旅游者检查护照上的印章(如若通过电子检查,则护照上没有印记)。同时还要提醒旅游者,在边检口禁止拍照和大声喧哗。

知识拓展 4-2-3

边防检查内容及不予放行的情况

1. 边防检查内容

国家在对外开放港口、机场、国境车站以及特许的(地方)进出口岸设立的边防检查机关,是集军事性、地方性和涉外性于一体的国家公安保卫机关,代表国家行使入出境边防检查、监护、管理和处罚的职权,执行对入出境人员的护照、签证、行李物品、交通运输工具及其运载货物、邮件的边防检查任务;揭露和查缉潜入潜出间谍特务、叛国外逃分子、刑事逃犯、走私贩(运)毒分子和其他不法分子,发现和惩处伪造证件、冒名顶替企图偷渡的违法分子;配合海关查缉走私和违禁物品、维护国家主权尊严和口岸的正常出入境秩序。

2. 边防不予放行的情况

我国现行法律规定,对下列情况的人限制出境:

(1) 刑事案件的被告人或者犯罪嫌疑人。

(2) 有未了结民事案件的人。

(3) 有触犯中国法律行为尚未处理,经有关主管机关认定需要追究的人。

(4) 未持有效证件或者持用他人的出境证件,以及持有伪造或者涂改签证、签注等证件的情况。

案例精选 4-2-3 擅自改动签注日期,被阻止出境

2022 年 12 月,刘女士听说香港正在召开一年一度的"购物节",便约了好友一同前往,并在某地的机票代理点预订了 12 月 27 日飞往香港的机票。但就在临行前,她发现自己的"往来港澳通行证"因为多次签注,已于 12 月 21 日到期了。但机票已订且不能改签,去公安局办理新的签注又来不及了,怎么办? 情急之下,刘女士竟想出了一条"锦囊妙计": 她找来一支黑墨水钢笔,把过期的香港签注"2022 年 12 月 21 日前进入有效"中的"21"添上一笔,改成了"27"。这样一来,进入香港的有效日期看上去就变成了"12 月 27 日"了。

12 月 27 日,刘女士拿着经其涂改的"往来港澳通行证",想趁出境人多时蒙混过关,但是最终还是被边防站的警官以"涉嫌偷渡香港"为由,阻止其出境。

【案例评析】

首先,刘女士更改签注的行为属于违法行为。签证或签注,均为旅游目的地国家或地区给予入境旅客的政府许可。旅游者必须在签证或者签注期限内,通过合法的渠道前往旅游目的地。刘女士明知签注已经过期,自作聪明,一意孤行,违反了目的地地区的法律规定,自然应受到该地区法律的制裁。

其次,旅游者个人必须妥善管理证件。目前,有少数服务投诉就是因为旅游者没有妥善保管证件引起的,如旅游者提供的护照已经过期,或者有效期在半年内,小则延误出国旅游期限,使旅游者和组团旅行社遭受经济损失;大则引起法律纠纷。

五、通过安全检查

我国机场实行国际上通用的安全检查方法。所有的乘机旅客都需要通过安全检查。检查方式包括：① 搜身；② 用磁性探测器近身检查；③ 过安检门；④ 物品检查；⑤ 用红外线透视仪器检查。

安全检查的内容主要包括：查验证件、检测行李、检查人体。

1. 查验证件

安检人员逐一检查每一位旅游者的身份证件、机票和登机牌，查验核对后，才能在登机牌上加盖查验印记。

2. 检测行李

旅游者将随身携带的小件行李放在检测机传送带上接受 X 光检查，一旦检查结果被认为可疑或不确定，安检人员有权让旅游者打开行李接受仔细查看。

3. 检查人体

让旅游者通过门式金属探测装置接受检查，同时，旅游者要将身上携带的钥匙、眼镜盒、打火机、收音机、计算器、手机等金属物品放在检查人员提供的盘子里以供检验。这些检查过程要求是严格谨慎的，安检人员要严格地按照有关规定检测，不能有丝毫马虎。

六、等待登机

在完成了以上所有手续后，领队应召集旅游者前往登机牌上标明的登机口处等待登机。如果时间过早，领队可让旅游者自由活动，但需要与旅游者约定好集合登机时间并向旅游者指明登机口所在位置，以免误机。

等待登机过程中领队还需要注意以下几点。

1. 留意机场广播

领队带领团队至对应登机口，再次强调飞机起飞时间以及集合登机时间，并提醒旅游者注意收听广播，特别留意登机时间和登机口是否有变更。

2. 提醒旅游者检查登机牌

登机开始后，飞机乘务人员会在入口查验登机牌。领队应提醒旅游者准备好护照和登机牌以备查验，查验完毕后提醒旅游者保管好护照和登机牌存根联以及粘贴在护照或者登机牌上的行李票据。

3. 确认旅游者顺利登机

登机开始后，领队在确认全团所有旅游者均已登机后，方可登机；领队可向登机口工作人员了解尚未登机的旅游者，以确保本团旅游者没有漏乘，如有旅游者未登机，应立即联系旅游者，避免客人贻误登机。

知识拓展 4-2-4

出境手续办理流程及相关注意事项

1. 自助通关手续的办理

自助通关指旅游者在领队的协助下通过自助机器办理入关手续。首先将登机牌放置在指定区域进行扫描，扫描成功后进入第二步——出入境证件信息的采集。将出入境证件放置在证件的阅读区，证件与登机牌信息比对一致，显示屏会显示“请取回证件”，则通道的第一扇门会自动开启，进入下一步操作——生物信息采集比对。指纹和面相比对完成后意味着自助通关流程办理成功。需要注意的是，回国办理销签的客人，在办理完自助通关以后，需要打印好销关凭条。12周岁以下以及使用G开头的护照的人员，不能够走自助通关通道。

2. 入关前和入关后的注意事项

(1) 关于办理登机手续的注意事项和再次集合的时间节点。办理登机手续时一定要检查旅游者的登机牌目的地名称、行李小票的目的地，确保行李最终到达目的地。

(2) 海关、边检的注意事项。办理完登机手续后，需要再次集合，给旅游者讲解出境及海关申报的注意事项，如出境时允许携带的物品和现金等。一般情况下，价值超过5 000元人民币的免税商品，目的地国家会在抽查的时候，抽取相应的奢侈品税。现金大于2万元人民币，或者美金以及同等的外币大于5 000元的，需要申报。还有一些入境的目的地国家或地区有对烟酒的相关规定，如入境泰国，免税烟只能带400支；入境新加坡，免税烟只能带19支。新鲜的水果、肉、蛋等物品，都是无法带入他国的。要提醒旅游者在飞机上必须把此类物品解决掉，过边检时不允许拍照等。

(3) 目的地国家或地区卫生检疫的规定及出入境卡填写的规定。前往非洲和南美洲国家或地区，需要提醒旅游者随身带好黄皮书。

(4) 过安检注意事项。100毫升以上液体需要托运，雨伞、充电宝、手提电脑、平板电脑等物品需要从包内拿出，并接受检查；打火机和火柴不能托运，也不能够随身携带。

(5) 到达免税区域及登机口。如果是直达航班，在免税区域的所有的液体类物品可以直接带上飞机。如果是中转航班，免税商品可以回来再买，或者买来之后当场寄存，回来再拿。

3. 登机的注意事项

登机前，提早15分钟到达登机口集合。告知旅游者具体的飞行时间、当地的时差、具体到达的当地时间。作为领队，应该在保证团队所有旅游者登机后自己最后登机。

登机后领队应巡视旅游者的座位区，协助调整座位，确认有无其他需求，关照下机后集合的时间和地点，提醒旅游者注意听安全演示，告知领队的详细座位。

案例精选 4-2-4　旅游者误机的责任承担

旅行社组织的自由行从韩国返程，领队分发护照和登机牌时，提醒了每位旅游者的登机时间和登机口位置，事后其他旅游者也予以证明。办理登机牌的工作人员为了提示旅游者，特意用红笔将登机时间和登机口位置在登机牌上勾出。领队和两位旅游者最后登机，领队认为旅游者均已登机，就没有再清点人数。就在航班即将起飞时，广播开始寻找该团队的一位旅游者，领队也和该旅游者发信息，催促其登机。等该旅游者赶到登机口时，机舱已经关闭，该旅游者于当天晚些时候自己购票返回。该旅游者认为领队不尽责，理由是：领队没有清点人数，其他旅游者听到广播都给他发信息了，领队是在飞机快关舱门了才联系他，而且也不是打电话给他。因此，旅游者认为领队要全额承担机票损失。领队认为自己已经尽到了提示义务，无须担责。

【案例评析】

旅游者是否需要为自己的误机承担责任？回答是肯定的。种种迹象表明，造成旅游者航班延误的主要原因，是旅游者自己的疏忽，是旅游者没有关注登机时间，导致航班延误事件的发生。旅游者将自己疏忽大意的后果，直接转嫁给领队，对于领队来说有失公允。但在旅游团队登机过程中，领队没有及时清点人数，是领队服务上的瑕疵。

在《旅行社出境旅游服务质量》和《导游服务质量》两个服务标准中，在旅游服务全过程中，及时清点人数是领队应当养成的习惯和服务规范。有三种登机清点人数的方法可供领队参考：第一种方法，就是给出旅游团队明确的集合时间，要求旅游者在登机口排队集合，集体统一登机；第二种方法，就是领队等到最后一刻，在关闸前登机，在登机前从地勤人员处看看是否尚有人员未登机，是否为本团队的旅游者；第三种方法，就是领队登机后马上清点人数，若发现有旅游者尚未登机，立即开展联络工作。不论采取何种方法，有一点是明确的：领队应当事先提醒旅游者，并将登机时间和登机口事先明确告知旅游者。这样的清点人数方法在实际中可以很好地确保团队顺利登机，减少不必要的麻烦。

实践活动 4-2-2 中国出境流程

某旅行社组织了一个赴泰国的旅游团，领队王小姐通知客人于 2023 年 1 月 16 日下午 14：00，在郑州新郑国际机场 5 号门内集合。王小姐需要带领旅游者完成哪些手续和检查才能顺利出中国境？

学生 5~6 人一组，分别担任领队、航空公司值机人员、边防检查人员、海关申报查验员、登机安全检查员等角色，完成中国出境流程实训。

任务评价

任务内容	评　分　标　准	是否达标
通过海关	（1）熟悉绿色通道和红色通道 （2）复述部分限制进出境物品和部分禁止出境物品	□是　□否 □是　□否
边防检查	（1）熟悉领队所要提交的查验资料 （2）熟悉客人所要提交的查验资料 （3）复述哪些人员会被限制出境	□是　□否 □是　□否 □是　□否
安全检查	复述安全检查的主要内容	□是　□否

学习反思

任务三　飞行途中及旅途中转机

任务导入

领队王小姐带领团队成员顺利登上了飞机，旅游者看到王小姐一路上为团队工作忙前忙后，心疼地对王小姐说：小王，我们现在上了飞机，到目的地还有好几个小时的飞行时间，你在飞机上可以好好地休息一下！王小姐笑了笑说，虽然是在飞行途中，可自己依然有许多工作要做。领队在飞行途中或旅途中带着团队转机时都需要做哪些工作？

任务分析

出境旅游的空中飞行时间或转机时，领队需要做的工作有以下几项：

(1) 为旅游者提供乘机中的诸项帮助，如调换座位、关照客人用餐等；

(2) 帮助旅游者填写入境表格与海关申报单；

(3) 熟悉国外转机流程。

任务准备

一、入境卡和海关申报单的填写内容

（一）入境卡填写内容

不同国家的入境卡不但格式各不相同，名称也不完全一样，有“Arrival Card”“Immigrant Card/Form”“Enter Card/Form”“Inspection Card”“Landing Card”“Incoming Passenger Card”“Disembarkation Card”等多种说法。通常内容有以下几个方面：

姓 Family Name/Surname

名 First Name/Given Name

国籍 Nationality

护照号 Passport No.

原住地 Country of Origin (Country where you live)

前往目的地国 Destination Country

登机城市 City Where You Boarded

签证签发地 City Where Visa Was Issued

签发日期 Date Issue

街道及门牌号 Number and Street

城市及国家 City and State

出生日期 Date of Birth (MM/DD/YY)

偕行人数 Accompanying Number

职业 Occupation

专业技术人员 Professionals & Technical

行政管理人员 Legislators & Administrators

办事员 Clerk

商业人员 Commerce (Business People)

服务人员 Service

签名 Signature

官方填写 Official Use Only

一些国家(地区)的入境卡与出境卡是印制在左右一体的卡片上,在填写入境卡后,也需要填写出境卡部分。入境时,入境检查官员会将出境卡部分拆下,再将出境卡部分用订书机订在护照内,出境时无须再填写出境卡。

(二)海关申报单相关填写内容

除了需要填写入境卡外,还需要填写一份海关申报单。

海关申报单的内容有简有繁,申报重点也有所不同。其可能涉及的项目有:姓名、出生日期和地点、国籍、航班号、居住国、永久地址、在逗留国家(地区)的住址、随行家属姓名及与本人关系、签证日期、签证地点,随身携带物品,如现金、支票、手表、摄影机、摄像机、黄金、珠宝、香烟、酒、古董等。有些国家对动植物出入境控制很严,甚至少量水果也不允许带入境。

各个国家(地区)的海关申报单都不相同,但其中的内容大多一样。下面是一份加拿大的海关申报单的内容。

Customer Declaration Card(海关申报卡)

Part A - All travelers (must live at the same home address)(A 部分,所有的旅行者,必须居住在同一个地方)

Last name, first name, and initials(姓、名、缩写名)

Date of birth(生日)

Citizenship(国籍)

Home address-Number, street(家庭地址,号码,街道)

Town/city(城镇或城市的名称)

Province or state(省或州的名称)

Country(国家)

Postal/Zip Code(邮政编码)

Arriving by: Airline Flight No.(搭乘的航空公司,航班号)

Purpose of trip: Study, Personal, Business(旅行的目的:学习、个人原因、商务)

Arriving from: U.S.only, Other country direct, Other country via the U.S.

(从哪里来:从美国来,直接从其他国家来,其他国家途经美国来)

I am/we are bring into Canada(我或我们带入加拿大的物品)

Firearms or other weapons(武器)

Goods related to my/our profession and/or commercial goods whether or not for resale(e.g. samples, tools, equipment)(和我的职业和/或商业有关的商品,如:工具、设备等)

Animals, birds, insects, plants, soil, fruits, vegetables, meats, eggs, dairy products, living organisms, vaccines(动物、鸟类、昆虫、植物、泥土、水果、蔬菜、肉类、蛋、乳制品、有机物、疫苗)

I/we have shipped goods which are not accompanying me/us(我或我们有非随身携带的海运物品)

I/we will be visiting a farm in Canada within the next 14 days(我或我们在14天之内会访问一个加拿大的农场)

Part B - Visitors to Canada(B部分,加拿大的访问者)

Duration of stay in Canada(days)(在加拿大逗留的时间,天数)

Full values of each gift over CAN$60(所有价值超过60加元的礼品) Special quantities: Alcohol, Tobacco(特别限定数量的: 酒精、烟草)

Part C - Residents of Canada(C部分,加拿大的居民)(这部分不用填)

Part D - Signatures (age 16 and older)(签名,年龄在16岁及以上)

任务实施

二、飞行途中

飞行途中,领队的工作内容大致如图4-3-1所示。

(一) 为旅游者提供乘机中的帮助

1. 协助旅游者调换座位和摆放行李

因航空公司常常会按照旅客姓氏的字母顺序发放登机牌。因此,旅游者当中一家人拿到的登机牌上的座位号大多会不在一起。登机后,领队应当尽可能地帮助旅游者调换座位。领队应帮助旅游者之间相互协商,尽量能让旅游者和家庭成员坐在一起。如果领队协商其他乘客较麻烦,也可寻求空乘人员的帮助。需要注意的是,调换座位应该在飞机起飞平稳后再进行,避免登机时通道堵塞和混乱。领队自己的座位,以靠近中间通道为妥,方便领队照顾旅游者。

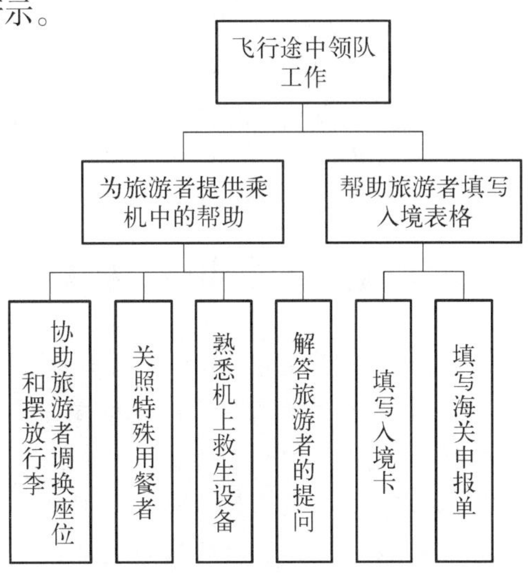

图4-3-1　飞行途中领队工作流程图

登机后,领队要协助旅游者把行李放在行李架内,提醒旅游者最好是交叉放,如旅游者坐在靠过道左边的位置上,行李就放在过道右边上方的行李舱内,保持在视线范围内,加强安全防护。

2. 关照旅游者的特殊用餐要求

领队在飞机起飞后可以去旅游者身边走走,看看有什么需要协助解决的问题。团队当中如果有在用餐方面有特殊要求的旅游者,如清真餐、素食、儿童餐等,领队应当尽早与机上空乘人员进行沟通。

空乘人员送来饮料时,如旅游者不清楚或不知道如何选择饮料,领队也应起身为旅游者提供帮助。帮助时应先轻声询问旅游者,再向空乘人员转告,尽量避免使旅游者处于尴尬境地。

3. 熟悉飞机上的救生设备

领队应当熟悉飞机上救生设备的使用和安全门的设置，登机后认真听取空乘人员的讲解演示。一旦空中飞行期间发生意外，领队首先须自己懂得如何使用救生设备及开启安全门，并在需要时给团内旅游者进行讲解。

4. 回答旅游者的其他提问

飞行当中，旅游者最常问的问题就是抵达时间、目的地的天气以及目的地国家（地区）最值得观看的景观等。领队应当随时保持清醒的头脑，认真查看飞机上电视屏幕的显示，记住抵达时间和待飞行时间，一旦有旅游者询问，立刻回答。这样可以给旅游者留下领队干练和头脑清醒的印象，对领队产生信任感。

知识拓展 4-3-1

飞机上的紧急出口位置

在进行机票订座或者办理登机手续的时候，如果乘客选定在紧急出口的座位，乘客需要满足一定的条件，包括语言条件和在必要时进行协助的意愿。而在登机后，空乘人员还要专门询问一遍坐在紧急出口边的乘客，对于不满足条件的乘客，则要在机上换座。乘坐境外航空公司的国际航线时，领队往往会被安排在紧急通道的位置。

通常航空公司不安排以下人员就座紧急通道旁的座位：未成年人；肢体活动不够灵敏的旅客；缺乏阅读和理解有关紧急撤离指示的文字或图表能力的旅客；缺乏理解机组人员口头命令能力的旅客；视力、听力和口头传达能力较差的旅客。

案例精选 4-3-1 他为什么在机场被警察带走

2023 年 1 月 22 日，某赴新西兰旅游团计划经墨尔本转机回本国，在墨尔本机场过安检时，查出该旅行团中的一位旅游者随身携带的旅行包中有两件飞机上的救生衣。安检人员责令该旅游者打开旅行包，将身上的物件全部拿出来。检查的结果是，旅行包里除了有两件救生衣外，还有一些飞机上用的非一次性餐具等物品。安检人员立刻将该旅游者扣留并报警。两分钟不到，来了两名警察将这名旅游者带走。

【案例评析】

民航飞机上的救生衣是保障每一位乘客安全的设施，任何个人和单位都不得占有和损坏。案例中该旅游者不仅擅自占有了救生衣，更严重的是使其他乘客的生命安全受到了威胁，理应受到法律制裁。

另外，这位旅游者擅自将飞机上的非一次性餐具据为己有，实质上是一种侵权行为，损害了航空公司的合法权益。

组团旅行社和领队有事先提醒义务。组团旅行社和领队在组团前会召开行前说明会，其中最为重要的任务之一，就是提醒旅游者在旅途中的注意事项，包括如何安全出行、如何文明出行、如何遵守法律法规等。上述案例中出现的情况，如果在行前会上没有提醒，旅行社和领队应当为此承担一定的责任;如果在行前会上已经明确告知旅游者,这位旅游者应为其违法行为承担全部责任。

案例精选 4-3-2 拍打空姐帽子上的苍蝇犯下大忌

2019年10月,某社旅游团一行25人,赴马来西亚、文莱4晚5日游。10月3日上午,该团结束了在马来西亚沙巴的行程,乘坐文莱航空公司的航班飞往文莱旅游。在航班起飞30分钟后,空姐开始向旅客们发放饮料和点心。当食品饮料车推至该团中一位中年男士身旁时,一位头戴白色圆帽的空姐蹲下身去拿点心盒,那位中年男士看见空姐的帽子上有一只苍蝇,他二话没说,就用手去轻轻地拍打了那只苍蝇。突然间,这位空姐跳了起来,用当地的马来语说了几句话,又放下推车跑回机舱尾部,向一位主管人员哭诉。后来,她又和主管一同来到中年男士面前,说了一番指责的话。此时,领队吴先生连忙走过来询问发生了什么事情,中年男士把自己拍打空姐帽子上的苍蝇的事情讲了一下,领队马上用英语向空姐道歉并请求原谅。与此同时,又有一位空姐拿起了飞机上的电话在说着什么,从她脸上的表情,可以看出与此事有关。

团队下了飞机,过移民局时,一位移民局官员先放行其他团队和旅游者,在仔细地检查了全团护照之后,对领队说:“飞机上发生的事情我们知道了,您还不够资格做一名领队,文莱欢迎你们来观光旅游,但下一次来之前,请先让您的客人熟悉一下文莱的历史、文化,避免发生类似不愉快的事情。”

【案例评析】

文莱是一个信奉伊斯兰教的国家。当地人以头为至高无上,除父母外,任何人不得拍打。如果自己戴的白帽子被碰、擦、拍或摸过,就得马上去清真寺“冲头”(淋浴),同时背诵《可兰经》,以此净身。此事件中,领队有不可推卸的责任。出团前领队应先熟悉文莱的宗教和习俗。行前说明会上应该介绍旅游目的地国家的文化,以便旅游者抵达旅游目的地游览时,做到入乡随俗。否则,像旅游团中的这位男士,不知“俗”就很难做到“随”了。

(二)帮助旅游者填写入境表格

1. 填写入境卡

旅游团所需的多份入境卡及海关申报单可以向空乘人员统一索要,这些表格通常会用当地文字和英文两种文字标明,填写时可使用英文填写。代旅游者填写所有的出入境表格,是领队的工作职责之一。事先制作的“团队资料速查表”这时候可以很好地发挥作用,可以让领队省却很多时间和麻烦,使填表工作的效率大大提高。否则,领队就必须将旅游者手中的护照一本本收上来,按照各个国家(地区)不同的入境表格的各种要求,翻开查阅护照中的相关内容再进行填写。

一些航程较短的航线的飞行时间只有一个多小时,除去飞机上升和下降时间以及用餐的时间外,领队填写这些入境表格的时间会十分紧张,因而需要抓紧时间填写。有些英语较好或者愿意自己填写的年轻旅游者,领队可以指导他们自己动手。通常旅游者填写时,会对入境国家的联系人、下榻酒店等项目不太清楚,领队应及时提供帮助。

领队可以替旅游者填写目的地国家或地区的入境卡及海关申报单,但是两张表格的签名栏须由旅游者亲自签名。图 4-3-2、图 4-3-3 分别为日本入境卡和泰国入出境卡样例。

外国人入国記録 DISEMBARKATION CARD FOR FOREIGNER 外國人入境記錄 ①

英語又は日本語で記載して下さい。 請用英文或日文填寫。

E.D.No 出入国記録番号 HLLL 3247661 61

氏名(漢字) Name 姓名	氏 姓(中文)	名 名(中文)		
	Family Name 姓(英文)	Given Names 名(英文)		
国籍・地域 Nationality/Region 國籍・地域		生年月日 Date of Birth 出生日期	Day 日 日期 / Month 月 月份 / Year 年 年度	男 Male 男的 1 / 女 Female 女的 2
現住所 Home Address 現住址	国名 Country name 國家名	都市名 City name 城市名	職業 Occupation 職業	
旅券番号 Passport number 護照號碼		航空機便名・船名 Last flight No./Vessel 抵達航班號		
渡航目的 Purpose of visit 入境目的	□ 観光 Tourism 旅遊 □ 商用 Business 商務 □ 親族訪問 Visiting relatives 探親 □ トランジット Transit 轉機 □ その他 Others( ) 其他目的		日本滞在予定期間 Intended Length of stay in Japan 滯留預定期間	Years 年 年度 / Months 月 月份 / Days 日 日期
日本の連絡先 Intended address in Japan 在日本的聯絡處	TEL 電話號碼			

裏面を見てください。See the back 請看背面 →

官用欄 Official Use Only CL/証

KA6HLLL324766161

图 4-3-2 日本入境卡样例

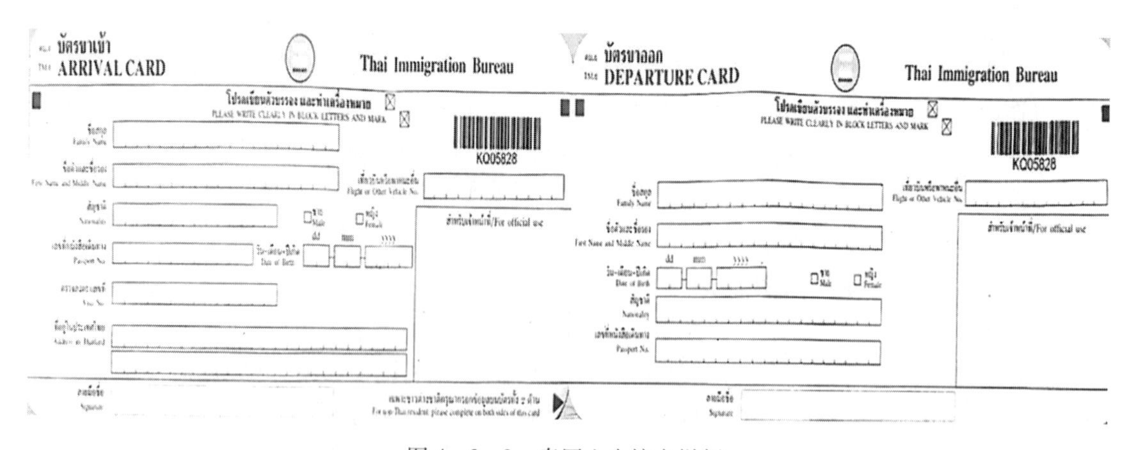
ARRIVAL CARD Thai Immigration Bureau

PLEASE WRITE CLEARLY IN BLOCK LETTERS AND MARK ☒

KQ05828

Family Name

First Name and Middle Name

Flight or Other Vehicle No.

Nationality □ Male □ Female

For official use

Passport No. Date of Birth dd mm yyyy

Visa No.

Address in Thailand

Signature

For non Thai resident, please complete on both sides of this card

DEPARTURE CARD Thai Immigration Bureau

PLEASE WRITE CLEARLY IN BLOCK LETTERS AND MARK ☒

KQ05828

Family Name

First Name and Middle Name

Flight or Other Vehicle No.

For official use

Date of Birth dd mm yyyy □ Male □ Female

Nationality

Passport No.

Signature

图 4-3-3 泰国入出境卡样例

2. 填写海关申报单

除了填写入境卡外,还需要填写一份海关申报单。但并不是所有国家都需要填写海关申报单,在不需要填写海关申报单的国家,领队可省却这项工作。有的国家的入境卡和海关申报单是连在一起的(如泰国、澳大利亚等),通常是正面为入境卡,背面是海关申报单(见图 4-3-4)。

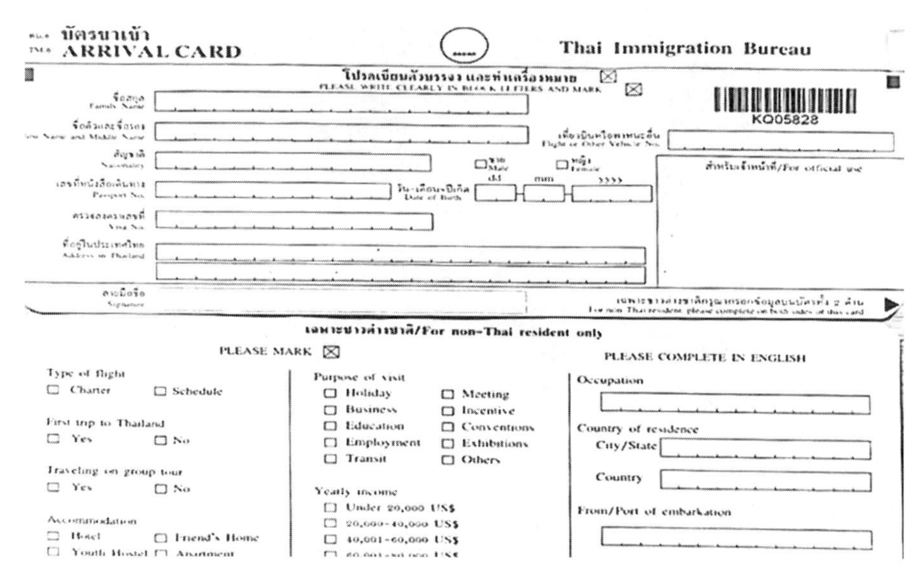

ARRIVAL CARD　　Thai Immigration Bureau

PLEASE WRITE CLEARLY IN BLOCK LETTERS AND MARK ☒

KQ05828

Family Name

First Name and Middle Name

Flight or Other Vehicle No.

Nationality　☐ Male　☐ Female

For official use

Passport No.　Date of Birth　dd　mm　yyyy

Visa No.

Address in Thailand

Signature

For non Thai resident, please complete on both sides of this card

For non-Thai resident only

PLEASE MARK ☒

Type of flight
☐ Charter　☐ Schedule

First trip to Thailand
☐ Yes　☐ No

Traveling on group tour
☐ Yes　☐ No

Accommodation
☐ Hotel　☐ Friend's Home
☐ Youth Hostel　☐ Apartment

Purpose of visit
☐ Holiday　☐ Meeting
☐ Business　☐ Incentive
☐ Education　☐ Conventions
☐ Employment　☐ Exhibitions
☐ Transit　☐ Others

Yearly income
☐ Under 20,000 US$
☐ 20,000-40,000 US$
☐ 40,001-60,000 US$

PLEASE COMPLETE IN ENGLISH

Occupation

Country of residence
City/State
Country

From/Port of embarkation

图 4－3－4　泰国入境卡和海关申报单样例

实践活动 4－3－1　入境卡及海关申报单的填写

请规范填写图 4－3－4 中的泰国入境卡和海关申报单。

三、旅途中转机

领队在带团出境旅游时，并非乘坐的所有航班都可以直接到达目的地国家或地区，旅途中常常会遇到中途转机的问题。转机通常有以下两种情况：一种是在国外转机，另一种是在国内转机。我们以国外转机为例，谈下转机的具体流程。这些流程包括国际抵达国内出发的转移、行李再托运、安检与登机。

（一）国外转机

1. 国际航班转目的地国家或地区国内航班

领队到达目的地国家的第一个国际机场入境时，一定要带领旅游者先过移民局，将行李提取后，再转移到国内航班办理行李托运手续。在大型机场，如悉尼国际机场，由于国际航站楼与国内航站楼的距离较远，机场会安排旅游者乘坐穿梭巴士抵达国内出发处。领队则需要带领团队乘坐穿梭巴士前往国内出发处办理行李再托运手续。

2. 国际航班转国际航班

（1）同一航空公司或同一航司联盟。若旅游团乘坐的国际航班的转机均是同一航空公司或同一航司联盟的航班，在出发地 A 地办理值机时，值机柜台的工作人员不仅可以查询到前后两段航班信息，还会在始发机场一次性办理完成至少 2 段航程值机手续，一次性打印前后两段的登机牌，办理“行李直挂”，托运行李直送到目的地城市。也就是说旅游者在转机时无须提取行李再次办理行李托运。在中转地 B 地下飞机后，带好随身物品去中转柜台报到盖章或直接前往后段航班登机口登机，不仅省时省力，出行也变得更顺畅、安心（见图 4－3－5）。

图 4－3－5 中转服务柜台

（2）不同航空公司和非航司联盟。若旅游团乘坐的国际航班需要从出发地 A 地飞到目的地 C 地，在 B 地转机，如果 A 地到 B 地、B 地到 C 地两段航程不是同一家航空公司，也不属于有合作关系的联盟航司，那么 A 地机场值机系统里只显示旅游团当前航段的航班信息，只能办理 A 地到 B 地的登机牌，行李也只能托运到 B 地。在 B 地转机，必须像从 A 地出发一样先提取行李，再办值机、托运、过安检。这种类型的转机，一定要留出充足的转机时间。

总之，无论什么类型的转机，一定要留意登机口的位置是否临时变更，因此要随时查看电子屏或告示墙的资讯。

（二）行李再托运及安检登机

领队带领旅游者抵达下一程航班的登机处，应将托运的行李放上传运带以完成行李再托运手续。接下来领队再带领旅游者进行安检及登机。在托运行李的过程中，领队要观察是否每一位旅游者都将要托运的行李放上传送带，并关注每一件行李是否挂有两程行李标签。

实践活动 4-3-2 领队带领旅游团境外机场转机

	服务流程	注意事项
联程航班的境外转机		
非联程航班的境外转机		

四、与境外导游接洽

在抵达目的地国家或地区转机后所要参观的第一站，领队应高举领队旗带领旅游者到出口位置与前来迎接的当地导游会合。领队与当地导游见面后，应主动与对方交换名片，并进行简单的工作交流。内容包括如下几项：

（1）自我介绍及团队简单情况介绍，确认相互身份，以避免接错团。
（2）确认行程是否有变更。
（3）询问机场与景点的距离和行驶时间。

任务评价

任务内容	评 分 标 准	是否达标
飞行途中服务	复述飞行途中领队需要为游客提供哪些服务	□是 □否
入境卡填写	按规范进行入境卡填写	□是 □否
与境外导游接洽	复述与境外导游在机场见面后应简单交流哪些内容	□是 □否

学习反思

任务四 目的地国家(地区)入境

任务导入

经过近11个小时的长途飞行，领队王小姐带领着旅游团终于抵达了澳大利亚墨尔本国际机场。旅游者下飞机后，王小姐集合好团队成员，并带领旅游者前往澳大利亚入境大厅。尽管经过长时间的飞行，旅游者已经非常疲惫，但旅游者对即将到来的异国之旅充满了期待。为了保证全团成员都能顺利入境澳大利亚，领队王小姐需要做哪些工作？

任务分析

领队的一项重要工作职责就是协助旅游者办理入境目的地国家(地区)的手续。当飞机在目的地国家(地区)的机场降落后，领队开始履行该项工作职责。入境时需要办理的相关手续有以下几种：

（1）经过卫生检疫，交验黄皮书和健康证明。
（2）办理入境审查，交付入境卡并查验护照和签证。
（3）领取托运行李，凭行李牌提取行李，如果行李出问题应现场交涉。
（4）接受海关查验，交付海关申报单并接受抽查。
（5）与境外导游会面。

尽管各国办理入境手续的顺序会有所不同，但一般来说卫生检疫及入境审查是在提取托运行李之前，海关检查是在提取托运行李之后。

任务准备

一、入境检查

入境检查,是由移民局官员(或边防警察等)检查护照、签证和入境登记卡,并询问一些简单问题,如"到此地的目的""计划停留多久""有没有按规定进行物品申报"等,当检查人员在护照上盖上入境章时,就表示准许入境。

各个国家(地区)所需要办理的入境手续顺序并不一致,如日本的入境手续办理顺序是:航班飞抵机场→检疫检查→入境审查→动植物检疫→海关检查→入境;而泰国的入境手续办理程序则是:航班抵达→移民局入境检查→卫生检疫→海关检查→入境。

入境检查在许多国家(地区)是由移民局的官员来执行的,但也有一些国家(地区),全部由警察来执行。如法国的入境检查,就全部由警察执行。边防警察主要针对身份证件进行检查,在机舱口进行证件检查或在机场入关处进行证件检查;海关警察检查主要是针对过境旅客所携带物品的检查。

任务实施

旅游团抵达目的地国家(地区)口岸后,领队要带领旅游者入境,协助全团成员办理各种入境手续,具体流程见图4-4-1。

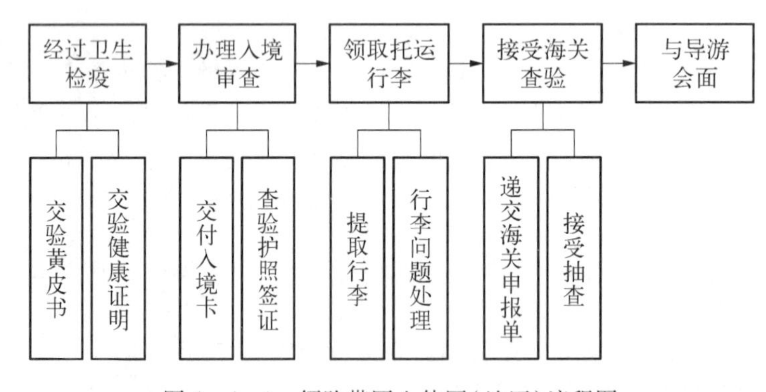

图4-4-1 领队带团入他国(地区)流程图

二、卫生检疫

卫生检疫的主要目的是防止携带某些传染病的人员进入该区域,对该区域的居民进行必要的保护。

卫生检疫一般有两种方式,第一种为通过检测仪器或人工对入境旅客进行检查,目前大部分国家均采取这类做法。第二种为查验黄皮书,黄皮书是国际公认的卫生检疫证件,有些国家在办理入境时必须提供黄皮书。

很多国家还要求入境人员填写《健康申报单》,要求在申报单中如实填写身体状况及疾病史,在经过卫生检疫柜台或检疫仪器时提交。有些国家的健康申报单与入境卡连在一起,卫生检疫也与入境审查设在同一处。

三、入境审查

办理入境审查的机构统称为移民局，其主要工作是审查入境人员的相关资料和资质，并做出是否准许其入境的最终决定。领队在此环节主要是组织旅游者按相关规定排队、提交资料、接受询问等。许多国家的移民局检查通道，为了区分本国公民和外国人，特别设置了外国人通道、本国公民通道和外交人员通道。有的机场为了方便旅游者转机设有“转机”(Transfer)通道。领队组织旅游者在“外国人入境”(Foreigner Immigration)标志的任一通道前排队，出示入境卡和护照、签证，接受移民局检查。机场若有“团队专用通道”，则在此通道排队即可。

领队需要提醒旅游者遵守制度、注意礼仪，在警戒线外排队，不得加塞强行，在入境柜台前禁止大声喧哗，禁止拍照。

（一）排队递交证件

如果旅游者办理的是团体签证，原则上领队应排在旅游者队列之前，向移民官递交自己的护照、签证、机票和入境卡，递交团队的接待计划书和行程单，说明团队的计划、团队的人数、此次行程的天数等基本情况，接受移民官的提问和询问。旅游者排在领队之后，依次通过移民局，并提供个人护照、签证和入境卡，待查验后，方可通行。

旅游团队如果持另纸团体签证，出境旅游领队则需要听从移民局工作人员的指挥和安排，带领旅游团队到指定的柜台办理查验手续。

如果旅游者办理的签证为个人签，原则上领队应走在旅游者的最后面，以便观察旅游者是否经过审查顺利入境。

（二）接受询问

遇到移民官就入境的原因进行询问的情况，出境旅游领队和旅游者不必紧张，按照旅行社接待计划或者行程单的内容如实逐一回答即可。入境检察官一般会用英语询问一些简单的问题，如来此国的目的是什么、是跟团来的吗、准备停留多久、要去哪些城市等。领队和旅游者一定要如实回答。如果遇到英语不好的旅游者，领队可以提前将这些问题的答案写在纸上交给旅游者，当检察官询问时，将纸条递给检察官即可。

在出示证件和接受询问的过程中，移民官会核实入境者的身份和访问目的，有以下情况将会被检查人员阻止入境：

（1）入境后可能危害国家安全、社会秩序或违反公共利益的。这往往是一种主观判断，签证官会根据护照、签证等信息或言行做出判断。

（2）在本国（地区）政府禁止入境黑名单上的。这种情况往往是因为此人有过逾期不归记录及在该国有过犯罪记录。

（3）使用伪造证件的。

（4）患有某种传染疾病的。

（5）携带资金不充足，或缺乏生活手段，有可能成为社会公众负担的。泰国要求入境游客身上携带现金不低于 2 万泰铢及等值货币，入境人员会不时地进行抽查，如身上所携带现金低于 2 万泰铢或等值货币，入境检察官有权阻止其入境。

（6）受到国际刑事警察组织通缉的犯罪分子。

（7）以前在入境国（地区）内违法或犯罪而被驱逐出境的。

(8) 提供虚假材料骗取签证的。

(9) 护照有效期不足6个月的。

实践活动 4-4-1 入境检查人员可能就入境的原因提的问题以及领队的回答

入境检查人员	领队或游客
问题1	回答1
问题2	回答2
问题3	回答3
问题4	回答4
问题5	回答5

案例精选 4-4-1 旅游时在护照上做了个小动作，差点入不了境

刘小姐在泰国曼谷机场入境时，因所持护照的签证页上有一枚她在旅游景点自己盖上的纪念章，被请离通关队伍做进一步核查。好在该印章文字未涉及违法含义，未遮挡证件重要信息，所以移民局仅对刘小姐做出警告处理，并建议她尽快更换证件。“没想到只是在护照上多盖了一枚纪念章，入境时就被拦下了，”刘小姐说，护照签证页上的纪念章是她在某国景点游玩时觉得有趣去盖的，“本来以为护照就像旅行纪念册一样，看到同行好多人都拿着护照去排队盖章，我就跟着一起去了，只是想收集个景点印章，留个纪念，之前不知道这是不被允许的。”

【案例评析】

在护照签证页上盖纪念章、邮戳或私做印记等，都可能被国内或国外的边防检查部门视作私自涂改护照，从而导致护照失效。

考虑到私盖的印章文字未涉及其他违法特殊含义，也未遮挡证件重要信息，所以泰国移民局在对刘小姐做出警告处理并告知其行为的违规性和可能导致的后果后，允许她入境，并建议她尽快更换证件。

我国的《护照法》规定，中华人民共和国护照是中华人民共和国公民出入国境和在国外证明国籍和身份的证件，任何组织或者个人不得伪造、变造、转让、故意损毁护照。中国公民普通护照封底的“注意事项”也规定要“妥善保存、使用，不得涂改、转让、故意损毁”。若证件受损严重，有脱落、缺页、撕毁或重要信息遭涂改等，边检机关可依据《中华人民共和国出境入境管理法》第六十七条宣布该证件无效，阻止旅客出入境。

旅客应妥善保管好个人出入境证件，保持证件整洁，信息清晰。证件内页若有因缺失、破损、涂鸦或者被水浸泡等情况而损坏重要信息的，须尽早办理更换。

持电子证件及卡式出入境证件的，要注意保护好内置的电子元件，避免和手机、磁卡等磁性物品长时间共同放置，不要将证件弯折、打孔或者暴露在极端温度、湿度环境下，以免损坏电子元件而无法读取。

(三) 完成入境检查

移民官检查无误后，在护照上加盖入境章，将护照、签证、机票等一并退还旅游者，移民局入境手续便全部结束。旅游者在表示感谢后应尽快通过柜台，领队应该交代旅游者直接去行李转盘处提取行李及等候其他旅游者，不要停留在柜台后面等候其他旅游者或滞留，以免被移民局工作人员以影响该柜台正常工作为由进行驱赶。

四、提取托运行李

团队通过移民局边检后，领队带领旅游者到航空公司的托运行李领取处领取自己的行李。行李大厅通常会有大型电子屏幕，显示航班号、始发国家、到达时间和领取行李的站台号，旅游者应凭入境前办理托运手续领取的行李牌领取各自的行李。

(一) 提醒旅游者检查行李

(1) 确认行李是否拿错。由于行李箱大小颜色雷同，经常会有拿错行李的现象。旅游者从行李传送带上取下行李后，应首先查验核对标签上的名字和号码。

(2) 确认行李是否齐全。

(3) 确认行李箱是否有损坏。

(4) 领队应提醒团队旅游者不能帮不认识的人捎带行李过关，以免发生误会，造成无法入关的情况。

实践活动 4-4-2

在领队王小姐组织客人提取行李的过程中，李女士找到王小姐，说自己的行李箱在托运过程中被摔坏了，里面的行李有翻动的痕迹，如果你是领队王小姐，你该如何处理这件事？写出你的处理流程。

案例精选 4-4-2　行李报失表引发的投诉

领队张小姐带团前往欧洲，第一站抵达奥地利首都维也纳时，发现一位旅游者的行李丢失。在机场工作人员的指引下，该领队带领旅游者找到“LOST AND FOUND”(行李遗失服务处)，由于相关业务不熟悉，不知道如何与工作人员联系(正确的方法是按指定的电话号码致电报失，然后进入行李遗失服务处与工作人员联系并办理手续)，浪费了很多时间。在与工作人员取得联系后，又因为语言障碍造成双方沟通困难，将应当当场填写的行李报失表带回了酒店。因为欧洲行程安排紧凑，待她 10 天后返回维也纳机场出境时再与机场交涉，为时已晚。由于领队工作的失误，造成旅游者在旅途中极大的不便，此事在回国后经过数月交涉才得以解决，这对组团社的信誉造成很大损失。

【案例评析】

旅游者托运的行李在出境游的过程中丢失时有发生，每位领队在出发前必须弄清行李丢失后的报失程序：

第一，在第一时间找到机场的行李遗失服务处。

第二，事先弄清行李遗失服务处的联络方式。因为在欧美等国有些机场的行李遗失服务处随时有人值班，而有些行李遗失服务处的工作人员不出现在服务台，领队要拨通指定的电话号码，再稍等片刻才有工作人员开窗服务。

第三，领队向工作人员出示失主的登机牌、护照、托运行李的收据（通常称行李牌）并详细填写报失表格。提供尽量多的信息，如当地入住酒店名称、地接社的地址、联系电话和联系人。如果领队开通了国际漫游，最好留下自己的手机号码。

第四，根据工作人员提供的画有各种款式、尺寸、颜色的行李的图表（chart），让客人在图表中确认哪一个与自己遗失的行李一样或相似。

第五，一般情况下，丢失的行李（根据电脑查询）在当晚或次日的上午就可以拿到，如果当日拿不到，领队有责任向行李遗失服务处要求，为失主提供当日换洗的内衣和洗漱用品费用（一般在50欧元、50澳元、50美元），只要领队表达的理由真实，语言表达清楚，客人是能拿到这笔费用的。

第六，如果确实遗失，领队（在地接社的协助下）有义务向所乘航班的航空公司索取赔偿，一般情况下，不把问题带回国内。

（二）再次向旅游者说明入境国海关规定

所有的行李都拿齐后，领队集中旅游者，再次提醒旅游者该国（地区）海关对旅游者所携带入境物品的相关规定。

每个国家的海关规定不同，但新鲜的水果蔬菜、鲜活的动植物、各种包装的肉制品等均属于禁止入境的物品，而在出国前国内海关及安检并不会对这些东西做出要求，所以很多旅游者会将其携带上飞机，并误认为国内没有禁止出境的就一定能携带到他国入境。

此外，烟、酒、外币现金对于很多国家来说属于限量入境物品，如果超出各国的规定则会进行处罚或补税。领队应提前了解并告知旅游者相关国家（地区）的要求，以免发生误会产生不必要的损失。

如果入境国（地区）需要填写海关申报单，领队必须再次向旅游者说明海关申报单的填写规定。很多国家的海关申报单与入境卡是连在一起的，大部分国家使用的是英文版，这给中国旅游者带来了很多不便，填写错误很可能影响正常入境，领队可以准备一个模板并将英文翻译为中文，指导旅游者进行填写。

五、接受海关入境检查

通过海关安检时有两个通行通道，一个为“非申报通道”或称为绿色通道（NOTHING TO DECLARE），一个为申报通道（GOODS TO DECLARE），也称为红色通道。如没有携带相关违禁、超过限制的或需要申报的物品，可走非申报通道。如果携带了需要申报的物品，如超过限制的物品、较为昂贵的摄像器材、高端数码产品等，应走申报通道并进行申报。各国情况不一样，所选择的海关申报方式也不同，但大体分为两种：口头申报及填写申报单申报。

不管走哪一个通道，一般都会有海关进行检查，检查的形式分为X光机检查、开箱检查，还有些国家采取用狗闻的形式进行检查。一旦查出旅游者携带违禁物品或携带了需要申报的物品但没有进行申报，旅游者将会面临相应的海关处罚。

领队应该告知旅游者，在海关人员进行例行检查时，尤其是进行开箱检查时，应当予以配合并自行打开行李箱。接受完检查后，旅游者应该迅速离开检查区。

案例精选 4-4-3 松花蛋和月饼引发的巨额罚款

我国一旅行团到澳大利亚旅游，在澳大利亚海关接受入境检查时，一名旅游者随身携带的月饼被澳方关员查获，另一位旅游者携带的松花蛋更是引起澳方关员的严重关注，甚至叫来了警犬和边防警察。原来，澳方关员没见过这种黑乎乎的东西，以为是毒品或者其他违禁化学品，当这名旅游者不得已当场吃了一枚松花蛋后，事情才有了转机。

回国后两名旅游者联合起来对该组团社和领队进行投诉，指出由于领队的工作疏忽没有向旅游者强调入境澳大利亚时的相关规定，导致旅游者造成不必要的麻烦和不愉快的体验。

【案例评析】

澳大利亚检疫法规定，禁止含有蛋、肉馅的食品(包括月饼)入境，违者将被处以高额的罚款甚至监禁。而这两名旅游者均未在入境卡上填写携带有上述违禁品，所以两位旅游者受到销毁食品、罚款1 000澳元的处理。

此次事件责任在领队，领队应该知道澳大利亚禁止含有蛋、肉馅类食品入境的规定，而且在填写入境卡时没有专门询问旅游者是否携带有上述物品，造成违禁携带，不仅通关受阻，还使客人遭受巨额罚款，受罚旅游者可向旅行社索赔。

实践活动 4-4-3

领队王小姐带领一个20人的旅游团去日本旅游，通过日本移民局的查验和行李的提取后，即将通过日本海关。如果你是领队王小姐，在旅游者通过日本海关前应该讲解哪些注意事项？请说出你的思路。

知识拓展 4-4-1

目的地入境常见问题及处理方法

1. 何谓直飞、转机、经停

直飞是从A城直接飞到B城，中间不会停留。转机是从A城飞到B城时，中间会经过C城，当经停C城时，通常需要下飞机再换乘另一架飞机继续飞。经停是介于直飞和转机之间的一种飞行方式，从A城到B城，中间会在C城经停一下，但是原则上所有旅客不能下飞机，在飞机上休息后原飞机继续飞。

2. 入境常见问题及处理方法

(1) 移民局。在飞机到达目的地之后,领队要第一个下飞机,在廊桥外合适的地点等待并迎接团队旅游者。带着全团旅游者一起过关,为他们提供必要的翻译协助,替旅游者完整地填写出入境卡。提醒旅游者千万不要在入境的地方拍照摄影,特别是在移民局的入境大厅。

(2) 取行李。注意看清行李转盘的编号,把提取行李处作为最终的集合地点。如果旅游者行李丢失,领队应带领旅游者第一时间去询问行李柜台,说明详细情况,包括航班号、大致行程;接下来填写表格,详细填写行李尺寸、颜色、联系方式等,并且告知后续的行程和住宿安排。

(3) 过海关。提取完行李后就开始过海关,若有物品要申报,走红色通道;没有要申报的物品,则走绿色通道。可以进关的物品有:饼干、水、饮料;不超过规定量的香烟、酒、化妆品及免税品;规定限额之内的现金或其他等值货币等。不可以进关的物品有:新鲜水果、肉蛋、血液制品、动物源性奶制品、植物种子、活体动物或标本、枪支弹药、毒品、文物、其他规定的物品等。需要申报进关的物品有:超过规定数量的烟、酒、化妆品,高额电子产品(包括照相机、摄像机等),超额的现金及其他等值货币,中成药等。

六、与接团导游会合

通过以上程序后,领队带领旅游者到达出口,与前来迎接的当地导游会合,目的地国家的接团导游会手持约定接团标志牌迎接旅游团,部分国家和地区允许地接旅行社导游到"游客入境"柜台前接团。

与目的地国家导游见面后,领队应主动与导游交换名片,并对其通信方式进行确认,在走出机场登车前,领队须再次清点人数并核实游客行李及随身物品。行李车一般可以推至机场外的巴士站和地下停车场等处。

在旅游巴士开动前,领队应与境外的地接导游就以下问题进行简单的工作交流,内容包括:① 如团员人数有变化须告诉导游;② 问清楚是否由机场直接去下榻饭店;③ 机场与下榻饭店的距离与行驶时间;④ 核对当日的行程。

任务评价

任务内容	评 分 标 准	是否达标
入境他国服务流程	按照入境他国手续办理的先后顺序复述入境他国服务流程	□是 □否
入境审查	复述入境检查官要求旅客提交的入境资料有哪些,入境检查注意的事项	□是 □否
提取行李	复述提取行李应注意的事项	□是 □否

学习反思

______

______

______

______

______

______

______

任务五　转机、入境的英语会话

任务导入

随着飞机缓缓降落在墨尔本国际机场，游客们兴奋不已，经过十多个小时的长途飞行，终于离自己的目的地越来越近了。他们此次旅行的第一站是新西兰的旅游胜地奥克兰，需要经墨尔本转机到达。为了顺利到达奥克兰，领队王小姐除了要熟悉入境流程外，还需要掌握哪些技能？

任务分析

领队王小姐除了要熟悉入境流程外，还需要掌握以下技能：

1. 机场转机的常用英语会话；
2. 入境新西兰时在移民局、行李提取处、海关等地常用的英语会话。

任务准备

一、常用词汇

（一）机场常用词汇（Words & Expressions）

actual time　实际时间
arrivals　进站（到达）
boarding gate　登机口
boarding pass　登机牌
carry-on　手提行李
charge for overweight luggage　行李超重费
check in　办理登机手续
checked luggage　托运行李
delayed　延时的
departure　出站（出港、离开）
departure lounge　候机室
departure time　起飞时间
domestic airport　国内机场
domestic departure　国内航班出港
economy class　经济舱
exit　出口

first class	头等舱
flight number (No.)	航班号
free luggage allowance	免费托运行李重量
hand luggage	手提行李
international airport	国际机场
international departure	国际航班出港
landed	已降落的
lavatory	厕所;盥洗室
luggage tag	行李牌
overweight	超重
personal belongings	随身物品
scheduled time	预计时间
seat number	座位号
security check	安全检查
smoking lounge	吸烟处
terminal	候机楼,航站楼
ticket confirmation	机票确认
toilet/rest room/bathroom	洗手间

(二) 目的地国家入境常用词汇(Words & Expressions)

accompanying number	同行人数
address while in a nation	前往国家的地址
airline coach service	航空公司汽车服务
arrival/departure card	入(出)境卡
city and state	城市及省份(国家)
city where boarded	登机城市
coach pick-up	大巴乘车点
compensation	补偿;赔偿
control number	签证管理号
country of origin	原住地
currency exchange	货币兑换处
customs	海关
customs declaration	海关申报单
customs duty	海关税
damage	损坏
date of birth	出生日期
date of issue	签发日期
destination country	目的地国家
expiry date	失效日期
goods to declare	报关物品

group visa	团体签证
immigration	外来移民;移居
immunization	免疫
issued at	签发地
length of stay	停留期
luggage carousel/belt	行李传送带
luggage cart/trolley	(行李)手推车
luggage claim area	行李提取处
luggage/baggage service	行李服务处
nationality	国籍
nothing to declare	不需报关
occupation	职业
official only	官方填写
papers	证件
parking for tourist coach	旅游大巴停车处
passport	护照
passport control	护照查验处
passport number	护照号
port of entry	入境港
quarantine formalities	检疫手续
safe conduct/pass	安全通行证
taxi pick-up	出租车候车点
transfer/transit	中转/过境
type of visa	签证种类
vaccination certificate	防疫证书
visa	签证

任务实施

二、在中转处(At the Transfer Desk)英语会话

(T: Tour Leader,领队; S: Staff,工作人员)

T: Excuse me. We are to transfer to JL458 to Tokyo. Can you help me?

劳驾,我们要乘转日本航空公司的458号航班去东京。你能帮助我吗?

S: Yes. May I have your tickets?

可以,请出示你们的机票。

T: Here are 10 tickets. Can we have our seats as close to each other as possible?

这是我们的10张票。我们的座位能够尽量在一起吗?

S: Let me see. The aircraft is quite full now. I have given you seats as close together as possible. Here are your tickets and boarding passes. Departure time is 11:15, Gate 28.

让我看看。飞机现在已经非常满了,我已经尽量把你们的座位安排在一起了。这是你们的机票和登机牌。登机时间是 11 点 15 分,在 28 号登机口。

T: Could you tell me the way to Departure Gate 28?

你能告诉我怎么去 28 号登机口吗?

S: Take the escalator down to the next floor, get on the travelator to the departure area, and then you will easily find Gate 28. You may wait in the departure lounge for boarding as there is not much time left.

坐电梯到下一层,上自动步道到候机室,你就很容易找到 28 号登机口。离登机的时间不多了,你们就在候机室等候吧。

T: Thank you.

谢谢你。

S: Not at all. Goodbye.

不用谢,再见。

T: Goodbye.

再见。

三、入境(Immigration)英语会话

(一) 办理入境手续(Immigration Formalities)

1. Passport Control(查验护照)

(T: Tour Leader,领队; I: Inspector,查验员)

T: Good afternoon, sir! We are a tour group of 25 members and I am the tour leader. Here is the name list.

下午好,先生! 我们是一个 25 人的旅行团,我是领队,这是团队的名单。

I: What's the purpose of your visit?

你们此行的目的是什么?

T: We are on a tour and will travel to some other countries as well.

我们是来旅游的,还会去一些别的国家。

I: Where are you going? How long do you intend to stay?

你们还会去哪儿? 会停留多长时间?

T: We are just passing through your country. We are going to visit Italy, Germany, Austria and France but will come back 14 days later, then take the flight back to China.

我们只是经过贵国,还将游览意大利、德国、奥地利和法国,14 天后返回这里,然后飞回中国。

I: How many people are there in your group?

你们有多少人?

T: 25 plus me.

加上我一共 25 人。

I: Please tell your guests to stay in line with their passports ready. We also need your fingerprints.

请让你的客人拿好护照,排好队。我们还需要你录入指纹。

T：Sure！

好的！

I：I have a question for you. I saw so many stamps on your passport，maybe it is over 90 days. Are you aware of that?

我有个问题，我看见你的护照上已经盖了很多章，有可能已经超过 90 天了，你知道吗？

T：Yes，sir. I often visit Europe，so I am aware of the regulation. My last time to Europe was 2 months ago，you may check the stamps.

是的，先生，我经常来欧洲，所以我知道相关的规定。我上次来欧洲是两个月前，你可以查验护照上的印章。

I：Okay，you may go through now，and welcome to Europe again！Thank you for your cooperation.

好的，你可以通关了，欢迎再次来到欧洲！谢谢你的合作。

T：Thank you，sir. Have a nice day！

谢谢你，先生，祝你度过美好的一天！

2. Taking the Wrong Entrance（走错入口）

（T：Tour Leader，领队；I：Inspector，查验员）

T：Excuse me，sir.

先生，你好！

I：Yes，any problem?

你好，有事吗？

T：Yes，we are a group of 28 people，but 3 people took the wrong way and went to another Passport Control.

是的。我们是一个 28 人的团队，但是有 3 位客人走错路而去了另一个护照查验处。

I：OK，just tell the rest of people to stay in line and get through. You may go and bring the 3 people back.

好的，请让你的其他客人排好队通过，你可以过去把那 3 位客人带回来。

T：All right. But the problem is we are catching our flight to Rome and it is taking off shortly，I am afraid we may not have time to come back，so may I get through the other Passport Control together with 3 people after I find them?

好的！但问题是我们飞往罗马的航班很快就要起飞了，恐怕没有时间再返回来，所以，找到那 3 位客人后我可以和他们从那个护照查验入口通过吗？

I：Your passport was already stamped，so you need to explain to the officer when you get through.

你的护照已经盖章了，因此你需要在通过时向查验官解释清楚。

T：OK，I will keep your words in mind. Thank you very much！

好的，我会记住你的话。非常感谢！

（二）行李提取（Luggage Claim）

1. Luggage Claim（行李提取）

（T：Tour Leader，领队；S：Staff，工作人员）

T：Excuse me. I came from Zhengzhou by CA458. Where can I get my luggage?

你好，我乘坐 CA458 号航班从郑州来，我去哪里取行李？

S：The luggage claim area is downstairs.

行李领取处在楼下。

T：Which carousel is for the luggage from Zhengzhou?

从郑州来的行李在哪个转盘上？

S：The one in the middle，about No.5.

在中间那个转盘上，好像是 5 号转盘。

T：Excuse me，sir. The handle of my suitcase is broken. Where can I go to report it?

你好，先生。我的旅行箱的把手坏了。我应该到哪里去申报破损？

S：Please go to the Luggage Service over there. They will help you.

请到那边的行李服务处申报。他们会帮助你的。

2. Luggage Misplaced（行李错挂）

（T：Tour Leader，领队；S：Staff，工作人员）

T：Hello，ma'am，we've been waiting in the Luggage Claim Area for almost 40 minutes，but still can not find our luggage. Would you please check for us?

你好，女士！我们在行李提取处等了将近 40 分钟，但还是没有找到我们的行李，请问你可以帮忙查一下吗？

S：Name of the Airline and the fight number，please.

请告知航空公司名称和航班号。

T：It is Lufthansa，and the flight number is LH238.

汉莎航空，航班号是 LH238。

S：Sir，after checking with the airlines，your luggage was misplaced on another flight.

先生，经过核实，你们的行李被错挂到另一个航班了。

T：When will that flight arrive?

那这个航班什么时候到呢？

S：I must tell you that today is your lucky day！Your luggage has arrived here on an Air China flight one hour before. But you need to go to Terminal 2 to collect your luggage.

我必须说，今天真是您的幸运日！你们的行李已由中国国航的航班运抵这里，航班已经降落一个小时了，不过你们需要到 2 号航站楼领取行李。

T：That's so wonderful！I can not believe they are even faster than the fight we took today. Thank you so much for giving me such great news，and we really appreciate your help！Wish you a pleasant evening！

真是太好了！真不敢相信行李居然比我们今天乘坐的航班到得还要快。谢谢你的好消息，也感谢你的帮助，祝你有个愉快的夜晚！

3. Luggage Not Transported（行李未到）

（T：Tour Leader，领队；S：Staff，工作人员）

T：Excuse me，ma'am，one of my tourists lost his luggage. Could you please help me with this problem?

女士，你好！我的一个团友的行李丢失了，请问你可以帮我解决问题吗？

S：What does the luggage look like? Can you describe it?

你可以描述一下行李的外观吗？

T：It is a light brown suitcase.

是一个淡棕色的手提箱。

S：Please fill in this form，and leave your contact information. Which hotel are you staying at and for how many nights?

请先填写这张表格，附上联系方式。你们住哪家酒店？住几晚？

T：We are staying at China World Hotel for 3 nights. Is it possible to deliver the luggage to the hotel? Here is the address and contact information. Thank you. I really appreciate your help.

我们将在中国大饭店住3晚，请问是否可以直接把行李送到酒店？这是酒店的地址和联系方式。非常感谢你的帮助！

4. Luggage Damaged（行李损坏）

（T：Tour Leader，领队；S：Staff，工作人员）

T：Hello，ma'am，we need your help. One of the wheels of her suitcase is now missing，and the surface has been dented.

女士，你好，我们需要帮助。她的行李箱的一只轮子不见了，箱子表面也凹陷了。

S：Sorry to hear that. What is the name of the airline?

很抱歉听到这个消息，请问航空公司的名字是什么？

T：It is Alitalia.

意大利航空。

S：According to the rules，you will get compensation.

根据相关规定，你可以获得一定的赔偿。

T：I will tell my guest. Thank you for your help.

我会告诉我的客人的，谢谢你的帮助。

S：Fill out this form，please. I now need to take a picture of the suitcase.

请填写表格，我现在给箱子拍张照。

（三）过海关（Getting Through Customs）

1. Goods Declaration（物品申报）

（T：Tour Leader，领队；C：Customs Officer，海关官员）

C：Your passport and declaration form，please. Do you have anything to declare?

请出示护照和申报单。是否有需要申报的物品？

T：No，I don't. This is a souvenir that I'm taking to France.

没有。这是我要带去法国的纪念品。

C：Do you have any liquor or cigarettes?

你有携带酒类或香烟吗？

T：Yes，I have two bottles of Chinese White Spirit.

有，我带了两瓶中国白酒。

C：Please open this bag.

请打开这个包。

T：The camera is for my personal use.

这个相机是我私人使用的。

C：What are these for?

这些东西是做何用的?

T：These are for my personal use.

这些是我私人使用的物品。

C：Do you have any other luggage?

你还有其他行李吗?

T：These are gifts for my friends.

这些是给朋友的礼物。

C：OK. Please give this declaration card to that officer at the exit.

好了。请将这张申报卡交给出口处的官员。

T：Can you tell me how to fill out this form?

请告诉我要如何填写这张表格。

2. Cash Inspection(现金查验)

(T：Tour Leader,领队；C：Customs Officer,海关官员)

C：Excuse me, but are you the tour leader?

劳驾,你是领队吗?

T：Yes, I am.

是的,我是领队。

C：How much cash are you carrying?

你携带了多少现金?

T：I have 2,000 euros in cash.

我带了 2 000 欧元的现金。

C：Do you have anything to declare?

你有需要申报的物品吗?

T：I have nothing to declare.

我没有需要申报的物品。

C：Open your suitcase, please. What are these?

请打开箱子。这些是什么?

T：These are my personal items. Everything in the suitcase is for my personal use.

这些都是我的私人用品,箱子里所有的物品都是我个人使用的。

C：Can you put all your cash on the table?

请把所有的现金放在桌上。

T：No problem. I do know the cash carrying regulation. I must pay a penalty or even have it confiscated if it is over €10,000. I do obey the law!

没问题。我知道关于携带现金的规定。如果现金超过 1 万欧元,我将被处以罚款甚至被没收现金。我绝对守法!

C：Alright, you may go through. Thank you for your cooperation!

好的，你可以通关了。谢谢你的合作！

任务评价

任务内容	评 分 标 准	是否达标
中转	能够清晰地进行中转时的场景对话	□是 □否
入境	熟悉入境时常见场景的英语会话	□是 □否
行李提取	熟悉关于行李提取常见场景的英语对话	□是 □否
过海关	熟悉通过海关时常见情境的英语会话	□是 □否

学习反思

任务六 境外带团服务

任务导入

领队王小姐所带的19人团(含领队王小姐)已经顺利入境，到达了新西兰旅游胜地奥克兰，并与当地导游成功会合。到达奥克兰后，王小姐主要的工作内容有哪些?

任务分析

《旅行社出境旅游服务质量》中“旅行游览服务”一节对领队的具体要求是：领队应按组团社与旅游者所签的旅游合同约定的内容和标准为旅游者提供接待服务，并督促接待社及其导游员按约定履行旅游合同。

在境外旅游期间，领队为旅游者服务，有许多工作要与当地导游一起配合完成。领队境外的主要工作有：

(1) 协助导游完成参观游览。

(2) 安排团队入住酒店。

(3) 协助导游安排用餐。

(4) 带领团队完成购物。

(5) 带领团队观看演出。

(6) 带领团队完成城市间转移。

任务准备

一、导游的服务要求

《导游服务质量》中将导游人员分为全程陪同导游人员(简称"全陪")和地方陪同导游人员(简称"地陪")。本节所提到的导游均指地陪。《导游服务质量》中对地陪的服务主要有如下的要求。

(一)入店服务要求

地陪服务应使旅游者抵达饭店后尽快办理好入店手续,进住房间,取到行李,及时了解饭店的基本情况和住店注意事项,熟悉当天或第二天的活动安排,为此地陪应在去往饭店的途中向旅游者简单介绍饭店情况及入店、住店的有关注意事项,内容应包括:

(1)饭店名称和位置。

(2)入店手续。

(3)饭店设施和设备的使用方法。

(4)集合地点及停车地点。

旅游团(者)抵达饭店后,地陪应引导旅游者到指定地点办理入店手续。

旅游者进入房间之前,地陪应向旅游者介绍饭店内就餐形式、地点、时间,并告知有关活动的时间安排。

地陪应等待行李送达饭店,负责核对行李,督促行李员及时将行李送至旅游者房间。

地陪在结束当天活动离开饭店之前,应安排好叫早服务。

(二)就餐服务要求

(1)简单介绍餐馆及菜肴的特色。

(2)引导旅游者到餐厅入座,并介绍餐馆的有关设施。

(3)向旅游者说明酒水的类别。

(4)解答旅游者在用餐过程中的提问,解决出现的问题。

(三)购物服务要求

(1)向旅游者介绍本地商品的特色。

(2)随时向旅游者提供在购物过程中所需的服务,如语言翻译、介绍托运手续等。

(四)观看演出服务要求

(1)简单介绍节目内容及特点。

(2)引导旅游者入座。

任务实施

境外带团期间领队的主要工作如图4-6-1所示。

二、领队与境外导游的工作配合

为确保旅游计划的实施和完成,领队应尽力配合当地导游的工作。但是,领队也应当始终

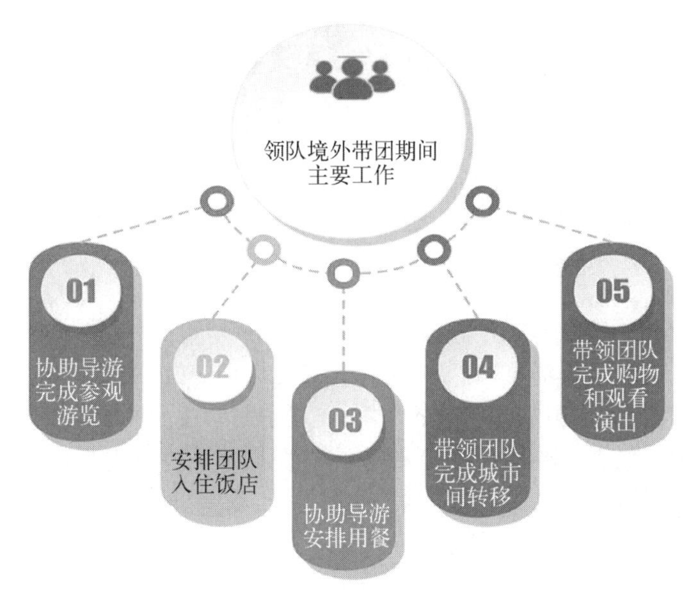

图 4-6-1　境外领队主要工作内容

记住自己所承担的“督促接待社及其导游按约定履行旅游合同”的责任。

（一）领队要以欢迎词引出境外导游

领队是出境旅游团队的核心，因而团队运行过程中的所有环节衔接，都应由领队来完成。旅游团队的旅游者经过一系列烦琐的手续入境他国，面对异国陌生的环境，特别需要领队稳定人心。旅游团抵达任何城市的时候，最先讲话的都应该是领队。旅游者从机场出来坐上旅游大巴车，领队的第一次正式讲话就应该开始。领队需要认真对待这次讲话，讲话内容大致包括以下几方面内容：

（1）代表国内组团旅行社对旅游者参加本次的出境旅游团表示感谢，对顺利抵达目的地表示祝贺并希望旅游者在境外旅行愉快。

（2）向旅游者表达愿为他们提供良好服务的真诚愿望。

（3）向旅游者隆重介绍境外地接导游。

知识拓展 4-6-1

如何致好欢迎词（以入境澳大利亚为例）

各位贵宾：

下午好！

首先请允许我代表康辉国际旅行社欢迎各位参加“澳大利亚 8 日游”。经过 12 个小时的空中飞行，我们终于顺利抵达了澳大利亚第二大城市——墨尔本。由此，我们 8 天的澳大利亚之旅正式拉开帷幕。我相信在接下来的 8 天时间里我们能在南半球度过一个美好、难忘的完美假期，预祝大家旅途愉快！

我是本次旅行团的领队，在行前说明会上已与多数游客见过面。在今后的几天时间里，我将陪伴大家共同度过一段美好的假期时光。大家有任何事情需要我来帮助解决，请尽管跟我说，我将非常乐意为大家服务。

我们此次旅游在澳大利亚的接待旅行社是墨尔本国际旅行社。王先生是我们在澳大利亚墨尔本旅游期间的导游。下面我们欢迎王先生为大家来做澳大利亚及墨尔本的介绍。

在领队致欢迎词后，境外地接导游再出场，就会显得十分自然流畅。

领队需要避免的是，从机场出来、导游指挥大家上车后，导游直接就开始对目的地国家或地区进行介绍。这样的做法会削弱领队的作用，在程序的衔接上也显得生硬。

领队与导游一见面，就需要悄悄叮嘱导游，只有在与领队进行工作沟通交流之后，才能向旅游者宣布行程安排等内容。

实践活动 4-6-1

以领队入境新西兰为例，拟一篇欢迎词。

（二）领队与境外导游的团队信息沟通

1. 按照行程计划表逐项对照

领队与导游首先要核对双方所持有的行程计划表是否一致。对入住酒店、游览景点、停留天数、离开时间、抵离某地的交通工具等大项，应首先确认。如发现与行程表信息不符的内容，应当马上请导游与境外接待社联系。

其次，领队需要与境外导游对行程表当中所涉及的住宿、用餐、购物、观看演出、自由活动等诸多细节进行沟通与讨论。可以按照旅游团在每一地停留的天数逐项沟通。境外导游有时会提出对行程进行调整的建议，如境外导游的行程调整对整体接待计划没有太大影响，领队应同意，并在原有的计划表中进行更改记录，再找合适的机会将更改的内容告诉旅游者。

2. 领队需要将所带团队的特殊性向导游介绍

为方便境外导游及时安排准备，领队应向境外导游介绍该团的成员组成，如团队旅游者中有教师、大学生、私营业主、公司职员等，大多数旅游者对澳大利亚的历史文化比较感兴趣。提前与境外导游沟通，以便更好地安排落实。

（三）领队与境外导游的合作

1. 为方便与境外导游的沟通，领队应坐在旅游车的第一排

平日游览期间，领队应始终在旅行车的第一排就座。该位置距离导游较近，可以方便与导游之间随时进行沟通。领队与导游的沟通，有时需要近距离小声商量，都需要稍稍避开旅游者。

2. 处理行程中出现的问题

游览当中，如果遇到交通严重堵塞、天气突变、航班延误、餐厅满座、大巴故障等情况，导游

与领队就需要及时商定解决的办法,对当日行程进行必要的调整。如果仅是在前后次序方面的调整,领队仅与导游商定即可,但需要向旅游者说明;如果牵涉到行程游览项目的取消等调整,则必须由领队在征询旅游者的意见后再行决定。

3. 领队应向境外导游反馈游客意见

因领队地位的特殊性,领队与旅游者的关系比境外导游与旅游者之间的关系更为密切,因而旅游者的意见和要求,可以由领队向境外导游进行反馈。

三、境外餐饮服务

用餐是旅游行程中的重要环节,也是旅游接待中容易发生矛盾和冲突的一个环节。所以,针对餐饮在整个行程中的重要性和矛盾频发性,领队应该高度重视用餐环节的服务工作规范,并积极与境外导游及餐厅工作人员沟通协作,以保障旅游者在此过程中的权益。根据《旅行社出境旅游服务质量》和《导游服务质量》的规定,旅游团就餐时领队的服务包含以下几个方面:

(一) 用餐前的安排准备工作

领队应提前跟导游沟通旅游团关于餐饮方面的特殊要求及饮食禁忌,之后由导游提前通知餐厅该旅行团的大致用餐时间、团号、国籍、人数、标准及特殊要求(要求换餐、加餐、单独用餐、自费增加的其他项目等)、饮食忌讳(有无素食者或宗教信仰禁忌者等)。然后,向旅游者介绍说明用餐细节信息,如餐厅及菜品特色、就餐时间和地点、就餐注意事项等。

(二) 用餐中的贴心照顾

在餐厅尤其要注意团体用餐礼节与个人贵重物品的保管。前者是要让旅游者吃得有礼,后者则是要使旅游者吃得安心。此时领队的具体工作内容如下:

(1) 引领旅游者进入餐厅,与餐厅工作人员确定桌号后,安排旅游者入座。

(2) 事先说明集合时间及上车地点。

(3) 指出紧急出口及厕所位置。

(4) 餐厅内用餐礼节介绍。

(5) 告知旅游者哪些费用包含在团费之内。

(6) 用菜单说明今日餐点及特别餐,并注意菜量及菜色是否相符。

(7) 领队中途要到餐桌旁查看一至两次,了解旅游者的饭量、菜量是否足够,并及时解答旅游者用餐过程中出现的问题。

(8) 预留时间让旅游者上洗手间。

(三) 用餐后的结账收尾工作

团体用餐完毕后,如果是午餐,则会继续下午的游览行程;若是晚餐,则回酒店休息。此时旅游者一般精神较为放松,所以经常忘记随身物品。又或,有些旅游者的节俭美德使其惯于用餐后将剩余的食物外带,但这在国外是非常不妥的行为,尤其是在享用自助餐时,将食物外带的情况最容易发生,也最不合适。因此,领队在团队离开餐厅前的重点工作如下:

(1) 用餐后巧妙询问旅游者的用餐满意度,询问旅游者对餐厅、饮食口味、饮食数量等方面的意见,对用餐情况进行总结,并在下一个行程点进行调整。

(2) 提醒旅游者检查是否携带随身物品。

(3) 提醒旅游者不要外带餐具及未食用完的食物。

知识拓展 4-6-2

行中餐食服务常见问题及处理

1. 旅游者对跟团用餐表达不满时,怎么处理?

我们需要分类对待。第一类旅游者:因为自身的饮食习惯,对菜肴比较敏感。解决办法是,在旅游者用餐的时候多注意关照,发现问题;及时征询旅游者意见,在条件允许时做出调整;在自理餐的时候针对旅游者的口味做出合适的推荐;用最通俗的比喻让旅游者了解当地的饮食习惯。第二类旅游者:无理取闹,或跟着瞎起哄。针对这一类旅游者,领队应该告知旅游者餐食支出符合团队标准,做好合理的引导和解释工作;建议旅游者晚上自己出去寻找当地美食小吃;出团前在机场召开简短的说明会时把餐食情况向旅游者介绍清楚,让旅游者做到心中有数。作为领队,还需要对团队餐的就餐环境和餐食做出中肯的评价和监督,及时做出反应和反馈,报备产品经理。回程后把相关情况写入结团报告书或旅游者反馈意见表,后续与产品组协商整改。还有一种情况:旺季时候等待时间过长。和旅游者做好情况说明,并让导游发动资源寻求关系解决。

2. 旅游者发生腹泻时,怎么办?

(1) 不能让旅游者直接把事情定性为群体性的食物中毒,要有理有据地帮旅游者分析回忆具体的情况。不要因为怕麻烦而直接附和旅游者的意见,以免造成后续问题处理上的被动。

(2) 领队应提供一些必要的帮助,如:提供温水,陪同就医,协调行程,垫付必要的支出和花费等。

(3) 一定记得保留好所有相关证据并报备。如果真的是食物中毒,属于突发的群体性事件,领队要做的只是如实报告情况,并按照相关要求去操作和配合。在没有得到公司允许的情况下,切忌随便接受采访。

(4) 领队应监督团队餐食的质量,发现问题后,第一时间让餐厅整改或更换,报备产品经理。在回团以后,对于卫生情况堪忧的餐厅点名标注,方便产品部门的后续整改。

3. 如何合理地调整餐食?

(1) 关于用餐顺序的调整。领队做出一定的调整,同时对旅游者做出一定的解释说明。关于用餐顺序的调整要基于以下情况:第一,换的同等餐厅更好吃、更有名;第二,按行中顺序用餐确实无法满足,需要来回拉车等情况必须要更换。

(2) 自理餐和非自理餐的对换。以"方便"为第一原则(方便客户而非方便自己),能够突出当地特色是更好的。

(3) 关于取消用餐的问题。遇到这一情况需要和旅游者做好解释说明工作,推荐退餐费,简单方便;如果两餐并一餐,则应提高标准,列出用餐明细。切记,所有变更都需要征得旅游者同意,也需要所有旅游者签字确认。

4. 如何为旅游者推荐自理餐食的安排?

领队首先要对目的地的餐饮有一个比较全面的了解。包括当地的口味(酸、甜、辣)。其次,要对目的地比较知名的餐厅名称与位置有大概的了解。再次,还要了解客人的大致消费水平。要清楚地知道自己所带旅游者的大致口味。

知识拓展 4-6-3

多重因素导致中西方餐饮文化的差异

我国旅游者到国外用餐时，往往因为有中西方文化、饮食习惯的差异，也有宗教信仰习俗的差异，还有旅游者自身的原因等容易造成冲突。以下是某些旅游者在就餐过程中出现的一些有待改进的差异化行为。

(1) 在餐厅就座后，我国有些旅游者习惯用餐前用餐巾把餐具擦一下。这在境外是十分忌讳的，表示顾客对餐馆的卫生不满意。服务员若是看到这种情况会马上换一套新的。因此，应注意不要这样做。万一发现某一餐具不干净，可直接找服务员说明，请其调换。

(2) 境外餐厅特别是一些自助餐餐厅内，部分饮品是免费的，我国有些旅游者会拿自己的水杯灌满一杯后带走，有的餐厅经营者会因此感到很无奈，在接饮品处用中文张贴“禁止外带”的告示。

(3) 一些境外自助餐餐厅会要求旅游者排队依次拿取食物，一次不能拿太多，拿的食物一定要吃完，食品饮料不能带走，在空调房内禁止吸烟，用餐时禁止高声喧哗以免影响餐厅其他客人就餐。

(4) 在大部分西欧国家，在咖啡馆喝饮料的方式有两种。一种是在柜台前站着喝，另一种是坐下来等服务员端到桌前。两种喝法，不同服务，两种价格。咖啡馆也往往将两种价格标示在门口或价目牌上。初次出国的人不知内情，在街上走累了，看到路边摆放的桌椅往往会坐下来休息。这会引来服务员上前询问要什么饮料。如果不要任何饮料，会引起店家的不快，所以出于礼仪，此种做法应避免。

(5) 宗教信仰不同带来的差异：有的国家信奉的宗教教义里规定不允许喝含酒精的饮料，而不少国内旅游者却对当地人热情劝酒，会让对方很为难，甚至觉得受到了侮辱。

来源于百度文库. 外国餐馆就餐礼仪，https://wenku.baidu.com/view/df08171aa76e58fafab003f1.html

四、境外入住服务

在旅游六要素中，“住”在行程安排过程中具有非常重要的地位。一次满意的酒店住宿经历会给旅游者带来“家”的感觉。领队要格外重视旅游者在境外的入住服务。

(一) 抵达酒店途中

由境外导游介绍酒店情况、注意事项等，包括酒店名称、位置、入店手续、入住酒店天数、酒店设施和设备使用方法、用餐与集合的时间和地点等，领队再次强调提醒。

(二) 抵达酒店后的入住服务

(1) 抵达酒店后，先安排旅游者在大堂等待，领队和境外导游应该立即前往酒店前台提供团队名称、用房数量和规格、订房单位和状态等信息，第一时间取得房卡。

(2) 领队根据预先准备的分房表，给旅游者分配房间，入住酒店。然后请前台接待人员帮助复印若干份分房表，领队留底后将复印件交境外导游及前台留存备查。领队从前台拿到房卡后应向团队集中宣布下列事项：

① 向旅游者说明到达房间的路径选择、所住楼层、房门开启办法。

② 向旅游者说明房间内设施的使用注意事项及付费服务。收费电视、电话、服务生送热水或行李时需要付小费以及付费洗衣服务等问题。部分境外酒店除备有毛巾和小香皂外，其余物品需要向服务生索要并付费。酒店的健身房、游泳池等如须付费，应一一为旅游者解释。

③ 将自己的房间号告诉旅游者，将酒店的名片发给旅游者，以便旅游者离开酒店自由活动时可以安全返回。

④ 向旅游者说明酒店的兑换外币处、娱乐场所、公共洗手间、餐厅等设施的位置。

⑤ 宣布次日早上的叫早时间、早餐时间和地点、行李放置位置、第二天的集合时间等事项。

当旅游者回到房间后，导游、领队应该在旅行团所在楼层稍作停留，以及时协调解决旅游者所反馈的问题：如：门锁打不开、房间与合同标准不符、房间未打扫或床单被套有污损、房内设施已损坏并不能正常使用、电视机打不开、领队排房疏漏或错误、客人行李未送达或有错拿、破损等。

知识拓展 4-6-4

国外酒店住宿小贴士

(1) 欧洲常规旅行住宿的三星级酒店，与我国的国际三星级酒店在硬件设施方面相差很多。大堂不宽敞，电梯较狭小，但非常洁净。建议自带拖鞋和牙具等一次性使用的物品，通常酒店不会提供。

(2) 请勿穿着睡衣走出房间；在酒店大厅内或其附设餐厅、酒吧内请勿穿拖鞋；酒店内禁止大声喧哗，以免影响其他客人休息。

(3) 离开酒店外出时，请通知领队或导游，并携带印有酒店地址和电话的名片，以备迷路时使用。最好能结伴同行(其中最好有懂外语的)，以保证安全。

(4) 境外酒店电话一般拿起话筒便接通电话总机，如要向酒店外打电话应要外线，打长途电话时，要向总机说清。打酒店内部电话时，可直接拨号。除酒店内部电话外，其他电话一般需要另付费。

(5) 境外电源插孔各不相同，电压也有区别，与国内不同，请注意配备相应的转换插头。

(6) 部分酒店有收费电视服务，在入住酒店前请咨询，以免产生不必要的费用。

(7) 在酒店住宿中，亚洲国家一般不需要给小费，像在日本、韩国、新加坡，给小费反而会被认为是无礼的行为；在泰国，必须付小费，给 20~30 泰铢即可，折合人民币 4~5 元，不过要记住千万不能给硬币，因为在泰国旅游，硬币是给乞丐的；一般来说，欧洲国家没有强制要求一定要给小费，因为服务费往往已经算在了费用中，如餐费等，但在美国、加拿大、非洲等地都需要给。

(8) 境外酒店住宿会分吸烟和不吸烟房间，入住之前请先了解清楚；有些酒店是不允许在房间内喝酒的，这些都应事先了解。

(三) 离店后的结账收尾工作

旅游团离开下榻酒店赶赴下一段旅程，领队应提前将一些注意事项告诉旅游者。如提醒旅游者与酒店结账，旅游者在酒店打电话、看付费电视、饮用冰箱内的饮料、洗衣、使用房间内的付费物品等个人消费的帐单，应当提前与酒店结清。最好避开团队要匆忙赶路之前和早餐后的旅游者结账高峰时间。领队应负责催促办理并协助旅游者完成结账。

（1）早上集合时，领队应提早至集合地点，协助旅游者退房，并与收银员核对私人账单是否已付。

（2）全团行李搬至大厅后，请旅游者再次确认行李。待办理完退房后，再通知司机将行李搬上巴士。在旅游治安较差的地区，宜配合司机装卸行李。

（3）旅游车离开酒店前，再次确认旅游者随身物品携带与否，饭店钥匙是否归还。

（4）请保存好所有的酒店分房表，回国后再销毁，以备旅游者万一遗失物品时有资料可查。

总之，在酒店时，领队可通过向旅游者介绍酒店的附属休闲功能，并且鼓励旅游者加以利用，来改变旅游者认为酒店仅仅是睡觉的地方的观念，以使旅游者的入住体验达到最优化。

知识拓展 4-6-5

境外住宿常见问题及处理

1. 酒店不是外网披露的酒店怎么办？

一方面领队应第一时间摸清情况，和产品经理做好交流；另一方面，领队行前也要和客人做一定的交流，了解客人的内心想法。最好下载常用的酒店预订 App，如携程、Booking.com 等，并选择品牌认知度比较高的酒店，以提高客人的欢迎度。

2. 客人到达酒店后提出的住宿要求如何满足？

（1）实际分房的时候要灵活地去调配房型，大床房可以分给夫妻或情侣；特殊数字的房间，如房间号带“4”的房间，尽量留给导游或领队。

（2）在拿到房卡后先和酒店做好沟通，提前了解房型，在分房的时候可以灵活变通。

（3）酒店房型特殊时，也可以通过抽签决定房间。

3. 欧洲团队酒店标准

（1）行程中所列酒店星级标准为当地酒店评定标准。

（2）欧洲当地人习惯吃简单的早餐，酒店提供的早餐通常只有面包、咖啡、茶、果汁等。

（3）欧洲的三、四星级酒店大堂都比较小，电梯每次只能乘坐两个人，有些酒店没有电梯。

（4）欧洲有些酒店的双人标准房会设置一大一小两张床，方便有小孩的家庭游客入住；还有些酒店的双人房只设置一张大的双人大床，放置双份床上用品，有时是两张单人床拼在一起，使用时可拉开。

（5）由于各种原因，如环保、历史悠久、气候较温和等，欧洲的大多数酒店房间内没有空调设备。

4. 关于酒店早餐的相关问题

国外酒店的早餐比较简单，特别是欧洲国家，可以提醒旅游者带些佐味的小食。欧洲有些国家的餐厅会把团队用餐地点和散客用餐地点分开，有些敏感的旅游者会认为是歧视。领队在办理入住手续的时候应该和酒店交涉，搞清楚原因。若真是区别对待，则应据理力争，有理有节，不卑不亢。若是其他原因，则与旅游者做好解释工作。同时，应提早检查用餐地点的情况和食物的品种数量。

5. 关于房内禁烟的相关问题

留下相关的证据保护自己(比如禁烟问题、房间禁烟流程一定要以群发的形式发在微信群里或者发短信给客人)。

6. 其他常见问题的处理办法

(1) 房间里的消费品。在前台办理入住登记手续时,和酒店工作人员就房间里的设施和收费的物品做好确认,并告知所有旅游者。

(2) 酒店的硬件设施发生故障。为避免此类问题,可在入住之后前往旅游者房间查房,或者在旅游者入住前二十分钟在前台等待旅游者的反馈。如果旅游者事后发现房间有问题,告知领队,领队一定要在第一时间去协调处理,切忌不闻不问;在条件允许的情况下尽量满足旅游者的需求。

(3) 旅游者在房间内的自我保护。提醒旅游者注意自我保护,对于贵重物品要走到哪里带到哪里,晚上睡觉的时候一定要把房间门反锁。

案例精选 4-6-1 领队与旅游者拼住客房的纠纷

钱小姐随团参加了出境旅游,在机场准备登机时,领队(女性)和钱小姐商量,由于旅行社没有为她安排客房,在出境旅游期间,她将住在钱小姐和另一位女性游客的房间内,加床拼住客房。钱小姐听完领队的说明后,明确表示拒绝领队住到她的客房内。到达旅游目的地,领队为旅游团分配好客房后,随钱小姐来到她的客房,经领队的再三请求和说明,钱小姐勉强同意了领队的要求,但只答应领队在她客房内住2个晚上,而不是4个晚上。但后来的实际情况是,领队一直和钱小姐同住一个客房,因为同团其他客房要么是一家人入住,要么均为男性入住。行程结束后,钱小姐要求领队给予补偿,协商不成转而投诉。领队和旅行社的解释是,目前领队和游客拼住是出境旅游的“行规”,旅行社不会为此承担任何责任。

【案例评析】

领队拼住旅游者客房,是近年来出现的新情况。主要是由于旅行社的价格竞争,直接导致旅行社的利润下降,旅行社为了维持一定的利润率,想方设法降低成本,办法之一就是不再为领队的住宿承担费用,而由领队自行解决。而领队为了节约开支,尽可能不自费入住,而是和旅游团成员协商,与他们拼住。旅行社如何操作由旅行社自行决定,属于旅行社的内部管理,但由于该操作损害了旅游者的权益,就不再是旅行社的内部管理问题那么简单了。

首先,行规不是法规。领队和旅行社均强调,领队与旅游者拼房是旅行社的行规,不论该观点是否属实,但有一点必须明确,即使所谓的行规存在,也必须符合法律法规的规定,而不得与法律法规相抵触。而事实上,旅游行业的法律法规对此都没有规定,而且从实践中看,领队与旅游者拼住损害了旅游者的使用权等相关权益。

其次,客房的使用权归旅游者所有。旅游饭店客房的所有权归属于饭店,而当旅游者入住客房后,其使用权归属于旅游者,旅游者在入住客房期间,除了服务员清理客房外,非经旅游者的同意,一般情况下任何人不得进入客房。同时,本案例中旅游者向旅行社购买的客房是双人标准间,而不是三人间。旅游者入住后,可以拒绝其他人员进入客房,领队也不例外。

再次,领队拼住应征得旅游者的同意。既然领队与旅游者拼住客房在所难免,作为领队,首先必须与旅游者协商,以服务和诚意打动和说服旅游者,取得旅游者的同情和理解,不得强行入住旅游者客房。同时,领队入住后必须把客房设施的使用优先权让给旅游者,而不是和旅游者争抢服务设施,影响旅游者的正常起居,并且应在可能的范围内,给予旅游者适当的补助,以平衡其权益。

实践活动 4-6-2

旅游者在酒店用完早餐后,领队王小姐开始组织旅游者登车并清点人数。在保证所有的旅游者全部上车并和司机师傅确认行李件数后,王小姐带领旅游团开始奔赴下一个城市参观。在旅游大巴行驶途中,先后有两名旅游者告诉王小姐自己有东西落在了酒店客房,如果你是王小姐,该怎么解决?在接下来的行程安排中该如何防止此类事件的发生?

案例精选 4-6-2 取回一副昂贵的眼镜

领队陈先生所带的“德、法、瑞、意 11 日游”团队顺利地完成了德国、法国的游览行程,按计划,第 5 天,团队抵达了奥林匹克之都——瑞士洛桑。行程的第 6 天,计划从洛桑出发行车 20 千米前往蒙特勒火车站,乘坐金色山口景观列车。旅游者卞女士在洛桑的酒店退房时,将眼镜遗忘在酒店客房,等意识到时,团队已经离开酒店半个多小时车程。卞女士告诉领队,此眼镜价格昂贵,是她先生买给她的结婚礼物,恳求司机掉头返回酒店取回眼镜。

领队没有马上同意卞女士的请求,而是先打电话给酒店总台。查实后发现卞女士的眼镜确实落在酒店客房内。领队和导游与司机商量后决定,抵达蒙特勒后,领队和导游带领旅游者乘坐金色山口景观列车,同时请司机开车返回入住的酒店取回眼镜。

到达蒙特勒后,司机和旅游者分头活动。旅游者由导游和领队带领乘坐景观列车游览少女峰,司机驱车返回酒店取眼镜。尽管由于遇上交通高峰时段,司机来回耗时 1 个多小时,但是,由于旅游者乘坐火车游览少女峰需要半天多的时间,暂时不需要使用大巴,因此团体行程丝毫没有被耽搁。

【案例评析】

旅游者在出境旅游中,经常会遗忘东西,因为旅途中的环境对旅游者来说都是陌生的。因此,在旅游者离开酒店、游览景区、机场等地时,领队和导游就应该做好提醒工作。本案例中,团体离开酒店时,领队和导游可能没有在大巴上做好提醒工作。在接团的流程中,我们要求导游和领队在旅游者离开每一个酒店时,都要提醒旅游者将护照、钱包、首饰等随身贵重物品带好,不要遗忘在酒店客房内。

另外,遇到行车途中旅游者想返回出发点取遗忘物品的情形,领队和导游要灵活处理。可以先将物品留在酒店,让下一个团队的领队入住时去取;也可以让酒店通过快递的方式,邮寄到下一个团队即将入住的酒店。如果大巴离开酒店的时间不长,也可以让大巴掉头回酒店去取。本案例中,由于离开酒店的时间已经超过了半小时,可采取先让旅游者下车在景区游览,司机返回取物品的方法。这样,既不会耽误行程,也不会引起其他旅游者的不满,是一种两全其美的方法。当然,如果在取件的过程中,需要支付一定的费用,旅游者也应该予以配合。

(资料来源:徐辉,为取回一副昂贵的眼镜[N].江南游餐,2016.05.19)

五、境外交通服务

旅游行程中旅游者的"食""住""游""购""娱"全靠交通出行串联起来。因此,境外带团交通出行的操作流程也是领队需要掌握的服务技能之一。

(一)介绍境外交通出行的安排

在境外旅游的城市间转移之前,领队应向旅游者简单地介绍一下境外旅游中交通出行的行程安排,介绍境外城市间转移时间、地点及城市间转移的交通工具,告诉旅游者境外乘坐交通工具的要求。向旅游者介绍境外城市乘坐交通工具的注意事项,包括交通工具的选择和乘车的位置、集合地点及停车地点等。

(二)协助旅游者进行城市间转移

1. 提醒旅游者注意人身和财物安全

在向异地(下一站)转移途中,领队提醒旅游者注意人身和财物安全,安排好旅途中的生活。领队必须熟悉各种交通工具的性能及交通部门的有关规定,应协助当地导游分发登机牌、车船票,并安排旅游者座位或卧铺位,提醒旅游者随时注意人身和财物安全,尤其是贵重物品和证件要随身携带,不要落在座位上。

2. 协助当地导游引导旅游者有序入座,强调交通工具乘坐要求

在乘坐旅游大巴时,提醒旅游者大巴第一排的位置安全性相对差些,是留给领队和当地导游的位置,旅游者从第二排座位开始入座。为避免每次上车旅游者争抢座位的问题,应强调大巴车上的座位从当地行程第一天开始就固定下来。老人、儿童或晕车的旅游者可以尽量安排在窗口的位置或者前排的位置。提醒旅游者在乘车时,请勿将头、手、脚等伸出车外,严禁在车上嬉戏打闹、吸烟、携带危险品上车,车辆未停稳前请勿擅自下车,乘车途中保管好随身携带的物品。

3. 做好途中的食、住、行工作

如果乘火车(或轮船)途中需要就餐时,上车(或船)后,领队应尽快与餐车(或餐厅)负责人联系,按该团餐饮标准为旅游者订餐。如该团有餐饮方面的特殊要求或禁忌,应提前向负责人说明。旅游团中若有晕机(车、船)的旅游者,要给予特别关照;若有旅游者突发重病,应立即采取措施,并寻求司机、乘务人员的协助。此外,解答旅游者在乘坐交通工具过程中的提问,解决城市间转移过程中出现的突发事件。

知识拓展 4-6-6

境外行中交通常见问题及处理

1. 抢座位问题处理及预防

带出境旅游团,最经常碰到的问题就是旅游者抢座位。为了避免此类事情的发生,领

队在机场召开临行说明会的时候应该进行文明旅游宣导，一旦发生抢座位问题，应该强调座位的固定性。

2. 关于旅游大巴和司机的问题

（1）司机不熟悉路况。领队要提早让导游和司机做好沟通，做好功课。

（2）车辆发生故障，不能行驶。每天在行程结束前后，就车辆的剩余油量、胎压等常规问题，和司机做好沟通。早上发车前，提前半小时以上，和司机再做一次确认。如发现车辆状况不佳，第一时间让导游和地接社反馈。如果车辆在路上临时抛锚，领队应第一时间先做好客人的安抚工作，视后续情况决定下一步的处置方式。

（3）导游和司机发生纠纷。针对这一情况，领队应第一时间劝阻，如果发觉再次发生矛盾或矛盾升级，报备地接社或者产品经理。如果矛盾确实无法调节，在条件允许的情况下，可以考虑换个司机或导游。但不管何种情况，一定要尽量避免在客人面前发生争执。

（4）司机带团队之外的客人上车。如果发觉司机带外人上车，第一时间让导游出面和司机沟通协调。如果司机一意孤行，可以报备地接社，直至更换司机为止。

3. 堵车问题处理及预防

（1）每次在上车之前，提醒旅游者上卫生间。

（2）审时度势，必要的时候调整行程安排。

4. 行驶途中旅游者纠纷的处理

如果旅游者间产生纠纷，领队应第一时间进行规劝。避免拉偏架，也不要私下讨论。

六、境外游览服务

参观游览活动是旅游六要素中最核心的要素，是旅游活动的主要目的，是旅游者所期待的重头戏，也是领队、导游服务的中心环节。所以，在游览过程中，领队需要配合导游人员，按照合同标准为旅游者提供优质、热情的服务及精彩、生动的讲解，向旅游者介绍团队行程安排及景点历史背景、特色资源、景观价值等旅游者感兴趣的内容，带领旅游者完成参观游览活动，最终保证旅游接待计划顺利完成。

（一）游览前的行程告知和游览事项提醒

1. 领队和导游应首先核对、商定行程，告知旅游者当日和次日行程安排

（1）在领队和导游核对行程的过程中，如果有领队行程单和导游行程单不一致或行程有增减之处应该及时上报旅行社。

（2）针对旅游者提出的行程调整问题，有两种处理办法。第一，旅游者所提出的要求合理且领队和导游能够满足的情况下，应尽量予以满足；第二，旅游者提出与原定行程不符或明显超过接待标准（且不愿意补差价）时，领队和导游应婉言拒绝，并给出拒绝理由，处理好与旅游者的关系。

（3）核对商定行程之后，告知旅游者行程。旅游团在某地的参观游览活动，常常会因为交通、天气等原因进行调整，未必会完完全全按照旅游者手中的行程表进行。领队与导游商定行程后，要及时告知旅游者。每天上车后的第一件事就是公布当日行程安排和注意事项等，让旅游者做到心中有数。当天游览结束后，领队或导游应将次日全部行程、出发时间、注意事项提前告知旅游者。

案例精选 4-6-3 压缩了的行程时间

谢小姐等16名旅游者参加了某旅行社组织的出境旅游团，该旅游团的行程为四晚五日一地游。在签订旅游合同前，谢小姐曾经就旅游行程安排及费用与旅行社进行商讨，谢小姐看过行程后，觉得旅行社提供的1 880元线路的行程安排过于紧张，经双方协商修改了部分行程，变得较为宽松休闲，最终双方签订了2 500元线路的旅游合同。书面旅游合同的内容调整为：一天只玩一个景点，以休闲放松为主，不参加购物。旅行社在旅游行程中注明：在不降低服务标准及不减少景点的前提下，旅行社有权对线路做出合理的调整。旅游团到达目的地后，领队和导游以旅游景点方向相同为由，未征求旅游者的意见，把前2天的行程压缩为1天，最后整整一天旅游者却只能在客房内无所事事。谢小姐回国后要求旅行社给予合理的解释并赔偿，旅行社的解释是领队有权对行程做出调整，没有违反合同约定，旅行社拒绝赔偿。

【案例评析】

从案例中可明显看出，领队在整个操作中没有认真履行领队的职责。虽然合同中约定可以调整行程，但实际的调整明显不合理，与合同约定有较大差异，不能体现休闲团的特点。领队的操作的确违反了合同约定，旅行社拒绝赔偿的理由不成立，当境外地接社导游按照常规旅游团行程安排操作时，领队应当及时与导游沟通，要求导游按合同约定提供服务。而实际情况是，领队对导游擅自调整行程的行为视而不见，导致谢小姐等游客休闲的目的无法实现，损害了谢小姐等人的权益。

2. 提醒旅游者做好游览前的物质准备和心理准备

（1）要根据天气状况和当地习俗提醒旅游者增减衣服、携带雨具、穿戴适宜的鞋帽和衣服等。如参观皇宫或寺庙等地可能对参观者的着装有严格要求，应当提前告知。

（2）提醒旅游者对要参观的景区或博物馆提前做好相关背景知识的准备。

（3）如遇登山或行程安排比较紧凑需要早起集合的行程，应提醒旅游者当天晚上早点休息，保证睡眠充足、心情愉快。

案例精选 4-6-4 旅游者生病滞留境外，费用该由谁来承担?

张女士及其家人陪同年迈父母出境旅游，第二天的行程节奏很快，由于没有休息好且旅途疲劳，张女士的父亲生病住院。张女士等三人留在医院照顾其父亲，滞留一天后才返程，返程的机票费用为25 000元。张女士要求旅行社承担住院医疗及其返程的费用。

【案例评析】

在旅游服务纠纷中，由于所谓的旅游行程疲劳，导致旅游者生病，是旅游者经常投诉的理由。这个话题涉及一个问题的两个方面：一方面，旅游者在选择旅游线路时，要充分考虑到自身条件，选择适合自身需要的旅游线路，比如年老体弱者就不要选择红眼航班出行，既然旅游者选择了该旅游线路，就可以推定旅游者对于旅游线路的认可；另一方面，旅行社在推介旅游线路时，应当充分履行告知义务，对于行程中可能存在的隐患和问题予以充分事先说明，由旅游者做出是否参加的决定。此纠纷处理中须把握如下基本原则：

第一,没有休息好且疲劳与旅游者生病住院之间是否存在因果关系,应由旅游者张女士来举证。如果张女士能够举证两者之间有因果关系,旅行社就要承担相应的责任。

第二,应确认张女士的父亲生病住院,是否需要全家三人留下来服侍。除非有医生明确的要求,否则通常情况下,只需要留下一人陪侍就足够。如果张女士能证明其父亲生病与旅行社行程安排过紧有关,则旅行社应承担张女士和她父亲两人滞留返程的机票。

(二)游览中的细心周到服务

境外的游览工作主要由导游负责,领队在此过程中的工作职责是监督导游服务质量、协调处理旅游者在游览过程中的问题、负责保障旅游者的人身和财产安全。

(1)领队辅助导游完成景点讲解。在前往景点的途中,导游应向旅游者介绍本地的风土人情、自然景观,回答旅游者的问题。抵达景点后,导游应介绍景点的概况,尤其是景点的历史价值特色和自然风光最绝美之处的特色。领队在导游讲解过程中给予辅助,对旅游者的质疑之处可以补充讲解、解答疑问。

(2)领队辅助导游完成日常行程的告知提醒工作。在讲解工作之余,领队还应辅助导游就游览过程中吃、住、行、游、购、娱六要素中其他要素的具体安排和注意事项尽到提醒告知义务。

(3)游览过程中领队应协助导游,及时查看旅游者的游览效果、人数及安全情况。抵达景点后,领队和导游应就该景点的游览时长、游览顺序、游览结束时间地点等必要信息以及游览途中走散、迷路等应急方案向旅游者具体说明。一般情况下,导游在旅行团的最前端进行讲解和引导游览工作,而领队应该在旅行团的末端,负责旅游者的人数清点、安全保障等工作,以提升旅游者的游览效果和质量。

(三)游览后的回顾和总结

在旅游团结束参观游览工作后,领队协助导游帮助旅游者回顾当天参观的内容,或做必要的补充讲解,回答旅游者的问题。进行回程途中的风光导游(当旅游车不从原路返回时),向旅游者预报当晚和次日的活动日程、出发时间和集合地点等,下车时提醒旅游者带好随身物品,并照顾旅游者下车。

知识拓展 4-6-7

境外游览中突发事件的处理

1. 旅游者患病的预防与处理

旅游者从居住地到旅游目的地,经过长途旅行,加上气候变化、起居习惯改变等原因,体力消耗较大,往往会出现个别旅游者在旅途中旧病复发、生病甚至死亡等事故。领队人员应该从多方面了解旅游者的身体情况,提醒他们注意防病,尽力避免人为的原因致使旅游者生病。

游览时,对身体肥胖或瘦弱、走路缓慢费力、面部表情和举止异常的旅游者要多留意。如果旅游团中老弱病残者较多,安排活动日程时应留有充分的余地,活动节奏不要太快,体力消耗较大的项目不要集中安排,晚间活动安排不宜时间过长等。

旅游者患一般疾病时,领队要劝其尽早去医院就医。如果旅游者留在酒店休息,领队要前去询问其身体状况并安排好用餐。最后向旅游者明确说明看病费用自理，领队不要擅自给患者用药。

2. 对旅游者要求变更旅游计划的处理

旅游团抵达目的地后，旅游者要求不去游览计划内景点，而是游览其他景点。对于这种情况，领队应该劝说旅游者前往计划内景点游览。如果旅游者坚持更换景点，领队应在征得当地导游和全体旅游者同意后请示旅行社，请旅游者签字声明是旅游者本人要求更改行程。因此变更行程新增的费用，要提前告知旅游者并向旅游者收取，同时告知旅行社相关部门及时更改接待计划，并开具发票。

3. 治安事故的预防及处理

在旅游过程中遇到的不法分子行凶、诈骗、偷窃、抢劫等事故，统称为治安事故。领队应提醒旅游者不要让陌生人进入房间，不与私人兑换外币。建议旅游者将贵重财物存入酒店保险柜。离开旅游车时不要将贵重物品和证件留在车内。在旅游活动过程中，领队要注意观察周围的环境和动向。

 **知识拓展 4-6-8**

旅游者走失的预防

（1）再三和旅游者讲清集合时间和集合地点。

（2）在条件允许的情况下尽量走在团队的最后。

（3）随时观察团队人员的情况。

（4）关照团队里比较容易走失的旅游者。

实践活动 4-6-3

领队王小姐带领 15 人的“新马泰 10 日游”团队，在新加坡导游的陪同下按提前商定的行程表游览。游览途中，旅游者提出取消行程中对鳄鱼谷的参观，改为浮潜活动。如果你是领队王小姐，该如何妥善解决此事？

七、境外购物服务

购物作为出境旅游中的一项重要活动，国内组团社都会在旅游团的行程中安排。因此，带领旅游者顺利完成购物是领队的一项重要工作内容。

（一）团队出发前

团队出发前，计调人员会将此次行程中的购物点事前在出团通知单上标示给旅游者及领队，因此领队应事先了解其团队购物的需求与地点。

（二）团队行进中

1. 介绍境外购物流程

领队和导游应介绍本地商品特色，告知购物停留时间、购物服务流程。

（1）帮助旅游者登记护照信息和回程航班信息，发放团队购物航班信息卡。

（2）向旅游者介绍购物店特色和产品，提醒购物注意事项和退税手续的办理。

（3）强调集合时间和地点。在旅游者购物过程中需要在场内协助旅游者完成购物，并在集合点等候。

知识拓展 4-6-9

境外购物退税的相关规定

领队要了解并告诉旅游者欧洲等境外国家的退税规定，提醒旅游者别忘记索要发票。欧洲退税的要求是：在有退税标志的商店购物，要有专用发票并盖有海关章。一般来说，境外购物后的退税流程为：购物前提醒——购物柜台提供护照领取退税单——退税单上填写个人信息——购物店退税柜台办理手续并盖章——提醒旅游者保管好退税单——机场海关确认——隔离区退税。

领队需要反复提醒旅游者注意以下三个方面事项：一是退税单一定要和退税时办理的个人护照对应保管，不要弄混，否则会因为个人信息不正确而无法退税；二是手续必须齐全，各个购物店可能要求不一样，需要认真听取导游的介绍和柜台销售人员的说明；三是团队航班信息卡等资料不要丢失，且需要提供给柜台销售人员，注意购物后取回时检查是否是自己的信息卡，不要和其他团队的相混淆。

知识拓展 4-6-10

入境我国携带物品的海关规定

根据我国的相关规定，肉类及其制品、水生动物产品、动物源性奶及其制品、蛋及其制品、燕窝（罐头装除外）、新鲜水果和蔬菜等动植物产品，都是明令禁止携带、邮寄入境的。进境居民旅客携带的在境外获取的个人自用进境物品，总值在5 000元人民币以内（含5 000元）的，海关予以免税放行，单一品种限自用、合理数量，但烟草制品、酒精制品以及国家规定应当征税的20种商品另按有关规定办理。进境居民旅客携带超出5 000元人民币的个人自用进境物品，经海关审核确属自用的，海关仅对超出部分的个人自用进境物品征税，对不可分割的单件物品，全额征税。在维持居民旅客进境物品5 000元人民币免税限额不变的基础上，允许其在口岸进境免税店增加一定数量的免税购物额，连同境外免税购物额总计不超过8 000元人民币。如游客买化妆品总价折合人民币5 000元以内，不用交税即可顺利通关；如果总价折合人民币6 000元，只需要交超出的1 000元（6 000－5 000）部分的化妆品的税额。

2. 监督购物安排,维护旅游者和旅行社利益

领队应该监督导游前往行程单所指定的购物店进行购物,并严格遵照行程标准(次数、购物时间)进行。如果遇到与行程标准不符或需要增加或减少购物次数、延长或缩短购物时长的情况,导游应事先同领队协商解决,并征得旅游者同意。

3. 带团队进行购物的原则

购物可以令旅游者感到精神上的满足和愉悦,但也有可能导致旅游纠纷的产生。关键是领队角色的扮演,领队是旅游购物品质的最后监督者,通常要注意以下几点购物原则。

(1) 事先告知原则。对所要前往的购物地点、时间、内容、应注意事项,必须事先告知旅游者,例如退税规定、折扣计算方式等。

(2) 签字原则。根据我国《旅游法》的相关规定,旅游者购物应遵循自愿的原则。为避免今后的纠纷,建议领队在征得旅游者同意时,让其签字确认作为自愿购物的凭证。

(3) 货真价实原则。所购买物品的品质及价位应合理,旅游者咨询购买意见,应保持客观,不强迫旅游者购买,不可吹嘘物品价值。

(4) 恰到好处原则。购物点要适量、适宜、自然地安排在行程中,不因购物影响既定行程及用餐时间。

(5) 售后服务原则。所购买的商品如遇瑕疵或不满意,领队应协助旅游者获得相应的售后服务。

另外,在一些购物店门口,时常聚集着不少街头小贩,他们沿街兜售与购物店中商品外形相似、价格低廉的仿制品。领队应事先提醒旅游者,谨防上当受骗。

总之,领队应尽力给旅游者提供购物帮助,使旅游者有一趟完美且愉快的购物体验。

(三) 购物完成后

在购物完成后,领队会遇到旅游者对所购商品不满意要求退货的问题和境外购物退税的问题。

1. 退货问题处理

(1) 在没有无条件退货承诺的地区旅游购物,在没有强迫或者变相强迫、欺骗或者变相欺骗的前提下,领队和导游无须承担责任,但必须履行协助义务,与购物商场联系,协助旅游者退货。在承诺无条件退货的地区旅游购物,领队和导游应当把退货的注意事项提前告知旅游者,并协助退还商品。

(2) 如果旅游者在旅行社安排的购物场所所购商品系假冒伪劣商品,旅游者提出退货并索赔的,旅行社应当积极协助退货并理赔。自索赔之日起超过 90 日,旅游者无法从购物点获得赔偿的,旅行社应当先行赔付。

2. 退税问题处理

(1) 传统的退税方式有信用卡退税和现金退税两种,旅游者总觉得程序复杂、耗时,许多中国旅游者无奈放弃了这个省钱的机会。其实,境外购物退税完全没有想象的那么复杂,加上支付宝、微信退税方式的兴起,退税只是几分钟的事,因此,领队应告知旅游者如何快捷地办理退税手续,保证旅游者的利益。

(2) 在境外购物时提醒旅游者必须正确填写退税单。一般有着蓝白灰三色退税购物(TAX FREE SHOPPING)专用标志的商家可以退税。在此类商店完成购物之后,一定要填写好退税单。可以凭消费单据和护照向店员索要退税单,注意姓名、护照号码、购物金额、退税金

额等项目不要出错,不然很可能无法退税。

(3) 在境外购物退税时,退税前商品不能拆封。要顺利退税,还必须在离开购物国或最后一个欧盟国家时,向海关官员出示所购买的未经使用的商品、商店收据和护照,海关官员核准后将在退税单上盖章。如果没有这枚海关印章,退税将半途而废。

知识拓展 4-6-11

行中购物的安排及问题处理

1. 关于旅游者主动购物的安排

(1) 领队要如实告知旅游者购物的相关规定。

(2) 了解目的地的特产及自有商品的种类及品牌,了解主要商品的价格,了解目的地国家或地区的相关退税政策和退税方式。

(3) 提醒旅游者保留好相关票据。

2. 关于旅游者被动购物的行为

所谓被动购物,指的是行程中安排的购物活动。需要注意的是,购物时长不可无限制延长。如果发现购物时长延长,领队应第一时间提醒导游,可以先带其他旅游者上车,或者在购物店外等待。适当的时候可以和其他旅游者聊聊天打打感情牌,调节气氛。若出现导游强买强卖的现象,一定要阻止,注意私下沟通,避免正面冲突。

案例精选 4-6-5 商品价格高是否可以成为旅游者退货的理由?

王先生到旅游主管部门投诉,要求旅行社帮他把从旅游购物商场购买的商品退掉,理由很简单,就是他买了商品后,发现同类商品在别的商场价格更低,他觉得吃亏了。这个商场是旅行社带他去的,旅行社就应当负责。由于和旅行社协商退货不成,王先生就要求旅游主管部门介入,责成旅行社帮助退货。旅游者提出的要求到底是否合理?

【案例评析】

从法律层面说,仅仅因为价格高就要求旅行社帮助退货是缺乏依据的。

(1) 按照《中华人民共和国价格法》的规定,我国价格规范分为三大类,即政府定价、政府指导价和市场调节价,旅游行业价格属于市场调节价范畴,旅游企业可以根据自身经营需要和市场需求,自主决定服务价格,例如旅行社线路的价格、饭店客房价格、餐饮价格、旅游商品价格等,都实行市场调节价。所以,只要是市场调节价的商品,即使在同一城市,同类商品的价格也无法整齐划一,必定有高低之分,这本身属于正常现象。

(2) 商家制定商品价格,做到明码标价,将商品的相关信息,包括商品的品名、产地、规格、等级、计价单位、价格或者服务的项目、收费标准等有关情况事先明确告知旅游者,由旅游者自主决定是否购买商品、自主选择商品。做到这些,商家就不存在过错。如果商家不明码标价,其行为就违反了相关的法律,应当由价格主管部门进行查处。

(3) 商家不可以强迫旅游者购物。如果商家强迫旅游者购物,商家不仅要退还旅游者的购物款项,赔偿旅游者的经济损失,还要受到相关部门的行政处罚。

(4) 旅游者要为自己的买卖行为负责。旅游者作为完全民事行为能力人,要为自己的行为负责任,包括旅游行程中的购物行为和其他消费行为。旅游者以价格不一为由要求退货,与法律有关民事行为能力的规定不相吻合。

(5) 旅行社是否应当协助退货。旅行社带旅游者购物,是基于旅游合同的约定或者旅游合同的变更,是旅行社和旅游者协商一致的产物。如果商家经营资质齐全、没有强迫旅游者购物、没有价格欺诈、没有强迫购物,旅游者和商家之间的买卖合同就和旅行社无关。如果仅仅是因为旅游者觉得价格高,旅行社就没有帮助旅游者退货的义务,旅游者要求退货的理由不充分。当然,商家诚信经营、规范经营是减少购物纠纷发生的一个关键所在。

案例精选 4-6-6 商品质量低劣,应当由谁承担举证责任?

李女士参加旅游团,在其他旅游者购物气氛的感染下,也积极加入旅游购物中,先后购买了金器、玉石等贵重物品。一年后发现所购商品质量低劣,要求旅行社退货,旅行社以时间过长、商品质量没有鉴定为由拒绝。李女士要求旅游主管部门给个说法。

【案例评析】

与旅游商品价格高的投诉一样,经常有旅游者因为旅游商品质量而投诉。从法律角度看,旅游者投诉商家所售商品质量低劣,要求旅行社赔偿或者退货,事实上是一个很复杂的法律问题。

(1) 法律规定不明确。截至目前,我国国家层面的法律法规尚未对旅行社在旅游购物纠纷中承担的角色做出明确定位。仅仅因为旅行社带旅游者前往购物,就把商品质量差与旅行社联系在一起有失公平,除非旅行社与商家联手欺骗旅游者。有些地方性法规也有明确规定,商家出售假冒伪劣商品,旅行社负有先行赔偿或者协助索赔的义务。

(2) 假冒伪劣需要权威鉴定。如果旅游者提出商品的质量有问题,按照“谁主张谁举证”原则,是否为假冒伪劣商品,应当由旅游者提供相应证据,即旅游者提供国家认可的权威鉴定部门的鉴定意见,来证明商品是否属于假冒伪劣,否则就是举证不能,旅游者将承担不利于自己的后果。

(3) 旅游者必须保存正规的购买凭证,以证明该商品的确是从指定商家购买的。如果没有购物凭证,只要商家不认可,旅游者要求商家退货的理由就不成立。因此,旅游者要维权,首先必须保留购物凭证。

(4) 购物凭证必须填写规范。旅游者不仅需要索要购物凭证,还必须要求商家完整清晰地填写购物凭证。有些商家出示的凭证要么语焉不详,要么含糊其词,比如只是填写“金器”“玉石”甚至是“工艺品”等。商品如此填写名称,对于旅游者的维权毫无意义,因为只要该商品是金器、玉石,旅游者就不能提出任何异议。所以,购物凭证对商品的品名、品质、等级都应当有详细的文字说明,否则对旅游者不利。

(5) 旅行社的注意事项。既然商家是旅行社和旅游者协商确定的,且由旅行社带入商家,旅行社仍然应当承担一定的义务。比如旅行社有选择合法且信誉较好的商家的义务,如果旅行社和商家联手欺骗旅游者,旅行社就不仅仅需要承担退货的责任。旅行社还应当与商家签订书面合同,明确商家的权利义务,约定如果商品质量低下,商家要允许旅游者退货,给旅游者造成损失的,还要承担赔偿责任。

八、境外自由活动安排

在旅游过程中给予旅游者适当的自由活动时间,可以缓解集体活动带来的紧张节奏,使旅游者做到有张有弛,更好地达到旅游的目的。当旅游者要求自由活动或单独活动时,领队应不怕麻烦,不要以保证旅游者安全为借口而取消自由活动。而应根据不同情况,按"合理而可能"的原则妥善处理,并认真回答旅游者的咨询,向他们提出建议,并提供必要的协助。如:写张一便条交给旅游者,写清前往目的地名称、地址、下榻饭店的名称及电话等;帮助找出租车,提醒旅游者晚饭的用餐时间和用餐地点;提醒其注意安全,保护好自己的财物。

到某一游览点后,若有个别旅游者希望不按规定的线路游览而是自由游览或摄影时,若环境允许(游人不太多,秩序不乱),领队可满足其要求,并提醒其集合的时间、地点及旅游车的车号,必要时留一字条,写清集合时间、地点和车号以及饭店名称和电话号码,以备不时之需。

总之,当旅游者要求自由活动时,领队一定要做好细致的工作,确保旅游者的人身、财产安全。

下述情况不宜让旅游者单独活动,领队应劝阻。

(1) 如旅游团计划去另一地游览,或旅游团即将离开本地时,若有人要求留在本地活动,由于牵涉面太大,为了不影响旅游团活动计划的顺利进行,领队要劝其随团活动。

(2) 如地方治安不理想,领队要劝阻旅游者外出活动,更不要让旅游者单独活动,但必须实事求是地说明情况。要劝阻旅游者去复杂、混乱的地方自由活动。不宜让旅游者单独骑自行车去不熟悉的车水马龙的街头游玩。

(3) 在即将离开某地之时,为了防止误机(车、船),一般应提醒旅游者不要自由活动,尤其是当这种自由活动需要较长时间,如到热闹的地方购物等,更不应答应旅游者的这种要求,以免影响旅游团按规定时间准时抵达机场(车站、码头)。

(4) 游河(湖)时,旅游者提出希望划小船或在非游泳区游泳的要求时,领队不能答应,更不能置旅游团于不顾而陪少数人去划船、游泳。

总之,出现以上情况时,领队要向旅游者耐心解释,说明原因,以免发生误会。

知识拓展 4-6-12

境外自由活动的安排

旅游者自由活动期间,领队应就以下注意事项给予提醒:① 人身财产安全;② 当地社会治安情况;③ 交通工具的使用方式;④ 常规景点的路线图。

如果是短时间的活动,应强调集合的时间和确切的集合地点,明确告知景区的特色游玩项目。如果是整天的自由活动,应告知酒店早餐的用餐时间,做好购物退税的手续安排。在自由活动的当天晚上可以通过电话问候每一组客人,或让客人回酒店之后主动报平安。

实践活动 4-6-4

登录携程旅游网站，任选一条出境旅游线路，自行准备该目的地的购物攻略等材料，指导旅游者完成在该目的地的购物。如果在购物过程中游客想提前离开购物店，店员反锁大门，要求旅游者在购物店停留 2 个小时，否则不准离开。作为领队，该怎样维护旅游者的购物安全？

任务评价

任务内容	评 分 标 准	是否达标
旅游购物	(1) 注意事项讲解清晰	□是 □否
入住酒店	(1) 熟悉入住酒店服务流程 (2) 入住酒店特殊问题处理全面得当	□是 □否 □是 □否
安排用餐	(1) 熟悉用餐服务流程 (2) 用餐特殊问题处理全面得当	□是 □否 □是 □否
参观游览	(1) 参观游览注意事项讲解清晰 (2) 参观过程中突发事件处理恰当	□是 □否 □是 □否
城市间交通	(1) 注意事项讲解清晰 (2) 特殊问题处理全面得当	□是 □否 □是 □否

学习反思

任务七 不同团型的服务技巧

任务导入

领队王小姐到旅行社去领取自己的接团计划时，被告知自己所带的出境游客人中老龄游客偏多，针对老龄朋友的年龄特点，领队王小姐在接待服务上有哪些需要特别注意的地方呢？如果面对的是儿童或其他类型的旅游者，领队王小姐的接待服务又需要注意哪些问题？

任务分析

旅游者来自不同的国家与地区，他们在年龄、职业、宗教信仰、社会地位等方面存在很大差异，有些旅游者在某一方面的特点极为突出，必须给予特别重视和关照。本章节讨论的不同团型的服务技巧是从不同类型的旅游者出发，探讨对老龄旅游者、儿童、残疾旅游者的服务技巧。

任务准备

一、了解旅游者

要为旅游者提供有针对性的服务，首先应该了解旅游者。通过了解他们的心理特征、兴趣爱好、审美情趣、旅游动机，以及在旅游过程中的情绪变化，可以更好地为他们提供有针对性的服务。了解旅游者的途径多种多样，作为领队，主要从下述几个方面着手。

（一）从个人背景了解旅游者

每个国家和民族都有自己的传统文化与民风民俗，即使是同一个国家，不同地区、不同民族的人在性格和思维方式上也有很大差异；不同社会阶层、职业、性别和年龄的旅游者，他们的心理特征、生活情趣也各不相同。对此，领队应给予足够的重视，努力了解旅游者，并根据具体情况向他们提供服务。

1. 文化程度

受过高等教育的旅游者，大多严谨持重，发表意见往往经过深思熟虑，他们期待听到高品质的导游讲解，获得高雅的精神享受。一般旅游者则喜欢不拘形式的交谈，话题内容广泛，更关心具有普遍性的社会问题及当前的热门话题。另外，这一部分旅游者在参观游览时希望听到生动有趣的导游讲解，能够轻松、惬意地完成旅游活动。

2.年龄和性别

年龄和性别的差异也会影响旅游者在旅游过程中的偏好。例如老年旅游者好思古怀旧，对游览名胜古迹、会见亲朋老友有较大的兴趣，同时他们更希望得到尊重，希望导游多与他们交谈，以求暂时抚慰孤独的心灵；年轻旅游者好探新求奇，喜欢多动多看，对自然景观较偏爱。再例如一些女性旅游者，喜欢听有故事情节的导游讲解，喜欢谈论商品及购物，她们希望导游亲切、友好，能满足她们的各种要求；而一些男性旅游者可能对社会问题更为关注。

（二）从旅游动机了解旅游者

旅游动机，是指驱动旅游者的旅游行为以满足内心需要的心理动力。对旅游者而言，有的是受某一种动机驱使而出游的，有的则是以某一种动机为主，还带有其他动机。了解旅游者的旅游动机，将有助于领队合理地安排旅游活动，提供满足旅游者需求的服务，帮助他们达到预期的旅游目的。旅游者的旅游动机主要包括以下几个方面。

1. 社会动机

主要包括探亲访友、旧地重游、从事公务活动、出席会议、参加社团交流活动、考察别国的社会制度和人民的生活方式等。

2. 文化动机

主要包括观赏风景名胜、文物古迹，外出求学、进行专业考察和学术交流等。

3. 身心动机

主要包括度假休闲、参加体育活动或其他消遣娱乐活动、到异地治病或疗养等。

4. 经济动机

主要包括商务考察投资、经贸洽谈和旅游购物等。

实际上，旅游者决定出游时往往除了某个主要动机外还兼顾其他动机，作为领队应想方设法主动了解旅游者的出游动机，以便能够有的放矢地提供服务。

（三）通过分析旅游活动各阶段的心理变化了解旅游者

旅游者在不同的旅游活动阶段，心理和情绪也在不断变化。领队应根据旅游者在不同阶段的真实心态，向他们提供有针对性的旅行生活服务和讲解服务。

1. 游览初期阶段：求安全、求新、求异心理

旅游者初到异地，兴奋激动，又由于人生地疏，语言不通，因而会感觉孤独不安。这个阶段，旅游者求安全的心态表现得非常突出，甚至上升为他们的主要需求。因此，消除旅游者的这种不安心理成为领队在这一阶段的首要任务。接到旅游者后，领队不仅要注意自身外在形象和态度对旅游者心理的影响，还要以周密的工作安排、良好的工作效率赢得旅游者的信任，并注意在细微之处关心旅游者。例如领队在接团前记住团里旅游者的特征、姓名，接到客人时能叫出他们的名字，旅游者就会尽快消除初到异地时的疑虑和不安，增强安全感和信任感。

2. 游览中间阶段：懒散心态和求全心理

随着旅游活动的展开和接触的增多，旅游团成员之间、领队与旅游者之间越来越熟悉，旅游者的心态也越来越放松，行为越来越随意，个性中的一些弱点开始暴露，例如时间观念差、游览活动中自由散漫、丢三落四等，旅游团成员之间的矛盾也开始显现。

在这个阶段，旅游者的求全心理也表现得非常突出。人们花钱外出旅游，往往会把旅游活动理想化，希望在异国他乡能享受周到的服务，希望旅游活动的一切都是美好的、理想的，从而产生生活上、心理上的过高要求，对旅游服务挑剔，所提的要求一旦得不到满足，就有可能产生强烈的反应，甚至会出现过激的言行。旅游者在这个阶段提出的问题范围更广泛、更深刻，有个别人还会提出一些不友好甚至带有挑衅性的问题。

因此，领队在这一阶段的工作最为艰巨，领队的精力必须高度集中，对任何事不得掉以轻心，游览活动要有计划性，讲解要生动精彩；要向旅游者反复强调出发时间、游览线路、集合时间和地点，多强调注意事项，提醒他们注意人身和财物安全；领队还要精心安排旅游者的生活，特别关照特殊对象，努力保持旅游者的体力和精力。

3. 结束阶段：忙于个人事务

旅游活动后期，旅游者的心情波动较大，开始忙乱起来，要与国内的亲友联系，要购买称心如意的纪念品，还要考虑行李是否超重，等等，他们希望有更多的时间处理个人事务。

在旅游活动的结束阶段，领队应努力向旅游者提供更加热情、周到的服务，尤其是多提供超常服务；安排游览活动宜精不宜多。必要时，领队可在这最后阶段做一些弥补性工作，多与旅游者沟通，尽力挽回消极影响。

（四）通过性格特征了解旅游者

我们从旅游者的言行举止可以判断其性格，了解旅游者的性格，目的在于向他们提供相应的服务，以求获得最佳的服务效果。

1. 活泼型旅游者

表现为爱交际，喜讲话，好出点子，乐于助人，喜欢多变的游览项目。对这一类型的旅游者，要乐于与之交朋友，但应避免与之过多交往，以免引起其他团员的不满；要多征求他们的意见和建议，但注意不让他们左右旅游活动，打乱正常的活动日程；可适当地请他们帮助活跃旅游生活的气氛，协助照顾年老体弱者等。活泼型旅游者往往能影响旅游团的其他人，领队应与之搞好关系，在适当场合表扬他们的工作并表示感谢。

2. 急躁型旅游者

这类旅游者性急，好动，争强好胜，易冲动，好遗忘，情绪不稳定，比较喜欢离群活动。对这类旅游者，领队要注意不与他们争论，不激怒他们；在他们冲动时不要与其计较，待他们冷静后再与其好好商量，往往能取得良好的效果；对他们要多微笑，服务要热情、周到，而且要多关心他们，随时注意他们的安全。

3. 稳重型旅游者

这类旅游者性情稳重，不轻易发表见解，一旦发表，就希望得到他人的尊重；他们容易交往，但他们不主动与人交往，不愿麻烦他人；游览时他们喜欢细细欣赏，购物时爱挑选比较。领队要尊重这类旅游者，不要怠慢，更不能故意冷淡对待他们；领队要主动多接近他们，尽量满足他们合理的要求；与他们交谈要客气、诚恳，速度要慢，声调要低；讨论问题时要平心静气，认真对待他们的意见和建议。

4. 忧郁型旅游者

这类旅游者表现为身体弱，易失眠，忧郁孤独，少言语但重感情。面对这类旅游者，领队要格外小心，别多问，尊重他们的隐私；要多亲近他们、多关心体贴他们，但不能过分地表示亲热；多主动与他们交谈些愉快的话题，但不要与其高声说笑，更不要与他们开玩笑。

典型性格只反映在少数人身上，大部分人的性格则表现得不明显，往往兼有其他类型性格的特征。而且在特定的环境中，人的性格往往会发生变化，有时会有复杂的特殊表现。因此，向旅游者提供服务，尤其是超常服务，要因人、因时而异，要随时观察旅游者的情绪变化，及时调整，力争使领队服务更具针对性，获得令旅游者满意的效果。

任务实施

二、对老龄旅游者的服务

随着我国及全球老龄化人口的增加，在旅游市场中，老年旅游者所占的比例也越来越大。为这些老年旅游者提供服务时，领队应充分发扬中华民族尊敬老人的传统美德，态度谦恭、尊敬，关怀体贴入微，不辞辛苦地做好各项服务工作。

（一）放慢速度

（1）行走时：老年旅游者由于年事已高，大多数腿脚不太灵活，行动时力不从心。为了安全起见，领队在带团游览时，一定要放慢速度，照顾走得慢或落在后面的老年旅游者，并且选择台阶少、较平坦的地方走，以防摔倒碰伤。

（2）讲解时：随着年龄增长，老年旅游者的听力和理解力也在不断下降。因此，领队在向老年旅游者讲解时，应适当放慢速度、加大音量并吐字清楚，必要时多重复，以免老年旅游者因听不清或反应慢而在旅游中错过很多东西。

（3）生活照顾上：由于老年旅游者的行动缓慢，领队在时间安排上要注意留有余地。如适当延长进餐时间、集合时间，送站时适当提前赶往机场或车站，等等。

（二）解答有耐心

老年旅游者阅历丰富，知识面广，对一些问题喜欢刨根问底；同时由于年纪大，记忆力不好，一个问题经常重复问几遍。遇到这些情况，领队不应表示反感，而要耐心解答，满足老年旅游者在知识方面的需求。

（三）多做提醒，预防事故发生

老年旅游者由于年龄大，记忆力减退，领队要多做提醒工作，预防事故的发生。如预报天气情况，提醒增减衣服，若走路较多则需要穿旅游鞋，提醒第二天的出发时间等；还要随时提醒老人注意保管好自己的钱物和证件。

参观游览时，领队要反复提醒老年旅游者注意集合时间、集合地点、旅游路线及旅行车停车的地点。特别是上车和下车的地点不同时，一定要提醒老年旅游者记住上车地点，以免当他们想先回车上休息时，按原路返回，发生走失。为了预防走失，领队最好给每位老年旅游者发放一张卡片，注明下榻饭店名称、电话及领队联系方式，并提醒老人万一走失，不要惊慌，不要到处乱走，而应在原地等候领队。

（四）关注健康

老年旅游者的身体适应能力较差，有一些老人还患有某种疾病，因此领队要关注老年旅游者的健康。饮食安排做到卫生、可口、易消化，以清淡为宜；活动日程安排不要太紧，活动量不宜过大，项目不宜过多，在不减少项目的情况下，尽量选择便捷路线和有代表性的景观，以细看、慢讲为宜，游览过程中，注意适当增加休息时间，为保持老人的体力，晚间尽量不要安排太多活动；对患有某种疾病的老人要密切关注其身体状况，注意是否有疲劳或生病的迹象。

（五）工作注意细节

（1）为保存体力，活动安排要合理、科学，晚上尽量不安排活动项目。

（2）提示老人保管好各种证件及随身财物。

（3）结合老年人的生理特点，行程中适当安排增加去厕所的次数。

（4）领队应学习一些老年人常见病的急救常识，如果是长途旅行，建议配备随团医生，以便为老人提供更及时的医疗服务。

知识拓展 4-7-1

中老年旅游者组团，签署旅游合同是重中之重

中老年旅游者组团，履行行前提醒告知义务时，旅行社一定要慎之又慎、细之又细，不能存有一丝侥幸心理。报名时，必须要求旅游者出具三甲及以上医院开具的健康证明，详细填写过往病史，并且要核实；“出境旅游报名表”的“身体状况”一栏，必须由旅游者本人填写并签名；行前以发微信或短信形式告知旅游者安全注意事项，否则一旦出现纠纷，旅行社将因难以证明而担责。

知识拓展 4-7-2

不同团型的接待技巧

1. 5钻团的接待要点

因为5钻团的团费比较高，所以领队接待5钻团时要格外注意以下几点：

(1) 出发时在机场。在航司柜台办理行李托运的时候需要帮助老年旅游者搬运行李;准备全团旅游者的托运行李条;巡视登机牌自助打印机,协助碰到困难的旅游者;主动为行动不便者以及老年人寻找室内接驳车送至登机口;如航班通知延误3小时以上,可以考虑购买机场VIP休息室服务供旅游者休息。

(2) 在飞机上。长途飞机在平稳飞行期间至少巡视客舱两次,看团中的旅游者是否需要帮助。

(3) 在大巴车上。根据第一天上车后的座位情况制作座位表,制成一个贴纸粘在座位背后,旅游者按号入座。为老年旅游者准备写有领队导游联系方式的英文求助卡。

(4) 在酒店。每次前往酒店之前,先和酒店前台确认房卡钥匙是否已准备好;主动为行动不便的旅游者使用酒店提供的行李搬运服务并代为支付小费;陪同无子女随行的老年旅游者进房并交代房间内设施的使用方式。

(5) 在餐厅。如果是团餐,领队必须等旅游者上完三分之一或者一半以上的菜品才能去就餐。需要在旅游者用餐过程中询问用餐感受并判断是否需要增加菜品。如果是自助餐,一定要经常中途返场询问旅游者相关的用餐感受。

2. 老年团的接待要点

(1) 出行前。除短信之外,务必提前2天打电话联系旅游者告知出行的一切相关事宜。提供领队的联系方式,有问题及时沟通,并提醒旅游者开通国际漫游。主动了解老年旅游者出行与回程当天有没有家人接送,旅游者如果有需要可以提供相关的协助。告知当地的气候环境以及生活习惯。提前了解旅游者有没有过敏史,若有特殊药物,记得提醒旅游者带好医生的证明和英文说明。

(2) 去程机场及接站服务。在机场集合时,再次向全体旅游者说一下办理登机手续、抵达当地后在出口集合等事宜。回程时,需要帮助办理退税的客人操作退税事宜等。在机场发给老年旅游者登机牌的同时,再次强调一下登机的时间和地点,告知自己的座位号,协助旅游者出关。

(3) 入住酒店。如果是老年人单独参团旅游,领队查房时需要协助老年旅游者给家里报个平安,如需要连接酒店WiFi,可以协助老年旅游者连接成功,并再次说明酒店收费原则及房间内所有设施的使用方法。

(4) 用餐环节。为老年人提供咨询推荐服务,如老年旅游者要求,需要提供协助旅游者的点餐服务。

(5) 购物、自费环节。必须提前告知不适合老年人参加的项目。

(6) 送站服务。抵达机场前需要告知老年旅游者托运、海关的注意事项;抵达机场后需要协助老年旅游者办理登机手续及行李托运;抵达国内机场后,协助旅游者入境并帮助旅游者领取行李,询问老年旅游者回去的方式,如果不是家属接机,则告知老年旅游者机场大巴、地铁或出租车的乘坐方式及线路。

案例精选 4-7-1 一起“不明原因猝死”案,旅行社为何最终担责高达70%?

72岁的沈某某报名参加了某旅行社组织的“井冈山4日纯玩无购物游”。5月26日6时

30分,该旅游团从浙江萧山出发,在第一个景点江西上饶集中营革命烈士陵园参观了一个多小时。用过午餐后,旅游团前往龙虎山景区。在龙虎山景区,旅行社先安排旅游者住宿,随后让旅游者自由活动。晚餐时,不会饮酒的沈某某饮用了同团旅游者带来的白酒。22时许,沈某某感到肚子疼,同团旅游者沈妙某打电话联系导游,导游叫了出租车,由旅游者沈妙某等人将沈某某送往龙虎山医院治疗。经检查,该院医生给沈某某打针配药,随后沈某某等人返回住处。次日凌晨4时左右,沈某某疼痛加剧,沈妙某马上联系导游,导游叫了同一辆出租车,由沈妙某等人将沈某某送往鹰潭市人民医院治疗。到达医院时,沈某某已经死亡,医院诊断为"不明原因猝死"。法院认为,旅行社存在较大过错,且与旅游者沈某某猝死的后果存在因果联系,应承担相应侵权责任。综合考量事发原因、双方过错程度等因素,法院判决,旅行社承担70%的赔偿责任,赔偿37万余元,死者自担30%的责任。

【案例评析】

经审理,法院判决如下。

其一,旅游者沈某某系年逾七十岁的老年人,旅行社在组织其参加旅游活动时,应考虑旅游者的身体条件、相应风险等因素,充分履行告知及提示义务,对可能存在的风险做出说明。被告旅行社既未与沈某某签订书面旅游合同,亦无证据证明其已经履行了告知、提示等义务,旅行社行为存在明显过错。

其二,在旅游过程中,旅行社提供的部分服务不符合老年旅游者的身体状况,比如午饭后至当天住宿地的车程中未做休息等,未尽充分的安全保障义务。

其三,行程中,有旅游者因身体不适两度就医,但旅行社安排的导游仅仅安排了出租车将旅游者送至医院诊治,既未在第一时间拨打紧急救助电话,也未一同前往医院履行相应的协助义务、处理后续事宜,其救助过程明显不当。综上,出游前,旅行社未尽相应风险告知、提示义务;旅游行程中及事发后,亦未根据实际情况履行合理保障及必要救助等安全保障义务。由此,旅行社承担70%的赔偿责任。

旅行社在组织老年旅游团时,首先,在产品设计方面,应考虑潜在顾客群体的特殊情况,尤其是安全保障方面的因素要充分考虑。其次,旅游者遭遇突发事故,旅行社的救助措施要及时、妥当。本案中,沈某某突发疾病,同在一幢楼住宿的导游首先应该赶到现场;其次,应送旅游者到医院检查。如果是家属、朋友,可以选择出租车赶往医院,但作为经营者,旅行社拨叫120较为妥当。导游如果在旅游者第一次感到不适时就拨打120,就可以赢得宝贵的6小时抢救时机,也许就可以避免旅游者猝死的严重后果。最后,在遇到旅游纠纷时,旅行社应秉承妥当解决争议、不扩大损失的原则。本案中,原告律师曾两次试图促成双方和解,但旅行社拒绝了和解要求。如果旅行社接受调解建议,客观描述自身的责任,并向保险公司理赔,保险公司应该不会拒赔。

资料来源:旅业网

实践活动 4-7-1

如果你是领队王小姐,在你带领老龄旅游者参观游览时应注意哪些问题?

三、对儿童的服务

随着旅游业的不断发展,很多家长都把旅游作为增长孩子见识的重要途径,在旅游者中儿童占了相当大的比例。领队应注意儿童的生理和心理的特点,做好服务。

(一) 重视安全

儿童天生好动,好奇心强,又缺乏足够的安全意识和自我保护能力,带团过程中领队要特别注意他们的安全,尤其是人身安全。乘坐交通工具时,要提醒儿童不要把头、手伸出窗外;游览过程中,要提醒家长带好自己的孩子,并多次清点人数,防止走失;领队可以针对儿童的特点,讲些有趣的童话故事,既活跃了气氛,又吸引了他们,使他们不到处乱跑。

(二) 区别接待标准

在交通、用房、用餐等方面,对儿童根据年龄或身高的不同,有不同的收费标准和规定,领队一定要注意按相应的标准区别对待。如机票、火车票的购买是根据儿童年龄来区分,而船票、景点门票大多是按儿童身高的不同购买相应的票种;在住房、用餐、用车等方面,儿童是否单独占一床位、餐位或车位,领队应注意根据合同的约定来执行。

(三) 生活关照

由于儿童的个子小,环境适应能力差,领队在儿童的饮食起居方面要特别关心。用餐时,领队要事先提醒餐厅,准备儿童用椅和餐具,以减少用餐时的不便;天气变化时,要及时提醒家长给孩子增减衣服;在夏季要提醒家长多给孩子喝水。

(四) 注意细节

对有儿童的旅游团,领队还应注意以下细节:

(1) 不宜因照顾儿童而冷落了其他旅游者。

(2) 不宜给儿童买食物和玩具。

(3) 即使家长同意,也不宜单独把旅游者的孩子带出去活动。

(4) 不宜因某些项目对儿童免费或优惠,而视其为负担。

(5) 儿童生病,应及时建议家长请医生诊治,而不宜建议家长给孩子服药,绝不能将自己随身携带的药品给儿童服用。

案例精选 4-7-2 出国亲子游,孩子受伤了怎么办?

李女士带着 10 岁的女儿一起来到泰国的芭提雅旅游,在她们行程即将结束的倒数第二天,意外发生了……

李女士的女儿和其他小朋友在玩沙滩排球时不小心摔倒,致使手腕关节骨折。当地医生建议尽快手术治疗。李女士在领队王小姐的陪同下带着孩子来到了当地的一家医院,为了解决手头现金不足和沟通障碍,李女士想到了出国旅游前购买的境外旅行险。李女士购买的这款境外保险产品承保境外各种扭伤、骨折等意外疾病或意外事故,最高 100 万元医药补偿。且提供 7×24 小时全球紧急救援服务。在保险公司的帮助下,医院立即为孩子完成了手腕的固定手术,并顺利出院准备和团队一起回国。

通过以上的案例可知,境外旅行,领队尽量建议旅游者出发前购买好一份针对行程潜在的意外伤害提供医疗保障的境外保险产品,境外保险帮助旅游者在突发状况下减少伤害和损失,也能提供医疗协助服务。从而减轻旅游者、旅行社、海外领队的各方责任,使境外旅行更放心和安心。

实践活动 4-7-2

领队王小姐所带领的赴日本旅游团是亲子团,旅游团中儿童比较多,请帮王小姐设计一份赴日本出行的安全告知书给家长,并为王小姐准备一份带儿童团的注意事项表。

四、对残疾旅游者的服务

在团队旅游者中,有时会有一些残疾旅游者。这类旅游者的自尊心和独立性很强,虽然他们需要更多的关照,但又不愿给别人添麻烦。接待这些残疾旅游者时,领队要注意方式、方法,既要满腔热情、细心周到,尽可能地为他们提供方便,又要注意不给他们带来压力或伤害他们的自尊心。对残疾旅游者的服务应注意以下两个方面。

(一)尊重与关心要注意细节

残疾旅游者通常具有自己活动的能力,他们认为自己既然出来旅游,生活就能自理,不愿成为别人的累赘。因此,领队对残疾旅游者提供服务时,首先要尊重他们,在服务中自然地接近他们,适时地询问他们是否需要帮助,需要什么样的帮助,而不要过多地当众关心他们,那样会使他们感到难堪,引起反感。

其次,残疾者与常人相比行动有诸多不便,需要照顾。因此,领队从活动计划安排到生活细节,都要充分考虑他们的生理条件和特殊需求,如线路选择应尽量不走或少走台阶,提前告诉他们洗手间的位置,安排餐厅和客房时尽可能选择方便进出的地方等。

(二)不同情况,不同接待

对听力障碍者,领队应尽量安排他们坐在靠前的位置,讲解时站在容易被看见、光线充足的地方,领队讲解时适当放慢速度、注意停顿,加大口型变化的幅度,以便他们了解更多的讲解内容。必要时领队应掌握一定的手语,方便为听力缺陷者提供服务,如果有手语翻译的旅游团,领队应做好和翻译的沟通、配合。领队还应注意在讲解中尽量强调一个地方"看"的东西,以使听力障碍者得到更大的享受。

对视力障碍者,领队应注意在旅游中尽量发挥他们除视觉之外其他感官的作用,能用手触摸的,让他们摸一摸;能聆听的,让他们静静地听一听;能闻的,让他们闻一闻。旅游时让他们使用越多的感官来体验越好。讲解的内容要力求细致、生动,口语表达准确、清晰,讲解速度可以适当放慢。

对截瘫旅游者,根据计划内容来分析旅游者是否需要轮椅,如果需要,应提前准备。与计调人员或有关部门联系,最好使用方便轮椅上下的车辆。选择景点和酒店时,应注意是否有无障碍设计。

任务评价

任务内容	评　分　标　准	是否达标
对老龄旅游者的服务	能复述针对老龄旅游者的年龄特点提供的接待服务技巧	□是　□否
对儿童的服务	能复述针对儿童的年龄特点提供的接待服务技巧	□是　□否
对残疾旅游者的服务	能复述针对残疾旅游者的身心特点提供的接待服务技巧	□是　□否

学习反思

____

____

____

____

____

____

____

____

任务八　他国离境服务

任务导入

领队王小姐带领的旅游团在完成了新西兰所有的旅游行程后，旅游团的工作就开始进入尾声。随着旅游车缓缓驶入机场停车场，在确认旅游者已带齐所有行李与随身物品后，领队王小姐组织旅游者向“国际出发”大厅走去，在即将乘机返回中国之前，领队王小姐还有哪些要做的工作？

任务分析

他国离境与中国出境在程序上有很多相似之处，但也不完全相同，领队还需要带领旅游者办理各种离境手续，大致包括办理乘机手续、购买机场税、办理购物退税，此外还需要指引旅游者有序通过边防检查、海关检查等，领队要对所有的手续都十分熟悉才能确保团队顺利离境。

任务准备

一、基础知识

（一）出境购物退税

出境购物退税是指非本国居民在退税定点商店购买的随身携带出境的物品，按规定退增值税和消费税的政策。通俗来说，就是返还外国旅游者一小部分税金，以鼓励其多消费。

并不是所有的商品都可以退税。一般而言，在有"Tax Free""Tax Refund""VAT Refund"这样标识的商场或店铺，购买常规商品，如服装、化妆品、电子产品、工艺品等能够携带出境的物品，能够退税。

（二）免税店

退税退的是增值税和消费税，仅仅适用于非本国居民（就是外国旅游者），而免税免的是进口关税，只要是出境的人不分国籍都可以享受这项福利。一般在机场过了安检就有许多免税店，请认准"Duty Free"标识。需要注意的是，购买的免税品都会用透明且可盖章的密封塑料袋包装，注意别在到达目的地之前开封。

任务实施

在搭乘离境飞机前，要办理他国（地区）的各种离境手续，办理他国（地区）离境手续的流程如图4-8-1所示。

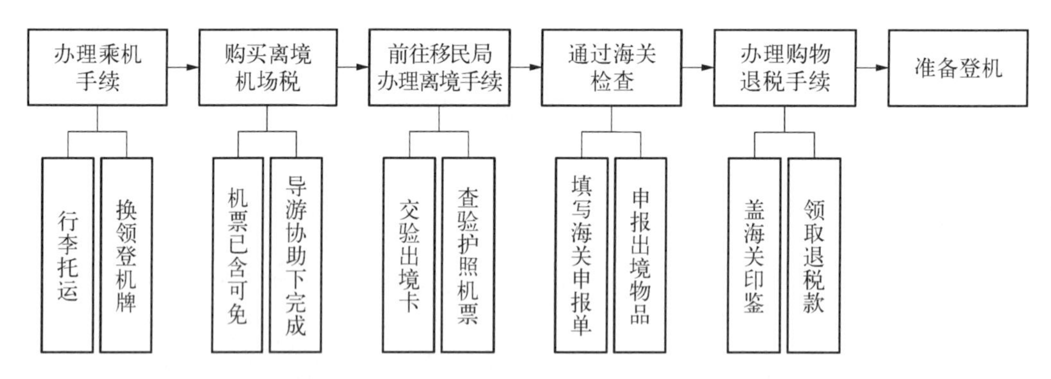

图4-8-1 办理他国（地区）离境手续流程

二、办理乘机手续

旅游团在结束境外的所有旅游行程后，领队应带领旅游者提前到达机场办理离境手续。通常情况下离境旅游者至少需要提前2~3小时到达机场。带领旅游者前往机场途中，领队需要再次确认全团的护照、机票、行李以及随身物品是否带齐，并向旅游者收取护照、机票。在抵达机场后，领队要根据机场电子屏幕的出发航班信息，确认办理登机手续及托运行李的柜台号，带领旅游者办理乘机手续。

1. 行李托运

进入乘机手续的办理环节，领队一般会先组织旅游者将拟托运的行李放在传送带上接受安检、过磅称重，完成行李托运手续。领队需要清点行李数量，在收取小费的国家，行李托运完成后，领队应付小费给行李员。

如果是旅游者单独办理行李托运，领队则需要先带领大家换发登机牌，将护照、登机牌、机票发给旅游者，让旅游者到柜台办理各自的行李托运手续。

2. 换领登机牌

领队将收齐的全团旅游者护照、机票、签证等证件资料交给值机柜台的工作人员，换取登机牌。

需要注意的是，领队在办完乘机手续后，先不要急于离开柜台，应当面点清护照、登机牌、行李牌数量，确定无误后再离开。

3. 分发登机牌、护照给旅游者，告知离境注意事项

办完乘机手续进入边防检查之前，领队需要召集大家开个简短的说明会，再次强调离境注意事项。

（1）介绍离境手续的办理步骤。

（2）讲清登机牌上的信息，强调离境的航班号、登机口、登机时间。

（3）再次提醒禁止出境和在中国入境的物品。

（4）提醒旅游者办完离境手续在机场自由活动时，要掌握好时间，以免误机。最好再商定一个临登机的登机口再集合时间。

注意事项讲清楚后，领队需要将护照、签证、机票、登机牌等资料逐一发放到旅游者手里，切勿传递。

三、购买离境机场税

1. 国际机票的机场税通常包含在机票中

一般情况下在购买机票时，国际机票的机场税会一起收取，具体税项及金额会打印在机票上作为凭证。但也有一些国家需要在乘机前现场购买，如泰国、印度尼西亚、菲律宾等国家。

2. 机场税不可向游客再行收取

按照中国国内组团旅行社与出境旅游者签署的出境旅游合同的规定，境外机场税包含在正常的旅游收费中，应由旅行社予以支付。领队出团前应当清楚对此项费用应如何支付，如需要领队支付，领队就需要在购买后将机场税凭据发给旅游者，以便应对机场检查。机场税如须交付旅行社报销，领队就应等旅游者完成检查后，及时收回并妥善保管。

3. 通常机场税应由境外接待社代付

境外地接社对国内组团社的包价旅游报价当中，通常包含旅游者的出境机场税。因而，通常情况下，机场税是由境外接待社的导游来代为支付。

四、前往机场移民局办理离境手续

1. 交验出境卡

许多国家的出境卡与入境卡是印制在一张纸上的，旅游者在入境时就需要填写完成。入境时，入境官会将入境卡部分撕下留存，然后把出境卡部分订在或夹在护照里交还旅游者。旅游者在出境时，无须再填写出境卡，只要交护照查验即可，但如果旅游者将出境卡丢失，就需要重新补填。但也有一些国家的出境卡和入境卡是分开的两张表格，还有一些国家，如瑞士、芬兰、挪威等国的出入境就不需要填写出入境卡。

另外，持另纸签证的旅游团，在目的地国家（地区）离境时，有时也不需要填写出境卡。

2. 查验护照机票

领队需要组织好旅游者依次办理离境手续，旅游者向移民官员提交护照、机票、登机牌后，站立等候查验。如查验无误，查验人员在旅游者护照上盖离境章，然后将所有物品交还旅游者，离境手续结束。通常情况下，各国的离境手续办理都要比入境手续快。

需要注意的是，边检（移民）官员检查旅游者的护照及签证的时候，通常会按照旅游者签

证的有效期及准许停留天数进行推算,如超出停留期,旅游者将可能会受到惩罚。

五、通过海关检查

1. 提前告知旅游者目的地国家(地区)海关对携带出境物品的规定

不同国家(地区)的海关有不同的出境限制,领队在出团前必须提前了解该国海关规定的出境禁止携带的物品,并在召开说明会和离境前告知旅游者,以免发生麻烦。尽量避免出现因携带违禁品被他国海关扣押的事件。此外,领队也不能忘记提醒旅游者注意中国海关的入境物品限制,以免发生购买物品可以在他国离境却无法入境中国的尴尬局面。

2. 通过海关柜台

国外机场海关的检查方式多以抽查为主。通过海关前,领队应该就海关规定及申报的利害关系告知游客,要求旅游者主动向海关申报限制携带出境的物品。无申报物品的旅游者无须填写海关申报单,直接通过海关柜台即可。如果旅游者携带了限制出境的物品而没有申报,将会受到惩罚。因此,领队要提醒并帮助旅游者填写海关申报单,必要时帮助旅游者与海关人员交涉,以免出现麻烦。

六、办理购物退税

各国机场关于购物退税的方法和地点大多不同,领队应该事先了解机场的规定,询问清楚再告知旅游者,也可询问该国导游。领队要事先了解该国退税规定和操作方式,以便为旅游者提供帮助。对多数中国旅游者而言,在国外离境时办理购物退税,在语言方面会有诸多不便,旅游者往往很难在短时间内完成退税,领队可建议旅游者回到国内办理退税手续。目前已有一些退税公司在我国的北京、上海、广州等大城市设立了退税点。

知识拓展 4-8-1

购物退税那些事儿

1. 购物退税的条件

虽然购物退税的条件在不同的国家有所区别,但都存在一定的共性:

(1) 购买者非本国公民。

(2) 商品的用途是自用或者家庭用。

(3) 消费的金额达到购物退税点(不同国家的退税点不同,领队需要熟知)。

(4) 购买商品后在各国规定的时间内离境,一般为1~3个月。

(5) 商品不在规定的"不能申请退税项目"内,如在免税店购买的烟、酒等就不能退税。

(6) 符合各个国家设定的特定退税要求。

2. 退税发票的开具

一般情况下,在境外购物,超过当地可退税的金额,退税发票必须到商店的总服务台开具,由导游带领进入的免税店手续简化,可以直接在收银台开具。开退税发票时,要出具护照和收据。退税发票分两种情况:一种是现金退税,还有一种是银行支票,信用卡划账。是信用卡退还还是现金退还,在服务台开设时,店员会详细告知。在海关,发票必须和收据一起作为退税凭证，缺一不可。

3. 退税步骤

游客抵达国际机场，首先要拿着装有需要退税物品的行李箱，在机场退税区的柜台通过海关盖章。盖完章后，办理完行李托运及换登机牌等，进入登机口退税处领钱即可。大部分情况是可从出境海关的退税窗口获得退还的现金，一小部分情况是在接下来的几周内打回银行卡中。

七、准备登机

1. 领队应进一步核实登机闸口并提醒旅游者注意登机时间

领队需要随时关注航班信息，并提醒旅游者注意收听机场关于航班信息的广播。如登机时间或登机口发生变更，一定要第一时间通知旅游者。对老年旅游者和无购物需求的旅游者，领队可直接带领他们到登机口。

2. 避免旅游者因购物而误机

喜欢购物的中国旅游者多数不会放弃候机过程中在机场免税店购物的机会，此时领队应当及时提醒旅游者，一定要注意收听广播或查看机场显示屏中的提示，在机场规定的时间内登机。许多航空公司规定，航班起飞时间一到，舱门就会按时关闭。如有旅游者没能按时登机，飞机也不会拖延等待而会照常起飞。为避免出现旅游者误机的情况，领队应提早赶到登机闸口，清点人数，与未能及时赶到的旅游者联系。

实践活动 4-8-1

在离境澳大利亚的过程中，领队王小姐发现一位旅游者把捡到的贝壳放在商店购买的贝壳制品中，企图通过这种方式过关，如果你是领队王小姐的话，该如何处理？

任务评价

任务内容	评　分　标　准	是否达标
通过海关	（1）熟悉绿色通道和红色通道 （2）复述部分限制进出境物品和部分禁止出境物品	□是　□否 □是　□否
边防检查	（1）熟悉领队所要提交的查验资料 （2）熟悉客人所要提交的查验资料 （3）复述哪些人员会被限制出境	□是　□否 □是　□否 □是　□否
安全检查	复述安全检查的主要内容	□是　□否

学习反思

____

____

____

____

____

____

____

____

任务九　归国入境服务

任务导入

领队王小姐带领的一行19人团队，顺利结束了新西兰的8日游行程，当所乘坐的飞机即将抵达郑州新郑国际机场时，王小姐内心有着难掩的激动和兴奋。下飞机后，王小姐把旅游者集中起来，讲清入境中国的相关规定以及接下来要接受的检查内容，并提醒旅游者准备好自己的护照准备入境。领队王小姐要带领团队通过哪些检查方可入境？

任务分析

为确保团队顺利入境，王小姐需要熟悉以下内容：

(1) 入境中国手续的办理流程。

(2) 中国海关的相关规定。

任务准备

一、中国海关入境相关规定

(一) 中国海关禁止进境物品

(1) 各种武器、仿真武器、弹药及爆炸物品。

(2) 伪造的货币及伪造的有价证券。

(3) 对中国政治、经济、文化、道德有害的印刷品、胶卷、照片、唱片、影片、录音录像带、激光视盘、计算机存储介质及其他物品。

(4) 各种烈性毒药。

(5) 鸦片、吗啡、海洛因、大麻以及其他能使人成瘾的麻醉品、精神药物。

(6) 带有危险性病菌、害虫及其他有害生物的动物、植物及其产品。

(7) 有碍人畜健康的、来自疫区的以及其他能传播疾病的食品、药品或其他物品。

(二) 中国海关限制进境物品

(1) 无线电收发信机、通信保密机。

(2) 烟、酒。

(3) 濒危的和珍贵的动物、植物(均含标本)及其种子和繁殖材料。

(4) 国家货币。

(5) 海关限制进境的其他物品。

(三) 入境健康申明卡

入境健康申明卡是与入境人员有关的一个文件，内容包括国内行程、航班信息、联系方式、症状或疾病等，目的是预防突发性流行疾病的传播。

2023年9月16日，第十一版入境健康申明卡正式上线启用。出入境人员可使用手机等移动智能终端通过微信小程序、支付宝小程序、互联网网页、掌上海关APP等多种渠道进行申报；对于无法通过手机等移动智能终端进行申报的人员，可在口岸现场通过自助申报验核一体机、纸质健康申明卡等方式进行申报。健康申报是海关依据《中华人民共和国国境卫生检疫法》实施的一项疫情防控制度，也是实现传染病疫情早发现、早预防的重要手段。当前，多种传染病在全球范围内广泛流行；同时，国际间人员往来逐步恢复加大了传染病的跨境传播风险。健康申报制度是应对当前全球传染病疫情复杂形势、做好口岸"多病同防"的有效措施。

任务实施

团队抵达国内口岸后，出境领队要带领旅游者办理各种入境手续，流程如图4-9-1所示。

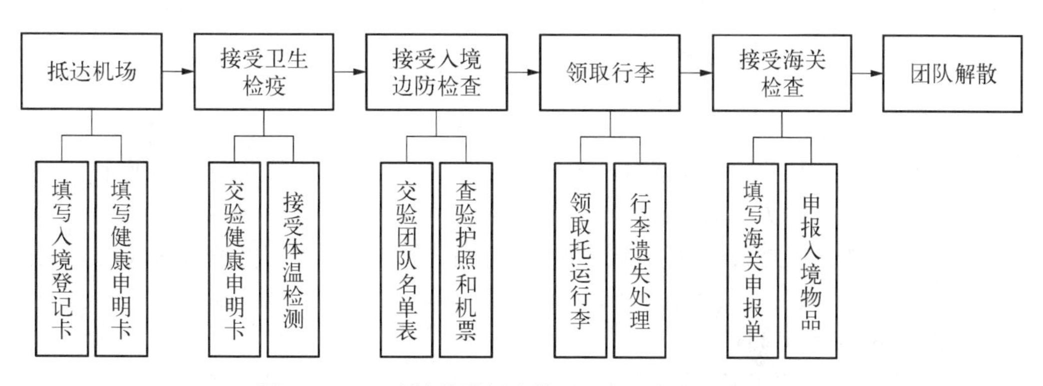

图4-9-1　出境旅游领队带团入中国大陆境流程图

二、接受入境检查

（一）接受卫生检疫

1. 了解国家有关卫生检疫的法规

中国边防口岸的卫生检疫机构，是依照《中华人民共和国国境卫生检疫法》为法律依据设立的。实施卫生检疫的目的在该法的第一条就已经阐明，是"为了防止传染病由境外传入或者由国内传出，实施国境卫生检验，保护人体健康"。我国所列的传染病，包括鼠疫、霍乱、黄热病以及国务院确定和公布的其他传染病。

出入境检疫对象包括：入境、出境的人员、交通工具、运输设备以及可能传播传染病的行李、货物、邮包等特殊物品。另外，《中华人民共和国食品卫生法》规定的出入境检疫对象有进口食品、食品添加剂、食品容器以及包装材料、工具设备等。

知识拓展 4-9-1

入境健康申明卡的查验内容

入境健康申明卡的查验内容主要包括：

（1）对于申明精神病、麻风病、艾滋病（包括病毒携带者）、性病、开放性肺结核的外国人阻止其入境。

（2）对在入境时发现的患有发热、咳嗽、腹泻、呕吐等症状或其他一般疾病患者，进行医学观察和流行病学调查、采样，实施快速诊断，区别情况，隔离、留验或发就诊方便卡，采取其他预防、控制措施。

（3）对来自黄热病疫区的人员，查验黄热病预防接种证书。对于无证者或无有效证件者，应现场予以黄热病预防接种并发给证书。

（4）检疫传染病的监测：发现鼠疫、霍乱、黄热病染疫人，必须立即隔离检疫；对染疫嫌疑人应按潜伏期实施留样，对染疫人，染疫嫌疑人的行李、物品，实施卫生处理。

（5）对在国外居住 3 个月以上的中国籍人员（海员、劳务等重点人群）实施艾滋病和性病监测。

2. 交付入境健康申明卡

领队带领旅游者返回国内，通常在返程的飞机上乘务员会分发入境健康申明卡。这份申明卡用中文填写即可，领队可指导旅游者完成。

飞机落地后，领队带领旅游者在经过“中国检验检疫”的柜台时，将填写完成的入境健康申明卡交给卫生检疫人员。正常情况下，旅游者就可以通过检疫柜台继续前行。

（二）接受入境边防检查

入境时国人无需填写该卡，旅游者只需要由领队带领，在中国人入境边防检查柜台前依次排队等候，提交护照，接受入境边防检查。如果出境团队持有的是中国公民出国旅游团体名单表和另纸团体签证，需要走团队专用通道。中国公民出国旅游团体名单表中的入境边防检查专用联，由边防检查收存，旅游者按照名单表顺序依次排队办理入境手续。

三、领取行李

1. 领取托运行李

领队引导旅游者按照行李大厅的电子指示牌的标志，在行李转盘上找到自己托运的行李。团队旅游因为行程一致，购买的东西相似，容易出现相似的纸箱，旅游者容易错拿，领队需要提醒旅游者检查拿取的行李是否为本人所有，清点所有的物品是否齐全。提醒旅游者不要代拿，如若代拿一定要通知行李主人本人。

2. 行李遗失处理

当旅游者发现自己的行李遗失时，领队应协助旅游者与机场的行李值班室进行交涉，填写单据，留存领队和旅游者的联系电话。根据国际航空协会《中转站赔偿法则》的规定，旅客的行李遗失，应由搭乘终站的航空公司负责理赔。这类赔偿，通常会在查找行李超过 21 天仍无下落后进行。

实践活动 4-9-1

领队王小姐顺利结束境外的 8 天行程,即将入境时,在电子显示屏前快速找到了自己乘坐航班的行李转盘,带领旅游者顺利领取了托运行李。这时团中有位旅游者声称行李损坏,找到了王小姐。如果你是领队王小姐,该如何处理行李遗失、损坏的问题?

四、接受海关检查

中国海关的基本职能是监管进出境的运输工具、货物、行李物品、邮递物品和其他物品;征收关税和其他税费;查缉走私;编制海关统计;办理其他海关业务。

1. 向旅游者说明我国海关对入境物品的限制规定

中国海关规定禁止入境的物品,领队需要事先向旅游者说明,以免旅游者在入境时遭遇麻烦。

2. 接受海关检查

有需要申报的物品,应在入境飞机上填写海关申报单,走红色通道;没有物品需要申报,则无须填写,走绿色通道。目前海关采用的是抽检制,抽检到的旅游者行李需要通过 X 光检测仪器的检测,海关官员怀疑有违禁物品,也可要求旅游者打开行李接受进一步的检查。出境时,填写海关申报单的旅游者需要交还申报单。

在通过海关检查后,所有入境手续完毕,领队应与每一位旅游者告别,感谢旅游者对自己工作的支持,并表达再次带领旅游者出境旅游的愿望。

案例精选 4-9-1　境外购物买多少可以不用补税?

李女士参加了某旅行社组织的泰国 7 日游的旅游线路,在旅程结束入境中国海关时,团队游客的所有行李都要经过 X 光检查,一旦发现行李里面有异常,则要开箱查验。李女士在国外买了一件价值 7 980 元人民币的手提包,在进行开箱检查时被海关工作人员要求补税。李女士很委屈:领队不是告知超过 8 000 元人民币的物品才要交税吗?自己的手提包完全没有达到交税的金额,为什么还要交税呢?

【案例评析】

根据《中华人民共和国海关法》的规定,个人携带进出境的行李物品、邮寄进出境的物品,应当以自用、合理数量为限,并接受海关监管。因此,海关确实是基于"自用、合理数量"来对个人携带进出境的行李物品以及邮寄进出境的物品进行监管的。"旅行者在境外购买的合理数量的个人自用物品,在维持居民旅客进境物品 5 000 元人民币免税限额不变的基础上,允许其在口岸进境免税店增加一定数量的免税购物额,连同境外免税购物额总计不超过 8 000 元人民币。"对超出部分进行征税,对不可分割的单件物品全额征税。

如旅游者在澳大利亚买了 5 000 块钱的商品,在上海机场的免税店又买了 3 000 块钱的商品,总价不超过 8 000 元,则这些东西都不用征税。如果在澳大利亚买了 7 000 元的商品,在上海机场免税店买了 1 000 元的商品,加起来刚好是 8 000 元,但是境外(澳大利亚)购买的部分超过5 000元了,这时候要对境外超出的2 000元部分进行征税。如果在境外购买的是价值超过5 000元的手提包,就要对整个手提包进行征税。

实践活动 4-9-2

领队王小姐带领所有的旅游者领取到托运行李,检查确认无误后,性急的旅游者就准备和王小姐道别。此时,团队所有的入境通关手续全部完成了吗?王小姐如何带领大家顺利通过中国海关查验?

	海关对入境物品的限制规定	海关申报注意的事项
海关查验		

任务评价

任务内容	评分标准	是否达标
中国入境流程	能正确复述中国入境流程	□是 □否
入境健康申明卡	能正确复述入境健康申明卡的主要内容	□是 □否

学习反思

______

______

______

______

______

项目小结

本项目主要让学生熟悉中国出境、他国入境以及他国离境和中国入境的工作流程及工作要点;熟悉境外转机和入境常用英语会话;熟悉境外酒店入住及用餐服务、交通出行服务、境外游览服务、境外购物及观看演出服务。掌握机场说明会的召开、团队通关的流程和方法。了解中国和主要目的地国的海关相关规定。培养学生与旅游者沟通的能力、语言表达能力、对突发事件的处理能力。

一、判断题

1. 所有出境人员都需要提供黄皮书。　(　　)
2. 离境机场税是由旅游者所出,当领队带领旅游者到达机场时,可向旅游者收取该项费用。　(　　)
3. 旅游者在通过移民局办理离境手续时,需要提交的资料包括护照、电子机票、登机牌等资料。　(　　)
4. 在领队和导游核对行程时,如果领队行程单和导游行程单不一致,或行程有增减之处,应以领队手中的行程单为主。　(　　)
5. 领队与导游的沟通,有时需要近距离小声商量,都需要稍稍避开旅游者。　(　　)

二、单选题

1. 关于中国出境流程说法正确的是(　　)。
   A. 边防检查→安全检查→海关申报→卫生检疫→等待登机
   B. 卫生检疫→海关申报→边防检查→安全检查→等待登机
   C. 海关申报→卫生检疫→安全检查→边防检查→等待登机
   D. 安全检查→海关申报→卫生检疫→边防检查→等待登机
2. 每个国家的海关规定各不相同,以下属于禁止携带入境物品的是(　　)。
   A. 新鲜的水果蔬菜和肉制品　B. 中草药
   C. 金银制品　D. 工艺品
3. 在带领团队入住酒店时,分房名单表由(　　)提供。
   A. 境外导游　B. 领队
   C. 酒店前台工作人员　D. 组团社经理
4. 对出入境人员进行护照、证件、签证等内容的检查属于(　　)。
   A. 海关检查　B. 边防检查
   C. 卫生检疫　D. 安全检查

5. 只能随身携带不能托运的物品有(　　)。

A. 充电宝和锂电池　　B. 不到 100 毫升的洗面奶

C. 指甲刀　　D. 打火机

三、多选题

1. 领队在带领团队出中国边境进行边防检查时,应提交的资料包括(　　)。

A. 团队名单表　　B. 团队签证资料

C. 导游证　　D. 团队行程表

2. 在飞行途中,领队主要为旅游者提供哪些服务(　　)。

A. 协助旅游者调换座位和摆放行李　　B. 关照旅游者的特殊用餐需求

C. 熟悉飞机上的救生设备　　D. 回答旅游者的其他提问

3. 领队在境外带团的主要工作包括(　　)。

A. 协助导游完成参观游览　　B. 安排团队入住酒店

C. 协助导游安排用餐　　D. 目的地导游讲解服务

E. 带领团队完成购物和观看演出

4. 领队带领旅游者购物需要掌握哪些原则(　　)。

A. 事先告知原则　　B. 签字原则

C. 货真价实原则　　D. 售后服务原则

5. 在境外,当旅游者提出想自由活动时,领队在哪些情况下需要劝阻(　　)。

A. 治安不理想的地方　　B. 旅游者要单独前往

C. 即将离开某地之前　　D. 到达景点刚开始参观时

项目实训

领队王小姐带领的“泰国 6 日游”旅游团顺利抵达了曼谷国际机场,现需要办理一系列入境手续。学生 5~6 人一组,分别担任领队、旅游者、入境检查人员、海关工作人员、行李查询员、境外导游等角色。分角色完成以下任务:

第一步,出境旅游领队帮助旅游者填写入境登记卡和海关申报单;

第二步,出境旅游领队带领旅游者通过卫生检疫;

第三步,出境旅游领队带领旅游者办理入境手续;

第四步,出境旅游领队带领旅游者通过海关申报台;

第五步,出境旅游领队带领旅游者领取行李;

第六步,出境旅游领队带领旅游者与境外导游接洽。

实训任务完成后,每个小组总结汇报入他国(地区)境实训过程,要求提交一份书面报告及实训视频。现场陈述时,小组每位同学都要发言,阐述自己在实训中承担的角色及完成的内容。为了顺利完成实训任务,各小组同学需要提前准备好入境证件和材料。

项目五　后 续 工 作

项目导学

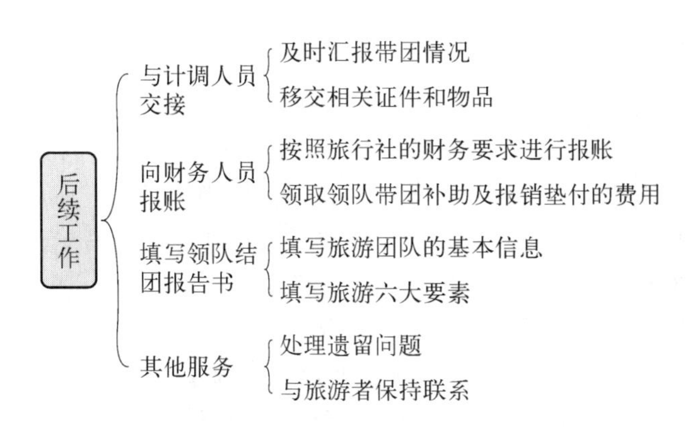

学习目标

☆知识目标：1. 掌握领队返回后的后续工作，与组团社、计调人员及财务部门进行工作交接，保持与旅游者的联系等。
2. 了解导游报账单的填写要求。
3. 熟悉领队结团报告书的内容。

☆能力目标：1. 具备岗位所需的汇报、交接、总结等工作能力。
2. 具备稳定、维护目标客户的能力。

☆素质目标：1. 培养敬业的工作服务意识。
2. 培养持续学习的意识。

任务一　与计调人员交接

任务导入

领队小王结束了一个赴泰国6晚7天的行程后，因为身体疲惫想休息几天，没有及时回到组团旅行社计调部门进行汇报、报账等工作，耽误了计调部门对该团的审核、对账等相关工作的进度。请问，小王在完成带团任务后，正确的做法是什么？

任务分析

（1）领队小王在完成带团任务后，是否需要及时回到组团旅行社交接工作？

（2）领队小王回到组团旅行社后，应该与计调部门做哪些交接工作呢？

任务准备

旅游行业标准《出境旅游领队服务规范》（LB/T 084－2022）规定：出境旅游领队从事导游活动必须接受组团旅行社的委派。所以领队在完成旅游行程计划中所规定的旅游项目后，应在下团回国后尽快到组团旅行社完成交接工作，因为此时整个带团工作其实并没有真正结束。一次完整的接团工作，是从团队出发前领队与计调人员的工作交接开始，到团队回来后领队与计调人员的工作交接完成后才算是结束。因此为了保证工作程序的完整性，做到善始善终，领队就应该及时回到组团旅行社，向计调人员汇报带团过程中各项接待事宜的执行情况、与地接社的合作情况、旅游者的反馈信息等工作，使旅行社能够掌握团队运行的真实情况，了解一线市场动态，并能够对未尽事宜进行弥补，这样也有利于旅行社各部门之间的高效配合。

带团归来后的工作交接与出团前的工作交接相比，虽然简单许多，但是仍然需要领队认真对待。因此，根据《旅行社出境旅游服务质量》，旅游者回到国内后，领队还需要做好如下工作：

（1）在结束行程后，领队应该及时回到组团旅行社向计调人员汇报工作。

（2）做好出境带团记录，根据行前准备环节中所提供的出境旅游行程单和领队接待计划，详细填写领队日志。

（3）整理相关材料，如旅游者意见反馈表、特殊事件书面报告等。

任务实施

领队带团回国后要与组团旅行社计调人员进行工作交接，主要包括及时汇报带团情况和移交相关证件、物品。

一、及时汇报带团情况

一般情况下，领队在旅游行程结束后应该尽快回到组团旅行社，向负责该团的计调人员汇报带团工作的具体情况。如果有紧急情况不能及时回去，也应该提前先与计调人员联系，约定好汇报时间。领队在向计调人员汇报时可以采取口头汇报和书面汇报两种形式。

（一）口头汇报

领队在向计调人员口头汇报工作时，需要对所带的旅游团队及团队运行情况进行简单的描述，对行程中所遇到的问题、突发事件及处理过程和结果要进行详细汇报。如果领队或旅游者对行程中的各项接待事宜有改进意见或合理化的建议，也可以在汇报的时候提出来。比如2019年，“泰国曼谷、芭堤雅双飞七日游”一行入境素万那普国际机场时，由于需要办理落地签，导致入境时排队时间长，旅游者难免会出现不耐烦的情绪。旅行社计调人员如果可以协助旅游者在出发前办理好落地电子签，虽然同样都是落地签，但是旅游者能提前拿到一个落地签证明，到达泰国后入境就更快。

（二）书面汇报

领队向组团旅行社计调人员交接的书面文字材料，包括领队日志、旅游者意见反馈表、带团期间发生的特殊事件书面报告、旅游团队名单表、团队其他凭证、旅游者来函等。

1. 领队日志

领队日志（见表5-1-1）是旅游团队运行的原始记录，领队需要按照要求每日认真填写完整，没有断续。其内容应包括：团队每天的运行情况、行程计划单具体落实情况及问题，如行程、交通、住宿、餐饮、游览、导游等；境外地接社的接待能力；境外地接导游的接团能力；团队运行中发生的问题、经过及处理情况；旅游者反馈的意见或建议；领队接团的个人工作总结等。

表5-1-1　某国际旅行社有限公司出境中心领队日志

No.

<table>
<tr><td colspan="6">团号：　　　　人数：　　　　领队：　　　　导游：</td></tr>
<tr><td>当日行程</td><td>时　间</td><td>所经城市</td><td>交通工具</td><td>景点（购物店）</td><td>备　注</td></tr>
<tr><td>1</td><td>—</td><td></td><td></td><td></td><td></td></tr>
<tr><td>2</td><td>—</td><td></td><td></td><td></td><td></td></tr>
<tr><td>3</td><td>—</td><td></td><td></td><td></td><td></td></tr>
<tr><td>4</td><td>—</td><td></td><td></td><td></td><td></td></tr>
<tr><td>5</td><td>—</td><td></td><td></td><td></td><td></td></tr>
<tr><td>6</td><td>—</td><td></td><td></td><td></td><td></td></tr>
<tr><td>7</td><td>—</td><td></td><td></td><td></td><td></td></tr>
<tr><td>8</td><td>—</td><td></td><td></td><td></td><td></td></tr>
<tr><td rowspan="3">用餐地点</td><td colspan="2">早：</td><td rowspan="3">用餐标准</td><td colspan="2">早：</td></tr>
<tr><td colspan="2">午：</td><td colspan="2">午：</td></tr>
<tr><td colspan="2">晚：</td><td colspan="2">晚：</td></tr>
<tr><td>入住酒店</td><td colspan="2"></td><td colspan="3">设施标准：□三星　□四星　□五星　□其他</td></tr>
<tr><td>查房情况</td><td>□正常
□异常</td><td colspan="4">原因：</td></tr>
<tr><td>旅游车司机</td><td colspan="3">□好　□较好　□一般　□差</td><td colspan="2">原因：</td></tr>
<tr><td>导游讲解</td><td colspan="3">□好　□较好　□一般　□差</td><td colspan="2">原因：</td></tr>
<tr><td>其他事项</td><td colspan="5"></td></tr>
<tr><td colspan="6">当日小结（含行程中发生的问题、事故以及处理过程和结果，旅游者反馈的意见和建议等）：</td></tr>
</table>

旅行社计调人员应当认真翻阅领队日志，若发现有缺失的内容，要求领队补填完整。对于领队日志中反映的问题，要及时进行处理。

2. *旅游者意见反馈表*

旅游行程结束后，领队会让旅游者填写旅游者意见反馈表（有的旅行社称其为"旅游服务质量评价表"），如图 5－1－1 所示。尽管每家旅行社的格式和叫法不一，但是填写此表的目的都是一致的，都是为了找出行程中的瑕疵，了解旅游者的真实痛点，这对旅行社改进工作有很大帮助，同时此表也可以作为旅行社对领队进行奖励或惩罚的依据。

尊敬的旅游者：

您好！

欢迎您参加我社组织的____________旅游活动，对于您的参与及在此活动中给予我们的支持和理解，不胜感激。为使您的权益得到充分尊重和保护，改进我们的服务，烦请您在下列表格中对我们的工作给予评定。对于您的意见或建议，我们十分重视，必将予以答复。谢谢配合！

项目		优秀	较好	一般	很差	备注
领队	服务态度					
	讲解水平					
	业务水平					
用餐	餐饮服务					
	餐饮质量					
	餐厅环境、卫生					
景点	景区环境					
	景区服务					
住房	酒店服务					
	酒店设施					
	酒店环境、卫生					
用车	司机服务态度					
	车况					
	司机技术水平					
购物及娱乐安排						
综合评定：□非常满意　□满意　□较为满意　□不满意						
您对本次旅游有何意见或建议： 旅游者代表（签字）： 联系电话： 日期：　年　月　日						

图 5－1－1　旅游者意见反馈表

3. 特殊事件的书面报告

在带团期间，如果发生一些特殊事件或者突发性事件，领队也应该提供完整的书面报告，如旅游期间旅游者患病、证件及行李丢失、旅游者走失、自然灾害等，领队都要以书面报告的形式进行详细记录，以备将来查询。

4. 其他资料

主要有旅游期间旅游者因团队发生行程变更、增加自费项目等情况下签字确认的单据或凭证，旅游者整理的文字性意见或建议等。

根据《旅行社条例》及其实施细则中的要求，旅行社业务档案保存期应当不少于两年；超过保存期限的旅游者个人信息资料应该妥善销毁。

二、移交相关证件和物品

在出境前，组团旅行社派发给领队的相关证件和物品，领队应该在回国后及时移交并归还旅行社，并在物品管理部门的物品归还单上签字。

知识拓展 5-1-1

《出境旅游领队服务规范》(LB/T 084－2022)

5.6　回团总结

5.6.1　交接资料

与团队操作人员交接团队资料(如待销签旅游证件、旅游者意见调查表)。

5.6.2　团队报告

领队应按旅行社要求的形式，总结报告：

(1) 旅游行程、接待标准落实情况；

(2) 评价地接社、履行辅助人的服务质量；

(3) 行程设计和服务质量的改进建议；

(4) 旅游者的反馈信息，包括旅游需求、对产品的意见和建议等；

(5) 旅游者在回国后需要协助的事项；

(6) 需要时，协助旅行社处理投诉相关事宜。

知识拓展 5-1-2

旅游者意见反馈表

1. 旅游者意见反馈表能起到什么作用？

(1) 可以作为旅行社履行了旅游合同义务的重要凭证。

根据《最高人民法院关于民事诉讼证据的若干规定》第五条的规定：对合同是否履行发生争议的，由负有履行义务的当事人承担举证责任。旅行社作为旅游服务的提供方，在与旅游者签署旅游合同后，应当按照行程单的约定提供相应的服务，且应当证明自身确实提供了服务。旅游者自愿签署了意见表,则可视为旅游者表明自身确实参与了事先约定的行程,减轻了旅行社关于是否履行的举证义务。

(2) 可以作为旅行社了解地接供应商的服务能力、优化旅游者体验的参考依据。

通过旅游者意见反馈表上记载的信息,旅行社可以分析判断旗下各旅游线路的基本服务情况,是否需要更换供应商,或是否存在进一步优化旅游者体验的空间。

(3) 可以减少旅游服务质量争议。

如果旅游者在意见表上对旅行社的行程安排勾选的均为满意,则可以证明旅游者对于双方事先约定的行程是满意的,可以减少旅游者投诉被支持的概率。

2. 旅行社有了旅游者意见反馈表,是不是就可以高枕无忧了?

(1) 评价意见不能涵盖行程之外的项目。

通常情况下,旅游者意见反馈表所评价的对象为“双方出团前约定的行程”,而不能直接涵盖行程之外的项目。因此,即使是评价为非常满意的旅游者意见反馈表,也不能视为旅游者对旅行社擅自另行安排的项目也是满意的。

(2) 旅游者意见反馈表不能作为客观情况的评价标准。

旅游者意见反馈表是针对旅行社实际具体安排的服务标准的感知评价,本质上是一种主观感知,对于客观存在的情况,不因评价为非常满意的旅游者意见反馈表而免除举证责任。例如,旅行社安排的车辆没有营运资质,驾驶员没有驾驶资格,所购商品系假冒伪劣,酒店星级标准不符,等等。如果旅游者有初步证据对这些情况提出异议,那么旅行社仍应举证证明。如以酒店的星级标准为例,虽然旅游者对旅行社实际安排的四星级酒店很满意,但是如果旅行社承诺的和旅游者支付的费用都是按五星级酒店的标准,说明客观上旅行社没有严格履行合同义务,还是要赔偿旅游者差额部分的损失。

(3) 旅游者意见反馈表不能作为法定义务(例如安全保障义务)的免除依据。

《旅游法》《消费者权益保护法》等法律法规规定了旅行社的一些法定义务,该等义务系由法律规定的,不因当事人协商一致而免除。比较典型的就是旅行社如未尽安全保障义务导致旅游者人身伤害的,即便是在已经签署了满意的旅游者意见反馈表的情况下,旅行社还是需要承担相应的赔偿责任。

案例精选 5-1-1 十分满意的旅游者意见反馈表,能否获得旅游者的“十分满意”?

旅游者张先生报名参加了某旅行社组织的欧洲 12 日游的旅游线路,在旅游者意见反馈表中,填写的全部是“满意”。回国后,在他与同事李先生炫耀旅游经历的时候,李先生嘲笑道:“人家报团只花了 2 万元,你报团花了 4 万元,还挺嘚瑟。”张先生听后气不打一处来,然后向旅游局投诉旅行社安排的酒店星级不达标,部分景点没有游玩,要求给予赔偿。此时,旅行社是否应当予以赔偿?

【案例评析】

因张先生在旅游者意见反馈表中对所有的行程安排是满意的,则可以初步证明旅行社是安排了全部行程的,不存在遗漏,投诉部分景点没有游玩的理由被支持的概率较低。但如果旅行社不能提供证据证明酒店的星级标准,则可能会被要求赔偿张先生关于酒店“标准差额”部分的违约赔偿责任。

实践活动 5-1-1

针对本任务,每位同学利用网络自行查找一份出境旅游行程单,填写一份领队日志和一份旅游者意见反馈表。

任务评价

任务内容	评 分 标 准	是否达标
领队日志	能按要求完整撰写一份日志	□是 □否
旅游者意见反馈表	能正确填写反馈表中的主要内容	□是 □否

学习反思

____

____

____

____

____

任务二 向财务人员报账

任务导入

领队小王带着团队相关的报账收据及凭证,到旅行社财务部门进行报账。

任务分析

(1) 领队小王回到旅行社后应该如何向财务部门报账呢?

(2) 报账单是如何填写的呢?

任务准备

报账,对于领队来说,是带完团后要做的重要事情之一,对于旅行社的计调人员和财务人员来说,他们都希望第一时间收到领队的报账单,这样便于其核算成本,收集领队反馈的旅游者意见。

一份有效、规范的报账资料,能显示出领队的专业性。旅行社对于领队的报账一般要求如下：

（1）带团回国后三天至一周内，必须提交报账单给相应计调人员及财务人员；

（2）有代收款的团队，要将代收款如数交给财务人员，如果征得财务人员同意，也可以从中扣除领队带团补助；

（3）有落地签的团队，务必带回落地签费用凭证；

（4）落地签费用和通关小费，一定要在报账单上分开写清楚；

（5）所有的报账凭证必须真实有效，发票是唯一的报销凭证，要求保证真实且在带团时段产生，不接受任何收据、收条等；

（6）报账单保证整洁，无涂改。

任务实施

一、按照旅行社的财务要求进行报账

按照各个旅行社的不同的财务规定，本着“单团单结”的财务工作原则，领队在回到旅行社向计调人员汇报完工作后，应及时到旅行社的财务部门领取报账单，按要求认真填写报账单并按格式要求粘贴证明票据，然后送交财务人员审核。

报账单（见表5-2-1）是旅行社财务人员进行旅游团成本核算的主要依据，因此领队应该实事求是地按照财务规定认真填写，对团队运行期间产生的一切费用应附上相关的票据证明。

表5-2-1 某国际旅行社有限公司领队出团报账单

No：

姓名： 部别： 年 月 日

团号			人数			领队			
日期	综费	房费	餐费			门票	交通	其他	合计金额
			早	中	晚				
小计									
路桥			水			导补			
合计人民币（大写）			万 仟 佰 拾 元 角 分						
原借款 元			报账 元				剩余交回 元		
备注									

附件粘贴 张

部门经理： 财务审核： 报账人：

（1）旅游团及旅游者基本信息：团名、团号、人数、客源地、领队姓名及联系方式等。
（2）旅游团酒店房间、用餐、用车及门票情况。
（3）旅游团附加项目情况。
（4）旅游团总支出费用及导游结算费用情况。
（5）特殊情况说明。

二、领取领队带团补助及报销垫付的费用

按照各家旅行社的规定，领队在向旅行社财务人员报账的同时，领取带团补助。如果在带团期间，出现因特殊情况产生的由组团旅行社批准领队个人垫付的房费、餐费、交通费或其他费用，经旅行社财务人员及经理审核并批准给予报销的项目，在团队报账的时候也一并结清。

案例精选 5-2-1 保护领队权益：旅行社无权要求领队垫付或向其收取费用

王先生被某旅行社聘用作为该旅行社组织的欧洲四国 13 日旅游团的领队，该旅行团共有 36 名旅游者。在旅行开始之前，旅行社工作人员通知王先生交付 5 040 欧元，作为该团领队要缴纳的“人头费”。在旅游过程中，王先生又垫付住宿费、餐费、门票费、境外司机工资等各项费用。回国后，旅行社对王先生垫付的费用进行了部分报销，但又以该旅行团购物未达到要求的数额为由对王先生进行了罚款。王先生深感不公，便向法院提出诉讼，要求旅行社退还“人头费”及境外各项费用。

【案例评析】

《中华人民共和国旅游法》第三十八条第三款规定，旅行社安排导游为团队旅游提供服务的，不得要求导游垫付或者向导游收取任何费用。依据该规定，旅行社不得向领队收取或变相收取各类“人头费”、境外收益、保证金、服务费、管理费等不合理费用，此系旅行社的法定禁止性义务。本案例中，某旅行社安排王先生为团队旅游提供服务，但向其收取“境外收益”或“人头费”5 040 欧元违反了法律规定，属于不合理收费，该笔费用应予退还；对购物未达标支付给某旅行社的款项，因违反法律规定，应属无效，亦应退还。另外，关于王先生在带队过程中垫付的费用，经法院核算后合理的部分，旅行社亦应予以退还。

实践活动 5-2-1

报账单需要填写的项目详细繁杂，且涉及金额的填写，粘贴票据时也容易出现错填、漏填事件。为避免出现此类情况，每位同学结合行前工作中的出团计划书，填写一份领队报账单。

任务评价

任务内容	评 分 标 准	是否达标
领队报账单	能按要求填写报账单	□是 □否
	掌握报账单的主要内容	□是 □否

学习反思

任务三 填写领队结团报告书

任务导入

领队小王在下团后，除了与旅行社计调人员交接汇报团队情况、与财务人员进行报账工作之外，还需要提供一份完整的结团报告书，方便旅行社留存。

任务分析

领队小王需要提交的结团报告书是如何填写的呢？

任务准备

领队结团报告书是领队带完一次旅游团的自我总结，是必要的后续性工作，但是想要写好并不是一件容易的事情。

首先，写结团报告书是相关旅游法规的要求。根据《旅行社条例》和《旅行社条例实施细则》中关于旅行社业务档案管理的规定，结团报告书被列为旅行社业务档案的重要内容。其次，旅游产品的践行情况，也可以从结团报告书中加以体现。

一份好的结团报告书，旅行社的管理者可以从中看出旅游产品的优缺点、旅游团队的运营情况及领队的素质高低等。因此，一份结团报告应包括带团经过和个人总结两个部分：带团经过应包括带团时间、游览景点、旅游者、交通工具、是否发生特殊事件等客观性表述；个人总结应是领队对此次带团的总结性表述。具体来说，结团报告在填写时要做到客观、真实，要高度概括，在记录全面的同时突出中心，语言简练。

任务实施

领队作为落实旅游产品接待质量的监督者及旅游产品设计的体验者，对于境外接待社的实际接待质量、境外导游的服务能力、境外餐饮及酒店等接待服务项目，都有着最直接的发言权。因此领队在旅游团行程结束后，需要认真填写结团报告书，以便旅行社计调人员能够更加及时、真实、详细地掌握境外地接社在接待服务中的质量问题。

一般来说，一份完整的结团报告书应该包括以下内容：

一、旅游团队的基本信息

旅游团队的基本信息包括国内组团社和境外接待社的名称、旅游团队的团号及编号、旅游产品的名称、旅行社计调人员的姓名及联系方式、接送站旅游汽车司机的姓名及联系方式、领队及导游的姓名与联系方式等。

二、旅游六大要素

在填写结团报告书的时候，可以按照吃（餐饮）、住（住宿）、行（交通、司机）、游（景点、导游）、购（购物）、娱（自费项目等）六大旅游要素来写。

1. 餐饮方面

领队要遴选出行程中最好的和最差的团队集体用餐的餐厅。除了写明餐厅名称之外，还要写清楚餐厅的地理位置、用餐环境、卫生状况、是否需要排队等待、上菜的速度以及客人对菜量和口味的反馈，等等。

2. 住宿方面

领队要筛选出行程中最好的和最差的住宿酒店。除了写明酒店的名称、星级标准之外，还要写清楚酒店的地理位置、从交通港前往酒店的乘车时间、酒店周边的环境、酒店前台分房是否有条不紊、房间内的设施用品是否齐全整洁，等等。如果酒店提供早餐，则还要写一下早餐的情况。

3. 交通方面

领队在交通方面需要关注并填写的主要是旅游汽车，有时还会涉及火车和轮船。旅游汽车方面最主要的就是座椅是否干净整洁、空调是否正常运转、行程中是否发生了汽车故障，等等。火车和轮船一般都是固定座位、等级以及舱位的，没有特殊情况可以不写。

4. 司机方面

领队在填写司机方面的情况时，主要集中在是否能安全驾驶、对道路的熟悉程度、是否提供行李搬运服务等方面的内容。

5. 景点方面

领队在景点方面首先要看行程中所包含的景点以及游览时长是否是按照合同约定的内容来进行；其次可以结合旅游者的反馈，客观地对所含景点做出评价，对后续产品是否需要更换景点、延长或者缩短游览时间给出合理化的建议。

6. 导游方面

在导游方面，领队可以从其职业形象、语言能力、协调能力、讲解能力、应变能力等几个方面做出评价。如果在这几个方面出现与预期不相符，或者客人有明显不满意的表现，领队需要写清楚具体情况以及导游处理的过程。

7. 购物方面

如果是行程中包含的购物项目，领队要注意对购物场所停留的时间做好记录。对于行车距离较远且旅游者消费不积极的购物点,领队可以建议产品经理做出适当的调整。

8. 自费项目方面

如果是行程中包含的自费项目,要根据旅游者的反馈做出客观的评价。如果是行程中没有包含但是有很多旅游者提出参加的自费项目,在旅游行程结束后,领队可以建议产品经理将其加入行程中。不管是哪种情况,领队都要对没有参加自费项目的旅游者做出合理的安排。

实践活动 5-3-1

领队结团报告书需要填写的项目涉及旅游六要素,因此领队在带团期间一定要养成随时记录的习惯,以备撰写结团报告书时使用。为检验学生是否熟练掌握结团报告书的内容,要求每位同学结合所学知识,填写一份领队结团报告书。

领队作为随团工作人员,他的客观反馈意见是非常重要的,所提供的结团报告书对产品优化也有着非常实际的意义。作为相同产品后续班期的领队,应该要知道前期领队反映的情况,并监督是否有所改进,同样的问题是否还在反复发生,并及时向产品经理报告结团报告书中提到的相关内容。

任务评价

任务内容	评 分 标 准	是否达标
领队结团报告书	能按要求填写结团报告书	□是 □否
	熟练掌握结团报告书的主要内容	□是 □否

学习反思

任务四 其他服务

任务导入

领队小王带领一个赴泰国曼谷、沙美岛6晚7天的旅行团,按照约定,旅行社将为旅游者提供观赏夜景的旅游服务项目,但由于当时天下着雨,能见度非常低,一部分旅游者担心晚上能见度更低,什么也看不到,加上旅途疲劳,便提出取消该项目。泰国地陪导游在征求了大多数旅游者同意的前提之下,取消了该项目的参观。但团内有李女士一家4人向领队小王明确表示不同意,他们全家坚持必须前往参观。但领队小王以大部分旅游者同意取消行程为由,拒绝了李女士一家,并声称旅行社只能满足大部分旅游者的需求,至于个别旅游者的要求,要根据实际情况来考虑。领队小王的处理结果引来了李女士一家的不满,但小王认为项目的取消和天气有关，自己的处理方式没有问题，在后期的旅游行程中便采取了不管不问的态度，并以自己工作忙为由逃避客人的抱怨。在境外的时候，客人的不满情绪没有得到及时的安抚，导致李女士回国后就立即投诉了领队小王，要求旅行社对领队小王进行处分，并给予自己相应的赔偿。

任务分析

此次投诉的发生，与领队工作不负责任有着直接关系。旅游者在选择参与旅行社提供的产品服务时，便产生了对旅行社的信赖和对整个行程安排的期待。当旅游项目受到影响时，就会导致旅游者出现不满情绪。作为旅行社的代表，领队应处理好大部分旅游者和小部分旅游者之间的利益平衡关系，科学合理地处理旅游者和旅行社或领队自身之间的矛盾，并将情况及时汇报给旅行社，不能采取不管不问的态度。

根据上述案例，试分析：

(1) 该旅游投诉产生的原因。

(2) 在本案例中，领队小王的行为有哪些不妥的地方？

任务准备

旅游产业的核心在于服务，旅行社生存的关键在于提供服务，而服务的价值最终成为旅游者消费总价值的重要一环。只有到位的服务，才能真正留住客人的心。在旅游过程中，如果有旅游者表现出不满情绪，领队应该及时处理，安抚旅游者，解决好突发事件，努力使整个行程顺利进行。如果遇到旅游者投诉，领队也应及时回到旅行社，上报并查明投诉原因，冷静、沉着地与旅行社一起协调解决投诉事宜。

为了让旅游服务质量能够得到有效的监督和检验，旅行社也需要建立并完善自己的质量回访制度，以此来加强与旅游者之间的有效沟通，这就要求旅行社不能单凭旅游者意见反馈表来了解服务质量的高低，而是依托领队来处理旅游团或旅游者遗留下来的问题，经常与旅游者保持联系，以此来保证客源。

任务实施

在后续工作环节中，领队除了要完成与计调人员交接、向财务人员报账等工作之外，还有其他的服务工作需要完成，主要包括处理遗留问题和与旅游者保持联系两个方面。

一、处理遗留问题

送走旅游团后，并不意味着全部接待工作的结束，领队要认真、妥善地处理在游览过程中遗留下来的问题，认真按旅行社领导指示办理旅游者的各项委托事宜。

二、与旅游者保持联系

在旅游行程结束之后，很多领队由于工作比较忙，就会疏于与旅游者的联系，有的领队则彻底与旅游者告别，这都属于领队工作的闪失。对于旅行社来说，旅游者是旅行社的人脉资源，很多会有再次参加出境旅游的可能性，领队要与旅游者保持联系，获得旅游者的信任，成为旅游者信赖的旅游顾问，为旅游者介绍新的旅游产品，使其成为旅行社的稳定客源。

知识拓展 5-4-1

人际冲突

人际冲突指个人与个人之间发生的冲突，即由于个人之间生活背景、教育、年龄、文化、价值观及态度和行为方式等差异，或者双方潜在利益的对立，而导致的一种对抗性相互交往方式。人际冲突往往能使人际关系恶化，使人际沟通受阻。

人际冲突产生的原因有很多，主要有误解、个性差异、缺乏合作精神、对有限资源的争夺、工作方式方法上的差异、文化及价值观的差异、追求目标的差异、工作中的失败等。

人际冲突的处理，依据其合作程度和自信程度，大致有五种不同的处理方式，即回避、对抗、妥协、迎合和合作。有效地解决人际冲突，不仅能宣泄不满情绪，还可以使双方的关系更加亲密，并且促进个人的成长和需求的满足。

知识拓展 5-4-2

领队如何和旅游者建立良好的沟通关系

与旅游者建立良好的沟通关系是领队顺利完成工作的必要条件，如何才能建立良好的沟通关系呢？

首先，领队自身的心态是非常重要的。领队要充分认识到自己在旅游服务中的位置，从人格上来说，在旅游过程中领队和旅游者是处于平等地位的，尊严不容侵犯，但从商业关系的角度上看，领队和旅游者之间是提供服务和接受服务的关系，因此领队在工作的时候一定要调整好自己的心态。

其次，优化自己的沟通方式。主要表现在以下几方面：

(1) 得体的装扮和外形能给旅游者带来良好的视觉体验。

(2) 保持微笑是领队职业化的要求，发自内心的微笑是拉近游客与自己距离最好的方式。

(3) 和旅游者一起寻找共同话题，消除陌生感和敌对感。

(4) 时刻把尊重旅游者放在第一位，经常性地赞美旅游者。

(5) 注意保护隐私，和旅游者之间保持礼貌的距离。

(6) 学会和旅游者成为朋友，用贴心周到的服务打动旅游者。

案例精选 5-4-1 拒绝登机，责任谁负？

有 28 名旅游者报名参加某旅行社组织的 7 月 24 日—29 日赴新加坡、马来西亚、泰国 5 晚

6日游。7月28日晚，这些旅游者到新加坡樟宜机场等候次日凌晨飞往郑州的航班，航班原定凌晨1点半起飞，但是直到3点多飞机才来。这期间，旅游者等候在机场，又困、又饿、又渴，要求相关人员对晚点做出解释，航空公司说属于飞机运输调配问题，旅游者找到旅行社领队，领队认为自己的工作已完成，飞机晚点造成的损失应该找航空公司，随即一走了之。旅游者对此很不满意，再加上在此前的行程中也存在一些问题，如旅游者认为合同中约定的景点没完成；泰国导游强行推销自费项目时，领队不尽其责，不维护旅游者的合法权益；当旅游者受伤时，领队不闻不问等。旅游者的不满越积越多，最终拒绝登机，一定要求旅行社给一个合理的说法并赔偿精神损失和经济损失后才肯登机。飞机在等待了3小时后，于6点左右离开。这些拒绝登机的旅游者在大使馆的协调下，自费乘汽车到新加坡市，分别于7月30日、31日乘飞机回郑州。回国后，他们投诉到当地的旅游质监部门，要求旅行社赔偿精神损失和经济损失，包括在境外滞留所发生的车费、餐费、机票费等。

经旅游质监部门调查核实，该旅行社在组织、接待该批旅游团队上的确存在服务质量问题，如没按合同完成规定的行程、泰方导游强行推荐自费项目等。但是，飞机晚点是因为航空公司航班调配问题造成延误，飞机抵达后，领队就带领旅游者出了关，办理了所有手续，但旅游者仍然拒绝登机。

对旅行社违约问题，旅游质监部门根据有关质量保证金赔偿标准，做出要求旅行社向旅游者赔礼道歉并就违约问题补偿游客每人300元的处理意见。但旅游者不服，坚持要求赔偿误机后所发生的费用。

【案例评析】

在这个案例中，旅行社和旅游者都有一定的责任，一方面是旅行社的服务质量有问题，理应就此承担相应的违约责任；另一方面，飞机晚点非旅行社直接原因所致，后来航空公司也调配来了飞机，旅行社在飞机到达后已为旅游者办理了相关手续，旅游者应积极配合，使损失减少到最小，而不应该现场要求赔偿。旅游者以要求赔偿为由拒绝登机，人为扩大了经济损失。

《中华人民共和国合同法》第一百一十九条规定：“当事人一方违约后，对方应当采取适当措施防止损失的扩大；没有采取适当措施致使损失扩大的，不得就扩大的损失要求赔偿。”《中华人民共和国民法通则》第一百一十四条规定：“当事人一方因另一方违反合同受到损失的，应当及时采取措施防止损失的扩大；没有及时采取措施使损失扩大的，无权就扩大的损失要求赔偿。”因此，旅游者在旅行社已办好登机手续的情况下仍拒绝登机，应自行承担误机的责任，无权就境外滞留的费用要求旅行社赔偿。旅游者的正确做法应是先登机回国，再找有关部门据理投诉。旅游者若能做到理性维权，误机及滞留的经济、时间和精神损失就可避免。

实践活动 5-4-1

旅游投诉的对象有的是领队，有的是旅游经营者或者其他单位。无论是哪一种情况，当旅游者向领队表达意见与不满时，领队都应认真对待，及时、妥善地处理，为旅行社维护好客户。针对本环节的任务，学生可以分成不同的小组进行处理各种投诉事宜的情景模拟演练。

任务评价

任务内容	评　分　标　准	是否达标
情景模拟旅游投诉的处理	场景和对话设计合理	□是　□否
	设计问题合乎情理	□是　□否
	语言表述清晰	□是　□否

学习反思

____

____

____

____

____

____

项目小结

本项目从出境领队的业务工作流程出发，在与计调人员交接、向财务人员报账、保持与旅游者的联系等知识认知的基础上，对领队带团返回后的后续工作进行分析和实训，让学生在任务实施的过程中掌握后续工作的具体内容。在此基础上，让学生切实感受到每一次带团工作，都要力求善始善终，让学生明白带团工作不是简单的机械性重复，而是不断有所收获、有所提高的。

项目考核

一、判断题

1. 出境领队带团结束归国后，旅游者一散团就意味着领队整个带团工作已经结束了。（　　）
2. 出境领队带团回来后，不需要立即回到旅行社，可以根据自己的时间，电话联系计调人员与财务人员汇报带团工作就行。（　　）
3. 领队遇到旅游者投诉的时候，应及时处理，切不可置之不理，听之任之。（　　）

二、单选题

1. 领队带团回来后，需要向组团社提交（　　）。
   A. 领队日志　B. 全陪日志　C. 地陪日志　D. 出团计划
2. （　　）是旅行社财务部门进行成本核算的依据。
   A. 报账单　B. 出团计划单
   C. 领队日志　D. 旅游者意见反馈表
3. 按照国家有关要求，旅行社的全部业务档案应当至少保存（　　）年才能进行处理。
   A. 2　B. 3　C. 4　D. 5

三、多选题

1. 领队的后续工作主要包括（　　）。
   A. 与计调人员交接　B. 结清账目　C. 归还物品　D. 处理遗留问题
   E. 上交各种材料
2. 领队回到组团社与计调人员进行工作交接的形式包括（　　）。
   A. 口头汇报　B. 电话汇报　C. 书面报告　D. 直接汇报
   E. 间接汇报
3. 领队可以采取（　　）方式与旅游者保持联系。
   A. 将照片洗印寄送给旅游者　B. 经常保持电话联系
   C. E-mail　D. MSN
   E. QQ

请学生以小组为单位，模拟领队下团后回到旅行社与计调人员、财务人员之间交流的场景，并提交记录。

第三篇

出境旅游领队技能提升篇

项目六　常见问题和事故的预防与处理

项目导学

- 常见问题和事故的预防与处理
  - 证件、行李遗失和旅游者走失的预防与处理
    - 证件遗失的预防与处理
    - 行李遗失的预防与处理
    - 旅游者走失的预防与处理
  - 航班问题的预防与处理
    - 航班延误或取消的预防与处理
    - 航班超售的预防与处理
  - 目的地国家入境常见问题的预防与处理
    - 过卫生检疫时出现问题的预防与处理
    - 办理入境手续时出现问题的预防与处理
    - 领取行李时出现问题的预防与处理
    - 办理入境海关手续时出现问题的预防与处理
  - 旅游者患病的预防与处理
    - 旅游者患一般疾病的预防与处理
    - 旅游者突发疾病的处理
  - 不文明行为的预防与处理
    - 不文明行为的预防
    - 不文明行为的处理

学习目标

☆知识目标：1. 了解旅游过程中经常出现的问题与事故的内容。

2. 掌握预防和处理旅游者证件、行李遗失和旅游者走失等事故的步骤和方法；掌握航班延误或取消、航班超售问题的处理步骤和方法；掌握目的地入境常见问题的处理步骤和方法；掌握旅游者患病的处理步骤和方法；掌握不文明行为的处理方法。

3. 熟悉旅游活动中常见问题与事故产生的原因。

☆能力目标：1. 提高处理常见问题与事故的能力。

2. 提高领队对于事故的防范能力和应急能力。

☆素质目标：1. 培养学生良好的防范意识、工作习惯与方式。

2. 培养学生正确的服务理念。

任务一　证件、行李遗失和旅游者走失的预防与处理

领队带团在境外旅游期间，由于各种原因会出现旅游者证件、行李遗失和旅游者走失等事

故，一旦事故发生，就会给旅游各个方面带来麻烦，不仅会给旅游者造成财务上的损失和情绪上的影响，也会给领队工作带来不便和困难。领队作为处于第一线的工作人员，有责任代表旅行社去处理和解决这些事故及由此引起的问题。所以，领队应该重视预防、学会预防，面对事故，领队必须有能力处理，做好善后工作，保证旅游者顺利完成旅游活动。

任务导入

任务 6－1－1　证件遗失

10月1日，领队小李陪同来自沈阳的龙女士等一行18人到英国博物馆参观。金秋十月，英国伦敦游人如织。龙女士在参观结束时发现自己的钱包不见了，里面有护照、银行卡和少量现金，就立刻告知领队小李和地陪导游，此时领队应该怎么做？

任务 6－1－2　行李遗失

领队小张带领一个旅游团到澳大利亚旅行，当旅游团抵达堪培拉国际机场的时候，团员老马找到领队，说自己的行李找不到了。领队小张知道后，急忙同他一起到国际行李查询处登记并办理行李查询手续，最终还是没有找到老马的行李。请问领队小张接下来应该怎么处理？

任务 6－1－3　旅游者走失

浙江省中青旅组织了一个20人的亲子团赴加拿大游学，行程第二天在班夫国家公园游览时，其中一个家庭的8岁孩子走失了，家长非常着急。面对旅游者的走失，请问领队应该怎么处理？

任务分析

任务6－1－1　这属于中国旅游者在境外丢失证件的问题，没有证件，旅游者回不了国，旅游者心里肯定很着急，不可能有心情再继续旅游。作为领队，要帮助旅游者找回或者补办证件，因此领队需要清楚补办程序。

任务6－1－2　这属于中国旅游者在乘坐航班时丢失行李的问题，行李丢失，旅游者心里肯定很着急，也会给旅游者带来诸多不便。作为领队，应该积极帮助旅游者查找丢失的行李，并设法平复旅游者的情绪。

任务6－1－3　旅游团中有人走失，而走失的又是孩子，班夫国家公园又很大，寻找难度也是很大的，但是团队不可能因为个别旅游者而终止游程。这样的问题在领队工作的经历中也是有可能遇上的，因此领队要学会妥善处理寻找旅游者与继续旅游的关系，及时寻求相关工作人员的帮助，处理好问题。

任务准备

遗失事故有些是由于旅游者本人粗心大意造成的，也有些是由于旅游相关部门或者导游人员的工作失误造成的。不管是主观原因还是客观原因，一旦形成遗失事故，不仅会给旅游者带来经济上的损失，影响旅游者的情绪，还会给旅游活动带来很多不便，严重时甚至影响旅游者出入境。

作为领队，一定要注意做好在关键时刻的提醒工作，特别是旅游者每次下旅游车（飞机、火车、轮船）前、购物时、离店前。需要集中证件办理有关手续时，领队可先向旅游者收取证件，用完后立即归还，不要代为保管。

一旦发生旅游者财产安全事故，领队要做到态度积极、头脑冷静、行动迅速、设法补救。如果有线索，应迅速与有关部门联系查找，把损失降低到最低限度；如果查找不到，应迅速向组团社或者接待社报告，向有关部门报案，并协助旅游者根据有关规定办理必要的手续。

任务实施

一、证件遗失的预防与处理

（一）证件遗失的预防

护照、签证、港澳地区通行证或台湾地区通行证是旅游者在旅游期间的必备证件，旅游者在乘机、住宿、购物退税、兑换外币、出入境关卡等情况下，都必须出示这些证件。但是也有某些旅游者因一时粗心大意将这些证件遗失，甚至在治安状况不好的目的地旅游者会遇到被偷窃或抢劫的情况。如有证件遗失的事故发生，会影响到旅游活动的正常进行，领队应该采取各种措施预防此类问题的发生。

（1）多做提醒工作。领队要提醒旅游者将出国旅游所需的护照、签证、信用卡、机票等随身携带，妥善保管，原件可放在贴身的内衣口袋中，复印件随行李携带；在热闹、拥挤的场所游览、购物的时候，领队要提醒旅游者带好自己的随身物品；在离开饭店去往下一站的时候，领队要提醒旅游者清点自己的物品和证件，不能遗留任何东西等。

（2）提醒旅游者保管好自己的证件。根据中国公安部门的有关规定，在境外旅游时，护照应由护照持有人自己保管。领队必须时刻提醒旅游者注意保管好护照，在工作中需要游客的证件时，领队统一收取，用完立即如数归还，不要代为保管。

（3）在境外遇到有人检查证件时，领队不要轻易应允，要请对方出示身份证或工作证，否则应予以拒绝；如果对方是警察，要在检查中记录对方的证件号码和车牌号，以防万一。

（二）证件遗失的处理

旅游者遗失证件后，领队应该请失主冷静回忆，详细了解情况并帮助寻找；如果确定证件遗失，领队应该马上报告旅行社，根据旅行社的安排，协助失主向有关部门报失，并重新申领证件。所需费用由失主本人自理。具体处理流程如下：

（1）由当地地陪导游协助到当地接待社开具证件遗失证明，并凭遗失证明到就近的警察机构报案，取得警方开具的具有法律效力的报案证明。

（2）持当地警察机构开具的报案证明、失主本人的照片、旅游团的团队名单表，到中国驻所在国的使（领）馆办理新护照或者临时通行证。

（3）持新护照或临时通行证、有关证明材料及签证影印件到所在国移民局办理签证。

（4）若一时办不好护照与签证，旅游者又因故急须回国，领队可持遗失报案证明、备用护照资料，请求外国移民局和海关放行（请求中国驻外机构协助）。

知识拓展 6-1-1

证件遗失的处理

内　　容	处　理　方　法
丢失外国护照和签证	1. 由旅行社为其出具证明 2. 请失主准备照片 3. 失主本人持旅行社证明及照片到当地公安局或外国人出入境管理处报失,由其出具证明 4. 失主持公安局的证明到所在国驻华使(领)馆申请补办新护照 5. 领到新护照后,再去公安局办理签证
丢失团队签证	持签证副本、团队成员护照,重新打印全体旅游者名单表,填写申请表,到公安局或外国人出入境管理处补办
华侨丢失中国护照和签证	1. 由旅行社为其出具证明 2. 请失主准备照片 3. 失主本人持旅行社证明及照片到省、自治区、直辖市公安局或授权的公安机关报失,并申请办理新护照 4. 领到新护照后,到其侨居国驻华使(领)馆办理签证
丢失港澳居民来往内地通行证	失主本人持当地旅行社出具的证明向遗失地的市、县公安局报失,经查实后由公安局的出入境管理部门签发一次性有效的中华人民共和国入出境通行证
丢失台湾同胞旅行证明	失主本人向遗失地的中国旅行社或公安局户籍管理部门报失,经查实后由公安局的出入境管理部门签发一次性有效的出境通行证
丢失中华人民共和国居民身份证	失主本人持当地旅行社出具的证明向当地公安局报失,经查实后开具身份证明

案例精选 6-1-1 旅游者的证件不见了

某旅游团从A市飞往B市,在A市机场办理登机手续时,由于办理的是旅游团队机票(机票附团队名单),值机人员要求检查护照以便核对名单,领队小张立即匆匆忙忙地向旅游者收取护照。办理完登机手续后,他随手将护照递给了旅游团客人负责人,自己则向旅游者分发登记卡。到B市后,一位旅游者田某告诉领队他的护照不见了,还说在A市机场收护照后好像就没有还给他,但是领队说他肯定将护照给客人了。请问:

1. 在A市机场,领队的行为有何不妥?
2. 怎样处理旅游者丢失护照的问题?

【案例评析】

1. 在A市机场,领队在以下方面做得不妥:

(1) 证件用完后交还给旅游者时要当面点数。

(2) 证件不应该交给旅游者负责人来分发,而应由领队亲自分发。

2. 处理旅游者丢失护照的问题,应注意以下几方面:

(1) 因为通过安检时必须出示护照,所以领队肯定已将护照还给了旅游者。

(2) 问清情况,帮助旅游者回忆护照是否忘在某个地方或是放在某个地方。

(3) 领队要积极协助旅游者寻找护照。

(4) 若确定护照已丢失,地接社应开具遗失护照证明。

(5) 失主持旅行社的证明到当地公安局挂失并开具遗失证明。

(6) 失主持遗失证明到所在国驻外使、领馆申请领取新护照,到移民署办理新签证。

(7) 费用应由旅游者自己承担。

实践活动 6-1-1

在证件没有遗失之前,领队应尽提醒义务,防患于未然;一旦遗失,领队应学会旅游者证件遗失的相关处理办法、流程。针对本环节的任务,学生可以分成不同的小组进行补办不同类型证件的业务流程的情景模拟演练。

二、行李遗失的预防与处理

交通途中行李遗失属于业务事故。造成行李遗失的原因大致分为以下四个方面:

(1) 候机、转车或离开酒店时,旅游者没有照顾好自己的行李。

(2) 运输部门在运输过程中出现差错。

(3) 领队没有及时做好提醒工作,没有认真清点、交接行李。

(4) 行李员在交运过程中责任心不强。

(一) 行李遗失的预防

一旦有行李遗失的事故发生,会给旅游者的旅途生活带来许多不便,影响旅游者的情绪,干扰旅游活动的顺利进行,因此领队应该采取各种措施预防此类问题的发生,预防措施如下:

(1) 认真交接行李。

(2) 请行李员严格交运行李。

(3) 做好提醒工作。

(二) 行李遗失的处理

旅游者遗失行李后,领队应该请失主冷静回忆,详细了解并分析情况,找出差错环节,积极帮助寻找;如果确定行李遗失,领队具体处理的流程如下:

(1) 如果是在班机抵达后、旅游者出站前领取行李时,找不到行李,应与承运的交通部门联系,请求帮忙寻找;可请航站地勤向机上货仓查询行李是否遗留在机舱内。如找不到,应填写航空公司行李延误报告表或行李意外报告表，同时说明行李的样式、颜色、旅行团行李标识牌、联络方式等。

（2）如果是在抵达入住酒店后找不到行李，应该先在酒店内查找，没有找到的话，请行李员协助对其他环节进行寻找。

（3）行李找到后，要及时归还给旅游者，并向旅游者赔礼道歉，请求谅解。

（4）如果确定找不到，应该帮助旅游者解决生活上的问题，带领旅游者去购买洗漱用品及相关生活必需品，保管好票据，以便向责任方报销。

（5）领队应向旅行社汇报，弄清楚责任，协助旅游者向有关部门或人员索赔。

（6）事后领队要对行李遗失原因、查找过程等进行总结，写出书面报告。

知识拓展 6-1-2

行李遗失的处理

内　容	处 理 方 法
来华途中丢失行李	1. 带领失主到机场失物登记处办理行李丢失和认领手续；失主要出示机票和行李牌，详细说明始发站、转运站以及行李的特征，并一一填入失物登记表 2. 将失主下榻酒店的名称和联系方式告诉登记处，并记下登记处的联系人及电话，以便询问联系 3. 在游览期间，要不时打电话询问寻找情况，一旦找不到要协助失主购买生活必需品 4. 离开本地前还没有找到，应协助失主把地址留给航空公司，以便找到后及时归还 5. 如确定遗失，安抚旅游者情绪，解决其困难，并且协助其向航空公司索赔
在中国境内丢失行李	1. 行李遗失后，要冷静分析情况，找出差错环节 2. 立即报告旅行社，请求有关部门协助寻找 3. 主动做好失主工作，表示歉意，帮助解决生活中的困难 4. 经常与有关部门取得联系，询问查找情况 5. 找到后及时归还，如果确定遗失，表示歉意，并协助失主向有关部门索赔 6. 事后写出书面报告

实践活动 6-1-2

在行李没有遗失时，领队应尽提醒义务，防患于未然；一旦遗失，领队应学会旅游者行李遗失的相关处理办法、流程。针对本环节的任务，学生可以分成不同的小组进行行李遗失业务流程的情景模拟演练。

三、旅游者走失的预防与处理

旅游过程中由于旅游者人数较多，旅游景点不断变化，在参观景点和自由活动的时候，非常容易发生旅游者走失事故。一般情况下，造成旅游者走失的原因大致分为以下三个方面：

（1）导游没有讲清楚停车的位置或景点的游览路线，领队没有进行必要的提醒工作；

（2）旅游者对某种事物或现象产生兴趣，或在某个地方摄影拍照，导致滞留时间较长从而脱团走失；

（3）在自由活动、外出购物时旅游者没有记清楚地址和路线导致走失。

（一）旅游者走失的预防

无论哪种情况导致旅游者走失，都会影响旅游者的情绪，使其出现极度焦虑或恐慌的情绪，严重时也会影响整个旅游活动的顺利进行，因此领队应该加强责任心，加强防范意识，预防此类事故的发生，预防措施如下：

（1）加强责任心，做好科学合理的旅游行程计划。

（2）预报各项工作安排。

（3）时刻做好提醒工作，密切注意旅游者的动向。

（4）时刻与旅游者在一起，经常清点人数。

（5）领队要和地陪、全陪密切配合，做好断后工作，防止旅游者走失。

（二）旅游者走失的处理

只有当旅游者完全失去联系且在规定的时间内没有返回，才能认定为旅游者走失。旅游者走失后，领队的具体处理流程如下。

1. 旅游者在旅游景点走失

（1）及时了解情况，迅速寻找。一旦发现有旅游者走失，应立即向团队其他旅游者了解情况，分析可能走失的时间和地点，迅速展开寻找。

（2）争取有关部门的协助。若一时找不到，应立即向游览地管理部门或景区派出所等报告，寻求帮助。

（3）与酒店联系，请酒店配合，让酒店前台和楼层服务员注意客人是否已经回到酒店。

（4）向旅行社报告，请求协助，必要时可报案。

（5）做好善后工作。找到旅游者后，首先应该表示高兴，并安慰旅游者及其家属；问清楚原因，属于领队的责任要诚恳地道歉，必要时可给予适当的物质补偿；如果责任在旅游者本身，也不要过多地指责，必要时提出善意的批评。

（6）事后出具书面报告。

2. 旅游者在自由活动中走失

（1）立即报告接待社和警察机构。领队在得知旅游者自己在自由活动时外出走失，应立即报告当地旅行社，请求帮助；通过有关部门向当地警察机构报案，并向警察机构提供走失者可辨认的特征，请求帮助寻找。

（2）做好善后工作。找到走失者后，领队应表示高兴；问清楚情况，安抚因走失而受到惊吓的旅游者，必要时提出善意的批评，提醒其引以为戒，避免走失事故再次发生。

（3）若旅游者走失后出现其他情况，应视具体情况作为治安事故或者其他事故来处理。

知识拓展 6-1-3

旅游者在境外走失了怎么办?

出境旅游,不论是自助游还是随团游,由于周围的环境比较陌生,即使旅游者非常小心,也会有很多意想不到的问题,尤其是不慎走失。

1. 对策

不要着急,首先在原地或是导游约定的地点等候。切忌自作主张回到下车的地点,除非领队说过会在该地上车。

如果脱离队伍已有一段距离,而你知道团队下一站的地址,可电话联络领队,再乘出租车马上赶去。

如果地址不在身边,又不记得所住的酒店和领队的电话,可以打电话回家,让亲友和国内旅行社取得联系,从而尽快得知领队的联系方式及团队的下一个目的地。

到警察局、使馆或当地旅游观光部门请求援助。如忘记了酒店名称,尽可能地仔细回想并描述酒店及其周围建筑的特征,顺便说一下,要提防路上可能会有人假冒警察。

最好不要轻易相信陌生人,尤其是过于热情的陌生人。由于中国游客有带大量现金或贵重物品在身上的习惯,国外往往有一些"黑导"在路边,专门等候或是诱骗中国旅客。

2. 预防

仔细阅读出团通知、注意事项以及境外和国内的紧急联系人电话,并将紧急联系人的电话号码随身携带。

每到一站一定要记下所住酒店的地址和电话、领队与导游的房号、旅游车牌号、司机联系电话等。到达国外酒店后,一定要向领队、当地导游或是酒店前台要一张酒店的地址卡片。

案例精选 6-1-2 走失的客人回来了

领队小张带一个来自北京的38人旅游团在欧洲参观游览,接待计划上的安排是10月3日下午在法国巴黎自由活动,中午用餐结束的时候有很多人提出要去逛免税商店,小张告知了他们免税店的地址及交通等情况,并给客人留了自己的电话号码后就回到了酒店。到了晚上21:30左右,小张突然接到团内一位旅游者的电话,说是和他同屋的一位客人在逛免税店的时候走失了,一直没回到酒店。小张马上报告了旅行社,请求协助,正当他欲去寻找时,那位客人乘自己出租车回来了。

【案例评析】

案例中所说的事件尽管只是一场虚惊,可一旦成真也有可能造成严重后果,领队应该高度重视。作为领队,应该做好预防工作,在旅游者外出自由活动前建议他们带上酒店的店徽或名片,要提醒他们别走太远,如果去人多热闹的场所,要注意集体活动,不要单独行动,不要回来太晚等。

案例中的领队小张对旅游者应该说还是较为负责任的,但他在防范工作方面还做得不够。为使旅游团行程更顺利,小张应该认真、细致地去考虑可能发生的一些问题,并采取相应措施,这样就可能不会有这场虚惊了。

实践活动 6-1-3

在旅游期间，为防止旅游者走失，领队应多做提醒工作，时刻关注旅游者的动向；一旦发生旅游者走失，领队应迅速展开寻找。针对本环节的任务，学生可以分成不同的小组进行旅游者走失事故的情景模拟演练。

任务评价

任务内容	评　分　标　准	是否达标
根据角色分配，情景模拟旅游者证件、行李遗失和旅游者走失的处理	场景和对话设计合理	□是　□否
	设计问题合乎情理	□是　□否
	语言表述清晰	□是　□否

学习反思

任务二　航班问题的预防与处理

任务导入

领队小王带领旅游团抵达机场后，却被告知团内两位客人没有位置，明明旅行社计调人员已经提前购买好了机票，却有两个人没坐上飞机。

任务分析

(1) 为什么已经提前购买好了机票，却没有位置？这种情况是什么原因导致的呢？

(2) 领队面对这种情况，应该如何处理？

任务准备

飞机作为目前速度最快的交通运输工具，已成为旅游者出行的日常选择，但乘机出行有可能会遇到航班问题,如航班延误或取消、航班超售等情况。造成航班问题的原因有很多,包括天气原因、空中交通管制、机场保障、旅客自身及航空公司的原因等。遇到此类情况,领队一定要高度重视,做好与旅客的沟通工作,熟悉航空相关的各种基础业务,提高自身的业务水平,尽量将经济上的损失降到最低。

任务实施

一、航班延误或取消的预防与处理

因为天气原因、空中交通管制、机械故障、飞机调配、旅客原因等造成航班不能按照计划的时间起飞,从而造成航班出港延误;或由于航路原因、天气原因、空中交通管制原因,不能按照计划时间降落,造成到港延误的,这些都被称为航班延误。对于领队来说,乘坐飞机的频率是非常高的,因此领队需要养成一个职业习惯,即第一时间关注航班信息。领队可以通过非常准、航旅纵横、谷歌等直接查询航班的信息。领队提前了解航班取消或延误的信息后,才能及时采取应对方案,以保证旅游活动的顺利开展。

一般情况下,造成航班延误或取消的原因有两种。

一是不可抗力因素导致的航班问题。所谓的不可抗力是指不能预见、不能避免、不能克服的客观情况,如天气原因、自然灾害、空中管制、机场征用、罢工骚乱等。根据我国《合同法》规定,因不可抗力不能履行合同的,根据不可抗力的影响,可部分或者全部免除违约责任。

二是航空公司自身原因导致的航班问题。如航空公司运力不足、空勤人员的原因或非突发性的机械故障等导致出现航班问题,航空公司是不能免责的。

(一)航班延误或取消的预防

(1)时时关注所乘航班的动态,保证乘机不延误。

(2)学会对比航班对应的历史准点率,在不耽误行程的情况下,尽量避开时常“迟到”的航班。如夏季午后天气更多变,建议尽量选择早上的航班。

(3)提前购买航班延误险。可以根据需求确定是否购买航班延误险,购买时应注意两点:一是起赔时间,一般起赔时间为2~4小时;二是赔付方式,一般有两种,一种是一旦发生延误就定额赔偿,另一种是只赔付延误所造成的损失,如餐饮、住宿损失等。

(4)选择在当地有基地的航空公司。一方面是由于航司从基地始发的航班选择较多,遇到延误很容易改签;另一方面是航司有充足的资源应对突发情况。

(二)航班延误或取消的处理

无论什么原因导致航班延误或取消,领队都要具备极强的现场处理及应变能力。具体处理措施如下:

(1)领队要及时与机场或航空公司地面服务柜台沟通,第一时间获取航班延误或取消的原因,获知预计起飞时间。

(2)领队将获取到的信息正面、积极、耐心、准确地传达给旅游者,避免旅游者因情绪激动而进行暴力维权。

(3)积极督促并配合航空公司做好应对补救措施,如旅游者的食宿安排、飞机改签安排等。

（4）及时向旅行社汇报情况，根据旅行社的指示，为安置旅游者食宿和调整后续行程做好应对方案。

（5）对于不可抗力导致的航班延误或取消，除了航空公司或机场提供的免费帮助外，其间领队和旅游者产生的费用均由各自承担。如果是地接社代为支付，国内组团社统一结算，领队要及时把信息告知游客。如果国内组团社要求旅游者自理，领队必须在讲清道理的基础上，向游客收取相关费用。

（6）如果旅游团队或旅游者个人已经购买了涵盖航班问题的保险，应让航空公司开具航班延误或取消的证明，保留好登机牌，留意公布的航班时刻表，收集好滞留机场的食宿票据及因航班问题导致的其他经济损失的凭证，以便按照保险公司相关条款提出索赔。

知识拓展 6-2-1

航班延误了，我还需要按时值机、按时到达机场吗？

首先，飞机延误不能推迟值机。因为飞机晚点不代表机场服务也晚点，值机时间还是会按原计划时间进行。如果不需要托运且已办理线上值机，最好联系航司工作人员确认能否晚去。在没有确切通知时，建议不要晚到。

其次，航班动态会不断更新。飞机的预计起飞时间和机场调度、航空公司的排队情况都有关系，所以航班动态会不断调整变化。航班可能因为天气原因显示延误，也可能会在天气恢复后临时变更提前，如果你的行程跟不上航班动态变化的速度，就会造成误机。

最后，预计起飞时间延误不等于登机时间延误。飞机完成上客、装载货物、关闭舱门，一切就绪，能够随时起飞后，才能开始排队，成为“下一个起飞的候选人”。所以在出现轻度延误时，值机柜台和舱门还是会按时关闭，保险起见，最好还是按时到达。

知识拓展 6-2-2

航班延误后如何索赔？

航班延误原因分为航空公司原因和非航空公司原因。

常见的航空公司原因有航班计划、机务原因、机械故障、运输服务、机组等。

常见的非航空公司原因有天气、突发事件、流量控制、空中交通管制、公共安全、旅客原因等。

根据规定，航空公司原因造成的航班延误，满足一定条件时有相应的经济赔偿，延误4小时赔偿200元，延误8小时赔偿400元。这种情况下，旅客除了可以办理免费退票或改签外，还可以和航空公司协商将其签转至其他承运人的航班。

而非航空公司原因造成的航班延误或取消，通常只能免费改签原航空公司的航班，且航空公司不会提供经济赔偿。

二、航班超售的预防与处理

所谓航班超售,简单地说,就是指承运人为避免座位虚耗,卖了超出实际座位数量的机票的行为。虽然有些离谱,这其实是国际航空运输行业的通行做法。为了减少航班座位虚耗所带来的损失,航司可能会在部分容易出现座位虚耗的航班上进行适当的超售,这样也能满足更多乘客的出行需求,而且航空公司都有应对方法。通常情况下,航班超售机票的数量,最多占到航班载客总量的3%左右。航班超售一般发生在航班旺季,比如春运、暑运、黄金周等运力紧张期间,还有商务客人较多的航线。

(一) 航班超售的预防

为了避免因航班超售而无法登机,领队可以提醒旅游者提前在网上办理好值机手续,或尽早到机场柜台办理值机、托运手续。对于热门线路和时段,建议宁可订购高价票,许多航空公司规定高票价旅客优先于低票价旅客登机。

(二) 航班超售的处理

当机场工作人员发现有乘客因没有座位而无法登机时,航空公司会采取以下方案来处理航班超售问题:

(1) 征询愿意改签的乘客,给予愿意改签的乘客一定的补偿并帮其改签到其他航班。

(2) 航班仅部分舱位满员,可换舱。如果仅仅只是经济舱满舱,而头等舱或商务舱还有空位时,被超售的旅客可以被安排免费升舱,再将空出来的经济舱座位提供给其他被超售旅客;当头等舱或商务舱也有超售的情况,可以改签,也可以降舱,航司会退还差价。

(3) 按照优先保障乘机顺序来拒绝一部分旅客登机,比如按照该航空公司会员卡的级别、票面价格的高低顺序、办理值机的先后顺序等方法来选择登机乘客。

(4) 航班全部满员,可与航空公司协商改签。对于因超售而无法登机的旅客,航空公司通常会安排次日的航班并免费提供食宿,或者为其优先改签到最早可利用的航班,或者免费退票、补偿现金或增加里程积分等。

旅游团队如因航班超售导致无法登机,领队要做到以下几点:

(1) 积极与航空公司斡旋,争取坐上最早的下一班航班,并争取相应补偿。

(2) 滞留期间要敦促航空公司安排好食宿。

(3) 立即通知国内组团社和境外地接社,尽快落实后续行程。

(4) 安抚旅游者情绪。

(5) 及时做好书面记录,必要时请旅游者签字。

 **知识拓展 6-2-3**

如何确定旅游者都登机了

(1) 登机开始时,领队要留意旅游者是否陆续过来。

(2) 请登机口柜台的工作人员帮忙查询团队客人是否都登机。

(3) 如果有旅游者还未登机,立即手机联系并寻找他们,并请工作人员广播呼叫旅游者。

(4) 领队要及早将旅游者带到登机口,最好要教会旅游者怎么对着屏幕和登机牌查看登机信息。

(5) 领队自己一定要时刻关心航班登机信息,留意登机口和登机时间是否有变化,如有变更及时通知旅游者。同时也要提醒旅游者留意登机信息,做到双保险。

案例精选 6-2-1 乘客被强行拖拽下机,引发众怒

2017年4月9日,美国联合航空公司的一名乘客在芝加哥机场的航班上,被强行拖拽下机。此事引起网友众怒。据外媒报道,当晚,事件发生在美联航UA3411航班上。待乘客上飞机后,机组人员突然宣布,由于出售了超量机票,他们需要让4名乘客下飞机、改乘其他航班,给4名美联航员工"腾位置"。

为了让乘客主动下飞机,机组人员提出将赔偿金从400美元增至800美元。不过,也有说法是美联航并没有重金赔偿,而是提供了含金量很低的代金券,且只能分期使用。结果,依旧没有人愿意主动下机。于是,美联航方面决定"随机抽取"需要下飞机的乘客。被航空公司"抽中"的4名乘客中,有一人不愿下飞机并自称是医生,强调第二天早晨还要给病人看病。

机组人员叫来机场保安,随后发生的事情令人惊讶。3名保安在劝说无果后强行将这名乘客拖下飞机。这一幕被机场乘客拍了下来。视频显示,在被拖拽过程中,这名男乘客嘴角磕破出血,眼镜几乎掉落,衬衫被拉拽使得肚皮裸露……最终,他也没能乘坐UA3411次航班出行,航班起飞也推迟了大约3个小时。

【案例评析】

案例中美联航"暴力赶客"事件引起民愤,令更多人担心的是,超售在国内外航班上都存在。如果遭遇了案例中的这种情况,一定要保留好相关证据,第一时间进行投诉并寻求赔偿,必要时拿起法律武器保护自己。

实践活动 6-2-1

在旅游期间,为防止旅游团队因航班问题无法正常登机,领队应时刻关注航班信息,一旦发生航班问题,领队应迅速予以解决。针对本环节的任务,学生可以分成不同的小组进行旅游团因不同的航班问题无法登机的情景模拟演练。

任务评价

任务内容	评　分　标　准	是否达标
根据角色分配，情景模拟航班延误或取消的处理	场景和对话设计合理	□是　□否
	设计问题合乎情理	□是　□否
	语言表述清晰	□是　□否
航班超售	能够正确分析航班超售的利弊	□是　□否

学习反思

任务三　目的地国家入境常见问题的预防与处理

任务导入

领队小王带领一个30人的旅游团队前往泰国旅游，抵达泰国曼谷机场后，在机场海关接受入境检查时，因团内一名旅游者身上没有带满4 000元现金，导致整个旅游团被泰国海关拒绝入境，只能打道回府，不仅旅游计划泡了汤，还损失了回来的机票费和团费。

任务分析

根据泰国移民局的官方规定，入境泰国的外籍人士随身须携带现金不少于2万泰铢（约合4 000元人民币），泰国移民官会以随机方式抽查，现金不足额者将被拒绝入境。该规定适用于包括落地签在内的各种签证入境人士。

任务准备

办理目的地国家入境手续是比较复杂的一项工作，这是对领队工作能力的检验，可以说领队熟悉入境工作流程，是确保旅游者能顺利入境他国的关键。领队在出发前必须掌握目的地国家的相关规定和注意事项，从而避免麻烦。旅游者乘航班抵达目的地国家机场后，要办理一系列的入境手续。这些手续大致包括卫生检疫关、海关、移民局关等几项。各个国家（地区）的入境，不仅程序不同，所需要办理的手续的顺序不一致，入境检查的项目和需要递交的材料也不一样。有的国家仅有入境边防一项检查（被称为移民入境检查或护照检查），还有的国家如瑞士、芬兰、阿联酋等，入境甚至不需要填写入境申请表。

入境检查在许多国家由移民局的官员来进行。但在另外一些国家会由警察来承担。如法国的入境检查,就全部由警察执行。边防警察主要针对身份证件,在机舱口进行证件检查或在机场入关处进行证件检查。海关警察主要针对过境旅游者所携带的物品进行检查。领队要对各项手续十分熟悉,以便带领旅游团队顺利完成目的地国家入境的所有复杂工作。

案例精选 6-3-1 出境旅游该不该派领队?

孙超夫妇参加某旅行社组织的"新马泰港澳 15 日游"旅游团,在临登机时,他们发现,该旅游团是由 5 家旅行社共同组织的,大家手中的旅游日程各不相同。更让旅游者感到疑惑和不安的是,该旅游团没有领队,而团队大多数旅游者是初次跨出国门。

这个出国旅游团在整个旅途中遇到许多困难,在国外如何转机、入境卡怎么填写、需要哪些旅行文件、怎样与境外旅行社接洽等均无人过问。在新加坡入境时,因不熟悉情况,旅游团被边检部门盘查一个半小时之久,影响了游览活动。在旅游过程中,因没有领队与境外接待社协调,原来的日程安排也被多次变更。旅游团在异国他乡,人生地不熟,只好听从境外导游的安排。旅行结束后,孙超夫妇以旅行社未提供相应服务,损害其合法权益为由,要求旅行社赔偿其损失。

旅行社辩称,组团人数不足,由若干家旅行社将旅游者拼为一个团,是旅行社的通常做法,只要按约定准时出游,是否告知旅游者并没有实际意义。此次组团出境旅游,事先双方并没有约定派领队,因此,旅行社未派领队并不构成违约。

【案例评析】

旅行社在组织出境旅游的过程中,违反了有关法规、规章,未履行法定义务,应该承担违约赔偿责任。

(1) 签约旅行社不得擅自将旅游者转给其他旅行社。《旅行社管理条例实施细则》第四十四条规定:"旅行社因不能成团,将已签约的旅游者转给其他旅行社出团时,须征得旅游者书面同意。"旅游者出游选择旅行社,除考虑其价格、标准、行程等因素外,同时应特别注意旅行社的资信状况和履约能力,以使自身的权益得到保障。旅游者享有自主选择提供服务的旅行社的权利。未经旅游者书面同意,擅自将旅游者转让给其他旅行社的,是一种违约行为,转让的旅行社应承担相应的法律责任。

(2) 提供领队服务是旅行社的法定义务。《旅行社管理条例实施细则》第五条规定:"组织中国境内居民到外国和港澳地区旅游,为其安排领队及委托接待服务。"《中国公民自费出国旅游管理暂行办法》第十条规定:"团队的旅游活动必须在领队的带领下进行。"领队是由旅行社派出,为出境旅游者提供协助、服务,同境外旅行社接洽,督促其履行接待计划,调解纠纷,协助出境旅游者和境外接待社处理意外事件的人员。提供领队服务作为旅行社的法定义务,无疑是任何旅游合同的默示条款。旅行社违反了合同默示条款,就是一种违约行为。孙超夫妇在旅游过程中没有享受到应有的服务,还要为各个环节担心费神,旅行社除要赔偿旅游者住宿、景点等损失外,还要退还领队服务费。

任务实施

领队带领旅游团乘飞机抵达目的地国家机场后，要办理各项手续，一般包括卫生检疫、办理入境手续、领取行李、办理入境海关手续这四个方面。在这四道程序中，容易出现各种问题，导致旅游团被拒绝入境，影响到整个旅游活动的顺利开展。

一、过卫生检疫时出现问题的预防与处理

（一）过卫生检疫时出现问题的预防

各个国家的卫生检疫形式有许多不同，有的需要查验黄皮书和健康申报单，有的则不需要，只是对入境旅游者进行检视，发现患病旅游者需要加以询问。过卫生检疫虽然不复杂，但是旅游者会出现遗失黄皮书、没有进行健康申报、隐瞒患病情况等问题。为避免旅游团在过卫生检疫时出现这些问题，领队一定要做好预防工作，防患于未然。

（1）提前查验旅游者的黄皮书。领队需要提前了解旅游团队所去的目的地国家是否需要提供黄皮书，若需要，在团队出发前认真查验旅游者的黄皮书，以便在带领团队经过当地的卫生检疫柜台时，能将黄皮书拿出来接受检查。

（2）提醒旅游者填写健康申明单。一些国家会要求旅游者在入境时填写一张健康申报单，领队要做好提醒工作。

（3）关注旅游者健康。领队要询问旅游者是否患有精神病、麻风病、艾滋病、开放性肺结核，询问其是否来自鼠疫、霍乱、黄热病疫区等，及时关注旅游者的身体健康状况。

（二）过卫生检疫时出现问题的处理

黄皮书的重要作用在于它是国际公认的卫生检疫证件，是出入各个国家和地区口岸的重要凭证，所以必须妥善保管。

（1）如果有旅游者遗忘黄皮书，领队应协助旅游者找回；若丢失了，应协助旅游者在机场现场补办。对未进行必要接种的旅游者，有些国家会采取隔离、强制接种等措施。

（2）对于不会填写健康申报单的旅游者，领队应给予必要的帮助。

（3）逃避检疫、向海关隐瞒真实情况的，由海关予以相应的处罚。

二、办理入境手续时出现问题的预防与处理

（一）办理入境手续时出现问题的预防

旅游团队乘坐航班抵达目的地国家之后，作为旅游团的领队，要第一个下飞机，在廊桥外空旷、显眼的地方等候旅游者，协助办理入境手续。

（1）在换登机牌的时候，领队要和航空公司的柜台协商，争取将自己的位置换到机舱的最前部，早于旅游者下飞机，方便集合。

（2）在飞机起飞前或者在飞行途中，领队需要关照旅游者，建议旅游者一般在飞机到达之前半个小时，在机上使用一下洗手间，其目的主要是飞机抵达后能够快速地集合并且入关。使用洗手间的原因有两个：一是下机之后的洗手间位置比较偏僻，设施较少；二是防止一些旅游者因去洗手间而造成掉队的问题。

（3）帮助旅游者填写出入境卡。

（4）领队带领旅游者沿“移民入境”或“护照检查”标志找到入境检查柜台，并在有“外国人入境”标志的任一通道前排队，提醒旅游者出示入境卡和护照签证，接受移民局盘问检查，同时为旅游者提供必要的翻译协助。

（5）提醒旅游者遵守制度，注意礼仪，在警戒线外排队时不得加塞抢行，在入境柜台前禁止大声喧哗，禁止拍照。

（二）办理入境手续时出现问题的处理

一般情况下，旅游者在办理入境手续时不会遇到太大问题，只有在面对入境检察官的提问时会出现听不懂或不知道如何回答的情况，面对入境检察官的盘问时，领队要告诉旅游者不必紧张，予以配合，从容回答。如不能说清楚，领队需要给予必要的帮助。

三、领取行李时出现问题的预防与处理

（一）领取行李时出现问题的预防

旅游团通过当地移民局检查后，领队带领旅游者到航空公司的托运行李领取处领取自己的行李。这个环节会遇到行李破损或行李遗失的问题，领队应提前做好预防工作。

（1）在办理行李托运之前，领队要提醒旅游者认真检查行李是否捆扎牢固。

（2）提醒旅游者在行李上标注明显的个人标示或挂上行李牌。

（3）提醒旅游者随身携带好贵重物品或重要文件。

（4）必要时提醒旅游者购买行李险。

（5）选择提取行李处作为旅游团最终的集合地点。领队要在过移民局之前，向所有旅游者强调行李提取处的位置，防止旅游者因找不到领队而私自出机场，从而造成旅游者走失。

（二）领取行李时出现问题的处理

一旦发生行李破损或行李遗失的问题，领队应及时予以协助。

（1）旅游者应凭入境前办理托运手续领取的行李牌领取各自的行李。在提取行李后，应首先查验核对标签上的名字和号码，领队应提醒团队客人不能帮不认识的人捎带行李过关，以免发生不必要的误会，导致无法入关。

（2）如发生行李延误、破损、错拿、丢失等情况，领队应该协助旅游者第一时间去行李柜台询问，说明详细情况，并进行申报；协助填写行李运输事故记录表，提醒旅游者写清楚行李的尺寸、颜色、价值、行李标签等信息；同时留下领队、当地导游、失主三方的联系方式，告知旅游团下榻酒店的名称、位置，方便行李找到后能及时联系上；报备保险公司，为失主提供一些经济帮助。

四、办理入境海关手续时出现问题的预防与处理

旅游团领取完行李后，就要接受入境海关的检查，通常海关检查人员会询问旅游者是否有需要申报的物品。为了方便游客出入国境，国际机场通常设有红色、绿色两个通道，没有携带需要申报物品的旅游者可以走绿色通道，不接受海关人员检查；携带了需要申报物品的旅游者必须走红色通道，接受海关人员的查询；无法确定是否申报的，走红色通道。

海关对入境旅游者的检查通常有四种方式。

（1）免检。

（2）口头申报，旅游者不需要填写海关申报单，过海关时，海关人员口头询问，不开箱检查。

(3) 旅游者填写海关申报单,过海关时,海关人员口头询问,不开箱检查。

(4) 旅游者填写海关申报单,过海关时开箱检查。

(一) 办理入境海关手续时出现问题的预防

为避免旅游者在办理入境海关手续时遇到麻烦,领队应提前从各国使领馆的网页中查询各国海关的不同规定,出行前做到心中有数;认真向旅游者说明各国的海关规定,并认真负责地填写海关申报单;做好提醒工作。

(二) 办理入境海关手续时出现问题的处理

通常海关会设置在移民局后,领队带领旅游者接受海关抽查,把海关申报单交付海关人员后,即可直接走出。但海关工作人员有权力直接对旅游者进行搜身检查。如海关人员进行抽检,领队应该提醒旅游者服从配合检查,不要与其争执;如要求开箱检查,要立刻配合自行打开行李接受检查,不要迟疑;如海关人员示意通过,则要立刻携带行李迅速通过。

实践活动 6-3-1

针对本环节的任务,学生可以分成不同的小组模拟旅游团入境泰国,领队带领旅游者办理入境手续的情景。

任务评价

任务内容	评 分 标 准	是否达标
根据角色分配,情景模拟领队带领旅游者入境他国的工作流程	场景和对话设计合理	□是 □否
	设计问题合乎情理	□是 □否
	语言表述清晰	□是 □否
目的地国家入境常见问题的预防和处理	熟练掌握各环节的内容	□是 □否

学习反思

____

____

____

____

____

____

____

____

任务四 旅游者患病的预防与处理

任务导入

领队小王带领一个旅游团在泰国曼谷大皇宫内游览,团队中有一位老先生突然心脏病发作,晕倒在地,此时领队应该如何处理?

任务分析

老年旅游者突发心脏病的情况在旅游过程中经常发生，防不胜防，如果不及时救助，旅游者的生命可能会有危险。领队一方面需要了解心脏病现场急救的一些知识，另一方面还要清楚进一步处理的步骤和后续服务的内容。

任务准备

在旅行途中，因为旅途劳累、气候变化、水土不服或饮食起居不习惯，旅游者尤其是年老体弱者难免会感到身体不适，导致患病，甚至出现病危的情况。常见的旅行疾病或不适包括晕车晕船、失眠、高原反应、中暑、便秘、腹泻、呕吐等；在旅游过程中，旅游者还有可能突发急症，如心脏病猝发、昏厥，还会出现摔伤等事故。

这就需要领队从多方面了解旅游者的身体状况，照顾好他们的生活，经常关心，提醒旅游者注意饮食卫生，避免人为原因致使旅游者生病。领队还应该学习预防和治疗旅行常见病的知识，掌握紧急救护的方法，以便在关键时刻为旅游者的救治争取时间，但是不得随意将自备药品提供给患者。

任务实施

旅游过程中，由于旅游者自身的原因、环境因素、天气因素等，旅游者在旅途中患病也时有发生，领队要学会为旅游者排忧解难，告知旅游者行程中的诸多安全问题，在紧急情况下，运用所掌握的急救知识完成现场处理和救援任务，同时寻求多方协助。

一、旅游者患一般疾病的预防与处理

（一）旅游者患病的预防

（1）领队要详细了解旅游团内成员的身体健康状况，做到心中有数。

（2）领队和地陪应该合理安排行程，做到劳逸结合。同日参观游览的项目不能太多，体力消耗大的项目不要集中安排，晚间活动的时间不宜过长。

（3）提醒旅游者注意饮食卫生。

（4）做好天气预报工作。提醒旅游者根据天气变化及时增减衣服、带雨具等。气候干燥的季节，提醒旅游者多喝水、多吃水果等。

（二）旅游者患一般疾病的处理

旅游期间，旅游者所患一般疾病主要包括感冒、发烧、中暑、晕车（机、船）、腹泻等。对于这类疾病，领队应该做好以下工作：

（1）询问旅游者的身体情况，关心旅游者的病情。

（2）劝其及早就医，注意休息，如有必要，领队应陪同旅游者到医院就医。

（3）向旅游者讲清楚看病的费用自理。

（4）严禁领队擅自给旅游者用药。

二、旅游者突发疾病的处理

旅游期间，旅游者突发疾病时，领队应全力以赴，采取措施积极组织抢救。

（1）询问患者家属患者是否有既往病史，身上是否有备用药。如果有药的话，要尽快让其服下，就地急救。

（2）视具体情况，领队可陪同患者家属立即将患者送往就近医院救治，或者联系急救中心，组织抢救。

（3）及早通知旅行社。

（4）保存好有关医治材料。

（5）安抚好其他旅游者。

（6）如有必要，领队应及时通知使领馆人员，请求必要的协助。

（7）处理好善后事宜，如探望病人、及时办理票证、写出书面报告等。

知识拓展 6-4-1

一、旅行前常用药品的准备

感冒药（如速效感冒胶囊、感冒通等）、消炎药（如穿心莲、复方阿司匹林等）、跌打损伤药（如创可贴、正骨水、红花油等）、清热降火药（如人丹、清凉片、藿香正气水、十滴水等）、其他药品（如晕车药、清凉油、风油精等）。这些药品出发前不妨带一些，以备不时之需（其他药品则根据自身情况另备）。

二、夏季旅游预防中暑的一些方法

穿浅色衣服，戴隔热草帽，喝一些淡盐水，带防暑药物。

三、中暑处理

一旦发生中暑，应将病人抬到阴凉通风处躺下休息，然后给病人解开衣扣，用冷水毛巾敷在病人的头部和颈部，并让病人服些人丹或十滴水。如果病人晕倒，可用手指掐压病人的人中穴或针刺双手十指指尖的十宣穴，当病人好转时再送往附近医院治疗。

四、夏季旅游喝水注意事项

夏季天气炎热，在夏季旅游时必须掌握好喝水的技巧，以免出现“水中毒”。一是要喝适量的淡盐水，二是喝水要次多量少，三是尽量避免喝温度过低的饮用水。

五、夏季饮食注意事项

夏季天气炎热，人体代谢增强，营养素消耗增加。因此，必须科学饮食，预防疾病。首先，应注意补充一些营养素，如足够的蛋白质、维生素、水、无机盐。可以提供这些营养素的食物有鱼、肉、蛋、奶、豆类、芹菜、番茄、黄瓜、西瓜、杨梅、甜瓜、桃子、荔枝、白开水等。如果大量出汗，还应该补充盐分，比如适当喝些淡盐水。其次，多吃一些能够清热、利湿的食物，如西瓜、苦瓜、桃、乌梅、草莓、西红柿、绿豆、黄瓜等。在早、晚餐时喝点粥，既能生津止渴，清凉解暑，又能补养身体，可谓一举两得。最后，要特别注意饮食卫生。不吃过期变质食物；生吃瓜果要洗净削皮；不生吃或吃半生水产品和海产品；冰箱内冷藏食品要生熟分开，进食前应重新烧熟烧透，防止微生物滋长和传播。此外，受夏季炎热气候的影响，人体消化功能容易减退，食欲降低。所以，夏季最好少吃羊肉、狗肉等，也要少吃冷饮，应该吃清淡少油、易消化的食物，并注意调整花色品种，有利于增强食欲，促进健康。

任务评价

任务内容	评　分　标　准	是否达标
旅游者患病的预防	了解旅途中患病的防范知识	□是　□否
旅游者患一般疾病的处理	熟悉旅游者患一般疾病的处理要点	□是　□否
旅游者突发急病的处理	熟悉旅游者突发疾病的处理要点	□是　□否

学习反思

任务五　不文明行为的预防与处理

任务导入

领队小王带领一个旅游团在马尔代夫当地进行潜水活动时，偶然发现团内一名旅游者正拿着自己刚捞出来的珊瑚拍照发朋友圈，对此领队应该如何处理？

任务分析

《中国公民国内旅游文明行为公约》与《中国公民出境旅游文明行为指南》中明确提出，游客要遵守公约，争做文明游客。《中华人民共和国旅游法》规定："旅游者在旅游活动中应当遵守社会公共秩序和社会公德，尊重当地的风俗习惯、文化传统和宗教信仰，爱护旅游资源，保护生态环境，遵守旅游文明行为规范。"

任务准备

随着旅游业的快速发展，旅游已经成为一种普遍的消遣和娱乐习惯。旅游活动不仅是一种经济现象,同时也是社会现象和文化现象。旅游活动和旅游行为不仅会影响到旅游目的地国家和地区的文化,同时也能反映旅游者的素质,进而体现旅游客源地国家和地区的文化和文明程度。旅游者及旅游从业人员在境内外旅游过程中发生的因违反境内外法律法规、公序良俗、职业道德等,造成严重社会不良影响的行为,都被认定为旅游不文明行为。如扰乱航空器、车船或者其他公共交通工具秩序;违反旅游目的地社会风俗、民族生活习惯;损毁、破坏旅游目的地文物古迹;价格欺诈、强迫交易、欺骗诱导旅游者消费;传播低级趣味、宣传迷信思想;等等。领队应时刻提醒旅游者在境外旅游期间注意自己的言行举止,做到文明旅游。

领队要想做好文明旅游工作,必须做到以下几点。

1. 明确文明旅游是领队工作的法定内容

《中华人民共和国旅游法》第四十一条规定:"领队应该向旅游者告知和解释旅游文明行为规范;引导旅游者健康、文明旅游;劝阻旅游者违反社会公德的行为。"在《导游领队引导文明旅游规范》中指出:领队是一岗双责,兼具为旅游者提供服务与引导旅游者文明旅游两项职责。因此引导旅游者文明旅游是领队的重要职责之一。

2. 明白文明旅游的重要性

中国旅游者在境外的行为举止,体现的是中国公民的道德水准、文明素养,也代表着国家的形象,因此旅游者的文明旅游是非常重要的。

3. 做好文明旅游工作,领队要有知识和能力储备

领队要想做好文明旅游工作,必须掌握文明旅游的知识和技能,掌握基本的文明礼仪和规范,要熟悉目的地国家和地区的法律法规、宗教信仰、风俗禁忌、礼仪知识、社会公德等基本情况,掌握必要的紧急情况处理技能。

4. 文明旅游,领队要从自己做起

领队要做文明旅游的良好示范,要以身作则,遵纪守法,恪守职责,体现良好的职业素养和职业道德。注意自己的仪容仪表,衣着得体,言行规范,举止文明。

5. 做好合理引导和正确沟通

领队在出境旅游工作中,要做好合理引导和正确沟通,要有维护文明旅游的主动性和自觉性,关注旅游者的言行举止,在适当的时机对旅游者进行相应的提醒、警告和劝告。

任务实施

一、不文明行为的预防

根据引导文明旅游的操作指南,防止旅游者在境外旅游期间出现不文明行为,领队要引导旅游者文明旅游,提前做好提醒和引导工作。

1. 吃

领队要提前提醒和引导旅游者避免餐桌上的浪费,如吃自助餐要少吃勤拿;不酗酒,不大声喧哗;不在公共交通工具上吃有异味、吃起来有响声的食物。

2. 住

领队要提前提醒和引导旅游者不能浪费酒店里的水和电;不能用酒店的毛巾或床单擦皮鞋;不能使用电水壶直接煮牛奶、泡面;晚间休息后不能在酒店大堂、走廊和房间里大声喧哗等。

3. 行

领队要提前提醒和引导旅游者遵守目的地边防海关入出境规定，不在入境大厅拍照，要安静、耐心、有序地排队；要遵守交通规则，严禁闯红灯，要行走在人行道上；遭遇航班延误等意外，要理性维权，不得罢机、罢船等。

4. 游

领队要提前提醒和引导旅游者在游览中不能践踏草坪，随意躺卧；未经同意不能对着陌生人、儿童、私人领地随意拍照；参观游览时守秩序，依次排队；不大声喧哗影响他人等。

5. 购

领队要提前提醒和引导旅游者做到理性购物，不要漫天砍价，不要随意试吃试用。

6. 娱

领队要提前提醒和引导旅游者遵守我国和目的地国家或地区的法律法规；遵守娱乐活动的规则，不拥挤，不争抢。

知识拓展 6-5-1

《中华人民共和国旅游法》第四十一条规定：领队应该向旅游者告知和解释旅游文明行为规范。

告知和解释的途径：一是在行前说明会上提前告知和解释，二是在旅游行程中进行吃、住、行、游、购、娱各个环节现场的提醒。

告知有书面告知和口头告知两种。

告知的内容包括文明旅游相关的法律法规，目的地国家或地区的风俗禁忌，绿色环保常识，保护自然环境，保持旅游场所的环境卫生，礼仪规范，诚实守信，尊重他人，等等。

二、不文明行为的处理

一旦旅游者出现不文明行为，领队必须要进行劝阻。如果是旅游者因无心之过而产生的不文明行为，领队应及时提醒和劝阻，必要时协助旅游者赔礼道歉。旅游者从事严重违法或违反社会公德的活动，或者从事严重影响其他旅游者权益的活动，领队应及时提醒和劝阻。对于个别不听劝阻、不能制止的，根据旅行社的指示，领队可以代表旅行社与其解除旅游合同。对于从事违法活动的旅游者，不听劝阻、无法制止、后果严重的，领队应立即报告旅行社，必要时报警，寻求帮助，依法处理。

知识拓展 6-5-2

《导游领队引导文明旅游规范》相关条款

总结反馈

1. 旅游行程全部结束后，导游领队向旅行社递交的带团报告或团队日志中，宜有总结和反馈文明旅游引导工作的内容，以便积累经验并在导游领队人员中进行培训、分享。

2. 旅游行程结束后，导游领队宜与旅游者保持友好交流，并妥善处理遗留问题。

3. 对旅游过程中严重违背社会公德、违反法律规范，影响恶劣，后果严重的旅游者，导游领队人员应将相关情况向旅行社进行汇报，并通过旅行社将该旅游者的不文明行为向旅游管理部门报告，经旅游管理部门核实后，纳入旅游者不文明旅游记录。

4. 旅行社、导游行业组织等机构应做好导游领队引导文明旅游的宣传培训和教育工作。

实践活动 6-5-1

针对本环节的任务，学生可以分成不同的小组，利用电脑、网络等辅助查询，找到旅游者在旅游期间出现的不文明行为的案例，进行讨论与分享。

任务评价

任务内容	评分标准	是否达标
查阅旅游者不文明行为的案例资料	资料准备全面	□是 □否
分小组讨论不文明行为出现的原因及领队应如何处理	内容有条理，体会深刻	□是 □否
	表述清晰	□是 □否

学习反思

____

____

____

____

____

____

项目小结

出境旅游领队在带团过程中,可能会面临各种各样的常见问题与事故,处理好各种问题需要领队人员有快速的反应能力、良好的沟通能力和协调能力。本项目从旅游过程中常见的问题与事故出发,针对证件、行李遗失和旅游者走失,航班问题,旅游者患病等问题,在对问题的预防和问题的处理两方面知识认知的基础上,对领队如何处理常见问题与事故进行分析和实训,让学生在任务实施的过程中掌握常见问题与事故的处理要点。在此基础上,让学生切实感受到领队带团的不易,培养职业服务意识,遇到问题时要做到认真分析、冷静处理,预防第一,处理第二,要具备良好的分析能力、应变能力和处理能力。

一、判断题

1. 旅游者遗失证件后需要进行补办,补办费用由旅游者自理。　(　　)
2. 旅游者在进行行李交接的时候,只需要把行李交给行李员就行,领队不需要进行清点、交接的工作。　(　　)
3. 旅游者在旅游过程中发烧了,领队可以将自己带的退烧药给旅游者服用。　(　　)

二、单选题

1. 若旅游过程中有旅游者突然生病,通常情况下应由(　　)和患者亲属将其送往医院。
   A. 地陪　B. 领队　C. 全陪　D. 团长
2. 在景区参观时,领队负责(　　)工作。
   A. 前面讲解　B. 中间联络　C. 团队断后　D. 独立游览
3. 旅游者出现不文明行为时,领队应予以(　　)。
   A. 劝阻　B. 耐心解释　C. 赔礼道歉　D. 报警

三、多选题

1. 旅游者证件遗失,领队应(　　)。
   A. 帮助旅游者寻找　B. 立即报告旅行社
   C. 协助旅游者补办证件　D. 告知旅游者费用自理
   E. 向公安部门报失
2. 为避免旅游者走失,领队需要做好以下预防工作(　　)。
   A. 做好提醒工作　B. 时刻关注旅游者动向
   C. 合理安排行程　D. 经常清点人数
   E. 提高纪律意识和团队意识
3. 旅游者突发疾病,领队应采取(　　)处理方式。

A. 了解旅游者病情
B. 立即送往医院救治
C. 报告旅行社
D. 告知旅游者费用自理
E. 安抚其他旅游者

某旅游团一行26人去泰国曼谷旅游，按计划8月6日在普吉岛有乘船游览的项目，在坐船的过程中，团内一位老人突发心脏病，病情严重，其夫人手足无措。领队在地陪的协助下将老人送往医院，经抢救老人脱离了危险，但仍需要住院治疗。

请问：面对这种情况，领队应该怎么做？

项目七 突发应急事故的处理与预防

项目导学

- 突发应急事故的处理与预防
  - 目的地国家（地区）自然灾害的应急处理
    - 自然灾害应急处理方法
    - 各种自然灾害的具体应对措施
  - 目的地国家（地区）卫生事件的应急处理
    - 公共卫生事件的常态化防控措施
    - 一般卫生常识
    - 急救知识
  - 目的地国家（地区）安全事故的应急处理与预防
    - 旅游安全知识
    - 交通、治安、火灾事故的预防与处理

学习目标

☆知识目标：1. 掌握各种自然灾害的应对措施。
2. 了解公共卫生事件的常态化防控措施。
3. 熟悉晕车、中暑、食物中毒等卫生事件的处理方法。
4. 熟悉特殊旅游项目的安全知识。
5. 掌握各种安全事故的预防与处理方法。

☆能力目标：1. 具备遇到自然灾害保护旅游者人身安全的能力。
2. 具备对因事故受伤的旅游者进行急救的技能。

☆素质目标：1. 培养领队始终把旅游者的安全放在第一位的职业道德。
2. 具备紧急状态下沉着冷静、掌控现场的职业素养。

任务一 目的地国家(地区)自然灾害的应急处理

任务导入

自然灾害是指在地球表层自然环境系统中，某一地区在某一时期，由于某一个或某几个自然因素发生较大、较快变化，当其变化强度超过一定的阈值时，给人类生命财产带来严重破坏或造成巨大损失的现象。近年来世界上自然灾害不断，外出旅游遇见破坏性极强的自然灾害虽然是非常小概率的事情，但并不意味着我们可以忽视这些潜在的灾害危机。

应急管理部-教育部减灾与应急管理研究院等单位充分利用全球灾害数据库平台(https://www.gddat.cn)监测数据和国际主流数据库相关材料，分析地震、气象等单位掌握的全球相关数据情况，综合考虑灾害损失及其影响的范围和程度、灾害强度的极端性、国际社会的关注度、同类灾害的代表性等原则，遴选出2021年度国际十大自然灾害事件，见表7－1－1。

表7－1－1 2021年度国际十大自然灾害事件

1	海地遭遇7.3级地震
2	美国、加拿大遭受历史性高温干旱
3	西欧遭遇“千年一遇”洪灾
4	菲律宾遭遇台风“雷伊”重创
5	印度尼西亚、东帝汶暴雨造成洪灾
6	印度北部冰川断裂发洪水
7	印度、尼泊尔暴雨引发洪灾及山体滑坡
8	美国遭遇极寒天气侵袭
9	美国遭遇冬季龙卷风连击
10	美国遭遇飓风“艾达”重创

任务分析

领队带领旅游团在境外游览时，如果遇到自然灾害，领队要负责旅游者的疏散和安抚工作，尽可能保证旅游者人身安全和财产不受损失，同时，避免混乱情况下引发其他连锁危机，降低自然灾害所带来的损失。

虽然难以预测自然灾害在何时何地发生，但领队掌握常见自然灾害的避险常识和自救技能非常重要，要能在关键时刻沉着、冷静，以高度负责的态度和专业的知识保证旅游者的安全。

任务准备

一、自然灾害应急处理方法

遇到台（飓）风、地震、冰雹、水灾等自然灾害，领队、地陪及其他旅游从业人员应保持镇定和冷静，根据自然规律以及所掌握的常识，迅速对情况做出准确的判断，采取一切有效措施保护旅游者，及时与旅游公司和有关方面取得联系，并带领团队撤离灾区或危险地带，沿途照顾好伤病员，尽最大努力减少团队伤亡，不得弃团自行逃生。

当自然灾害影响到旅游团队的人身安全时，领队必须按以下步骤操作：

（1）第一时间与当地有关急救部门取得联系，争取救援。

（2）及时向当地旅游行政管理部门和境外地接社或组团社应急指挥小组汇报情况，并在现场积极主动采取必要的救援措施，力争在最短时间内把损失降到最低。

（3）稳定旅游者情绪，保护现场，等待救援。

（4）积极主动配合有关部门的救援工作，并及时保存有关票据和书面材料。

（5）积极主动配合公司应急指挥小组做好对此次灾害或事故的善后处置工作，做到有始有终。

任务实施

二、各种自然灾害的具体应对措施

（一）地震灾难应急处理方法

地震时，在震中区，从地震发生到房屋倒塌，一般只有十几秒钟左右的时间，作为领队，应保持冷静，做出正确的抉择。假如在平房，应当充分利用这十几秒时间跑出屋外，来不及跑时可迅速躲到桌下、床下及墙根处和坚固的家具旁，趴在地上，闭目，用鼻子呼吸，保护要害，并用毛巾或衣物捂住口鼻，以隔挡呛人的灰尘。在楼房，应迅速远离外墙及其门窗，可选择厨房、浴室、厕所、楼梯间等开间小而不易塌落的空间避震，千万不要外逃或从楼上跳下，也不能使用电梯。在户外要避开高大建筑物，要远离高压线及石化、化学、煤气等有毒的工厂或设施。在过桥时应紧紧抓住桥栏杆，待主震发生后即向桥头移动，正在行驶的车辆应紧急刹车。在工作间应迅速关掉电源闸门开关，然后就近选择机器、设备、办公家具等事先建立的“安全岛”内避震，并防止次生灾害的发生。在公共场所，如车站、剧院、教室、商店、候车室、地铁等场所，切忌乱逃，要保持冷静，就地择物（排椅、柜架等物）躲避，伏而待定，然后听从指挥，有序撤离。在有毒气的化工厂区域内，要朝污染源的上风处跑，以免中毒。

震后领队要迅速召集旅游者，查看是否有伤亡情况，如有伤亡应立即采取救治；立即联系地接社、当地救援部门和使领馆，及时向国内组团社报告情况；安顿旅游者，保证他们的正常生活；对旅游者的伤亡情况进行相关的善后处理；写书面报告。

（二）暴风雪事故的救助处理方法

（1）在发生暴风雪事故后，领队人员应迅速确定旅游者的伤亡情况，与外界取得联系，汇报事故情况及可能发展趋势，请求救援。此外，领队人员还要及时与当地的中国使领馆联系，让他们帮助督促当地政府和救援机构加紧救援。领队应该与组团社领导保持联系，报告事故的基本情况和最新进展，通报旅游者的反应及自己对处理事故的想法，接受领导指示。在救援未到达前，指导和实施救治。

（2）旅游者应保存体力，不要盲目地耗费体力。如果被围困在车上，待在车中最安全，贸然离开车辆寻求帮助是十分危险的行为。开动发动机提供热量，注意开窗透气，燃料耗尽后，尽可能裹紧所有能够防寒的东西，并在车内不停地活动。如果在茫茫雪原或山野，露天受冻、过度活动会使体能迅速消耗，此时求生应减去身上一切不必要的负重，在合适的地方挖个雪洞避身，只要食物充分，这种方式可以坚持几天时间。

（3）旅游者应调整心态，适时休息。遭遇暴风雪由于恐惧、孤独、疲劳，易造成生理、心理素质下降,此时领队要帮助旅游者保持稳定的心态。此时正确判断方位和决定路线极为重要。疲劳时适时休息,走到筋疲力尽时才休息十分危险,许多人一睡过去就不再醒来。正确的方法是走一段,停下来休息一会儿,调整呼吸,休息时手脚要保持活动并按摩脸部。

(4) 旅游者应相互激励,保持兴奋状态。思维迟钝、头脑麻木十分危险,在暴风雪中必须保持兴奋状态。此时领队要鼓励旅游者,让他们树立希望,发扬团队精神,同行者相互搀扶、相互激励,才更有希望获救。

(5) 旅游者获救以后,及时将伤病员送到医院进行救护,及时通知伤亡者亲属。领队要安顿其他旅游者的食宿,安抚旅游者的情绪,根据领导指示,要求地接社配合处理好善后事宜。

(6) 写出书面报告。在事故处理以后,领队应将事故的起因、处理经过、抢救过程、伤亡情况、旅游者的反应和满意程度等阐述清楚。

(三) 躲避滑坡和泥石流

1. 滑坡

当遇到滑坡发生时,首先应保持冷静,不能慌乱。慌乱不仅浪费时间,而且极可能令人做出错误的决定。要迅速环顾四周,向较为安全的地段撤离。一般除高速滑坡外,只要行动迅速,都有可能跑离危险区段。跑离时,以向两侧跑为最佳方向。在向下滑动的山坡中,向上或向下跑是很危险的。当遇到无法跑离的高速滑坡时,更不能慌乱,在一定条件下,如滑坡呈整体滑动时,原地不动,或抱住大树等物,不失为一种有效的自救措施。

2. 泥石流

泥石流的爆发历时短、成灾快,预测难度极大,而且洪水挟带着沙石,给多数途经之处造成毁灭性的灾害。

泥石流出现的征兆主要表现为:当河沟、河床中正常的水流突然断流或突然增大,并夹有较多的柴草、树木,就可以确认上游已形成泥石流;当河谷深处突然变得昏暗,并伴有轰鸣声或轻微的震动,说明上游已发生泥石流;听到从深处或河沟内传来类似火车轰鸣声或闷雷般的声音,也可以认定泥石流已经形成。

当泥石流发生时,必须遵循泥石流的规律采取应急措施。泥石流与滑坡、崩塌的不同之处就是流动。泥石流不仅能够流动,而且它的搬运能力、浮托能力还非常强大,远非流水所能比拟。当遇到泥石流时,领队应迅速组织旅游者离开危险地段。躲避时应带领旅游者向山坡两边坚固的高地或连成片的石地快跑,不要在山坡下的房屋、电线杆、池塘、河边等地停留;要尽量沿着与泥石流流向垂直的方向逃离现场,切记不能顺沟向上或向下跑动;不要在土质松软、坡体不稳定的斜坡停留;组织旅游者躲避、快跑时要提醒旅游者先扔掉一切影响速度的物品。

无论是遇到滑坡还是泥石流,等到达安全地带后,领队要立即召集旅游者,查看有无伤亡情况,如有旅游者伤亡要立即采取救治,拨打当地急救电话,同时与当地接待社和使领馆取得联系,并向国内组团社汇报情况;最后要写出书面报告。

(四) 海啸事故应急处理方法

1. 海啸的预防

海啸是一种灾难性的海浪,通常由震源在海底下 50 千米以内、里氏震级 6.5 以上的海底地震引起,可引发高达 30 米的巨浪,在沿海地带会造成巨大破坏。领队人员要在海啸发生前采取预防措施。不是所有地震都会引起海啸,但任何一种地震都可能引发海啸。感觉强烈地震或长时间的震动时，需要立即离开海岸，快速到高地等安全处避难。如果收到海啸警报，没有感觉到震动也需要立即离开海岸，领队要迅速组织旅游者有次序地登上高处避难，抓紧时间指导旅游者携带贵重物品和所需物品，放弃多余的行李。通过收音机或电视等掌握信息，在没有解除海啸警报之前，勿靠近海岸。及时与地接社、中国使领馆和当地紧急救援部门联系，在得到海啸危险解除的消息后组织旅游者返回。

2. 海啸中的自救

如未能提前躲避海啸，在经历海啸时，领队应稳定旅游者的情绪，迅速指导他们做好自救准备，尽量牢牢抓住能够固定自己的东西，而不要到处乱跑。因为海啸发生的时间往往很短，人是跑不过海浪的。在浪头袭来的时候，要屏住一口气，尽量抓牢不要被海浪卷走，等海浪退去后，再向高处转移。万一不幸被海浪卷入海中，需要的还是冷静，关键是要确信自己一定能够活下去。同时，尽量用手向四处乱抓，最好能抓住漂浮物，但不要乱挣扎，以免浪费体力。人尽量放松，努力使自己漂浮在海面，因为海水的浮力较大，人一般都是可以浮起来的。

如果在海上漂浮，要尽量使自己的鼻子露在水面或者改用嘴呼吸。如果当时旅游团队乘船在海面上，领队应要求船只往深海里跑，跑得越远，危险就越小，不能向港口或浅海行驶，因为海啸的波高跟水深成反比，所以在深海什么也看不出来，只有到近海，速度减慢，能量才积累起来，形成一堵几十米高的水墙。待海啸危险解除后，领队再带领游客迅速登陆上岸。

等海啸过去以后，领队应及时寻找失散的团队旅游者，确认他们的情况，对受伤情况严重的旅游者进行救治。及时与当地救援部门联系，与中国使领馆联系，向国内组团社领导汇报情况。组织旅游者等待救援，指导进行自救。

案例精选 7-1-1　海啸袭来

2004 年 12 月 26 日，蔡玮伟带领一支由 26 名杭州游客组成的旅游团赴泰国普吉岛游览，并乘坐当地时间上午 8 点 30 分的船前往披披群岛。上午 11 点左右，旅游团到达披披群岛码头后，大家立刻被如诗如画的海岛风光迷住了，纷纷拿出照相机和 DV 拍摄起来。这时细心的小蔡突然发现海岸边的水正在迅速地后退，导致码头的船只都搁浅了，因为这种现象以前从来没有发生过，所以引起了她的警惕。她心里突然涌上了一种不祥的感觉，此时她突然想起无意中曾读过的一本有关海啸的书，书中说海啸之前，海水退潮的速度很快。同时她又看见远处的海水正在快速地回涨。小蔡马上预感到了眼前的危险，因为正常的涨潮落潮不可能有这么快的速度和这么大的幅度。她当机立断，大声地对所有团友喊："大家赶快往酒店方向跑！有危险！"但是客人们都玩在兴头上，根本没有意识到危险即将到来。看着不远处迅速靠近的海水，蔡玮伟着急了，她用尽全身力气、撕心裂肺地对着客人们大喊："海水涨来了，大家快往酒店楼上跑，大家快往楼上跑！"游客们定睛一看，才明白事态的严重性，分别向酒店的主、副两楼狂奔。就在他们跑进酒店大门的瞬间，酒店的背面正有一股巨浪向几栋楼席卷而来，若是再迟上几十秒钟，后果将不堪设想……小蔡跑在团友的最后，就在她们逃到酒店三楼的一刹那，一楼、二楼都已经被汹涌的海水淹没。眼前的一幕幕让情绪稍稍稳定的小蔡立即反应过来：自己团里人有没有全部上楼？现在有没有脱险？她马上让周边的团员集中在一起，结果一清点却只有 14 位。另外 12 位上哪去了？小蔡一颗心立刻提到了嗓子眼。这时的她已经顾不上害怕，也顾不上后面是否还有大浪。她脑子里只有一个念头：赶紧去找人。在简单安顿好 14

名游客后，她立即挨个房间去敲门、大喊、寻找……敲遍了三楼所有的房间，但毫无收获。于是她又涉水到二楼去寻找，同样也没有发现。直到最后才发现团队中有8位客人慌乱中跑到副楼上去了，小蔡马上设法把他们接到主楼和14位客人会合。但是，还有4个人呢？这时潮水已经慢慢退了下去，但是4位团友的失踪仍让小蔡心急如焚。于是她让所有的客人在阳台上一起大声呼喊4个失踪者的名字。喊了很久，终于从隔壁一幢副楼的平台上传来了回应声。小蔡赶紧与另一名自告奋勇的小伙子王某一起赶往副楼，因为一楼过道里海浪卷来的杂物已经堆积如山，两个人只能手脚并用地爬了上去。到达阳台后，现场的一幕让小蔡大吃一惊：一名女团友躺在地上，手臂上有个很大的伤口，骨头都露出来了，鲜血直流，身边有很多呕吐物；另一位男团友左脚背上的肉全被玻璃碎片削掉了。这时的小蔡已经根本顾不上脏和乱，强迫自己镇定下来，运用导游领队培训中所学到的急救知识，用酒店里的毛巾给女团友包扎，压迫血管替她止血。3个小时后，团里另外几名小伙子也到达了他们这幢副楼的楼顶，大家合力把2名伤员抬到了主楼的三楼。12月27日凌晨，当地接旅行社的负责人告知另外两位一直失踪的团员已经找到，并已经安全地在普吉岛酒店休息了，全团的人都为这个好消息兴奋地鼓起掌来。27日清晨，小蔡带领的24名团员顺利地搭上了第一艘救生船，2个小时后又顺利抵达普吉岛码头，并在酒店与另两名失踪一昼夜的团友会合。在国家旅游局和中国驻泰国大使馆的努力下，28日凌晨他们又搭乘东航班机，于当地时间凌晨2点40分飞离普吉岛，于北京时间上午7点50分顺利到达上海浦东国际机场，全团一个不少地回到了祖国的怀抱。

【案例评析】

（1）蔡玮伟在2004年印度洋海啸事件中的每一段感人的事迹，都诠释着"先人后己"的精神，显示了中国年轻的导游队伍拼搏进取、爱岗敬业、乐于奉献、全心全意的优良作风。

（2）遇事冷静，结合平时积累的业务知识，做出正确的判断。在躲避海啸的过程中，小蔡帮助旅游者自救与互救。她挽救了全团旅游者的生命，最后一个也不少地将旅游团带回国。

（3）作为领队，应当使旅游者在危难中得到身心上的关心和安慰。领队的精神能够感染每位旅游者，使全团在危难中形成一股团结、友爱的氛围。

（五）洪水的预防与应对

洪水是形成洪灾的直接原因，洪灾是世界上最严重的自然灾害之一，一般以夏季居多。领队在带领旅游者在境外游览时，若遇暴雨或前一天下了暴雨，要特别注意洪灾的发生。

1. 洪水灾害的预防

为避免在游览中受到洪水的侵袭，领队应在出发前关注天气预报，尤其是汛期的天气预报，当听到气象台发出红色预警或橙色预警时，应和当地导游商量，对计划的山区、河湖或低洼地区的游览采取相应的措施，如可同旅游者协商并征求其同意，适当调整旅游项目。

为应对在野外游览时突然遭遇洪水的侵袭的状况，领队平日里应学习一些相关的自救和救援知识。

2. 遭遇洪水时的应对

（1）洪水来临时的自救措施。

不要带领旅游者去危险地带，如电线杆和高压线塔周围，危墙及高墙旁，河床、水库、沟渠与涵洞边，化工厂及储藏危险物品的仓库；带领旅游者迅速离开低洼地带，选择有利地形，将旅游者转移至地势较高的地方以躲避洪水。

(2) 被洪水围困时的自救措施。

若躲避转移没有及时完成，领队应带领旅游者选择较安全的位置等待救援；设法稳定旅游者的情绪，若离开原地要采取集体行动，不要让旅游者单独离开，以免因情况不明而陷入绝境；利用手机迅速拨打当地救援电话，联系使领馆，将旅游者受洪水围困的地点、人数和所处的险情一一报告清楚，请他们迅速组织人员前来救援。

任务评价

任务内容	评　价　标　准	是否达标
自然灾害应急处理方法	熟悉境外遇到自然灾害的应急处理方法	□是　□否
地震、暴风雪、海啸	了解地震、暴风雪、海啸等自然灾害的特点，掌握遇到这些自然灾害的自救方法	□是　□否
滑坡、泥石流、洪水	了解滑坡、泥石流、洪水等自然灾害的特点，掌握遇到这些自然灾害的自救方法	□是　□否

学习反思

任务二　目的地国家(地区)卫生事件的应急处理

任务导入

2022年，猴痘疫情最先被英国在当地时间2022年5月7日发现。猴痘是一种由猴痘病毒感染所致的病毒性人畜共患病。猴痘病毒通过含毒的大量呼吸飞沫而传播；还可以通过直接接触感染者的体液或病毒污染的物品(如衣服和被褥)而传播。感染者有发热、剧烈头痛、淋巴结肿大、背痛、皮疹、肌肉痛等症状。当地时间5月29日，世界卫生组织发布疾病信息通报，并将猴痘的全球公共卫生风险评估为中等。当地时间7月23日，世界卫生组织在日内瓦召开记者会，总干事谭德塞宣布，将猴痘疫情列为“国际关注突发公共卫生事件”。

任务分析

不同国家和地区在不同的时间可能会有某些病毒正在流行。一旦有旅游者在境外感染致病病毒，可能会出现不同的病症，影响旅游者的行程。因此，领队在带团出境旅游时，要注意全体旅游者的日常防护，避免因公共卫生事件给旅游者的境外旅行带来健康方面的影响。

任务准备

一、公共卫生事件的常态化防控措施

(一) 关注旅游者健康

领队在带团过程中,首先必须有极高的敏感度,密切关注旅游者的身体状况,一旦发现有旅游者出现发热、干咳、乏力、咽痛、嗅(味)觉减退、腹泻等症状,应劝旅游者及时就医,同时提醒团队其他旅游者注意自我防护,避免更多的旅游者因感染而出现病症。

(二) 积极主动配合

领队应积极与旅游者沟通,请旅游者依法协助、配合、服从不同国家和地区的入境防疫检查。在出入机场(车站、码头)或景区时配合测量体温等常规防疫工作,依法接受各入境国家和地区有关传染病的调查、样本采集、检测、隔离治疗等预防控制措施,并如实提供有关情况。

(三) 做好健康防护

领队在带团过程中,应以身作则,做好健康防护。当旅游目的地发生公共卫生事件后,尽量带旅游者在人流量较少的地方活动。倡导旅游者坚持勤洗手、常通风、公筷制、咳嗽礼仪等良好卫生习惯和健康生活方式,增强旅游者的自我防护意识和健康素养。

(四) 加强宣传引导

领队应做好对旅游者的宣传工作,强调"每个人是自己健康的第一责任人"。

任务实施

二、一般卫生常识

(一) 晕车(机、船)

晕车、晕机和晕船在医学上统称为运动病,症状因人而异,有轻重之分。轻者表现为头疼,全身稍有不适、胸闷、脸色绯红。重者则脸色苍白发青、头痛心慌、表情淡漠、微汗。更严重的会出现浑身盗汗、眩晕恶心、呕吐不止等难以忍受的痛苦。

造成晕车(机、船)病的因素很多,如汽车(飞机、轮船)颠簸、爬高、下降、转弯以及自己心情紧张、身体不适、过度疲劳等。对于容易晕车(机、船)的旅游者,领队应在出发前提醒他们旅行前应有足够的睡眠,充足的睡眠可提高对运动刺激的抗衡能力;饮食不宜过饱,在交通工具内要紧束腰带以减少内脏震动。必要时可在乘坐交通工具前半小时口服防晕药物。尽量挑选靠前、靠近窗的座位,以减少震动,并保持空气流通。

(二) 中暑

中暑的主要症状是大汗、口渴、头昏、耳鸣、眼花、胸闷、恶心、呕吐、发烧,严重者会神志不清甚至昏迷。人长时间地处在暴晒、高热、高湿热环境中容易中暑。所以盛夏旅游,领队带团应注意劳逸结合,避免旅游者长时间在骄阳下活动;若发现有人中暑,可置患者于阴凉通风处,平躺,解开衣领,放松裤带;可能时饮用含盐饮料,对发烧者要用冷毛巾或酒精擦拭其身体散热，服用必要的防暑药物；缓解后让其静坐（卧）休息。对严重中暑者，在做必要救治后立即送医院。

案例精选 7-2-1 中暑旅游者的救治

2017 年 8 月 1 日由宁夏中旅组织的岘港 6 日游的行程中，旅游者段小玲在占婆岛游玩的过程中，因当地天气炎热，身体不适，血压下降突然晕厥。领队王蕾见状，并没有慌张，而是沉着冷静，果断将段小玲抬到躺椅上，按照自己平时在公司组织的医疗救援培训班上学到的知识，跪地与段小玲对话安抚情绪，指挥工作人员找来小风扇、冰块等进行物理降温和按摩，并不间断地向当地呼救派遣医务人员，在现场寻找专业医生救助。随即一位外省团队的旅游者和两位外国医生加入了急救行列，王蕾按照外国医生的要求指导当地导游找来姜、盐，冲成姜糖水和盐水给段小玲喝。半小时后，越南军医赶到，对段小玲进行了全面检查，救护期间，王蕾请当地的阿婆为段小玲准备了粥饭。由于王蕾规范的服务和细心的呵护，段小玲逐渐恢复了知觉。

【案例评析】

旅游者中暑是领队夏季带团中容易遇到的一种情况，因此领队一方面要合理安排旅游活动，避免旅游团在高温环境中活动时间过久，预防中暑；另一方面，平时要注意掌握救护中暑者的相关知识和技能，一旦有旅游者发生中暑，要对中暑旅游者进行科学、及时的救治，以免贻误。本案例中的领队正是得益于平时的急救知识积累和技能训练，能在旅游者发生中暑的第一时间准确判断、冷静处理，使旅游者得到了救治，逐渐恢复了知觉。

（三）蝎、蜂蜇伤，蛇、犬咬伤

若被蝎、蜂蜇伤，要设法将毒刺拔出，用口或吸管吸出毒汁，边吸边吐，并不断漱口（但口腔内有伤口者，则不能用口去吸）。然后用肥皂水，条件许可时用 5% 苏打水或 3% 淡氨水洗敷伤口，服用止痛药。若识中草药，可用大青叶、薄荷叶、两面针等捣烂外敷，严重者要送医院急救。

旅游中如果出现旅游者被蛇咬伤的情况，必须在第一时间进行处理。即使不能判断咬人的蛇是否为毒蛇，也必须按毒蛇咬伤处理。蛇咬伤处如在手臂或腿部，可在咬伤处上方 5~10 厘米处用一条带子绑住，绑扎后每隔 30 分钟左右松解一次，每次 1~2 分钟。在医疗人员治疗之前用肥皂和水清洗伤处，或用消毒过的刀片在毒牙痕处切一道深约半厘米的切口，切口方向应与肢体纵向平行，然后用嘴将毒液吸出吐掉（注意口腔必须无破损）。尽快用担架将伤者送往医院治疗。要预防被蛇咬伤，领队带团在野外旅游时，尤其在夜间，最好穿长裤、持长棍，携带照明工具。在野外露营时，要避开草丛、石缝、树丛、竹林等阴暗潮湿的地方。

被狗咬伤或抓伤后，应立即到附近卫生防疫部门进行及时处理，注射狂犬病疫苗，越早越好，如果条件有限，也最好在 24 小时以内接种疫苗。领队应提醒旅游者，注射狂犬病疫苗有严格的时间限制，当天、第 3 天、第 7 天、第 14 天、第 28 天各注射一支；注射期间严禁饮用酒、浓茶、咖啡，禁食辣椒和其他刺激性食物；注意休息、避免剧烈劳动和劳累；伤口不宜包扎或缝合。

知识拓展 7-2-1

蛇伤的医治

万一被蛇咬伤，千万不要着急，要沉着冷静，不要听信“五步即死”的传言，只要不做剧烈运动，不会马上就有生命危险。要积极进行处置，首先结扎伤口上部肢体，以防止静脉血的回流，随即挤压伤口，压迫毒液流出伤口。要用手一面挤压伤口，一面用清水冲洗，涂蛇药粉于伤口处，速送医院做进一步处理。切记，扎结伤口上部肢体时，用力不可太重或太轻，要恰到好处，松紧适宜，不要影响血液流动，以防发生其他不测。

（四）食物中毒

食物中毒对人体的危害很大，其症状是患者感觉恶心，腹痛，呕吐，排水样便，特点是起病急、发病快、潜伏期短，若救治不及时，会有生命危险。食物中毒多由饮食不卫生引起，所以出游时应提醒旅游者选择比较卫生的餐馆用餐，不要食用小摊上的食品。若发现旅游者食物中毒，领队应设法为患者催吐，并让其多喝水以缓解毒性，严重食物中毒者立即送医院抢救；若为集体食物中毒，还应保留吃剩的食物，以待检疫部门检验，便于医院对症下药。

（五）心脏病猝发

旅游者在旅游过程中，如果出现胸闷、大汗、脸色发青发紫、晕倒等症状，外加有高血压史，一般不难判断为心脏病猝发。处理时不可随意搬动患者或者摇抱患者的上半身，切忌急着将患者抬或背着去医院，而应让其就地平躺，头略高，由患者亲属或其他旅游者找出患者的备用药物，让其服用；同时，应至附近医院找医生前来救治，病情稍稳定后再送往医院。

三、急救知识

（一）旅途中骨折的急救

旅途中的意外事故有可能引起骨折。骨折分没有伤口的闭合性骨折和有伤口、有肌肉断裂甚至断骨暴露于伤口外的开放性骨折两种。

开放性的骨折首先要止血。若出血较少，用干净的布扎住伤口即可；若出血量大，必须在上臂或大腿上方用带子扎紧，每 20 分钟解开带放松 2 分钟，直至血止住。若骨折是在非四肢的部位，要用手掌压住血管的上部（靠近心脏部位），阻住血的来源，直至血止住。

脊椎骨折时，要防止因搬动不慎损伤脊椎引起瘫痪。搬运伤员时，不能让骨折处有丝毫移动，应由三人同时搬运，护住腰部和腹部，三人同一水平，步调一致，将伤员搬上担架。如果是颈部骨折，需要有一个人捧住伤员的头防止头部摆动，再送往医院救治。

四肢骨折后，为避免损伤局部的肌肉、血管、神经等，要防止骨折端错动，也不要勉强去复位。对骨折端露出伤口外的，为避免感染，可用干净的手帕、毛巾覆盖后再予以固定。如无夹板，可用木板、竹条等代替；在夹板和肢体间垫上毛巾、软布等，再用绷带或布条把伤肢绑上。如找不到用来固定的材料，可以把伤肢绑在躯干上（上肢骨折），或将两条腿绑在一起（下肢骨折）。在为伤肢进行固定时，为减轻骨折错位所造成的损伤，应在骨折的下方牵拉，直至包扎完毕。经过临时包扎后，应立即设法转送到医院救治。

（二）出血的急救处理

对出血急救处理的要点是：用清洁的毛巾等压迫止血；迅速探明出血点；呼吸急促且无力时，预示着危险，应马上叫救护车。

1. 手脚出血

如果伤口被泥沙污染，应首先用消毒水或冷开水冲洗，切忌用肥皂洗涤。出血伤口周围的血块、血浆等不要去擦洗，伤口内的玻璃片、小刀等异物也不要勉强拔出，因为拔出后可能引起大出血，应马上送医院处理。

可以用清洁的布块、毛巾（最好是消毒纱布）等垫在伤口上，直接压迫约10～20分钟止血。血止住后，用包带轻轻包扎，注意别包得过紧，以能压住出血为度，然后去医院处理。切忌用脱脂棉花、草纸垫在伤口处，也不能在伤口上涂药物。要在6小时内进行消毒处理，以防感染化脓。

出血、受伤后应马上用净水器过滤的自来水或消毒水、冷开水清洗。伤口污染后，只要在6小时内能进行充分的消毒，一般不会出现化脓。但是，如果是刃物刺入等引起的伤口，以及刺入物残留体内，又未在6小时内做充分清创处理，会出现伤口化脓。另外，要记住，无论是由什么东西致伤的伤口，都有发生破伤风的可能，要及时采用预防措施。

2. 体表动脉出血

要迅速探明出血部位，用手掌按住伤口约20分钟。如还不能止血，可用包带缠绕压迫止血，同时找到伤口至心脏段内离心脏近、能感觉到搏跳的部位，用手指用力压迫（间接压迫法）止血。若手指、脚趾出血，则可用布垫着再用手指握紧止血。头部、腹部的出血，可用直接压迫法，边压迫止血边送去医院。通常人在脉搏每分钟120次以上、呼吸每分钟20次以上（成人）、人体血液丧失1/3以上时就面临生命危险了。

（三）休克的急救措施

1. 放置平卧位

下肢应略抬高，以利于静脉血回流。如有呼吸困难可将头部和躯干抬高一点，以利于呼吸。

2. 保持呼吸道通畅

这一措施对休克伴昏迷者尤为必要。方法是将病人颈部垫高，下颌抬起，使头部最大限度地后仰，同时头偏向一侧，以防呕吐物和分泌物误吸入呼吸道。

3. 保暖或降温

注意给体温过低的休克病人保暖，盖上被、毯。但对发高烧的感染性休克病人应帮助其降温。

4. 必要的初步治疗

因创伤骨折所致的休克可采取止痛措施，对骨折部位进行简单固定。

5. 迅速将病人运送至医院

需要尽快将病人送往有条件的医院抢救。对休克病人搬运越轻、越少越好，以送到最近的医院为宜。在运送途中，应有专人护理，随时观察病情变化，最好在运送中给病人采取吸氧和静脉输液等急救措施。

（四）溺水的预防与急救

溺水致死的主要原因是气管内吸入大量水分阻碍呼吸，或因喉头强烈痉挛，引起呼吸道关闭，使人窒息死亡。

在旅游时，领队绝对不能同意或带领旅游者去未开放的江河湖海游泳。在游泳池或开放的海滨游泳时，下水前要提醒旅游者先做全身性准备活动，以免因腿抽筋而发生意外。水性差者不要去深水处游泳。

如发现旅游者溺水，应立即开展救护，同时可以指导溺水者自救。指导溺水者采取仰卧位，头部向后，使鼻部露出水面呼吸；会游泳的，如发生小腿抽筋，要保持镇静，采取仰卧位，慢慢游向岸边。

将溺水者救出水后，首先以最快的速度撬开其口腔，除去口鼻的泥沙、杂草等污物，将舌头拉出口外，松解衣带，保持呼吸道通畅。救护的人取半跪的姿势，将溺水者的腹部放在救护者的膝盖上，头朝下，拍打其背部，以倒出呼吸道及肺部的积水。如溺水者还不能恢复呼吸，要立即施行人工呼吸，同时进行心脏按压，等待救援或将溺水者尽快送往医院做进一步治疗。

知识拓展 7-2-2

心肺复苏术(CPR)的操作过程

1. 识别心脏骤停

轻拍患者面部及双肩，并在其双侧耳边大声呼喊，观察有无应答。如果没有反应，说明意识丧失。快速观察患者有无自主呼吸，观察病人的胸廓有无起伏；同时判断有无脉搏，判断时间为5~10秒。若患者无意识、无脉搏、无自主呼吸，即可实施心肺复苏术。

2. 呼救

呼叫他人，打电话通知并启动急救医疗系统。

3. 胸外按压和早期除颤

使患者仰卧平躺于硬质平面，解开其衣领和腰带，操作者跪在其旁。

操作者左手掌根部放在患者胸骨下1/3交界处(男性可选择在双乳头连线的中点)，右手平行重叠压在手背上。操作者的肩、肘、腕应位于同一轴线，身体与患者身体平面垂直。胸外按压时应以掌根部为着力点，肘关节伸直，依靠自身重力垂直向下按压。

每次按压后让胸廓完全回弹，放松时双手不要离开患者胸壁，保持已选择的按压位置不变。按压和放松的时间大致相等。按压频率为100~120次/分；成人按压幅度至少为5 cm，但不宜超过6 cm。儿童和婴儿的按压幅度至少为胸部前后径的1/3(儿童约5 cm，婴儿约4 cm)。如果具备自动体外除颤仪，应该联合应用CPR和自动体外除颤仪。

4. 开通气道

进行30次心脏按压后，开通气道。清除病人口腔、鼻腔的异物和分泌物，若有假牙应取下。

若无颈部创伤，一般采用仰头抬额法开放气道。即操作者将一手置于患者前额使其头向后仰，另一手的食、中两指抬起下颏，使其下颌角与耳垂的连线与地面呈垂直状态，保持气道通畅。

5. 人工呼吸

开放气道后，进行2次人工呼吸，每次持续吹气时间不少于1秒。

在确保气道通畅时,操作者左手的拇指与食指捏住患者鼻孔,吸一口气,用口唇完全包绕病人的嘴部,然后缓慢吹气,观察患者有无胸廓起伏,确保足量的气体进入患者肺部。每次吹毕即将口移开,患者凭借胸部弹性收缩被动完成呼气。

吹气量以能看见患者胸廓起伏即可。按压和通气的比例为 30∶2,交替进行。对于婴儿和儿童,按压和通气的比例可为 15∶2。

6. 操作时长

胸外按压 30 次以及 2 次人工呼吸为一个循环,5 次循环(约 2 分钟)为一组。

如 5 次循环结束,患者意识仍未恢复,则继续进行 5 个循环 CPR,直至患者意识恢复或医护人员到达。具体时间需要根据患者具体情况而定。

(五)急救的几项禁忌

1. 急性腹痛忌服用止痛药

以免掩盖病情,延误诊断,应尽快去医院查诊。

2. 腹部受伤内脏脱出后忌立即复位

脱出的内脏须经医生彻底消毒处理后再复位,以防止感染造成严重后果。

3. 使用止血带结扎忌时间过长

止血带应每隔 1 小时放松 15 分钟,并做好记录,防止因结扎肢体过长造成远端肢体缺血坏死。

4. 昏迷病人,忌仰卧

应使其侧卧,防止其将口腔分泌物、呕吐物吸入呼吸道引起窒息。更不能让昏迷病人进食、进水。

5. 心源性哮喘病人,忌平卧

因为平卧会增加肺脏淤血及心脏负担,使气喘加重,危及生命。应取半卧位使下肢下垂。

6. 脑出血病人忌随意搬动

如有在活动中突然跌倒昏迷或患过脑出血的瘫痪者,很可能有脑出血,随意搬动会使出血更加严重,应平卧,抬高头部,即刻送医院。

7. 小而深的伤口忌马虎包扎

若被锐器刺伤后马虎包扎,会使伤口缺氧,导致破伤风杆菌等厌氧菌生长,应请医生清创消毒后再包扎,并注射破伤风抗毒素。

8. 腹泻病人忌乱服止泻药

在未消炎之前乱用止泻药,会使毒素难以排出,肠道炎症加剧。应在使用消炎药痢特灵(呋喃唑酮)、黄连素(盐酸小檗碱)、氟哌酸(诺氟沙星)之后再用止泻药,如易蒙停(洛哌丁胺)等。

9. 对触电者忌徒手拉救

如发现有人触电应立刻切断电源,并马上用干木棍、竹竿等绝缘体排开电线。

任务评价

任务内容	评 价 标 准	是否达标
公共卫生的常态化防控	了解公共卫生事件的常态化防控措施	□是 □否
一般卫生常识	熟悉晕车、中暑、动物伤人、食物中毒、心脏病猝发的应对措施	□是 □否
急救知识	熟悉骨折、出血、休克、溺水等情况的急救措施;了解心肺复苏术的操作流程;熟悉急救的禁忌	□是 □否

学习反思

任务三 目的地国家(地区)安全事故的应急处理与预防

任务导入

随着经济的发展与消费观的转变,越来越多的同胞出境在世界各地旅游。然而中国旅游者在出境旅游时,也面临着各种安全风险。

当地时间2019年2月19日晚,秘鲁马德雷德迪奥斯大区的豪华度假村酒店Inkaterra遭到约十名持枪歹徒抢劫。当时酒店有来自中国香港的旅行团入住,共有41名中国籍旅游者。当地媒体报道,抢劫过程中,超过40名来自中国及美国的旅游者一度被劫持。最终,劫匪杀害一名秘鲁籍导游并抢夺财物后逃逸。据中国驻秘鲁大使馆通报,没有中国籍公民在此次事件中伤亡,仅有一名旅游者的护照被抢。

当地时间2019年8月19日下午,一辆载有44名中国旅游者的旅游大巴,在从老挝首都万象驶往北部城市琅勃拉邦途中发生严重车祸,车辆出事前正行驶在一条超过90度的弯道上,有乘客闻到车内有焦臭味,当地导游回应为“刹车摩擦产生,不必担心”,但随之而来的,是车厢的大幅摇摆、翻车、飞冲下悬崖、车身翻滚两周栽进山谷,事故造成中国旅游者13人遇难,31人受伤。

当地时间2019年9月4日上午11点19分,新西兰著名旅游城市罗托鲁瓦市北部20分钟车程的高速公路上,一辆载有23名中国旅游者的旅游大巴发生侧翻,造成包括1名儿童在内的6人死亡,17人被送医救治。据报道,事故发生时正值雨天路滑。

当地时间2019年9月20日上午10点左右,在美国犹他州布莱斯峡谷国家公园附近,一辆载有31名中国旅游者的旅游大巴撞上防护栏后发生翻滚,车身严重变形。事故导致至少4名中国旅游者死亡,5人重伤,另外22人不同程度受伤。巡警称,事故可能是因司机转方向盘过度所致。

任务分析

（1）中国旅游者出境旅游面临的安全风险，包括车祸、抢劫、诈骗及其他意外事故等，无论是在发达的北美洲、欧洲、大洋洲，还是在南美洲、东南亚、非洲，每一类安全威胁都会存在。

（2）领队在境外带团时，一定要注意防范安全事故的发生。如果发生了安全事故，领队要采取相应的措施，尽量把旅游者的人身伤害和财产损失降到最低程度。

任务准备

一、旅游安全知识

（一）沙漠旅游安全知识

（1）旅游前，领队应了解当地的有关情况，如气候、植被、河流、村庄、道路等，规划好旅游线路，在确保安全的情况下制订出可行的旅游方案。

（2）告知旅游者在出发前穿上防风沙衣服和戴上纱巾，在脸上搽上防晒霜，戴太阳镜和遮阳帽，穿上轻便透气的高帮运动鞋，以防风沙。

（3）告知旅游者在沙漠旅游中不要走散，一旦走散后迷失了方向，不要慌张，也不要乱走，应在原地等待救援。

（4）若在沙漠旅游中遇到沙暴，要带领游客避开风的正面，千万不要到沙丘背风坡躲避，否则有被沙暴掩埋的危险。

（二）冰雪旅游安全知识

（1）在滑雪前，领队应告知旅游者穿戴好滑雪服，滑雪服最好选用套头式，上衣要宽松，以便于做滑行动作；衣物颜色最好与雪面白色有较大反差，以便他人辨认和避免相撞；佩戴好合适的全封闭保护眼镜，避免阳光反射及滑行中冷风对眼睛的刺激。

（2）在滑雪前，领队还应告知旅游者做好必要的防护措施，如检查滑雪板和滑雪杖有无折裂的地方，固定器连接是否牢固，选用油性和具有防紫外线的护肤用品，对易受冻伤的手脚、耳朵做好保护措施等。

（3）进入滑雪场后，领队应叮嘱旅游者严格遵守滑雪场的有关安全管理规定，向滑雪场工作人员了解雪道的高度、坡度、长度和宽度及周边情况，告知旅游者根据自己的滑雪水平选择相应的滑道，注意循序渐进，量力而行，要按教练和雪场工作人员的安排和指挥去做，不要擅自到技术要求高的雪区去滑雪；注意索道开放时有无人看守，若没有人看守，切勿乘坐。

（4）告知旅游者在滑雪过程中，要注意与他人保持一定的距离，不要打闹，以免碰撞；滑雪人数较多时，应调节好速度，切勿过快过猛。

（三）漂流安全知识

（1）在上船之前，领队应告知旅游者不要携带现金和贵重物品，仔细阅读漂流须知，听从工作人员安排，穿好救生衣，根据需要戴好安全帽。

(2) 告知旅游者在水上漂流中不要做危险动作，不要打闹，不要主动去抓水上的漂浮物和岸边的草木石头，不要自作主张随便下船。

(3) 告知旅游者漂流中一旦落水，千万不要惊慌失措，因为救生衣的浮力足以将人托浮在水面上，应静心等待工作人员和其他旅游者前来救援。

任务实施

二、交通、治安、火灾事故的预防与处理

(一) 交通事故的预防与处理

1. 交通事故的预防

交通事故中最常见的是汽车交通事故，这也是中国旅游者在境外旅游时占比最高的安全事故。为了有效地避免交通事故，境外旅行社在租用交通工具的时候，应选择实力雄厚、信誉好的交通公司，挑选有经验、技术精湛、服务态度好、稳重的司机，这是预防旅游交通事故的保障。同时，领队应该具备安全意识，配合当地导游和司机做好旅游过程中事故的预防工作。

(1) 领队和当地导游要科学安排旅游日程，时间上要留有余地，严格把握每个旅游景点的旅游时间，不要为“赶时间”而催促司机开快车。

(2) 司机开车时，领队和导游不要与司机聊天，以免分散其注意力。

(3) 如遇天气不好(下雪、下雨、有雾)、交通堵塞、路况不好，尤其是在狭窄道路、山区行车时，领队要主动提醒司机注意安全，谨慎驾驶；提醒地陪对日程安排适当灵活调整，必须把安全放在第一位。

(4) 提醒司机在工作期间不要饮酒。如遇司机酒后开车，不能迁就，要立即阻止，并请地陪向当地旅行社汇报，请求改派其他车辆或调换司机。

(5) 提醒司机经常检查车辆，如发现事故隐患，及时提出更换车辆的建议。

2. 交通事故的处理

一旦发生了交通事故，只要领队没有负重伤，神智还清醒，就应立即采取各种有效措施，冷静、果断地处理，尽最大努力减少人员伤亡和财物损失，并积极做好善后工作。发生交通事故后，领队应该采取以下措施。

(1) 立即组织抢救。领队应立即组织现场人员迅速抢救受伤的旅游者，特别是抢救重伤员，并尽快让旅游者离开事故车辆。如不能就地抢救，应立即拨打当地急救电话叫救护车(领队带团前要牢记目的地国家紧急电话号码)或拦车将重伤员送往距出事地点最近的医院抢救。

(2) 保护好现场，立即报案。事故发生后，不要在忙乱中破坏现场，要设法保护现场，并尽快通知警察部门和保险公司，请求尽快派人来现场调查处理。

(3) 迅速向旅行社报告。当地导游应迅速向接待社领导报告，讲清交通事故的发生和旅游者伤亡情况，请求派人前来帮助和指挥事故的处理，并要求派车把未受伤和轻伤的旅游者接走送至饭店或继续旅游活动。领队及时向国内组团社汇报，听取国内组团社领导对下一步工作的指示。

（4）做好安抚工作。事故发生后，领队在积极抢救、安置伤员的同时，要做好其他旅游者的安抚工作，力争按计划继续进行参观游览活动。

（5）请医院开具诊断证明，保存治疗凭证，并请当地警察部门开具交通事故证明书，以便向保险公司索赔。

（二）治安事故的预防与处理

在境外旅游活动过程中，遇到骚扰、行凶、抢劫、偷盗、诈骗等而导致旅游者身心健康及财产受到不同程度损害的事故，统称为治安事故。

1. 治安事故的预防

治安事故也是旅游活动中的常见事故。领队在旅游活动中要时刻提高警惕，要多提醒旅游者有关注意事项，采取一切有效的措施防止治安事故的发生。

（1）入住酒店时，领队应建议旅游者将贵重的财物存入酒店保险柜。不要随身携带大量现金或将大量的现金放在客房内。

（2）提醒旅游者不要将自己的房号随便告诉陌生人；更不要让陌生人或自称饭店维修人员的人随便进入自己的房间；尤其是夜间绝不可贸然开门，以防意外；出入房间一定锁好门。提醒旅游者不要与私人兑换外币。

（3）下车前，领队要提醒旅游者不要将证件或贵重物品遗留在车内。旅游者下车后，领队要提醒司机锁好车门，关好车窗，尽量不要走远。

（4）在旅游景点活动中，领队要始终和旅游者在一起，随时注意观察周围的环境，发现可疑的人或在人多拥挤的地方，提醒旅游者看管好自己的财物，如不要在公共场合拿出钱包、最好不买小贩的东西，并随时清点人数。

（5）汽车行驶途中，不得停车让非本团人员上车、搭车；若遇不明身份者拦车，领队应提醒司机不要停车。

（6）在境外旅游期间，领队要提醒旅游者结伴同行，特别是在治安比较差的国家（地区），提醒旅游者切勿单独外出。

2. 治安事故的处理

领队带领旅游团在境外旅游的过程中，遇到治安事件时，必须挺身而出，全力保护旅游者的人身安全。绝不能置身事外，更不能临阵而逃。发现不正常的情况，立即采取行动。

（1）全力保护旅游者。遇到歹徒向旅游者行凶、抢劫，领队应该做到临危不惧，毫不犹豫地挺身而出，奋力与坏人拼搏，勇敢地保护旅游者。同时，立即将旅游者转移到安全地点，力争在现场的群众和警察的帮助下追回钱物、缉拿罪犯，但也要防备犯罪分子携带凶器伤人，所以切不可鲁莽行事，要以旅游者的安全为重。

（2）迅速抢救。如果有旅游者受伤，应立即组织抢救，或送伤者去医院。

（3）立即报警（领队要牢记目的地国家报警电话）。治安事故发生后，领队应立即报警，如果罪犯已逃脱，领队要积极协助警察破案。要把案件发生的时间、地点、经过、作案人的特征，以及受害人的姓名、性别、国籍、伤势及损失物品的名称、数量、型号、特征等向警察部门报告清楚。

（4）及时向旅行社领导报告。领队在向警察部门报警的同时要向国内组团社领导及有关人员报告。如情况严重，请求当地旅行社领导前来指挥处理。

（5）妥善处理善后事宜。治安事件发生后，领队要采取必要措施稳定旅游者情绪，尽力使旅游活动继续进行下去。准备好必要的证明、资料，处理好受害者的补偿、索赔等各项善后事宜。

(6) 写出书面报告。事后，领队要按照有关要求写出详细、准确的书面报告。

案例精选 7-3-1 杭州旅游团南非遭抢劫后安全回国

2011 年 11 月 3 日，一个“南非、阿联酋 9 日游”的旅游团在南非结束了所有的游览行程，正乘坐旅游巴士前往约翰内斯堡机场，准备离境回国。当时旅游大巴上共有 32 人：29 位旅游者，1 位浙江中青旅的领队，1 位当地导游和 1 位当地旅游司机。当时已经是晚上 19 点左右，就在旅游大巴开往机场的途中，突然从大巴的后面传来了警笛声。司机注意到后面跟上来一辆闪着警灯的平民车，警车内的警察示意让他们停车，车上的旅游者觉得很奇怪，但是因为在国外，且又不懂当地语言，也就没有注意，以为只是例行的临时检查。在大巴停车后，几个穿着警察制服的男人登上了旅游大巴。这时，坐在最前排的领队和两位旅游者发现，几个穿警服的男子全都手拿枪械。有 3 位看似警察的人就上车问了司机团队的情况和目的地，要求司机出示证件，然后开始审查司机和客人的证件，通过这些“警察”的言行和行为，领队和旅游者很快就明白了一个事实：他们遇到了抢劫。

领队首先对劫匪进行了阻挠，这个身材高挑的姑娘一开始并没有被吓倒。但是，接下来的一幕，不得不让这位领队感到恐惧。因为其中一位持枪劫匪伸手对着领队的脸就是狠狠的一巴掌。其余的男性客人被电棍电击。这一个巴掌，不只是把领队的脸“打”镇定了，通过劫匪的粗暴行为，以及回想以前发生的抢劫事件，她首先想到的是旅游者的安全，劫匪们都有枪，所以绝对不可以激怒劫匪，否则旅游者们可能有生命危险。领队很快反应过来，她用英语和劫匪进行交涉，她告诉劫匪：“请不要动手，我们会主动把值钱的东西交出来，请你们不要伤害任何人。”对于劫匪来说，最重要的就是钱财，但是他们没有想到的是，眼前这位领队却利用他们听不懂中文，对旅游者进行了“教育”。领队转身对旅游者解释了整个情况，让他们不要惊慌，现在最重要的是人身安全，尽量配合劫匪。但是她同时告诉旅游者，把自己的护照、现金和贵重物品放好，尽可能把自己装杂物、零食的袋子交给劫匪。这个提示很重要，因为客人中不少人之前刚刚在购物点购买了钻石。但是坐在大巴最前排的两名乘客和领队本人，因为形势紧迫只得将所有的东西如数交出，其中包括他们的护照。而坐在旅游巴士后面的旅游者，全部将护照迅速藏了起来，绝大多数的贵重物品也没有被抢走。一些旅游者甚至从后面把自己的包主动递给劫匪。不过，这些包里大多都是些水果、衣服等不值钱的物品。匆忙中，劫匪无暇仔细检查袋子里面的具体内容。

最后在清点损失时，共有 16 位旅游者被劫走了财物，包括钻石 1 颗，现金近 20 万元。包括领队在内的 3 位成员被抢走了护照。随后，领队拨打了报警电话，并通知了旅游公司相关负责人。中国驻南非共和国大使馆和驻约翰内斯堡总领馆对此事也相当重视，非常关心来自杭州的这些旅游者。

当地时间 11 月 3 日晚 9 点，未被抢走护照的 27 位旅游者按原计划搭机回国。护照被抢的领队跟两位旅游者滞留在南非机场。在使领馆的帮助和浙江省公安厅的配合下，领队和另外两名旅游者的护照在 4 个小时内补办完毕。当地时间 11 月 4 日晚，滞留的领队跟两位旅游者搭机回国。

【案例评析】

案例中,旅游公司派出的领队遇事镇定、反应灵敏。否则,不仅旅游者的贵重物品会被洗劫一空,而且也有可能发生伤亡的悲剧。领队的专业知识和语言能力在这次的事件中发挥了很大的作用。领队良好的语言能力帮助她在第一时间内理解劫匪的意图。同时,领队掌握的专业知识能够使她及时地做出正确的反应,提醒旅游者以人身安全为重,并用不值钱的物品打发劫匪,因为劫匪没有这么多的时间去检查行李袋里的物品。并且,领队用娴熟的英语与劫匪交流时能够适时地转移匪徒的注意力,让旅游者能够有更充分的时间来整理自己的东西,最大限度地降低旅游者的损失。

(三)火灾事故的预防与处理

1. 火灾事故的预防

饭店、景点、娱乐场所、购物场所等地发生火灾,会威胁到旅游者的生命和财产安全,给旅游者带来极大的损失和不幸,后果十分严重。为防止火灾事故的发生,在境外旅游活动中,领队应该做好以下工作:

(1) 做好提醒工作。提醒旅游者不携带易燃、易爆物品;不乱扔烟头和火种,不要躺在床上吸烟;向旅游者讲清楚,在托运行李时应按运输部门有关规定去做,不得将违禁物品夹带在行李中。

(2) 熟悉饭店的安全出口和转移路线。领队带领旅游者入住饭店时,必须介绍饭店楼层的安全出口、安全楼梯的位置,并提醒旅游者进入房间后,看懂房门上贴的安全转移路线示意图,掌握一旦失火时应走的路线。

(3) 牢记当地火警电话和旅游团内所有旅游者的房间号码。领队一定要牢记目的地国家的火警电话;掌握全体旅游者的房间号码。一旦火情发生,能及时报火警与通知旅游者。

2. 火灾事故的处理

如果发生了火灾,领队应沉着冷静,采取以下措施:

(1) 立即报警,并迅速通知全体旅游者撤离。在撤离时,镇定地与工作人员配合,听从统一指挥,组织旅游者通过安全出口迅速离开现场。

(2) 判断火情,引导自救。如果情况危急,不能马上离开火灾现场而被困,领队应采取的正确做法是:千万不能让旅游者搭乘电梯或慌乱跳楼。尤其是在三层以上的旅游者,切记不要跳楼;必须穿过浓烟时,可用浸湿的衣物披裹身体,戴上防烟面具,或用湿巾捂住口、鼻,尽量贴近地面顺墙爬行;若身上着火,可就地打滚,将火苗压灭,或用厚重衣物压灭火苗;大火封门无法逃出时,可用浸湿的衣物、被褥将门缝堵塞严或泼水降温,等待救援;可以在窗口摇动色彩鲜艳的衣物,争取救援。

(3) 协助处理善后事宜。旅游者获救后,领队应立即配合救援人员抢救受伤旅游者,将重伤者立即送往医院。若有旅游者死亡,应按有关规定处理。采取各种措施稳定旅游者的情绪,帮助旅游者解决因火灾所造成的生活上的各种困难,想办法使旅游活动能继续进行;火灾过后,导游员应就火灾的全过程写出详细的书面报告。

知识拓展 7-3-1

部分国家(地区)紧急救援电话

国家/地区	紧急救援电话	国家/地区	紧急救援电话	国家/地区	紧急救援电话
亚洲					
泰国	191	印尼	510110	印度	110
新加坡	999	孟加拉国	509922	马来西亚	999
土耳其	5285369	菲律宾	7575	斯里兰卡	33333
印度尼西亚	110/118	文莱	22333	韩国	112
蒙古	102/103	约旦	192/193	哈萨克斯坦	03
缅甸	199	黎巴嫩	112/1401	吉尔吉斯斯坦	03
塔吉克斯坦	03	尼泊尔	100	斯里兰卡	1691095
伊朗	129/115	乌兹别克斯坦	03	亚美尼亚	101/103
日本	110	巴基斯坦	222222		
欧洲					
捷克	333	比利时	101	保加利亚	166
芬兰	112	丹麦	112	奥地利	133
英国	999	法国	17	德国	110
冰岛	11166	希腊	171	匈牙利	078668
意大利	113	爱尔兰	999	以色列	100
荷兰	222222	卢森堡	5860	摩洛哥	19
葡萄牙	091	挪威	112/113	波兰	997
马耳他	112	瑞典	112	瑞士	117
西班牙	112	俄罗斯	02	南斯拉夫	92
美洲					
美国	911	加拿大	911	古巴	26811
巴西	911	阿根廷	101	秘鲁	011/5114

续　表

国家/地区	紧急救援电话	国家/地区	紧急救援电话	国家/地区	紧急救援电话
哥伦比亚	119	牙买加	119/110	智利	133/131
墨西哥	080				
非　洲					
埃及	0	博茨瓦纳	997/911	多哥	101
津巴布韦	995/994/999	摩洛哥	19/15	肯尼亚	999
利比里亚	911	尼日利亚	199	马达加斯加	22-39751
马里	18/15	南非	10111/10177		
大洋洲					
澳大利亚	000/112	新西兰	111		

任务评价

任务内容	评价标准	是否达标
旅游安全知识	了解沙漠、冰雪、漂流等旅游项目的安全防范知识	□是　□否
交通事故的预防与处理	熟悉预防交通事故发生的注意事项，掌握交通事故发生后的处理流程	□是　□否
治安事故的预防与处理	熟悉治安事故的预防事项，掌握治安事故中领队应采取的恰当行动	□是　□否
火灾事故的预防与处理	熟悉火灾事故的预防事项，掌握火灾发生后的自救措施	□是　□否

学习反思

____

____

____

____

____

____

____

____

____

本项目从领队在境外带团过程中可能会遇到的各种天灾人祸和突发性事件出发,介绍常见自然灾害和卫生保健的基本常识,培养领队在遇到应急事故时的快速反应能力和正确处理能力。着重介绍领队在遇到自然灾害、重大安全事故时,把损失降到最小的规范操作流程和应对措施。介绍领队的急救技能,在旅游者受到严重伤害时,最大限度地保护旅游者的身体健康和生命安全。

一、判断题

1. 地震发生时,如果在楼房,应迅速远离外墙及其门窗,可选择厨房、浴室、厕所、楼梯间等开间小而不易塌落的空间避震,千万不要外逃或从楼上跳下,也不能使用电梯。 (　　)
2. 发生泥石流时,领队要尽快带领旅游者向山坡下跑,或者爬上房屋顶部、电线杆等高处进行躲避。 (　　)
3. 若发现旅游者食物中毒,领队应设法为患者催吐,并让其多喝水以缓解毒性,严重食物中毒者立即送医院抢救。 (　　)
4. 若在沙漠旅游中遇到沙暴,要带领旅游者避开风的正面,可以到沙丘背风坡躲避。 (　　)
5. 领队带领旅游团在境外旅游的过程中,遇到治安事件,必须挺身而出,全力保护旅游者的人身安全。 (　　)

二、单选题

1. 领队在境外带团遇到海啸,以下做法中不正确的是(　　)。
   A. 如未能提前躲避海啸,在经历海啸时,领队应迅速指导旅游者做好自救准备,尽量牢牢抓住能够固定自己的东西,而不要到处乱跑
   B. 在浪头袭来的时候,要屏住一口气,尽量抓牢不要被海浪卷走,等海浪退去后,再向高处转移
   C. 如果在海上漂浮,要尽量使自己的鼻子露在水面或者改用嘴呼吸
   D. 如果当时旅游团队乘船在海面上,领队应要求船只尽快向港口或浅海行驶
2. 领队在带团时遇到交通事故,车上有游客受伤严重,领队迅速组织救援,以下哪种情况的受伤会使旅游者面临生命危险,需要抢先救治?(　　)
   A. 脉搏每分钟 80 次以上、呼吸每分钟 15 次以上(成人)、人体血液丧失 1/5 以上
   B. 脉搏每分钟 100 次以上、呼吸每分钟 12 次以上(成人)、人体血液丧失 1/4 以上
   C. 脉搏每分钟 120 次以上、呼吸每分钟 20 次以上(成人)、人体血液丧失 1/3 以上
   D. 脉搏每分钟 100 次以上、呼吸每分钟 15 次以上(成人)、人体血液丧失 1/5 以上

3. 旅游者不慎坠入海中，当溺水旅游者被救上岸后，领队抢救溺水旅游者的第一步是(　　)。

A. 迅速进行控水　　B. 立即进行人工呼吸

C. 进行胸外按压　　D. 迅速清除口鼻内的污泥、杂物

4. 领队在使用心肺复苏术急救时，胸外心脏按压的频率是(　　)。

A. 80~100 次/分　　B. 90~100 次/分

C. 100~120 次/分　　D. 110~120 次/分

5. 泰国和日本的报警电话分别是(　　)。

A. 999 110　　B. 110 112

C. 000 911　　D. 191 110

三、多项选择题

1. 当自然灾害影响到旅游团队的人身安全时，领队必须要做的有(　　)。

A. 第一时间与当地有关急救部门取得联系，争取救援

B. 及时向当地旅游行政管理部门和境外地接社或组团社应急指挥小组汇报情况，并在现场积极主动采取必要的救援措施，力争在最短时间内把损失降到最低

C. 稳定旅游者情绪，保护现场，等待救援

D. 积极主动配合有关部门的救援工作，并及时保存有关票据和书面材料

2. 遇到有旅游者休克，领队要采取的急救措施包括(　　)。

A. 放置平卧位　　B. 保持呼吸道通畅

C. 保暖或降温　　D. 必要的初步治疗

3. 领队带领旅游团入住酒店，为预防火灾事故发生给旅游者带来人身伤害，领队要做的工作包括(　　)。

A. 提醒旅游者不要躺在床上吸烟

B. 熟悉饭店的安全出口和转移路线，记住所有旅游者的房间号码

C. 向旅游者介绍饭店楼层的太平门、安全出口、安全楼梯的位置

D. 提醒旅游者查看房门上贴的安全转移路线示意图，掌握一旦失火时应走的路线

中国公民出境旅游每年都有各种意外发生，不同的事故都可能给旅游者带来一定程度的身体伤害，常见的有骨折、出血等，严重的有旅游者心跳和呼吸停止。领队带团时，掌握相关的急救技能非常重要，在遇到事故时，领队第一时间的救治可以降低身体伤害的程度或者挽救生命。

实训要求：请以小组为单位，准备三角巾、纱布、绷带等急救材料，进行止血包扎、骨折固定等急救技能实训。有条件的学生，可准备心肺复苏人体模型，进行心肺复苏术的训练。

项目八　出境旅游领队在国际邮轮上的工作

项目导学

出境旅游领队在国际邮轮上的工作

- 国际邮轮登船流程及手续
  - 领队带领旅游者登国际邮轮前的准备工作
  - 办理登船及行李托运手续
- 出境旅游领队在国际邮轮上的服务
  - 登船首日服务及规范
  - 行船中服务及规范
  - 特殊情况处理
- 国际邮轮离船流程及手续
  - 离开邮轮前的准备工作
  - 抵达邮轮码头
  - 离开国际邮轮

学习目标

☆知识目标：1. 熟悉出境领队办理国际邮轮登船流程及手续。
　　　　　　2. 掌握出境领队在国际邮轮上的服务。
　　　　　　3. 熟悉出境领队办理国际邮轮离船流程及手续。
☆能力目标：1. 熟练操作国际邮轮登船流程及手续。
　　　　　　2. 熟练操作国际邮轮上的各项服务。
☆素质目标：1. 培养学生的职业意识。
　　　　　　2. 具备终身学习的素养。

随着人们收入水平的提高以及社会休闲时间的增多，出境旅游已成为人们的重要生活方式，其中出境邮轮旅行集优雅、悠闲、自由、舒适等众多优点于一身，已成为人们最向往的度假方式之一。

邮轮旅游是用邮轮将一个或多个旅游目的地联系起来的旅游行程。本章内容涉及的邮轮旅游线路为出境旅游线路，即邮轮加目的地国家（地区）旅游行程路线。传统的旅行方式由交通、酒店、地接服务等多种服务内容和单位组合而成，服务品质参差不齐，而邮轮是一站式服务，一条邮轮就涵盖了整个旅行过程中的方方面面，同时邮轮业界有完善成熟的星级评定系统。相比较一般的出境旅游线路，邮轮游对出境领队的服务要求更高。综合来看，出境领队在国际邮轮上的工作主要包括国际邮轮的登船手续办理、国际邮轮上的服务、国际邮轮离船手续的办理等几个方面的内容。

任务一　国际邮轮登船流程及手续

任务导入

小王是一名年轻的出境旅游领队，旅行社安排他作为歌诗达邮轮赛琳娜号上海至广岛6日游线路领队全程为旅游者服务，这是小王第一次带国际邮轮线路团队。他很期望自己能把团带好，为实现这一愿望，小王作为国际邮轮的出境领队，应做好哪些准备呢？如果你是小王，你能帮自己制作一份任务和注意事项清单吗？

任务分析

（1）小王先需要了解带领旅游者登国际邮轮前的注意事项。

（2）小王还需要了解如何办理登船手续及行李托运手续。

（3）小王也需要掌握领队组织旅游者登船的流程。

邮轮起源于19世纪上半叶的英国。1839年，加拿大商人肯纳德在英国女王的支持下取得了在英国与北美洲之间运送邮件的承包权，随后在1840年创办了世界上第一家邮轮公司——英国北美皇家邮件船务公司，并以“冠达邮轮”为名，开创了世界海运史的新篇章。1846年，近代旅游业创始人托马斯·库克组织了350人的旅游团，包租了一艘商船到苏格兰旅游，这是全世界公认的首次商业旅游活动，标志着邮轮开始作为运送旅游者的交通工具。马克·吐温在他的小说《傻子出国记》中将这种旅行方式巧妙地比喻为“巨型野餐”。20世纪60年代初至70年代末，歌诗达公司推出第一艘专为旅游娱乐设计的名为Franca C的邮轮，标志着现代邮轮旅游正式诞生。20世纪90年代初，随着马来西亚丽星邮轮公司的成立，邮轮旅游市场从欧美开始向亚洲拓展，在全世界范围内形成了邮轮旅游的成长兴盛期。

21世纪以来，邮轮旅游作为一种新兴的休闲度假旅游形式，逐渐被国内旅游者认识和喜爱，欧美邮轮旅游市场的饱和使得歌诗达、皇家加勒比等世界著名邮轮品牌纷纷瞄准了中国这个最具潜力的邮轮旅游市场，邮轮旅游在中国开始稳步发展。

近年来，国内邮轮旅游蓬勃发展，乘客人数不断攀升。据中国交通运输协会邮轮游艇分会的数据统计：2018年中国乘坐邮轮的人数已高达240万，中国一跃成为仅次于美国的第二大邮轮旅游国家。而2011年的乘坐人数只有8.7万，短短7年间人数就飙升至240万。中国旅游集团公司董事长张学武说：“近年来，邮轮市场在中国发展非常快，到2030年至少达到1 000万人次。”

据中研普华研究院《2019—2025年中国邮轮行业市场全景调研与竞争格局研究报告》分析，现代的邮轮业主要以大型游船为依托，以跨国旅游为核心业务，属于旅游市场高端产品。在世界范围内的消费升级下，更高端、更有品质的邮轮旅游开始流行，这也促进了全球邮轮产业的快速发展。中国作为全球最大邮轮业的新兴市场和全球第二大邮轮客源国，是全球最大、最有潜力的消费市场，蕴含着巨大的增长空间。经过近二十几年的发展和积累，目前中国邮轮产业逐渐步入成熟阶段，设施与服务也不断与国际水准接轨，国内和出境邮轮旅行将成为主流，无论从数量还是专业程度来说，这对旅游公司和出境领队都提出了更高的要求。

任务准备

一、领队带领旅游者登国际邮轮前的准备工作

（一）知识准备

相对于传统出境旅游，出境邮轮旅游对旅游者来说比较陌生，它涉及的内容更加广泛，旅游者也更加好奇。这就要求领队提前做好功课，主要包括了解目的地国家概况、地理、气候、人文、历史、宗教、民族、风俗等主要特征及目的地国家出入境边检、安检、海关法规。熟悉出行邮轮基本情况、船型、设施、特点等；熟悉产品线路、景点概况、行程时间、行驶时间、岸上餐食、附近商业特征等；掌握码头团办和散办流程、上下船流程、接待话术、船上服务要点、VIP 客人服务流程、套房礼遇内容、处置突发要点；掌握在线值船操作流程及注意事项。

（二）材料准备

出境邮轮旅游不是传统的出境旅游，是一种全新的旅游模式。除了在始发国和目的地国（地区）机场要办理出入境手续之外，邮轮团在邮轮码头登船之前，还要经过一道出境手续，这就要求领队出发前认真检查旅游者资料，以免登船的时候出现差错，一旦出错，由于码头非常拥堵，会浪费大量的时间，甚至会因时间紧导致旅游者无法登船。具体材料准备如下：

1. 熟悉相关信息

主要包括旅游者信息分房表、登船通知书、出行指南、领队须知、特殊资源等。

2. 熟悉旅游者相关情况

了解旅游者的年龄、籍贯、性别、国籍、联系方式、证件号、是否高危地区、所预定房型、房号以及岸上游线路、旅客材料状态等情况；熟悉旅游者所预定房型的类别及特点，特别是三人房、四人房、随机类、遮挡类、特惠类、迷你套类、无障碍房、拼房、挂舱等。

另外，领队还要熟悉所属团队岸上游线路及景点情况，及时答疑解惑，更新知识点，如有信息缺失，及时与后台联系。严禁将公司内部信息、客户资料、出团材料、领队培训材料、管理组人员信息电话等透露给其他客人和第三方。

3. 召开电话说明会

拿到旅游者信息后，领队要在第一时间完成电话说明会，具体内容主要包括以下几点：

（1）建立微信工作群。以家庭为单位分组并编号，请旅游者以家庭编号来备注联系人及联系方式。

（2）确认旅游者的房型、码头集合时间和地点。严格按照登船通知书告知的集合时间点抵达码头即可，因为码头客流量较大，不必提早至码头等待，可以告知旅游者码头边检的截止时间，提醒预留途中时间。

（3）提醒旅游者携带必要登船文件。主要包括登船证、护照原件及复印件、旅游者安全信息表及重要证明等资料。需要注意的是，港澳台旅游者需要带好通行证、回乡证、台胞证原件，外籍旅游者、个签、自备签旅游者确认前往目的地国家的自备签证和再次入境中国大陆的二次有效签证,如因签证问题造成行程受阻或其他问题,相应损失须自行承担。

另外关于不随其父母一起出行的未成年人,从 2018 年开始各邮轮公司逐步推广在线值船的办票政策,因此邮轮公司也将不再收取客人护照原件和未成年人证明文件,要求领队在电话说明会时必须提醒旅游者带好未成年人相关重要证明(未成年人出生证复印件或有父母和孩子信息页面的户口簿复印件、未成年人父母的身份证复印件),下载填写并携带必要文件(委托书/随行监护人承诺书),否则未成年人将无法登船。

(4) 出行前行李准备及违禁物品说明。参考登船通知书中"携带物品"类别及"禁带物品"条款,告知客人日常必须携带的行李类别及违禁品。

(5) 邮轮设施简介。参考登船通知中的"邮轮须知(关于房间、用餐、房卡使用)",教会旅游者使用邮轮每日指南,说明如何预定用餐及船上活动,介绍邮轮 WiFi 价格和使用方法等。

(6) 时差调整。邮轮所去国家如韩国、日本与中国有时差(+1 小时),上船后请根据航海日报上的提示调整自己手表的时间。

(7) 邮轮消费方式简介。邮轮上的消费以美金结算,通过房卡记账付款,任何消费、购物等均不收现金(除额外小费与娱乐场所),并在下船前结清房卡里的挂账。也可使用国际双币信用卡进行账户绑定,如 Visa 卡、万事达卡(Master Card)、美国运通卡(American Express)(请检查有效期,与房卡绑定),一张卡可以绑定多人或多间房,卡主应为出行人,使用信用卡支付的宾客下船前无须办理结账手续,最后一天核对账单。还可以用支付宝付款,使用支付宝付款要连接船上的免费 WiFi,具体可咨询免税店工作人员。选择支付宝支付的宾客,下船前无须办理结账手续。选择银联卡(借记卡)或现金支付的宾客,则应携带房卡,根据船方指示于规定时间前往预付押金处办理,具体以登船后船方的通知为准。之后可以前往宾客服务中心办理。每位旅游者需要交付以美元为单位的预付押金。旅游者可以使用美元现金或者银联卡(借记卡)进行押金交付,押金处不接受其他货币及兑换,请旅游者务必事先兑换美元。

(8) 登船流程介绍。具体内容参考登船通知书和领队须知。

任务实施

二、办理登船及行李托运手续

由于开航前一小时全部乘客都必须登船完毕,迟到将无法登船,这就要求出境领队在赴码头的大巴车上提前将办理登船手续流程和行李托运手续步骤告知旅游者。目前邮轮公司大多采用电子客票,一般由旅行社提前打印好交领队保管,到码头后,领队将船票连同护照原件及复印件、公众健康调查表等材料分发给旅游者。资料分发完毕后,领队要协助旅游者进行行李托运,一般大件行李需要托运,小件行李无须托运,贵重物品随身携带。行李会在旅游者登船后,按照旅游者所填写的信息,放在旅游者的舱房里。领队要提醒旅游者不要将所有要办理登船手续的证件(例如护照、E－D0c、setsail Pass/express Pass 及其他登船文件)、重要数据、现金、信用卡、珠宝、旅行支票、处方药、眼镜等放置于托运的行李内,否则将无法办理登船手续。

图 8－1－1 皇家加勒比邮轮登船卡

托运行李之后，领队带领旅游者前往邮轮码头服务柜台办理出境手续和登船手续。进入码头登船大厅后，领队可以要求现场工作人员开通团队通道，以方便办理。在办登船卡时，提醒旅游者将护照及填写好的登船文件与信用卡准备好，排队等候。登船手续办理完成后，每位乘客将会拿到 Sea Pass 船卡 1 张（见图 8－1－1，显示所搭乘的邮轮名称、邮轮出发日期、乘客英文姓名、用膳餐厅名称、用膳梯次、餐桌号码及乘客账号），这张船卡是乘客的识别证。登船前，领队要向客人介绍船卡上的信息，并提醒旅游者务必随身携带，切勿丢失，因为旅游者不仅在上下船时需要它，在邮轮上也要把它当成钥匙卡和签账卡使用，因此它将伴随旅游者游览全程，旅游者万一不慎遗失，需要立刻向邮轮上的服务柜台申办遗失，重办新的船卡。

一般在旅游者登船之后两个小时内，大件行李都会陆陆续续送到客房门口。如果较长时间还没送到，可能是因为行李上的标签脱落，无法送达客房；或者行李中有违禁物品等情况，也无法送到客房。这个时候，领队可协助旅游者去邮轮的公共服务层寻找。

 **知识拓展 8-1-1**

邮轮旅游行李清单

邮轮假期是非常舒适的度假方式，以皇家加勒比邮轮为例，建议您出行前就以下几点做好准备。

（1）检查护照是否有效，护照需要确保行程结束后还有 6 个月及以上的有效期；确保护照上有足够的空白签证页用于敲盖签证章。

（2）准备舒适的衣物和鞋类、正装或晚礼服（航行期间船长会举行欢迎鸡尾酒会，男士建议穿着礼服或深色西服，领结或领带及皮鞋；女士以深色套装、晚礼服及旗袍为佳，中国母港出发航次没有规定必须正装出席）、运动装及泳装等，同时建议带好防晒霜、太阳镜等。因海上早晚温度较低，推荐携带一些保暖的衣物。

（3）目的地的大型商场大部分都可以刷卡消费，但仍建议携带少量目的地当地现金以便就餐或在小店购物时使用。

(4) 常规的照相机、摄像机等电子用品可以携带上船。

(5) 邮轮公司出于倡导环保、减少海洋污染的考虑,在客房内不提供牙膏、牙刷及浴室用拖鞋等,需要您自备。

(6) 准备好适量的常用药备用,如感冒、腹泻、晕船药等。

(7) 带好转换插头(海洋量子号及海洋赞礼号两孔插头无需转换器,三孔插头设备请自备美标转换器)。

(8) 船上消费可使用以下方式结账:有 VISA、MASTER 等标记的双币信用卡,或者卡号为 62 开头的银联信用卡/借记卡。没有银行卡的客人请使用美金现金作为船上消费的支付方式。建议您出行前和发卡行申请提高消费额度和备注境外刷卡,防止发卡行意外安全锁卡;根据境外移民局出入境管理规定,所有途经日本航次的邮轮游客必须在登船 24 小时内关联信用卡,或选择交纳 150 美元每人的消费押金作为其行程经济担保。为了确保每位游客能有一个愉快的假期,建议所有客人首选信用卡关联作为船上消费的支付方式。此政策只适用于所有去日本航次,非日本地区则不适用。船上提供货币兑换服务,兑换率以船方公布汇率为准(非银行汇率)。

实践活动 8-1-1 请根据所学知识帮助小王完成以下任务

思想和心理准备内容	行李托运及登船流程表	安全提示及注意事项

任务评价

任务内容	评　分　标　准	是否达标
领队带领游客登船前的注意事项	掌握领队带领游客前的准备工作及注意事项	□是　□否
登船流程及办理手续	熟悉登船流程及办理手续应注意的事项	□是　□否

学习反思

______

______

______

______

______

______

任务二 出境旅游领队在国际邮轮上的服务

任务导入

赵先生参加公主号邮轮跟团出境旅游,旅行社按照旅游合同约定进行行程安排和办理酒店入住,一切顺利。邮轮行驶到日本海岸时,有上岸活动,当时,赵先生询问领队,回船后房间是否调换,领队回答说不换。上岸前,领队多次强调人身安全和财物安全问题,要求旅游者随身携带贵重物品。赵先生因嫌麻烦,将10 000元人民币现金放在酒店房间的行李箱内。返程后回到房间,发现10 000元人民币不翼而飞。赵先生找到领队,要求给出处理方案并赔偿其经济损失10 000元人民币。

该案例中赵先生的要求是否合理?领队该如何应对?试从邮轮领队的船中服务及规范的角度进行分析。

任务分解

(1) 首先需要掌握出境邮轮旅游领队在船中服务的规范、义务及执业要求都有哪些。

(2) 其次要掌握突发事件发生后,出境邮轮旅游领队的解决流程、服务规范有哪些。

(3) 依据所学知识,结合案例实际进行案例剖析与总结。

任务准备

起航后旅游者的主要行程就是巡游和港口登陆观光游览。在船上,旅游者会涉及食、住、游、娱、购等几个方面的活动。巡游及登陆是邮轮旅游的主要内容,这期间,领队的工作涉及面广而复杂,为了更清晰地把出境旅游领队在国际邮轮上的服务内容展示给大家,我们从登船首日服务及规范、行船中服务及规范和特殊情况处理三个方面给大家介绍领队服务工作。

一、登船首日服务及规范

大多数旅游者都是第一次乘坐邮轮旅游,首日难免会有不适应和咨询各种问题,鉴于这种情况,领队首日的工作主要为人文关怀、介绍、提醒及值班,随时为旅游者答疑解惑和解决问题,帮助旅游者尽快熟悉邮轮并融入其中。

(一) 房间关怀服务及规范

登船首日,办完所有手续后天色一般就比较晚了,通常不安排具体旅游活动,主要是房间安排、用餐及自由活动。旅游者入住房间后,领队要及时了解旅游者的房间情况是否符合预定时的要求,如大床或双床,如有问题,协助旅游者请邮轮服务员调整。领队要进行邮轮设施的简单介绍，询问用餐批次是否调整，行李有无送到，及时进行房间巡视，关心旅游者生活并提醒旅游者相关重要事项。针对 VIP 套房客人，要第一时间到客人房间进行关怀，留下房间号。提醒套房服务，提醒仅供套房客人享用早餐的餐厅，关注行李是否送到（如果行李有损坏及时与船方协调解决）、管家是否到访，教客人使用房内保险箱等设施，询问是否需要预约餐厅/水疗等。及时向船方确认岸上观光的集合时间、地点及注意事项。明确集合时场地站位，可以通过微信群通知、发放领队温馨小贴士、当面或电话通知等方式使每房客人知晓。

（二）救生演习

关闸后半小时，邮轮上会组织救生演习，请旅游者根据房卡上的救生位置前往集合，每位客人必须参加。

（三）巡船与值班

1. 巡船

登船首日，组长会分批次安排领队带领旅游者巡船。领队要明确巡船站位（总服务/领队服务台），按要求穿好制服、携带对讲机（包船），服从组长安排，通常每批间隔 20 分钟。巡船时，领队要给客人介绍邮轮主要场所及设施，教客人使用航海日报，享受邮轮假期。

2. 值班

领队要服从组长排班安排，明确值班台位置，穿好制服，携带对讲机、值班台立牌、领队值班日志及值班所需物品（包括：新一期航海日报、纸和笔等）。值班时不得进行饮食、聊天、打游戏、开小差等与值班无关事项。有旅游者来咨询，主动起身招呼，礼貌接待，灵活应答。严格执行报备制度：组员—组长—总负责人。不得越级，不得向旅游者透露公司内部信息，如负责人联系方式等。

公共区域值班主要指的是服务中心周边、主餐厅、自助餐厅、大剧院、开放式泳池等场所。在开餐时领队要多帮忙疏导人流，协助维持就餐秩序。在大型表演、活动开始前 15 分钟至开始后 15 分钟，领队要在该活动场所门口进行客户关怀。需要重点关注的是，船中室内外开放式泳池，必须巡视值守，尤其是深水区域泳池，提醒家长千万照看好小孩及老人，儿童游泳必须穿救生衣，警示家长时刻注意儿童在水中的状态，切勿溺水，泳池周围甲板湿滑要穿防滑拖鞋，儿童切勿奔跑，老人注意脚下，切勿滑倒。当泳池缺失船方救生员/管理员、泳池设施不正常、泳池缺少应该配置给儿童的救生衣时，或泳池人员过于密集需要船方加派人手时，领队应主动明确告知船方应采取必要措施。

（四）船中突发事件处置

一般情况下，邮轮旅游线路都比较成熟，接团前也会对整船设施进行检测，不会出现问题，但是，有时候也有突发事件，主要集中在房间设施及自营产品线路方面。如遇房间设施损坏，先联系客房服务进行设施维修，修理不好再前往船上服务台申请换房。若房间与预订情况不符，先查实确认单，有些可能是免费给旅游者升级的。如与实际条件不符应及时报备组长与后台。自营产品线路旅游者全部参加携程组织的岸上观光行程，旅游者不可擅自更改岸上观光线路。如旅游者强烈要求，则报备组织或线路组长调控。首先判断车上是否有空余座位，由线路组长记录，并报备后台及对应产品经理，与上下游领队交接妥当，及时通知旅游者变更后的集合信息和对应领队信息，领队/车陪收换线差价回程交至产品组。同行线（平台）客人不得加入自营线路团队。

最后需要特别注意的是，领队严禁进入营业性赌场参与赌博饮酒。

任务实施

二、行船中服务及规范

邮轮旅游不同于一般旅游,海上巡游及岸上观光是整个行程的重点,很多旅游者都是第一次参加邮轮旅游,需要领队多关心、多提醒。领队要每天问候旅游者,为旅游者提供船上设施引导与介绍、船方活动或组织活动节目及收费餐厅的合理建议与预约咨询服务,教客人看懂每日指南,及时答复旅游者问题,为旅游者提供家人般的关怀。如有需求和问题及时与管家或船方协调解决,切勿发生"只知晓不回复"的情况,如当事领队能力权限不及可报备组长、后台或产品经理协调解决。领队还应反复提醒旅游者在房间和公共场所的安全注意事项。

(一)安全注意事项

1. 公共场所

照顾好随行老人及儿童,提醒大家在公共区域切勿奔跑,遇风浪紧握扶手,上下电梯时儿童要远离开合中的电梯门,露天甲板地面湿滑,晨练或游泳路过时应慢一点以防跌倒。儿童游泳必须穿着救生衣并由随行监护人看管,时刻注意儿童在泳池内的状态,切勿看手机或聊天。儿童在公共场所参加竞技类活动必须由监护人随从看护。老年人及心脏病、高血压患者在参加游泳、温泉、桑拿、健身、广场舞、乒乓球等运动时根据自身状况量力而行,切勿过于激烈,饮酒后切勿参加游泳、健身、竞技类运动,以免出现危险。

2. 餐厅饮食

餐前勤洗手,餐厅取餐以适量为宜,少食多餐,热食为宜,尽量避免食用生冷硬与油炸的食物,以免肠胃不适,不建议将餐厅食品带至房间食用,避免食用隔夜食物,老人餐后宜静不宜动。

3. 舱房内安全

切勿同时开启阳台门和舱房门,避免夹手,儿童切勿攀爬阳台,舱房门重,切勿让儿童开关房门。在浴室内建议自备防滑拖鞋,洗浴时脚下垫块毛巾以免滑倒。老年人晚间起夜一定扶墙站稳,注意脚下,避免摔倒。

4. 晕船及就医

当旅游者有需要时,医护人员可提供晕船药物。如遇晕船,建议服用晕船药,尽量平卧休息,少吃液体食物,多吃干粮。可食用酸性水果,如青苹果、橄榄或青柠檬来缓解症状。需要特别注意的是,儿童、孕妇、慢性病患者禁用晕船药,过敏及有不良反应者请遵医嘱谨慎用药。如知晓旅游者就医,领队应及时登门关怀,协助、提醒其保存医疗诊断书和医药发票并告知保险流程,及时报备。

(二)游览观光

对于邮轮公司安排的行程套餐,旅游者在报名时就已经做出了选择。领队要和导游核对行程,严格按照公司预定行程执行,明确要求入场参观景点必须由领队入场拍照取证,不得随意更换景点,不得增加任何购物点,不得车贩,不得缩减景点时间,如无特殊情况景点时间必须放足,注意景点的开放时间,不要去得过晚,建议先去景点再去购物点,让旅游者有良好的感受。领队不得有违反国家法律法规的言行。有的时候旅游者也会存在上岸或不上岸等特殊情况。原则上旅行社组织的邮轮旅游团队要以团进团出的形式进行岸上观光旅行，即“跟团游”，领队应积极主动向旅游者宣导目的地国家关于邮轮团队旅行移民局入境政策，对于有自由行意愿的旅游者，领队尽量积极安抚婉拒或推荐自由行相关线路。

1. 自由行旅游者的应对（外籍、港澳台旅游者）

如外籍、港澳台旅游者主动提出自由行要求，领队在尽力安抚婉拒，或推荐自由行相关线路。如客人自由行意愿强烈，要报备组长、报备船方，并签署离团协议书，每个人都必须签字。强调旅游者自愿放弃岸上行程，如有收费行程则费用不可退，告知码头地址和船方要求最晚登船时间（开船时间前一个小时必须登船），船方有权提前开船，请提早登船，若因个人原因错过登船时间导致无法回程，由旅游者承担全部责任。领队要与自由行旅游者约定回船报备提示，提醒最晚登船时间并保留依据，留意旅游者回船时间，报备组长，回船后提醒自由行旅游者第二个港口的集合时间、地点、携带物品及注意事项等。

2. 第一港口不上岸旅游者的应对

问清旅游者不上岸的原因，如因线路问题尽量协调解决，如果旅游者在第一港口提出不上岸，但是在第二港口有意愿上岸，则在第一港口必须跟团做面签后保存临时登陆许可证并自行返回船上，不得离船。签署离团协议书，每个人都必须签字，强调旅游者自愿放弃岸上行程，如有收费行程则费用不可退。领队提醒旅游者用餐时间及第二港口集合时间、地点、携带物品及注意事项，建议参考每日指南，领队回船后关怀未下船旅游者的情况，再次提醒次日下船注意事项。

3. 第二港口不上岸旅游者的应对

问清旅游者不上岸的原因并做好记录，签署离团协议书，每个人都必须签字，强调旅游者自愿放弃岸上行程，如有收费行程则费用不可退。提醒旅游者尽早将临时登陆许可证交至总服务台，船方要在规定时间报备目的地国家移民官，不得拖延，请旅游者在船上休息，不得擅自离船。领队回船后关怀未下船旅游者情况，再次提醒次日下船注意事项。

4. 全程放弃岸上行程旅游者的应对

问清旅游者不上岸原因，尽量协助协调，报备组长和船方，如因身体原因关怀和协助或建议尽早就医以免耽误病情。告知不上岸旅游者面签要求，签署离团协议书，每个人都必须签字，强调旅游者自愿放弃岸上行程，如有收费行程则费用不可退。领队提醒旅游者用餐时间及次日安排，领队回船后关怀未下船旅游者情况，再次提醒次日下船注意事项。

（三）集合注意事项

在每次上下车时，以及景点集合、购物点集合时，领队务必点清人数。务必请旅游者调整时差（以当地时间为准），请旅游者记住导游和领队的电话，反复提醒集合时间，建议旅游者对集合地点进行拍照保存或定位。对特别容易走失的旅游者，建议领队全程带领监护，随时为其提供协助，避免有人掉队。尤其在人多拥挤的景点或商业街集合时，要注意管控团队成员。建议导游在前举牌带队，领队保持在队伍最后，协助和督促走在最后的旅游者不掉队（劝导旅游者多听听导游讲解，也是旅游的收获）。需要注意的是，领队在约定的集合时间前 10 分钟到场，着制服高举团号牌迎候旅游者，不能迟到，也不能独自在大巴车上休息，对旅游者不管不顾。

（四）用餐

如行程无用餐安排，领队应和导游协调，预留用餐时间和地点，为旅游者提供与用餐方式和可选餐食相关的建议，解释说明无固定用餐的理由，以征得旅游者的理解和配合。领队可以给出合理化建议，提醒旅游者只有部分餐厅和便利店可以刷卡，其他还是需要现金支付，建议老人和儿童如在便利店购买饭团和便当要加热后食用、饮料尽量购买热饮，避免食用生冷、油炸食品，以免刺激肠胃，引起不良反应。如果行程中没有可以就餐的地方，可以跟司机沟通，在行驶途中，就近停靠便利店，让旅游者买点吃的东西，如果征得司机同意在车上用餐，领队必须宣导用餐须知，尤其是味道过重的食品和冰激凌等禁止上车，用餐后的包装应放入垃圾袋，不要给司机带来困扰。如行程内有预订用餐，提醒导游事先确认用餐时间、形式并提前规划家庭座位组合，告知旅游者用餐样式及座次安排，提前询问旅游者用餐禁忌，用餐时长不得少于60分钟。用餐完毕后提醒旅游者勿遗忘个人物品在餐厅里。

（五）购物

对于大多数国内旅游者来说，出境游很重要的一个目的就是购物。领队要提醒旅游者在景点和购物免税店妥善保管好护照复印件、临时登陆许可证、房卡、银联卡、手机、相机等贵重物品及购买的商品，保存好发票收据。购物时要想清楚，船上无法处理退换货。预留退税结账时间，到集合时间不得再返回购物以免耽误后续行程。如果遇到免税商品需要在码头提货的情况，事先请导游向免税店问清码头提货点及提货时间，避免旅游者至码头无法提货的情况发生。提示旅游者如果是在码头提货，到码头后先去提货后登船，必须持本人提货单、发票、临时登陆许可证、本人房卡等有效凭证，由购买人（刷卡人）亲自至码头指定地点提货，当场验货无误后方可带上船，上船后则不能再下船，船上也无法提供免税商品退换货服务。需要特别注意，在免税店，领队不能使用自己的打折卡协助客人购物，不得接受任何陌生人包括导游的物品转运需求。

（六）娱乐

邮轮旅游，除去上岸的观光行程，在船上有大量的时间需要打发，而邮轮公司也提供了非常丰富的娱乐活动供游客选择。邮轮航次的带团领队以及游客，会得到一份旅行的行程表（Daily Program）。邮轮公司每天都会提前提供第二天的行程安排，包括适合不同年龄段、不同喜好的旅游者的各类活动。由于这类活动介绍目前也没有提供中文版本，所以领队也需要在这方面提供服务。有条件的领队，可以事先将行程安排的大致内容翻译成中文，分发给团友，可根据团队成员的实际情况，重点介绍一些适合他们的活动和安排。例如每天晚上邮轮公司会有一些大型的表演活动，如歌舞表演、脱口秀、杂技表演、水上芭蕾等，有些活动需要提前预约，领队可以帮助团队进行安排；如无需预约，领队可以事先提醒团友演出的大致内容和时间、地点等，做好服务。此外，白天邮轮公司还会安排很多适合小朋友的活动，如水上Disco、花车巡游、手工制作等。在有特殊意义的邮轮上，偶尔会有穿着奇异的工作人员出来宣传娱乐活动，增加气氛；儿童、青年、成年人都有着自己专属的娱乐区域与娱乐活动，这些区域原则上不建议让其他的游客参加，领队也可以事先提醒团员参加。

由于语言沟通不畅和饮食不习惯等诸项问题，有很多旅游者，尤其是年纪偏大的旅游者会觉得在邮轮上的时间比较无聊。作为领队，如果可以事先帮他们介绍船上的行程，并帮助他们选择一些适合的活动，将能帮助他们更好地打发船上“无聊”的时间，极大地提升他们邮轮旅游的体验。

知识拓展 8-2-1

皇家加勒比国际邮轮介绍

1. 公司介绍

皇家加勒比国际邮轮隶属于全球第二大邮轮集团"皇家加勒比邮轮"(旗下拥有皇家加勒比国际邮轮、精致邮轮、精钻邮轮等邮轮品牌),总部位于美国迈阿密,开创了诸多行业先河,是一个备受赞誉的全球性邮轮品牌。凭借其享誉世界的金锚服务,皇家加勒比国际邮轮已连续十几年在 Travel Weekly 读者投票中蝉联"最佳邮轮公司"大奖。

皇家加勒比国际邮轮非常重视中国市场,2008 年旗下的"海洋神话号"正式进入中国,提供从上海、香港始发的航次,并且于 2010 年首次开展从天津起航的航次,扩大了对华北市场的投入,显示了皇家加勒比国际邮轮拓展中国邮轮行业的坚定决心。2012 年 6 月和 2013 年 6 月,"海洋航行者号"与"海洋水手号"两艘 14 万吨级邮轮也分别进入中国,2015 年 6 月 25 日,世界首艘智能邮轮——海洋量子号也加入了,令更多的中国游客畅享纯正的欧美现代邮轮生活。

2. 服务体验——不只是邮轮

皇家加勒比国际邮轮充分利用了船只大的优势,船上的大部分空间都被用于公共的游乐设施,攀岩场、溜冰场、冲浪乐园、露天剧院这些令人咋舌的设施都被搬到了邮轮上,可以说是将邮轮定位成旅游的目的地,而非一般的有餐厅和旅馆的交通工具。

(1) 独特创意的内舱房。

皇家加勒比国际邮轮的自由和航行者系列的邮轮上都有一种特别的内舱房,被称为"皇家漫步大道景观房",这种房型可以俯瞰人来人往的"皇家漫步大道",并且正是邮轮每隔几天就会举行一次的嘉年华游行的行进路线。而绿洲等级的邮轮上更增设了可以俯瞰皇家散步大道的内舱阳台,视野更加开阔。

(2) 皇家美食。

就餐饮情况来看,皇家加勒比国际邮轮上的食物也算是相当不错。邮轮上一般都有 1 个主餐厅和 2~3 个特色餐厅。特色餐厅有意式料理 Protofino、以烧烤牛排为主的 Chops Grille,以及亚洲风味的 Jade 等。此外,船上的自助餐厅、快餐厅和咖啡厅也都提供三明治、比萨等食品。

(3) 永远不会无聊。

在皇家加勒比国际邮轮上,永远不会感到无聊。可以挑战刺激的攀岩活动,在水世界里玩耍,或享受丛林主题的日光浴,还可以到运动场上打打篮球、排球,或到溜冰场溜冰,也可以穿着直排滑轮鞋到慢跑道上玩一圈,甚至可以到 9 洞迷你高尔夫球场享受挥杆的乐趣。对于儿童来说,这里有为他们准备的专属泳池、水道溜滑梯和许多有趣的水上活动。

3. 遍布航线

皇家加勒比国际邮轮每年提供几百条精彩纷呈的度假航线,畅游全球 300 余个旅游目的地,遍及加勒比海、欧洲、阿拉斯加、南美、远东、澳大利亚和新西兰,并且于 2008 年正式进入中国市场,已开设中国母港航线。

4. 旗下船队

皇家加勒比国际邮轮旗下拥有世界上最具创新性的邮轮，船队有着多种其他品牌无可比拟的功能和设施，其中包括令人瞠目结舌的百老汇式的娱乐表演，以及业内广受好评的专门针对家庭和探险爱好者的娱乐项目。在其建造的迄今为止世界最大的两艘邮轮“海洋绿洲号”(Oasis of the Seas)和“海洋魅力号”(Allure of the Seas)上，皇家加勒比国际邮轮甚至把美国的中央公园搬上了邮轮。

三、特殊情况处理

相对于传统的岸上行程，邮轮大部分时间在水上巡游，更容易出现特殊情况。这就对领队提出了更高的要求，领队带邮轮团队的主要工作见图 8－2－1。

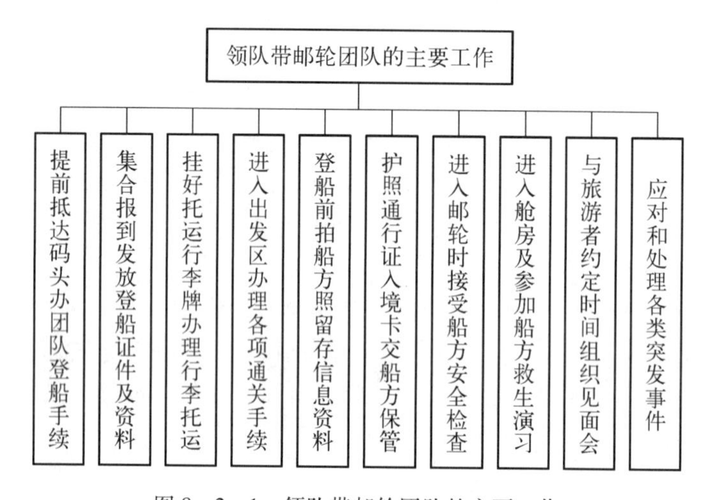

图 8－2－1　领队带邮轮团队的主要工作

(一) 关于换房问题的处理

1. 房间设施损坏

先联系客房服务进行设施维修，修理不好再前往船上服务台申请换房。

2. 房间与预订情况不符

先查实确认单，有些是免费给旅游者升级的。如与实际不符及时报备组长、后台。

(二) 关于换线问题的处理

自营产品线路要求旅游者全部参加旅行社组织的岸上观光行程，旅游者不可擅自更改岸上观光线路。如旅游者强烈要求，则报备组织或线路组长调控。首先判断车上是否有空余座位，由线路组长记录，并报备后台及对应产品经理，与上下游领队交接妥当，及时通知旅游者变更后的集合信息和对应领队信息，领队/车陪收换线差价回程交至产品组。同行线(平台)客人不得加入自营线路团队。如遇特殊情况及时报备后台和产品经理。

实践活动 8-2-1 篇首案例分析实训

结合案例,运用所学知识分析旅游者的要求是否合理及原因,针对此类问题领队应该采取什么样的态度来应对,并按服务流程提出合理解决方案。

旅游者的要求是否合理及原因	关于贵重物品的服务规范	解决方法及总结

任务评价

任务内容	评　分　标　准	是否达标
熟悉注意事项	能够清晰讲出邮轮主要注意事项,在实际工作中按要求时刻提醒	□是　□否
掌握船中服务及规范	能够运用所学知识独立带团,规范提供服务并解决实际问题	□是　□否
能够应对突发事件	能够应对邮轮上各种突发事件并提出合理的解决方案	□是　□否

学习反思

任务三　国际邮轮离船流程及手续

任务导入

郑州的刘先生报名参加了某旅行社组织的出境旅游邮轮团,此次旅行的行程为6天,行程途经韩国,在这次行程的韩国站,刘先生购买了价值28 000元人民币的免税商品,但到达郑州后被海关扣押。刘先生一脸迷茫。原来,刘先生的生意比较忙,在领队组织召开出国说明会的时候一直在接打电话,在领队讲解注意事项时,他根本就没有听。后来到了免税店,领队再次强调免税商品退税及限额等规定,刘先生正好去厕所也没有听到。在韩国购物时,领队以为客人对免税商品政策都已经了解,就没有提醒刘先生购物超过一定额度需要缴纳税金,刘先生因此没有上报,被海关以涉嫌走私为由扣押了商品。

该案例中,刘先生在入境时的免税商品被扣,领队是否也有责任?如果有,原因是什么?试从邮轮领队的出入境服务及规范的角度进行分析。

任务分析

(1) 首先需要掌握出境旅游邮轮领队组织出国说明会中需要强调的注意事项、进入免税店前的政策讲解内容以及海关关于免税商品的相关规定都有什么。

(2) 其次要掌握在讲解重点事项时,旅游者如果不注意听讲该如何处理。

(3) 依据所学知识,结合案例实际进行案例剖析与总结。

任务准备

一、离开邮轮前的准备工作

离船前一天,领队要提前将下船流程和注意事项以微信群消息或者手机短信等方式告知游客。离船当天凭房卡按航海日报上规定的时间地点通知大家领取护照(每家派代表收齐全家房卡可代领)。结账一般有现金结算、美元押金和信用卡结算三种形式:现金结算可在下船前一天晚上前往宾客服务中心结账;美元押金形式以美元为结算单位,多退少补;信用卡结算的客人最后一天将收到账单,需要提醒客人务必仔细核对账单,如有问题及时前往宾客服务中心核对。通知客人在行李条上填写托运人姓名、舱房号、联系方式,并将其系在需要托运的行李箱把手上,根据航海日报提示的时间放置于舱房门口。如果客人需托运行李,在航海日报上通知的最晚时间前将行李放在房间门口,但要告知客人纸箱以及免税品袋子、编织袋、环保袋、马甲袋、纸袋等不能托运;还有老年人每日常用药品、婴儿奶粉食品、个人贵重物品及最后一天的替换衣物与洗漱用具不可托运。需要重点提醒旅游者,护照原件及本人房卡在下船后仍需要使用,要随身携带,切勿托运。

任务实施

二、抵达邮轮码头

邮轮到港后,告知客人根据离船指南指引和行李条号码或颜色,于指定时间前往船上相应地点集合,有序等候下船。安排专人引导 VIP 金卡套房客人根据离船指南前往专属区域下船。在离船前,务必提醒客人检查证件、贵重物品是否随身携带,离开房间时再次检查保险箱及房间各个角落,勿遗忘个人物品。之前如有寄存在船上的物品,如岸上观光行程中购买的酒水等,也不要忘了取回。

三、离开国际邮轮

下船以后,领队协助旅游者在大厅找到自己的行李后,通过海关办理入境手续。在码头与地接导游会合后，开始下一段行程或返程回家。

有些旅游者会在邮轮游览途中购买一些当地旅游纪念品，请一定提醒旅游者注意当地国家的海关相关规定。同样，切不可携带大量现金而不申报。由于缺少了地接导游的协助，出境领队在邮轮团的带团过程中需要付出更多的努力。一艘大型邮轮上有超过一万人的旅游者和工作人员，就像一个小社会。虽然报了同一个团，但是每个旅游者的需求又各不相同，加上邮轮的特殊原因导致通信联络并不如岸上那么方便。有时候一点小问题会因为沟通不畅而变成大问题，轻则影响旅游者的体验，重则招来投诉。这就要求领队在带团过程中更加注重细节，加强沟通，并且充分利用船上的各类资源，始终将服务理念挂在心间，更好地做好带团工作。

实践活动 8-3-1　篇首案例分析实训

结合案例，运用所学知识分析：刘先生购买的免税商品被扣的原因是什么？针对此类问题，领队是否也有责任？针对刘先生的配合态度，领队如何解决并避免类似情况发生？

免税商品被扣的原因	我国入境海关政策	解决方法及总结

任务评价

任务内容	评　分　标　准	是否达标
熟悉出境说明会需要强调的内容	能够组织行之有效的出境说明会并达到预期目标	□是　□否
掌握出入境海关规定及目的地国家地区海关规定	能够将具体出入境知识和各地免税政策清晰地讲给客人	□是　□否
与客人沟通的方式	能够应对邮轮上各种疑难事件并提出合理的解决方案	□是　□否

学习反思

本项目从出境旅游领队人员在国际邮轮上的工作流程探析出发,在对出境旅游领队的准备工作、登船流程服务及规范、船中服务及规范、离港服务及规范等知识认知的基础上,开展对领队人员在实际带团中的工作规范、实操能力和基本知识的综合分析与运用实训,并深入探讨了领队的职责范围,着重探索了领队在邮轮上关于食、住、行、游、购、娱的具体服务内容和出现问题时的处理原则及方法。在此基础上,引导学生不断更新服务理念,提高独立工作的能力,在新形势下应对新的挑战。

一、判断题

1. 当团队有旅游者想了解团队的情况时,领队可以将公司内部信息、客户资料、出团材料、管理组人员信息电话等内容告诉旅游者。 (　　)
2. 领队要协助旅游者进行行李托运,一般大件行李需要托运,小件行李无需托运,贵重物品随身携带。 (　　)
3. 旅游者可以将要办理登船手续的证件、现金、信用卡、珠宝、旅行支票、处方药、眼镜等放置于托运的行李内。 (　　)
4. 领队严禁进入营业性赌场参与赌博饮酒。 (　　)
5. 领队不能使用自己的打折卡协助客人购物,但是为了增加自己的收入,可以为国内亲友代购免税商品。 (　　)

二、单选题

1. 关闸后(　　)小时,邮轮上会组织救生演习,领队要请旅游者根据房卡上的救生位置前往集合,每位客人必须参加。

   A. 0.5　　B. 1　　C. 1.5　　D. 2

2. 当旅游者有需要时,(　　)可提供晕船药物。

   A. 船长　　B. 领队　　C. 医护人员　　D. 服务人员

3. 领队在集合时间,提前(　　)到场,着制服高举团号牌,迎候客人。

   A. 5分钟　　B. 10分钟

   C. 20分钟　　D. 3分钟

4. 离船前一天,领队要提前将下船流程和注意事项以微信工作群或者手机短信等方式告知旅游者。离船当天凭(　　)按航海日报上规定的时间地点通知大家领取护照。

   A. 发票　　B. 手机短信

   C. 微信群通知　　D. 房卡

5. 旅游者可以使用(　　)现金或者银联卡(借记卡)进行押金交付,押金处不接受其他货币及兑换。
   A. 人民币　B. 欧元　C. 美元　D. 日币

三、多选题

1. 领队要提醒客人携带必要登船文件。主要包括(　　)及重要证明(未成年人出生证复印件或有父母和孩子信息页面的户口簿复印件、未成年人父母的身份证复印件)等资料。
   A. 登船通知书　B. 护照原件及复印件
   C. 游客安全信息表　D. 登船证
   E. 邮轮每日指南
2. 领队严禁进入营业性赌场参与(　　)。
   A. 赌博　B. 抽烟　C. 拍照　D. 饮酒
   E. 打游戏
3. (　　)人群在参加游泳、温泉、桑拿、健身、广场舞、乒乓球、竞技运动时根据自身状况量力而行,切勿过于激烈,饮酒后切勿参加游泳、健身、竞技类运动,以免出现危险。
   A. 未成年人　B. 老年人　C. 心脏病患者　D. 高血压患者
   E. 残疾人
4. 邮轮公司已安排了行程套餐,旅游者报名时就已经做出了选择。领队要和导游核对行程,严格按照公司预定行程执行,对于明确要求入场参观的景点,领队必须入场拍照取证,不得(　　),如无特殊情况,景点时间必须放足,注意景点的开放时间,不要去得过晚,建议先去景点再去购物点,让客人有良好的感受。
   A. 随意更换景点　B. 增加任何购物点
   C. 车贩　D. 缩减景点时间
   E. 调整景点参观顺序
5. 如外籍、港澳台旅游者主动提出自由行要求,领队尽力安抚婉拒,或推荐自由行相关线路。旅游者自由行意愿强烈,要报备(　　),并签署离团协议书,每个人都必须签字。
   A. 组长　B. 船方　C. 客人家属　D. 旅行社
   E. 客房部

项目实训

中国邮轮产业近年来发生了巨大的变化,中国已经成为全球重要的邮轮市场,世界邮轮公司对中国邮轮市场的前景充满期待。我国的邮轮产业链不断完善,邮轮港口布局不断完善,影响力不断提升。作为我国邮轮产业发展的领头羊,上海港成为全国最繁忙的邮轮港口,上海吴淞口国际邮轮港成为亚洲第一、世界第五大邮轮港。我国邮轮旅游市场成熟度不断提高,邮轮旅游文化在旅游者中普及较快,邮轮旅游的需求不断加大。

请同学们联系邮轮公司或者包邮轮的大型国际旅行社,了解2016年以后的邮轮旅游在国内的发展情况,并给出自己的建议。

第四篇

出境旅游领队关怀管理篇

项目九　出境旅游领队管理

项目导学

- 出境旅游领队管理
  - 出境旅游领队选派
    - 出境旅游领队选派的影响因素
    - 出境旅游团队领队管理系统操作
    - 出境旅游领队的选派规则
  - 带团工具：领队助手软件应用
    - 领队助手软件的作用
    - 领队助手软件的操作流程
    - 领队助手软件的功能
  - 出境旅游领队心理危机干预
    - 心理危机认知
    - 心理干预的课程
    - 战胜心理危机的方法
  - 出境旅游领队规范及处罚条例
    - 质量成本缺陷认知
    - 领队带团中常见的质量缺陷及等级

学习目标

☆知识目标：1. 掌握出境旅游领队选派的影响因素及选派规则。
2. 掌握团队游领队管理系统的操作流程。
3. 掌握战胜心理危机的方法。
4. 熟悉领队带团中常见的质量缺陷及等级认定。

☆能力目标：1. 能够熟练操作及应用团队游领队管理系统。
2. 能够熟练操作领队助手软件。

☆素质目标：1. 培养学生学习运用新工具、新技术的意愿，提升学生的数字化生存能力。
2. 培养学生主动调节管理情绪的意识，养成坚韧乐观、积极的心理品质。

任务一　出境旅游领队选派

任务导入

2014 年 2 月，携程旅游网上架了一款“赴奥克兰+罗托鲁瓦+基督城+福克斯冰河+皇后镇+特卡波湖 11 日 8 晚跟团游+豪华过夜游艇+马瑟森湖”的线路产品，运营火爆，有 16 人已报名了 2014 年 11 月 12 日出团的线路，团队级别为 3 钻。根据出境领队的派团规则，澳洲团队人数大于等于 1 人时，应预排领队。旅游业务领队派团员打开团队游领队管理系统，想要为该团队派遣一位合适的领队，请参考团队游领队管理系统中的领队详细信息、领队证件信息、领队日程管理信息(见图 9－1－1、图 9－1－2、图 9－1－3)，思考分析“忻某”是否为合适的领队人选。

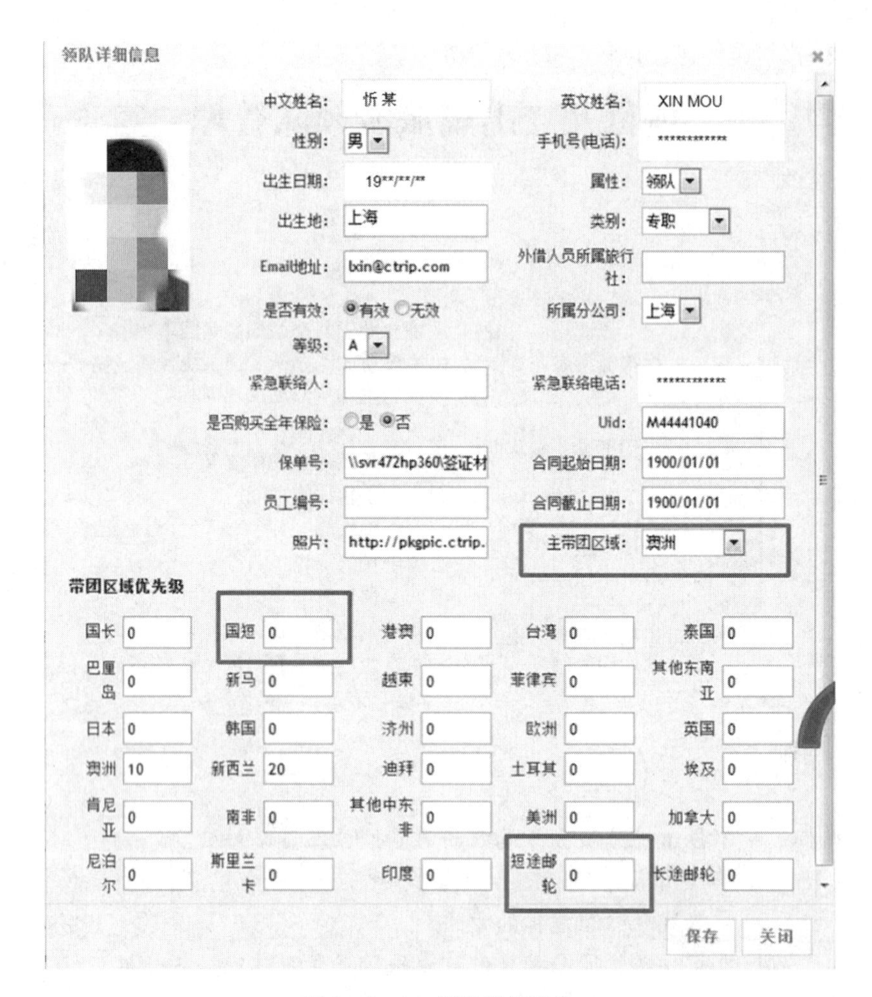

图 9－1－1　领队详细信息

领队证件信息

领队姓名： 忻某

证件名称	签发国家	签注多次往返	证件号码	证件签发地	证件签发时间	签证/签注有效期	操作
护照		否	***	上海	2013/06/20	2023/06/19	修改 删除
领队证		否	***		2013/10/01	2016/09/01	修改 删除
港澳通行证		否	***	上海	2013/06/27	2018/06/26	修改 删除
签证	日本	是			1900/01/01	2014/08/08	修改 删除
签证	新西兰	是			1900/01/01	2016/09/01	修改 删除
签证	澳洲	是			1900/01/01	2015/01/28	修改 删除
签证	希腊	是			1900/01/01	2015/06/03	修改 删除
身份证		否	***	上海	1900/01/01	1900/01/01	修改 删除

图 9－1－2　领队证件信息

团队游领队管理系统　领队日程管理　返回首页　快速切换　口令　注销(s39505)

首页 > 领队日程 > 日程详细信息

领队日程查询

领队id： 3　领队姓名： 忻某　日期： 2014-11-11　查询　返回

日程批量操作

起始日期：　截止日期：　休假　换护照　送商务签　停团　MICE　清除记录

日期	领队状态	团队id	团队名称	状态修改	查看日志
2014/11/11	(送签)	102767	奥克兰+罗托鲁瓦+基督城+福克斯冰河+皇后镇+特卡波湖11日8晚跟团游(3钻)·豪华过夜游艇+马瑟森湖	休假 清除记录	查看
2014/11/12	(送签)	102767	奥克兰+罗托鲁瓦+基督城+福克斯冰河+皇后镇+特卡波湖11日8晚跟团游(3钻)·豪华过夜游艇+马瑟森湖	休假 清除记录	查看

图 9－1－3　领队日程管理信息

任务分析

(1) 你需要确认忻某是否了解旅游目的地——新西兰,是否曾经带团去过新西兰。

(2) 你需要确认忻某的护照是否在有效期内,签证情况是什么样的。

(3) 你需要确认忻某是否处于在岗状态。

(4) 你需要确认团队级别和领队级别的匹配度如何。

任务准备

一、出境旅游领队选派的影响因素

我们以携程旅游网的派团规则为例(见图 9－1－4),了解一下当下智能化的领队派团规则,通过对携程旅游网派团规则的学习,了解我国出境旅游领队选派的影响因素有哪些。

(一) 领队对目的地的熟知度

领队人员应熟悉旅游目的地的法律规范、宗教信仰、风俗禁忌、礼仪知识、社会公德等基本情况,为恰当引导旅游者做好准备。

(二) 领队护照、多次往返护照的有效期

护照有效期即将届满或护照页即将用完,领队人员可以申请更换护照。领队人员可提前6个月向户口所在地县级以上的(县)公安局入出境管理部门申请换发护照。

(三) 各个领馆办理签证的工作日时长

各个领馆办理签证的工作日时长对于安排领队前后团的交接和衔接是非常重要的。日期必须要准确无误。此外,各个使领馆的办签流程和要求也不一样,有生物取样的(采集指纹),也有需要回传销签的,还有可以免签的,这些都要综合考虑使领馆的办理时长以及团队领队的时间安排(见图 9－1－5)。

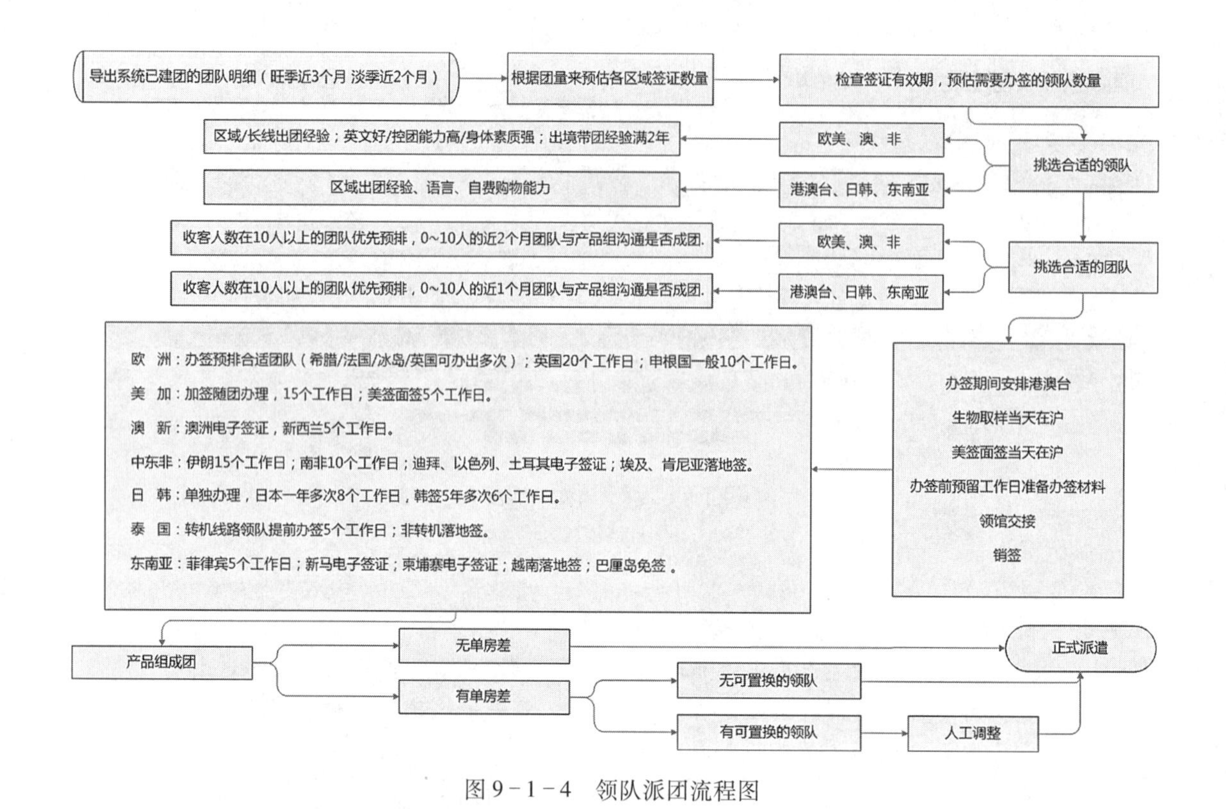

图 9-1-4 领队派团流程图

欧 洲：办签预排合适团队（希腊/法国/冰岛/英国可办出多次）；英国20个工作日；申根国一般10个工作日。

美 加：加签随团办理，15个工作日；美签面签5个工作日。

澳 新：澳洲电子签证，新西兰5个工作日。

中东非：伊朗15个工作日；南非10个工作日；迪拜、以色列、土耳其电子签证；埃及、肯尼亚落地签。

日 韩：单独办理，日本一年多次8个工作日；韩签5年多次6个工作日。

泰 国：转机线路领队提前办签5个工作日；非转机落地签。

东南亚：菲律宾5个工作日；新马电子签证；柬埔寨电子签证；越南落地签；巴厘岛免签。

图 9-1-5 中国主要旅游目的地国领馆签证时长图

（四）性别差异可能会产生的单房差

团队要尽量避免因为性别差异而产生的单房差，在出境旅游长线团中，单房差一旦产生会导致成本增加。如选派的领队可能导致团队产生单房差，就需要确定有无后备领队可以置换，以消除单房差。

（五）目的地要求的身体素质

有些旅游目的地对于领队的身体素质与心理素质都有要求。诸如南北极地势险峻、环境恶劣，或是海拔较高的地区，对于领队人员身体素质的要求都非常高，因此身体素质较差、怕寒、高反严重的人就无法胜任领队的工作。

（六）小语种语言能力

随着我国旅游业以前所未有的开放姿态走向世界，《中国出境旅游发展年度报告 2018》显示：截至 2018 年 3 月，我国正式开展组团业务的出境旅游目的地国家（地区）达到 129 个。截至 2023 年 2 月，中国已与 152 个国家缔结互免签证协议。可见，出境旅游目的地日益多样化，因此，出境旅游团对于各类具备小语种语言能力的领队需求日益增多。

（七）前后团的衔接

领队回程后不宜直接承揽下一个团队，一般需要预留一定的空隙时间，以便为承揽下一个团队做好充足的准备。若领队签证不是一年多次有效的，需要去下一个团队办理签证，一方面要预留工作日准备办签材料；另一方面也要考虑领馆办理签证的工作日时长。因此，派遣领队时，一定要考虑好前后团是否能衔接妥当。

（八）特殊地区的特别证件

在众多的旅游目的地国家或地区中，中国台湾地区的情况较为特殊，需要领队持有台湾领队证。因此，台湾地区在派团时也属于优先派团区域。

（九）过往自费、购物的业绩

不同的地区和国家团队的派遣领队的逻辑是不一样的，欧洲、美洲、澳洲和菲律宾的团对领队的英文水平、控团能力、身体素质、出境带团经验等要求较高，港澳台地区、日本、韩国及东南亚地区的团对领队的出团经验、控团经验、语言、自费与购物业绩方面的要求较高。

（十）业务指定的领队

有些出境旅游团队在操作时，旅游产品部门会直接指定特定的领队接待。

任务实施

二、出境旅游团队领队管理系统操作

领队的服务对于保障旅游者的人身、财产安全，提高旅游的舒适度、便利性，维护国家利益和国家形象至关重要，为更合理有效地为出境团队派遣一个高匹配度的领队，携程旅行网结合领队的派遣逻辑与规则，研发了高效科学的团队游领队管理系统，便于旅游业务领队管理人员及派团人员更科学便捷地进行领队的选派。

（一）团队游领队管理后台首页

团队游领队管理系统后台首页见图 9－1－6。

（二）团队游领队管理系统进入界面

团队游领队管理系统进入界面见图 9－1－7。

（三）领队基本信息

领队基本信息界面如图 9－1－8 所示。

图 9－1－8 显示，系统现有上海有效领队数量为 1 887 人。

（四）领队个人信息

领队个人信息界面见图 9－1－9。

新领队入职，人事组负责基础信息的录入，除保险信息外，其他信息全部录入。

领队等级：携程将领队等级分为四级，从高到低依次是 A 级、B 级、C 级及 D 级。

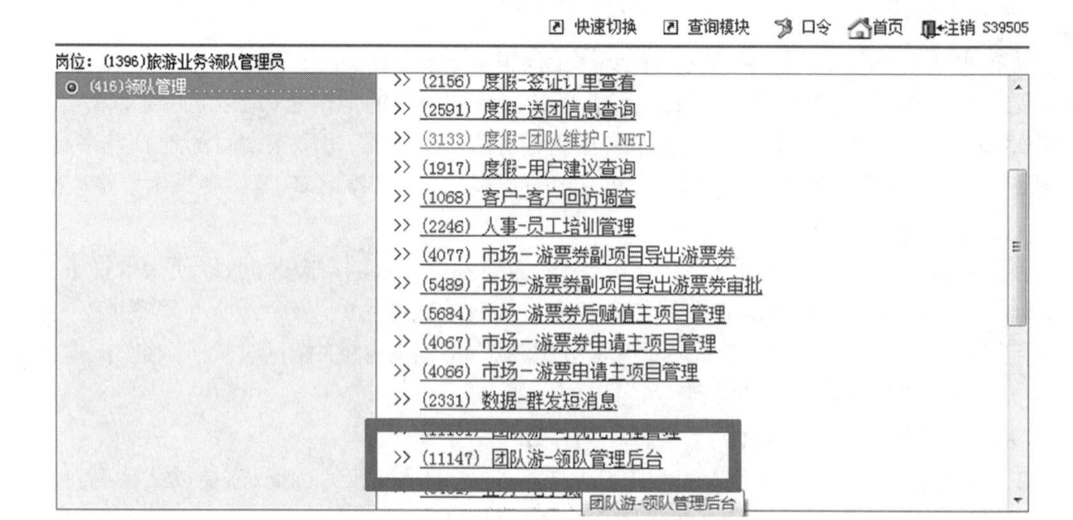

图 9-1-6　团队游领队管理系统后台首页

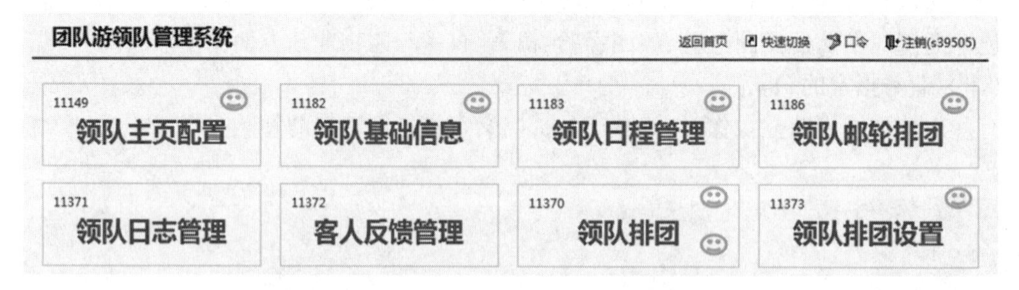

图 9-1-7　团队游领队管理系统进入界面

团队游领队管理系统　领队基础信息　　返回首页　快速切换　口令　注销(s39505)

首页 > 领队信息

中文姓名：　　性别：不限　　类别：不限（不限／专职／兼职／公司员工／外借／全兼地）　　查询

所属分公司：上海　　带团区域：不限　　是否上线：　　新建

是否有效：有效　　属性：领队　　领队状态：　　人数合计:1887

编号	中文姓名	英文姓名	性别	出生日期	证照签发地	属性	类别	电话号	所属分公司	带团区域	操作
1	张某	ZHANGMOU	女	1978/09/06	上海	领队	专职	13044179868	上海	日本	个人信息 证件信息
2	印某	YIN MOU	女	1982/07/29	上海	领队	专职	13701607361	上海	台湾,欧洲	个人信息 证件信息
3	忻某	XIN MOU	男	1982/11/18	上海	领队	专职	13816630586	上海	澳洲,新西兰	个人信息 证件信息
5	徐某	XU MOU	女	1982/12/23	上海	领队	专职	13818349470	上海	台湾,欧洲	个人信息 证件信息
7	章某	ZHANGMOU	男	1981/10/09	上海	领队	公司员工	13701933631	上海	台湾,韩国,欧洲,澳洲,其他中东非,美洲	个人信息 证件信息

图 9-1-8　团队游领队管理系统领队基本信息界面

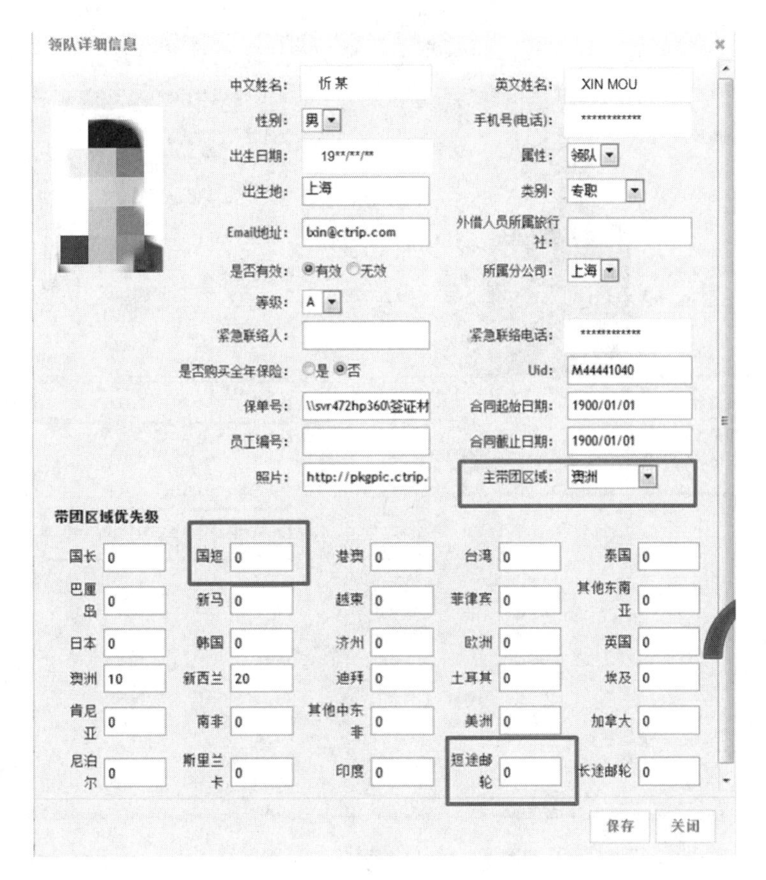

图9-1-9　领队个人信息界面

(五) 领队主页配置

领队主页配置界面如图9-1-10所示,领队主页图如图9-1-11所示。

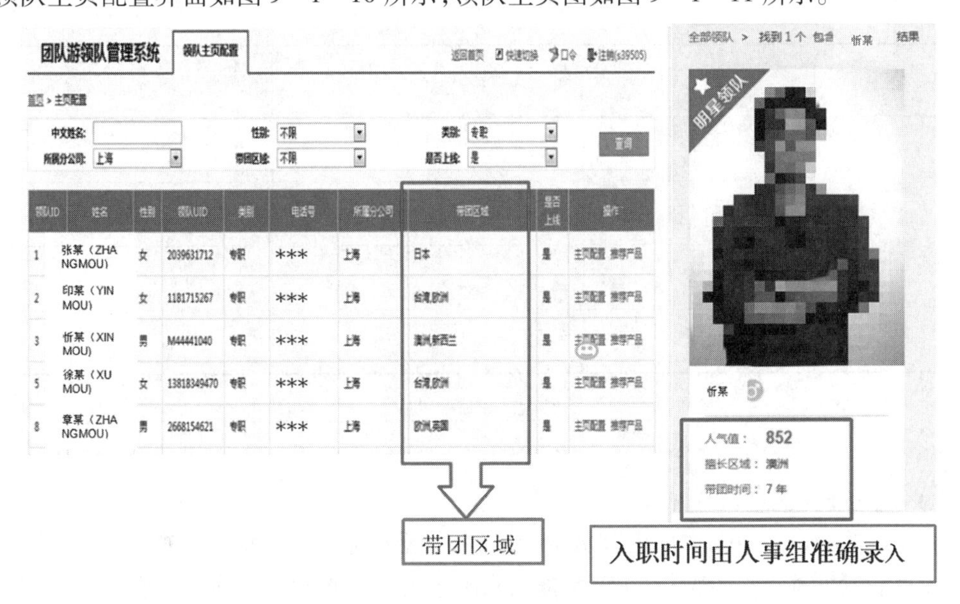

领队ID	姓名	性别	领队UID	类别	电话号	所属分公司	带团区域	是否上线	操作
1	张某（ZHANGMOU）	女	2039631712	专职	***	上海	日本	是	主页配置 推荐产品
2	印某（YIN MOU）	女	1181715267	专职	***	上海	台湾,欧洲	是	主页配置 推荐产品
3	忻某（XIN MOU）	男	M44441040	专职	***	上海	澳洲,新西兰	是	主页配置 推荐产品
5	徐某（XU MOU）	女	13818349470	专职	***	上海	台湾,欧洲	是	主页配置 推荐产品
8	章某（ZHANGMOU）	男	2668154621	专职	***	上海	欧洲,英国	是	主页配置 推荐产品

图9-1-10　领队主页配置界面

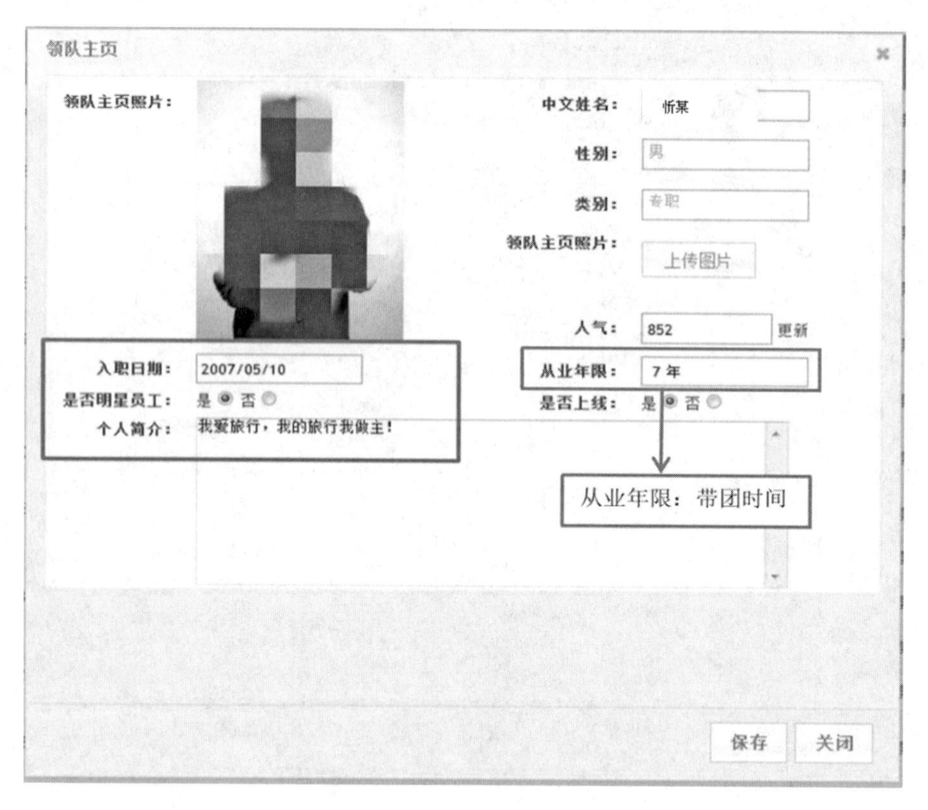

图 9-1-11 领队主页图

实践活动 9-1-1 从忻某的个人信息及出境旅游领队主页分析忻某与旅游目的地的匹配度

任 务	内 容		旅游目的地	匹配度结果
忻某个人信息与旅游目的地匹配度	类别			
	出境旅游领队资格			
	主要带团区域			
	从业年限			

(六) 领队证件信息

所有领队的签证信息由派团助理负责录入，务必准确录入签证的有效期，系统会自动在签证和证件日期过期前60天邮件通知"上海领队派遣组"和领队本人，因此，领队基本信息内的邮箱务必填写准确(见图9-1-12)。

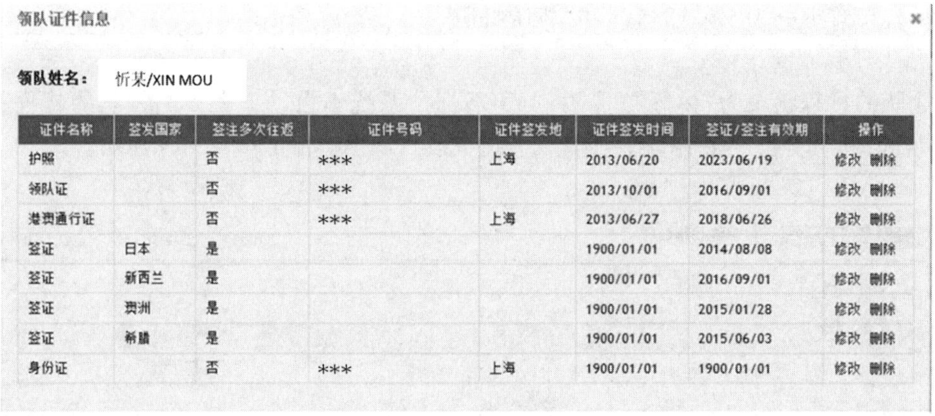

领队证件信息

领队姓名：忻某/XIN MOU

证件名称	签发国家	签注多次往返	证件号码	证件签发地	证件签发时间	签证/签注有效期	操作
护照		否	***	上海	2013/06/20	2023/06/19	修改 删除
领队证		否	***		2013/10/01	2016/09/01	修改 删除
港澳通行证		否	***	上海	2013/06/27	2018/06/26	修改 删除
签证	日本	是			1900/01/01	2014/08/08	修改 删除
签证	新西兰	是			1900/01/01	2016/09/01	修改 删除
签证	澳洲	是			1900/01/01	2015/01/28	修改 删除
签证	希腊	是			1900/01/01	2015/06/03	修改 删除
身份证		否	***	上海	1900/01/01	1900/01/01	修改 删除

图9－1－12　领队证件信息

实践活动9-1-2　从忻某的证件信息分析忻某与团队行程的匹配度

任　务	证件类型	有　效　期	团队出发日期	匹配结果
忻某证件信息与团队行程匹配度	护照			
	日本签证			
	新西兰签证			
	澳洲签证			
	希腊签证			

（七）领队日程管理

领队日程管理界面，见图9－1－13。

团队游领队管理系统　领队日程管理　返回首页　快速切换　口令　注销(s39505)

首页 > 领队日程

中文姓名：　性别：不限　类别：专职　查询
所属分公司：不限　带团区域：不限　是否上线：不限
是否有效：有效　属性：不限

编号	中文姓名	英文姓名	性别	出生日期	属性	类别	电话号	所属分公司	带团区域	操作
1	张某	ZHANGMOU	女	1978/09/06	领队	专职	***	上海	日本	领队日程 领队日历
2	印某	YIN MOU	女	1982/07/29	领队	专职	***	上海	台湾,欧洲	领队日程 领队日历
3	忻某	XIN MOU	男	1982/11/18	领队	专职	***	上海	澳洲,新西兰	领队日程 领队日历
5	徐某	XU MOU	女	1982/12/23	领队	专职	***	上海	台湾,欧洲	领队日程 领队日历

图9－1－13　领队日程管理界面

领队日程管理分为“领队日程”和“领队日历”。

1. 领队日程

当领队的日程状态为“休假”“停团”“MICE”时，系统不自动派团。当领队的日程状态为“换护照”和“送商务签”时，系统只能自动派遣港澳台团队，如图 9－1－14 所示。

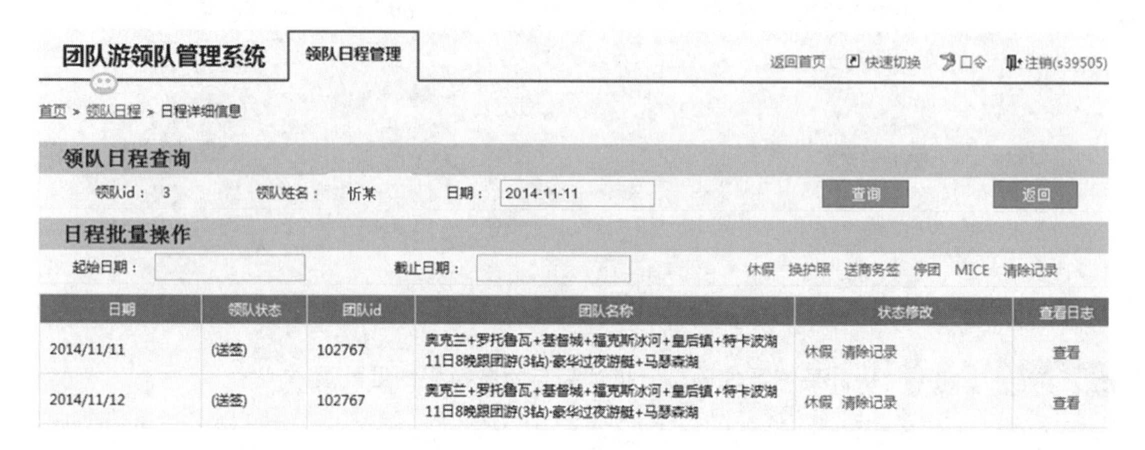

图 9－1－14　领队日程界面

实践活动 9-1-3 从忻某的日程状态分析忻某与团队行程的匹配度

任　务	出境旅游领队状态		团队出发日期	匹配结果
忻某日程状态与团队行程匹配度	休假			
	换护照			
	送商务签			
	停团			
	MICE			

2. 领队日历

领队日历界面见图 9－1－15。

（八）领队排团设置

1. 领队排团设置

领队排团设置界面见图 9－1－16。

2. 领队销签设置

领队销签设置界面见图 9－1－17。

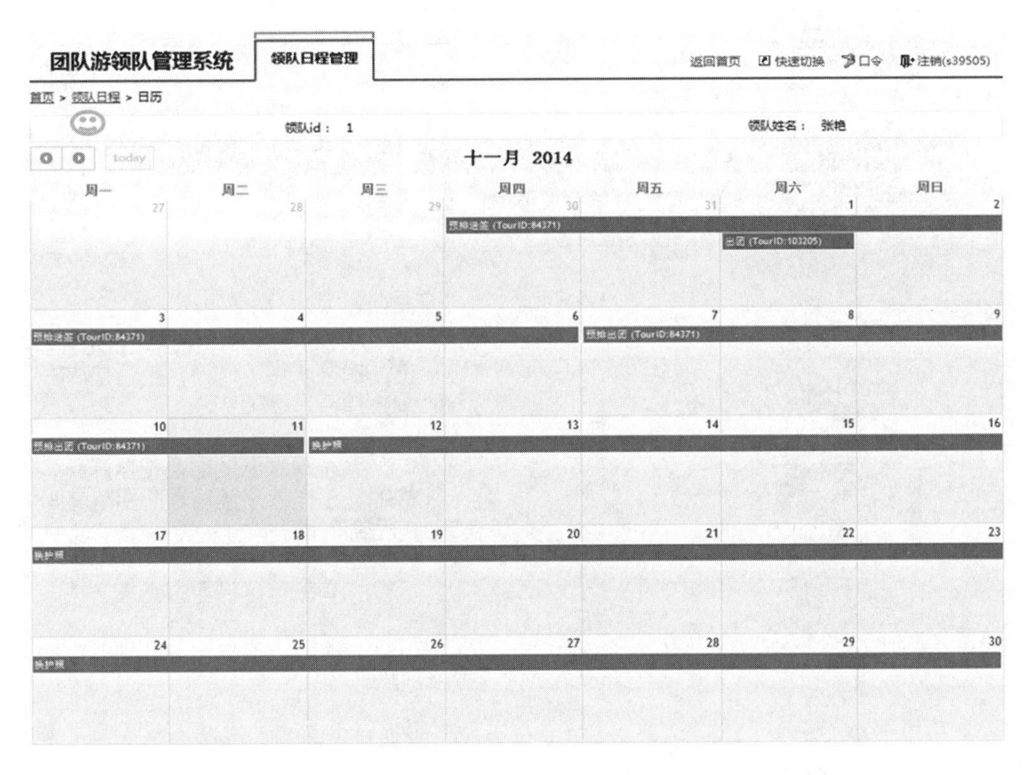

图 9－1－15　领队日历界面

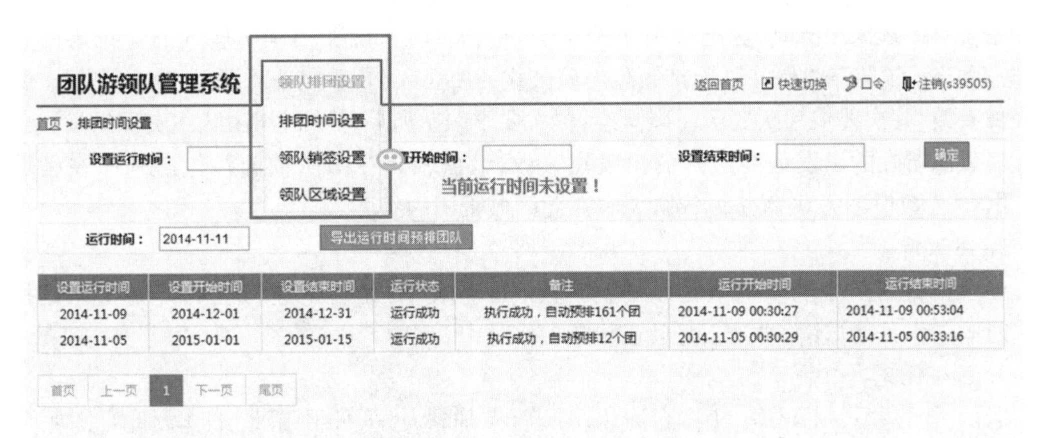

设置运行时间	设置开始时间	设置结束时间	运行状态	备注	运行开始时间	运行结束时间
2014-11-09	2014-12-01	2014-12-31	运行成功	执行成功，自动预排161个团	2014-11-09 00:30:27	2014-11-09 00:53:04
2014-11-05	2015-01-01	2015-01-15	运行成功	执行成功，自动预排12个团	2014-11-05 00:30:29	2014-11-05 00:33:16

领队排团设置：排团时间设置、领队销签设置、领队区域设置

排团时间设置：人工设置派团时间，为设置日期的当日凌晨0：30开始跑团。
排团员系统导出当晚所有系统自动派遣的团队，进行检查。

图 9－1－16　领队排团设置界面

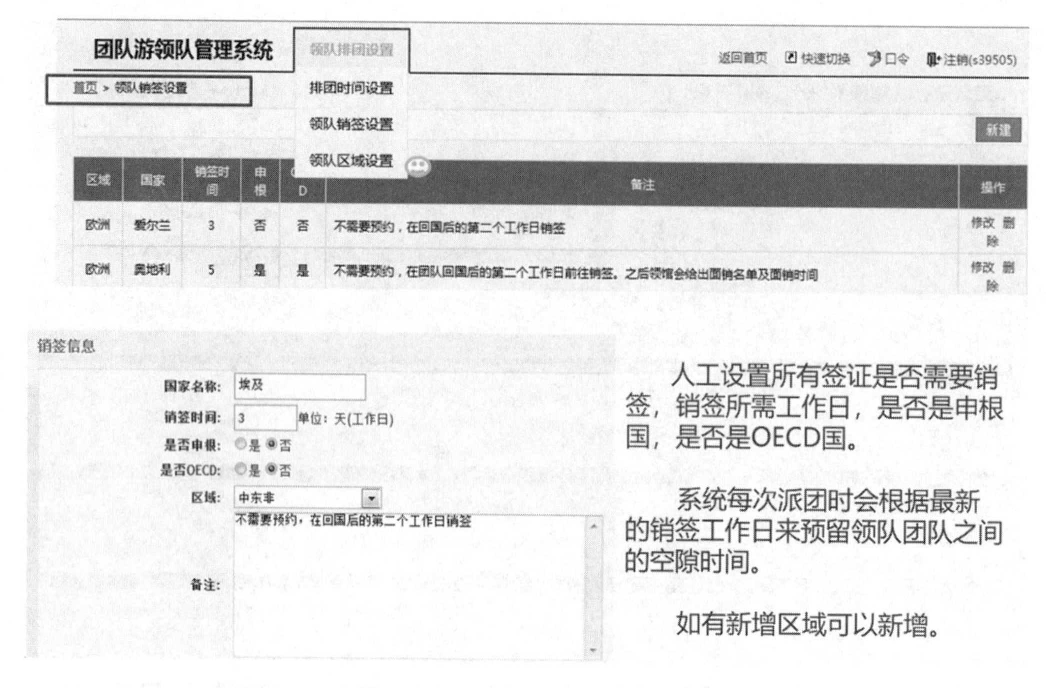

图 9-1-17 领队销签设置界面

三、出境旅游领队的选派规则

（一）业务规则

1. 领队属性

系统自主选派领队时，首先会关注领队的个人属性，系统关于领队属性的选派规则公式为："有效"+"领队"+"专职"+预排领队。该公式的内涵表明，系统选派领队时，首先要求领队的证件有效；其次要求领队处于在岗状态；再次要求领队所属分公司与团队主资源出发城市相同或者领队所在的出发地与团队的出发点一致；最后领队在团队欲前往旅游地所在区域的"带团区域"数值不为0，就是说领队要有在此区域带团的经验。

2. 团队销签

涉及销签国家，按照配置表记录销签时长。配置表中"是否销签"选项为"是"的，则根据销签时间工作日计算销签时长，记录在领队工作日中。

3. 区域优先

区域派团遵循以下顺序：中国台湾、欧洲、美洲、加拿大、澳洲、中东非、日本、韩国、其他地区。

4. 送签日期

有些领队护照上的签证并不是多次有效的，领队需要和团队一起送签，系统中送签日期先读团队中的实际送签日期，没有实际送签日期再读预估送签日期。要控制好需要办理签证的领队的送签时间与团队的送签时间，使二者相吻合。

5. 空隙时间

领队回程后，为帮领队的下一个团队预留充足的时间，系统派团会在上一个团与下一个团之间预留3个工作日的空隙时间(如有销签时间,包含在销签时间内)。但当一个领队的某一团队时间调整时,会直接导致后续团队时间安排不合理,所以派团人员需要手动批量删除团队,再让系统重新派团。

6. 团队人数

欧洲、美洲、澳洲、中东非长线团队,已付款和已预订成功的订单人数大于等于1,其余短线团队人数大于等于4时,需要预排领队。

(二)排团规则

1. 按团队钻级的降序进行排团

团队等级:携程将团队等级分为六级,从高到低依次是6钻、5钻、4钻、3钻、2钻及1钻。系统派团逻辑:先排高钻级团队,再排低钻级团队,然后根据领队的等级进行匹配。最佳匹配规则为:A级领队对应6、5钻团队,B级领队对应5、4钻团队,C级领队对应4、3钻团队,D级领队对应3钻级以下团队。

实践活动9-1-4 从忻某的出境旅游领队等级与团队级别分析二者的匹配度

任　务	出境旅游领队等级	团队级别	匹配结果
忻某出境旅游领队等级与团队级别匹配度			

2. 未达到最佳匹配度时的灵活排团

在实际排团时,并不能总是能实现最佳匹配度。因此,一般为4、5、6钻团队排团时,对应安排A级领队,用完后排B级领队,依此类推(降序);为2、3钻团队排团时,对应先安排D级领队,用完后排C级领队,依此类推(升序)。

3. 团队钻级相同时的排团

当团队钻级相同时,按照团队区域进行排序,优先顺序为:中国台湾、欧洲、美洲、加拿大、澳洲、中东非、日本、韩国、其他地区。

4. 区域与领队等级均相同时的排团

如若区域相同,领队等级也相同,先排有多次往返签证的领队,再排无多次往返签证的领队。因为有多次往返签证的领队可以为团队节省签证成本。

5. 领队签证条件一样的排团

如若领队都有多次签证或都没有多次签证,则根据领队带团区域分值从高到低排序。

6. 带团区域分值也相同的排团

如遇带团区域分值也相同的情况，按照姓氏从 A~Z 排序的规则选排领队。

知识拓展 9-1-1

团队游领队管理系统领队派遣的逻辑

1. 中国台湾地区

(1) 台湾通行证有效期晚于团队回程日期+180 个自然日。

(2) 台湾签注有效期要晚于团队回程日期。

(3) 台湾通行证剩余签注页数大于 3。

(4) 台湾领队证件有效期晚于团队回程日期。

(5) 入台证有效期晚于团队回程日期。

(6) 团队出发日期至团队回程日期无其他安排。

(7) 入台证是否多次往返为“是”。

以上七条为中国台湾地区的系统领队派遣逻辑，如若以上七条缺少任一条，系统就会阻止人为的派团行为。

2. 欧洲区域

(1) 护照有效期限晚于团队回程日期+180 个自然日。

(2) 护照剩余签证页数大于 3。

(3) 导游证有效期晚于团队回程日期。

(4) 团队送签领馆为申根国家，领队证件中签证国家为申根国家且多次往返为“是”，且签证有效期晚于团队回程日期，且团队出发日期至团队回程日期无其他安排，则可派遣。

(5) 领队日期中空白日期包括送签日期与回程日期。

(6) 送签日期到出发日期前一天预排(正式)出团港澳台出发日期到回程日期为空(领队在办理申根签证的空档期，可以带不需要护照的港澳台团队)。

(7) 同时满足条件的人员，按照“带团区域”数值越高越优先，再按姓氏拼音排序(A~Z)。

以上七条中前三条为欧洲区域系统派遣逻辑中必须要满足的条件。

3. 美洲区域

(1) 护照有效期限晚于团队回程日期+180 个自然日。

(2) 护照剩余签证页数大于 3。

(3) 导游证有效期晚于团队回程日期。

(4) 团队送签领馆为美国领馆，领队证件中签证国家等于美国且多次往返为“是”，且签证有效期晚于团队回程日期，且团队出发日期至团队回程日期无其他安排，则可派遣。此情况下，领队无须与团队一起办签，故无须送签，团队送签日期至出发前一天状态为空闲。

(5) 领队日期中空白日期包括送签日期与回程日期。

(6) 送签日期到出发日期前一天预排(正式)出团港澳台出发日期到回程日期为空(领队在办理申根签证的空档期,可以带不需要护照的港澳台团队)。

(7) 同时满足条件的人员,按照"带团区域"数值越高越优先,再按姓氏拼音排序(A~Z)。

以上七条为美洲区域的系统派遣逻辑,如若以上七条缺少任一条,系统就会阻止人为的派团行为。

4. 日韩区域

(1) 护照有效期限晚于团队回程日期+180个自然日。

(2) 护照剩余签证页数大于3。

(3) 导游证有效期晚于团队回程日期。

(4) 领队证件中签证国家等于团队送签领馆且多次往返为"是",且签证有效期晚于团队回程日期,且团队出发日期至团队回程日期无其他安排,则可派遣。

(5) 无法满足条件4,且送签领馆不为空,则领队日程中空白日期包含送签日期到回程日期或"送签日期到出发日期前一天预排(正式)出团港澳台且出发日期到回程日期为空";当送签领馆为空时,则满足1~3即可预排。

(6) 同时满足上述条件的人员,按照"带团区域"数值越高越优先,再按姓氏拼音排序(A~Z)。

澳洲、新西兰、中东、非洲及亚洲等目的地排团的逻辑基本大同小异,主要与签证、领队的等级和产品的匹配度及领队的日程相关联。

实践活动 9-1-5　意大利团队出境旅游领队排团实训

【任务描述】

携程旅游网接待了一个意大利弗拉斯卡蒂+加尔达湖+瑞士+法国13日跟团游(3钻)的团队(见图9-1-18),现已收客38人,团队送签时间为2014年10月20日,出发时间为2014年11月27日,返回时间为2014年12月9日,现需要为团队派遣一个出境旅游领队,通过出境旅游领队排团表(见图9-1-19)可见,曹克非自11月24日后未排团,黄瑛自11月19日后未排团,刘家臻自11月24日回程后未排团,唐盈盈自11月23日中东非回程后未排团,唐云自11月21日意大利回程后未排团,试分析:谁是最适合这一团队的出境旅游领队?

产品大区	国家	团队ID	团名	拆分团编号	已收客人数	送签日期	出发日期	返回日期	领队	领队电话	派遣状态	备注
团队台湾	中国	102417	台湾环岛8日跟团游(5钻)·景区酒店 观光局认证产品	CTRIP-SHA-景区酒店 观光局	23	2014/10/28	2014/11/11	2014/11/18	杨帆	***	正式派遣	安排团签领队
团队南亚城市	新加坡	105788	新加坡+马来西亚5日跟团游(3钻)·(1晚吉隆坡五星酒店)		0	2014/11/6	2014/11/13	2014/11/17			尚未预排	杭州外借领队不需要制作出境名单表
团队日本	日本	105914	赏枫游·日本北海道+东京7日跟团游(4钻)·海鲜宴 枫之米	CTRIP-SHA-nrt/hkdt02-	14	2014/11/5	2014/11/13	2014/11/19	陈晓晖	***	正式派遣	购物团
团队港澳	中国	107726	乐园游·香港4日跟团游(4钻)·海洋公园游 限时特价		4		2014/11/26	2014/11/29	蓝佳晨	***	预排领队	
团队韩国	韩国	109247	韩国济州岛4日跟团游(3钻)·错峰爆款 泰迪熊 偶来路		31		2014/11/26	2014/11/29	张毅	***	预排领队	购物
团队欧洲	意大利	101657	意大利弗拉斯卡蒂+加尔达湖+瑞士+法国13日跟团游(3钻)·		38	2014/11/20	2014/11/27	2014/12/9	全兼地		预排领队	

图9-1-18　部分团队相关信息

分公司	签证信息	年限	等级	手机	姓名	11月（4—25日）排期
上海	希15.07.26/英15.04.26	4	A	***	曹克非	送签；104072英国
上海	希腊15.11.03/澳洲15.01.10	6.5	A	***	陈鹏	送签；100912希腊；销签；送签；102264意大利
上海	希腊15.05.13/台L签15.08.03	4.5	B	***	何芸齐	休假+送签；送签；102008西班牙
上海	希腊15.05.21/台L签15.09.23	4	B	***	黄昕威	102097捷克；送签；101581台湾；送
上海	希腊15.08.24	3.5	B	***	黄瑛	送签；102120德国；销签
上海	希腊15.06.22	3.5	A	***	费斌	101424意大利；送签；102015瑞士
上海	希腊15.03.10	3.5	D	***	刘家臻	106534东南亚；送签；82863中东非
上海	希腊15.09.03/日本15.03.10	3.5	A	***	陆佳雯	预排送签；84371韩国；送签；预排送
上海	意大利15.08.03	4	C	***	骆红生	105982东南亚
上海	希腊15.09.11	4	A	***	孙致平	101562西班牙；销签；送签；102924中东
上海	希腊14.12.11/台L签15.09.11	4	C	***	唐国庆	送签；101458台湾；送签；104837韩国；送签
上海	希腊15.09.20/英国15.01.31/台L	4	C	***	唐盈盈	103050台湾；送签；103804中东非
上海	希腊15.09.02	4	A	***	唐云	送签；101805意大利

图9－1－19　出境旅游排团表

【任务实施】

姓　名	等　级	年　限	签证信息	匹配结果排序	理　由

任务评价

任务内容	评　分　标　准	是否达标
出境旅游领队选派的影响因素	掌握携程旅游网出境旅游领队的派团规则、领队选派的影响因素	□是　□否
出境旅游领队管理系统操作	了解携程出境旅游领队管理系统、明确系统操作要点	□是　□否
出境旅游领队的派遣规则	掌握工作规则、明确派团规则、熟悉各旅游区域领队派遣的逻辑	□是　□否

学习反思

____

____

____

____

____

____

____

____

任务二　带团工具：领队助手软件应用

任务导入

2018年9月24日，旅游者王某与某国际旅行社有限公司（以下简称“某国旅”）签订团队出境旅游合同，参加匈牙利奥地利7晚9天之旅，出发时间为9月28日，结束时间为10月6日，旅游费用为20 990元。某国旅认为领队对目的地情况熟悉，就没有聘用出境游目的地地陪，而是由领队兼任地陪。行程第七天（10月4日），双方约定的行程中应当游览奥地利第二大城市格拉茨，但因为时间原因，某国旅在征得旅游团多数人同意的情况下变更行程，改去斯洛伐克的首都布拉迪斯拉发，对此，王某认为：首先，布拉迪斯拉发距离维也纳仅60千米，而格拉茨距离维也纳194千米，某国旅擅自变更行程是为了节约成本，而非不可抗力等原因；其次，布拉迪斯拉发不能代替格拉茨，严重影响了王某的旅行感受；最后，虽然大部分团员签署了行程变更说明，但这只能代表签署人的意见，无法代表其本人的意见。第八天，在旅游者购物时，因为领队协助旅游者退税迟缓，浪费了两个小时，亦严重影响了王某的体验。所以，王某认为某国旅未经其同意擅自变更行程的做法系严重违约行为，且未派遣合格的地陪提供服务，故诉至法院，要求某国旅支付违约金。

试分析：该案例中张某的主张是否合理？领队如何运用领队助手软件，才能更好地提升自己的带团效率，规范自己的带团行为？

任务分析

（1）领队全兼地的安排是否违法？

（2）签署“少数服从多数”的变更协议书，是否对没有签字的旅游者产生效力？是否可以约束未签字的旅游者？是否可以成为旅行社免责的充分理由？

（3）领队如何运用领队助手软件，才能更好地提升自己的带团效率、规范自己的带团行为？

任务实施

一、领队助手软件的作用

携程网于2015年上线的领队助手软件能够把一个团的所有信息集合在一个工具里面，解决领队带团所需纸质资料携带查阅不方便、紧急联系不及时等缺点，提升领队的带团效率。

（1）可以把重要的信息推送给旅游者。

（2）可以选择性地下载模板文件。

二、领队助手软件的操作流程

以下以2015版领队助手软件的应用为例，为领队提供参考。

（1）用手机打开携程旅行应用软件进入首页。

（2）打开旅游板块界面，见图 9－2－1。

（3）打开跟团游界面，见图 9－2－2。

（4）进入携程领队小人像入口界面，见图 9－2－3。

（5）点击团队助手，见图 9－2－4。

（6）领队登录的时候选择领队助手，旅游者登录的时候选择团队助手，见图 9－2－5。

图 9－2－1　旅游板块界面

图 9－2－2　跟团游界面

图 9－2－3　领队小人像入口界面

图 9－2－4　团队助手界面

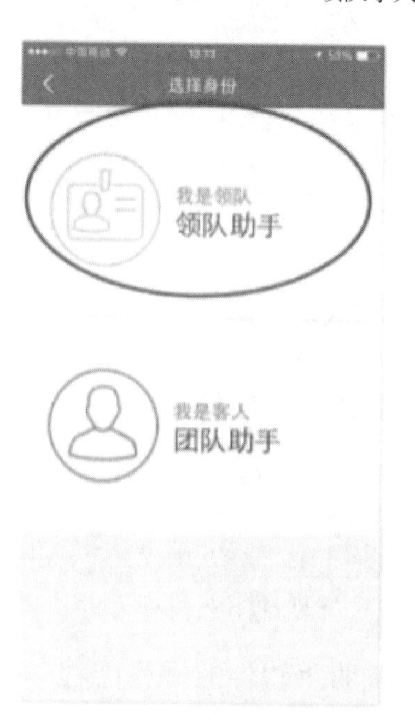

图 9－2－5　身份选择界面

任务实施

三、领队助手软件的功能

(一) 查询

可以看到团队旅游者的详情,包括旅游者的姓名、出生日期、旅游者的联系方式、旅游者购买的产品、证件编号、护照有效期以及航班信息,见图 9－2－6。联系方式领队可视实际情况进行及时修改。

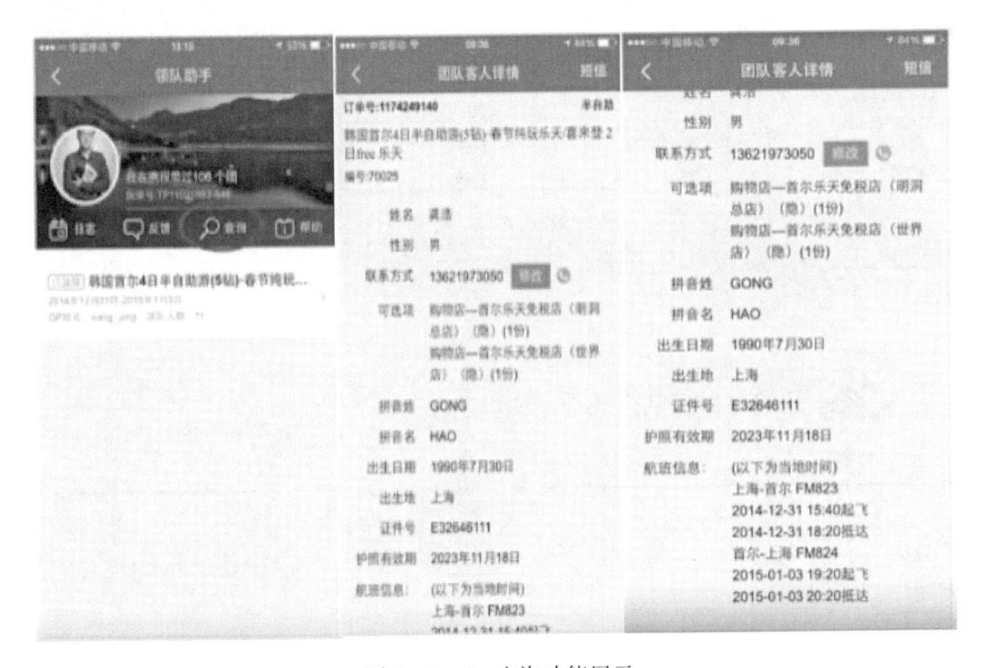

图 9－2－6　查询功能展示

知识链接 9-2-1

领队兼任地陪的模式是否合法?

近些年来旅游服务中出现了领队兼任地陪的模式。按照传统的旅游服务操作模式,旅行社组团后,均会将旅游团队交由旅游目的地的旅行社(即地接社)接待,包括预订和协调目的地的各项服务,提供地陪服务等,确保旅游者在旅游目的地各项合法权利的实现。随着旅游服务设施和条件的不断完善与获得旅游目的地服务信息便捷度的提高,组团社可以轻松地完成本来需要地接社提供的服务。于是,在国内旅游服务中,旅行社组织短线游线路时,比如华东地区的旅行社组团在华东地区旅游,已经很少交由地接社提供地接服务了,旅行社往往采取全兼地的服务经营模式,以节约经营成本,获取市场竞争中的价格优势。而出境旅游也出现了类似的情况,旅行社委派的领队兼任旅游目的地的全陪或者地陪。

那么,领队的全兼地服务模式是否合法呢?

领队全兼地的服务模式是否合法,首先要看法律的具体规定。从国家层面上说,法律对于如何委派导游领队的规定是明确的:

第一,在国内旅游服务中,是否委派全陪服务、是否交由地接社接待、是否要有地陪服务,法律上没有明确提出强制性规定。按照法无禁止即可为的理论,在国内的旅游服务中,有关旅游团是否配备全陪地陪等服务问题,法律实际上已经将此项内容交给了旅行社和旅游者双方,由双方自行协商决定,他人没有必要干预。

第二,在入境旅游服务中,旅行社应当为旅游团安排全陪服务。至于境外旅行社是否随团委派领队或者全陪,不是我国法律应当规范的问题,由境外旅行社所在地国家和地区的法律来规定。

第三,在出境旅游服务中,组团社必须为旅游团委派领队服务。在境外旅游目的地,是否要有地接社服务、地陪服务,我国法律无法给出规定,应当由境外旅游目的地的国家和地区有关部门做出规定。总之,旅行社未委托境外旅游目的地接服务,并不违反我国法律规定。因此,领队全兼地的服务模式不违法。

实践活动 9-2-1 出境旅游领队全兼地的安排是否违法?

任　务	法律规定	团队情况	结　论
出境旅游领队全兼地安排是否违法?			

(二) 帮助

帮助板块包含了领队带团所必须的一些文档,包括领队清单、领队手册及文档下载版块,见图 9-2-7。

1. 出境旅游领队清单

出境旅游领队清单包含领队出发前所要获取的信息及日常应具备的常识。包含行前准备、行中工作及返程三个部分的内容。

(1) 出行前。包括遵守领队的职业道德与行为操守、护照、签证、机票、名单表、分房表、自我介绍及欢迎词、特殊人群(老弱病残妇幼孕)的特殊说明、一个微笑和一声问好、集合时的行前说明会、提醒旅游者去免税店,见图 9-2-8。

(2) 出行中。提前与导游联系、关注旅游者机上的状态、上车第一时间确认人数、车上宣讲、征求 DV 拍摄话语、宣传团队助手、提供冰/热水、确认联系方式、提醒旅游者注意饮食卫生与房间收费事项、告诉旅游者领队房号,见图 9-2-9。

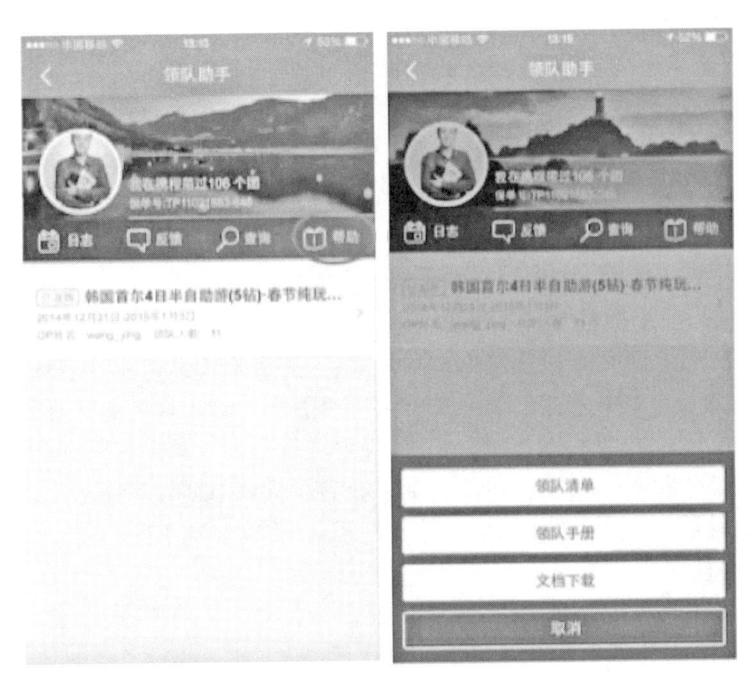

图 9－2－7　帮助板块文档清单界面

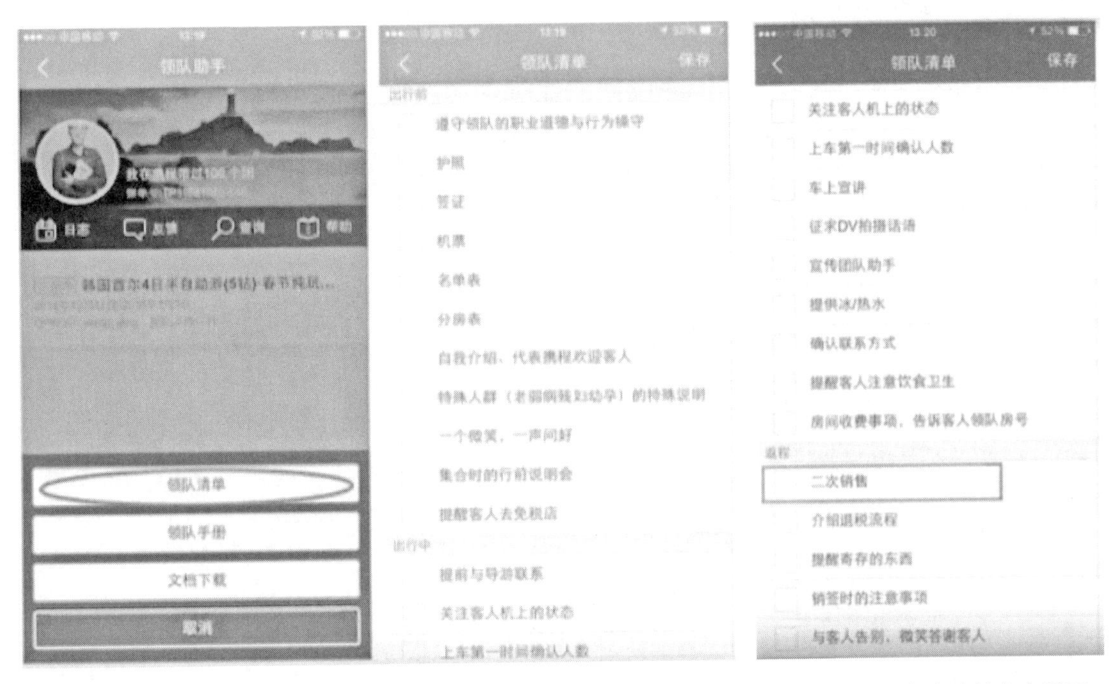

图 9－2－8　领队清单内容界面　　图 9－2－9　行中清单内容界面

（3）返程。返程提醒包括二次销售、介绍退税流程、提醒寄存的东西、销签时的注意事项、与旅游者告别或微笑答谢旅游者。

总之，在领队清单中领队既可以查阅团队信息，也可以查阅领队带团技能培训的相关要求。

知识链接 9-2-2

购物退税

购物退税是指境外旅游者在退税定点商店购买随身携运出境的退税物品，按规定可予以退税。海外退税，退的一般是增值税和消费税，是境外不少国家和地区为了带动旅游消费，针对外籍消费者的一种福利。现在全球有 50 多个国家和地区推行购物退税政策，包括欧盟主要成员国、澳大利亚、日本、韩国、新加坡等。这些地方也大多是我们出境旅行的主流目的地。一般情况下，退税额度是商品价格的 5%～15%，算一笔账，如果购买的本身就是打折商品，再退笔税款，就相当于折上再返现，金额十分可观。

一、退税改革

但对于出境次数不多的普通旅游者，退税政策具有一定的复杂性，旅行社，尤其是领队对于旅游者境外购物退税服务必须予以详细的指导，这是旅行社组织出境旅游的重要服务内容。

1. 退税单是否需要加盖海关章？

退税单必须加盖海关章。无加盖海关章的退税单将被视为无效单据，不可享受退税。在欧盟国家离境时，由海关查验商品并在退税单上加盖欧盟海关章。应特别注意的是，瑞士的退税单需要加盖瑞士本国的海关章。

2. 如果在商店没有使用银联卡购物消费，能用银联卡进行退税吗？

可以。在商户出具的退税单据上一般有银行卡、现金、支票三个退税选项，只要在银行卡信息栏填写银联卡卡号即可。也请在机场退税柜台申请退税时，告知服务人员要使用银联卡退税。

3. 银联借记卡和银联信用卡都支持购物退税吗？

是的。所有银联借记卡和信用卡（卡号均以 62 开头）都支持购物退税。一般退税单据的银行卡栏会标注为 credit card（信用卡），但实际填写银联借记卡和银联信用卡的卡号，均可将退税款打入对应的银行账户中。

4. 如果退税单据上并未出现银联标识或字样，能支持银联卡退税吗？

可以。有些国家的退税单据可能因系统原因未在退税单据上打印银联标识或相关字样。但只要是银联合作的退税机构，其退税单据都可放心填写银联卡卡号进行退税。

5. 通过银联卡退税以后，如何查询退税的处理状态（仅限中国大陆发行的银联卡）？

目前可以通过银联钱包进行查询。

6. 所购退税商品是否全部需要放入手提行李？

需要。但如商品过大，无法带上飞机，可先到海关出口办公室接受查验后，将其与托运行李放在一起。若未将这些商品给海关验证，则海关可能会拒绝盖章，并拒绝确认您的退税信息。

7. 在免税店购物也可以退税吗?

在不少人的印象中,免税品的价格就是商品的“裸价”,除了商品本身的价格之外,没有被征收任何税费。其实不然,包含在商品当中的税费其实很多,通常有进口关税、消费税、增值税等。在一些国家和地区,商品中还会包含当地建设或者福利方面的费用。而免税品的价格,通常只是免去了进口关税的部分,这部分的税率多集中在20%~100%,其他的税种,是免税品价格中不能免去的。相对的,退税商品也无法做到完全不含税,而是只能退掉商品中包含的消费税和增值税。所以,两者能够结合起来是比较理想的。

从字面理解上来说,免税和退税是两个概念。免税所免掉的是进口环节的关税,而退税所退的则是消费税和增值税,这部分税率通常不高,多集中在5%~20%。

虽然免税店不等同于退税店,但值得注意的是,不是只有在退税店里购买的商品才可以退税,在很多国家,对于外国旅游者都是有退税政策的,即使是在免税店购物也不例外。所以,去免税店购物前,最好先跟商家确认清楚。尤其是一些纪念品商店、当地特产商店,通常都是可以退税的。在不同的国家,退税政策有所不同,多数国家都有“可享受退税的最低限额”的规定,并不是所有商品都可以随便退税。

8. 在欧盟成员国与非欧盟成员国间进出时如何退税?

大多数人到欧洲旅游,都会选择至少两国联游,比较少会只流连于同一个国家。在欧盟国家购物,须在离开最后一个欧盟国去非欧盟国家时方可办理退税。所以,在欧洲进行多国连线游,只要所游国全是欧盟国家(与申根国没有关系),退税手续在最后一个出境国统一办理即可。

二、退税方法

关于退税的方法则有以下三种。

1. 现金退税

特点:可以即时拿到现金,但是在部分国家需要收取手续费,回国后还需再次兑换货币,可能因换汇带来一定损失。

2. 支票退税

特点:消费者须将填好的单据寄回,海关人员会将支票再邮寄回顾客所留地址,耗时漫长,还要支付邮资。

3. 银行卡退税

银行卡退税是现在比较主流的退税方式,方便快捷,较现金退税而言,无须排长队。

(1) 银联卡退税最基本的方式:邮寄退税。在填写税单时,选择银联卡退税,在退税单上填写您的卡号等信息后,经过海关查验,在离境前通过邮寄等形式提交给退税机构后即可完成。

(2) 银联卡退税的创新形式。近年来,银联国际不断同各个国家和地区的各类退税机构合作,开发出了多种退税形式。其中有在回国前完成的,也有可以在回国之后再操作的。

三、回国前退税和回国后退税

1. 回国前退税

(1) 电子退税。如台湾地区、韩国、新加坡等的机场和港口、法国春天百货等地,都可使用电子退税的方式。

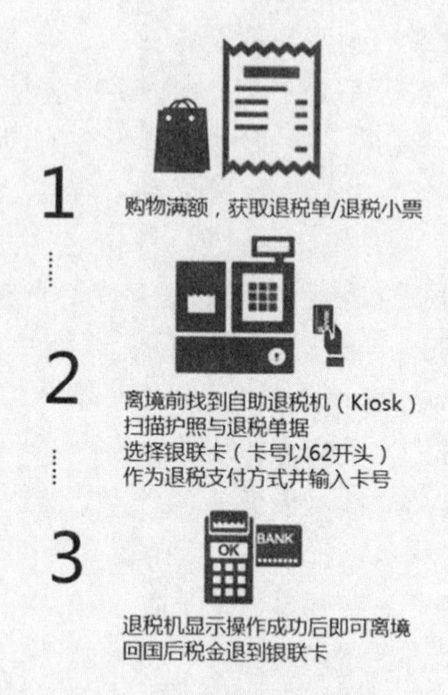

(2) 手机快捷退税。如澳大利亚可使用手机快捷退税方式。

2. 回国后退税

回国退税,可以完美避过回国时的匆匆忙忙。

(1) 部分特约商户可支持回国退税。中国消费者在欧洲贴有 Premier Tax Free、Innova Tax Free、Tax Refund Service Srl 和 Tax Free Worldwide 标识的特约商户消费满一定金额,向商户拿取退税申请单,填写相关信息并在离境时经海关审核盖章后,不用当即寄回税单,可以待回国后，在北京、上海、广州、深圳等地的机场及市区的联合货币网点，申请用银联卡退税，此外，也可以通过银联国际或联合货币官网在线申请退税。相比在境外机场指定邮箱投递退税申请单，回国退税的税款到账时间更短、更可控。

(2) 用“易退税”回国退税。中国境内银联卡(卡号以62开头)持卡人在德国逾百家商户购物后，可直接通过“易退税”手机旅游者端(App)完成退税流程。

2. 出境旅游领队手册

出境旅游领队手册(见图9-2-10)中包含了领队常识和日常必须注意的事项。如：旅游者迟到怎么办？旅游者证件丢失怎么办？旅游者机票信息有误怎么办？旅游者之间发生矛盾怎么办？团队发生了意外伤害该怎么办？旅游者未签署离团协议怎么办？旅游者滞留境外该怎么办？团队遇到自然灾害该怎么办？登机牌遗失该怎么办？退税相关的操作技能与注意事项有哪些？

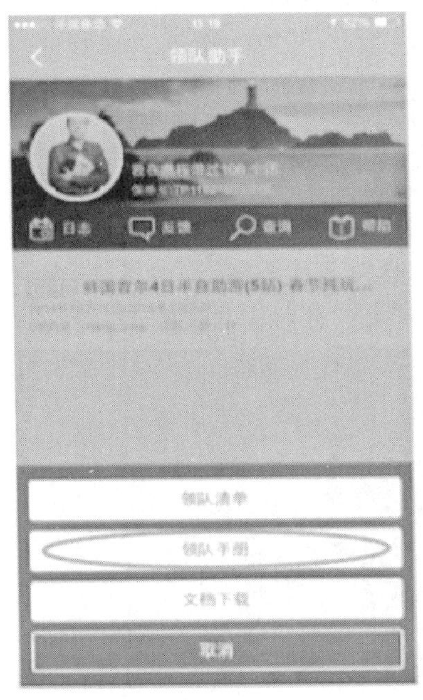

图9-2-10　领队手册界面

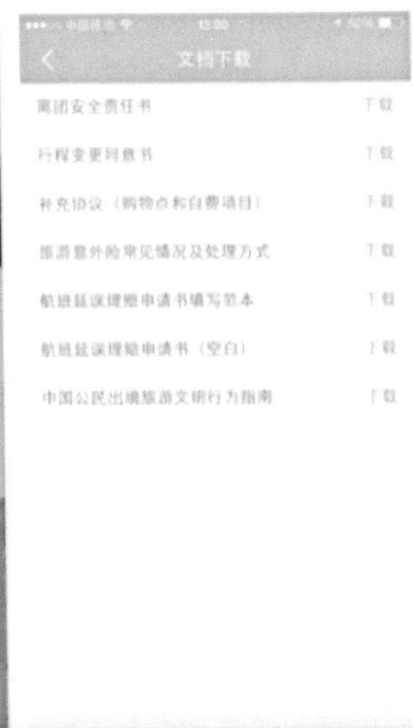

图9-2-11　文档下载界面

3. 文档下载

出境旅游领队在带团出境时，往往会携带一些固定模板的文档，在境外，一旦发生相应的事情时，需要旅游者在纸质文件上签字，见图9-2-11。文档可随时下载、随时打印，非常方便，主要文档如下：

(1) 离团安全责任书。

(2) 行程变更同意书。

(3) 补充协议(购物点和自费协议)。
(4) 旅游意外险常见情况及处理办法。
(5) 航班延误理赔申请书(空白)。
(6) 航班延误理赔申请书填写范本。
(7) 中国公民出境旅游文明行为指南。

知识链接 9-2-3

旅行社在擅自变更行程案件中的常见误区

签署“少数服从多数”的变更协议书,非旅行社免责的充分理由。旅行社在与旅游者协商变更行程时,常以“少数服从多数”的方式规避变更行程的违约风险。但旅游者在旅行社变更行程有时是出于自愿,有时是迫于无奈,有时甚至是反对的。而在签署行程变更协议书时,旅行社也无法保证同团所有旅游者都会签字同意。那么,只有多数人签字的行程变更协议书是否对没有签字的旅游者产生效力呢?是否可以约束未签字的旅游者,成为旅行社免责的充分理由呢?答案是否定的。《旅游法》第六十七条明确规定,只有在不可抗力或者旅行社、履行辅助人已尽合理注意义务仍不能避免的事件发生,影响旅游行程的情况下,旅行社才可以为了全体旅游者的根本利益,通过“少数服从多数”的方式决定终止或变更行程。例如,因台风天气无法前往游览景点、局部地质灾害导致车辆无法通行也无其他通行线路、景点内突发事件不予开放等。所以,在旅游活动中,无论是常规的旅游项目、自费旅游项目,还是自选旅游项目,在未取得同团全体旅游者书面同意的情况下,旅行社不得以“少数服从多数”为借口变更行程,否则根据《旅行社服务质量赔偿标准》第十一条第二款的规定,未经旅游者签字确认,擅自安排合同约定以外的用餐、娱乐、医疗保健、参观等另行付费项目的,旅行社应当承担另行付费项目的费用。

认定“在保证不减少景点、不影响行程的前提下,旅行社有权对行程的先后顺序进行调整,旅游者应当服从”这一条款为格式条款是错误的,该条款无效。旅游者作为消费者,拥有知情权、自主选择权、公平交易权。旅行社在向旅游者推介旅游产品时,应当全面告知该旅游产品的信息,让旅游者全方位了解、选择并购买。在实践中,很多旅行社喜欢在行程单下面,以一行小字标注“在保证不减少景点、不影响行程的前提下,旅行社有权对行程的先后顺序进行调整,旅游者应当服从”,这是侵犯旅游者知情权、自主选择权、公平交易权的一种表现。司法实践中,法院常以该条款损害旅游者合法权益,未以显著的方式向旅游者进行警示、说明而将其认定为格式条款,从而判定该条款无效。因此,旅行社在使用该条款时应当采用加黑、加粗、让旅游者抄写等明示的方式向旅游者说明,从而避免被认定为格式条款。

实践活动 9-2-2　签署"少数服从多数"的变更协议书,是旅行社免责的充分理由吗?

任　　务	法律规定	团队情况	结　论
试分析:签署"少数服从多数"的变更协议书,是旅行社免责的充分理由吗?			

(三) 团队详情

团队详情包括计调人员的姓名、团队人数、出发时间、返程时间、签证类型及实际送签时间等内容,见图 9-2-12。

图 9-2-12　团队详情界面

(四) 旅游者信息

所有订单旅游者的联系方式和订单编号,在领队助手 App 里面可以将短信编辑后发到旅游者预留的手机号上,不需要领队用自己的手机一一编辑并发送信息。编辑短信的时间一般为旅游者去机场集合之前,提醒旅游者集合的相关注意事项及境外的天气、随身携带的衣物以及必须携带的物品等,见图 9-2-13。

图 9－2－13　旅游者信息界面

（五）行程介绍

行程介绍部分包含了全部而详细的行程安排，也包含了重要景点的详细介绍，见图 9－2－14。

图 9－2－14　旅游者团队说明界面

图 9－2－15　团队详情页界面

实践活动 9-2-3　领队如何运用领队助手 App，才能更好地提升自己的带团效率？

任　　务	案例投诉事项	App 相关功能	资料下载
试分析：领队如何运用领队助手 App，才能更好地提升自己的带团效率？			

任务评价

任务内容	评分标准	是否达标
熟悉领队助手软件	能正确理解章内知识拓展,基本正确完成章首案例实训	□是　□否
领队助手软件的运用	能够熟练运用领队助手软件来为领队带团服务,提高领队带团效率	□是　□否
熟悉领队引导旅游文明行为规范的内容	熟悉领队引导旅游文明行为规范的内容,章首案例实训基本正确完成	□是　□否

学习反思

任务三　出境旅游领队心理危机干预

任务导入

领队小王刚刚完成了一趟欧洲行程,作为此次欧洲团领队兼地陪服务,在欧洲旅行期间,小王一个人完成了国外的交通、讲解、联系司机等工作,欧洲旅行期间旅游团的游览一波三折,遭遇多次突发事件,先是发生了旅游者行李被其他团误拿的情况,小王第一时间联系误拿行李的团队领队,帮助旅游者取回行李;又遇到旅游者生病,小王安排旅游者到当地医院就医看病;还遇到旅游者护照被盗的情况,小王安排旅游者到当地警局报警,协调安排旅游者去大使馆办理临时旅行证等。在此期间,小王还要带领其余旅游者完成游览行程。整趟行程下来,小王感觉心力交瘁,异常焦虑,并直接导致失眠情况加剧。针对小王的状况,你能否给小王一些有益的建议呢?

任务分析

(1) 结合心理危机的概念,试分析领队小王的情况是否属于心理危机。

(2) 结合领队心理危机干预的方法,你有什么有益的建议给小王吗?

任务准备

一、心理危机认知

(一) 心理危机的概念

心理危机是指当个人遭遇了难以回避的突发事件、重大挫折、精神压力时,感到难以解决或应对而出现的心理反应，表现为强烈的恐惧、悲痛、焦虑等情绪。

（二）心理危机的分类

心理危机的分类见表9－3－1。

表9－3－1　心理危机分类表

分类依据	心理危机类型	概　　念	产 生 原 因
危机刺激来源	发展性危机	正常成长和发展过程中从一个阶段转移到另一个阶段引起的异常心理反应	疾病困扰、家庭变故、婚姻失败、下岗失业
	境遇性危机	突发事件、事故或自然灾害等外部事件引发的心理危机	台风/地震/海啸/洪水、车祸、空难、战争、恐怖事件
	存在性危机	基于现实生活的无意义感、空虚感、对往事的后悔感而产生的心理危机	对人生目标的困惑和对自我认可的怀疑

二、心理干预的课程

当旅行社发现领队出现心理危机时，应采取措施进行有效的心理干预，首先可以构建心理干预课程体系，提供异常心理与危机干预、人际沟通与人际交往、情绪调节与压力应对、稳定化和放松技术、心理健康、领队应急处理等培训课程，帮助领队进行心理干预。

实践活动9-3-1　领队心理危机的辨析

任　务	领队现状	心理危机的表现	结　论
领队心理危机的辨析			

三、战胜心理危机的方法

（一）明确理念，身心健康胜于一切

当领队觉得身心俱疲，遭遇心理危机而无法自拔、影响工作时，请放下在旅游旺季拼命带团挣钱的执念。因为如果没有健康的身心，就不能长时间保持充沛的精力和蓬勃的朝气，甚至还会被一些疾病所困扰，根本无法从事正常的社会活动。如果没有健康的心理，就会经常处于焦虑、郁闷、孤僻、自卑、怨恨、猜忌等不良心理状态。

（二）及时诉说和求助

面对自己的心理危机，领队可以找家人朋友、信任的领队同仁，敞开心扉，诉说自己带团中的遭遇、苦闷、压力，听听其他领队如何应对，学习其他领队的业务技能、心理调节方法等。也可以找专业的心理医生，得到更为精准的治疗。

（三）承认现实，悦纳自己，学会成长

领队在带团工作中或多或少地会遇到各种各样的问题，如面对旅游者的无端指责，地接导游的刁钻、算计，旅行社计调人员的敷衍推诿，航班的延误，酒店的简陋，路程的艰辛，家庭的变故，天灾的突袭，等等。因此，领队首先要努力承认现实，对于自己将面临的工作的复杂性与多变性，有一个清晰的认知，随时做好心理准备。其次，领队要悦纳自己，学会成长。在领队的工作实际中，可能要经历很多的挫折磨砺，也可能要面对突如其来的狂风暴雨，无论是在逆境还是在困境中都要多想到自己的优点，悦纳自己，相信自己，让自己充满力量，凭借信心带来的力量去克服诸多不必要的烦恼和重重困难。最后，领队不要习惯于独自默默承受工作中的压力，要学会倾诉与释放压力。

（四）培养新的爱好，学习新的技能

领队人员可以结合自己的时间、兴趣等，在旅游淡季时，学习一些新的技能，培养一些新的爱好。如培养一些轻松的艺术类爱好、学习一些生活类的技能、掌握一些职业赋能新技术。如：学外语和心理知识、制作 PPT、烘焙、园艺、制作旅游小视频等。

（五）增加多巴胺的分泌

多巴胺是由大脑分泌的神经递质，可影响一个人的情绪，当我们积极做某事时，脑中会非常活络地分泌出大量多巴胺，多巴胺带来的“激情”，可以让人感觉良好。

领队人员可以通过饮食增加多巴胺分泌，多吃富含酪氨酸和抗氧化的食物，因为食物多巴胺在人体内由酪氨酸合成，而多巴胺很容易被氧化。多吃杏仁、鳄梨、香蕉、低脂奶制品、芝麻籽和南瓜子等食物，有助于大脑分泌更多的多巴胺；也要多吃芦笋、绿花椰菜、甜菜、橙子、草莓、抱子甘蓝、葵花籽、胡萝卜等食物。

领队人员也可以通过更健康的生活方式促进多巴胺的分泌。经常运动锻炼可刺激大脑内多巴胺的分泌和吸收。长达 30 到 60 分钟的跑步、游泳，即可以加速多巴胺的分泌。还要保证充足的睡眠，人在睡眠状态时，大脑消耗很少量的多巴胺，这样第二天身体才有充足的多巴胺。

实践活动 9-3-2 领队心理危机干预

任　务	心理干预课程	战胜危机的方法	建　议
领队心理危机干预			

任务评价

任务内容	评　价　标　准	是否达标
领队心理危机辨析	了解领队心理危机的概念及表现，能够结合领队情况进行心理危机辨析	□是　□否
领队心理危机干预	掌握领队心理危机干预的方法，熟悉心理危机干预课程构成	□是　□否

学习反思

____

____

____

____

____

____

任务四　出境旅游领队规范及处罚条例

任务导入

某台湾团队的领队事先未检查自己的大陆居民往来台湾通行证，出发当日在机场才发现通行证已经过期，且已经没有时间去加签注，导致公司临时变更领队。请思考：根据企业领队规范及处罚条例，该领队的行为将如何被认定？

任务分析

（1）结合案例的危害性、影响性、损害性，思考分析领队的行为是否属于质量缺陷。

（2）结合领队质量缺陷的具体行为及等级认证依据，思考领队的行为属于哪种级别的质量缺陷。

任务准备

一、质量成本缺陷认知

（一）质量成本的定义

每家旅游企业对于质量成本量化的具体数额各不相同，但质量成本的计算方式大体是一致的，即

质量成本=经济损失+员工成本+用户成本

（二）质量缺陷的分级

旅游企业质量缺陷的分级如表9-4-1所示。

表 9-4-1 质量缺陷分级表

等级	S 类	A 类	B 类	C 类
影响	1. 危害较大 2. 产生的影响较深远 3. 对公司品牌形象造成的损害较大 4. 赔偿的金额较高 5. 惩罚严格	1. 领队主观的原因造成旅游者财产损失 2. 领队主观的原因造成人身伤害	1. 领队主观的原因造成旅游者投诉 2. 危害稍小 3. 影响较小	1. 客观的疏忽造成的旅游者投诉 2. 危害稍小 3. 影响较小
划分标准	1. 具有很强的媒体传播性质 2. 对旅游者造成严重的损失和危害 3. 严重影响公司品牌形象	造成质量缺陷的成本数额	造成质量缺陷的成本数额	造成质量缺陷的成本数额

注：B 类、C 类缺陷虽然危害稍小，产生的影响也较小，但也是最为常见的缺陷类型，这两类缺陷占到了所有缺陷类型的 70%以上。

任务实施

二、领队带团中常见的质量缺陷及等级

(一) 常见的 S 类质量缺陷

领队带团中常见的 S 类质量缺陷如表 9-4-2 所示。

表 9-4-2 S 类质量缺陷行为一览表

缺陷简称	缺陷行为	处罚类别
甩团	以任何理由出现甩团情况	S 类
危害旅游者安全	以任何方式威胁旅游者的人身安全	S 类
影响公司品牌形象	领队带团过程中任何影响公司品牌形象的言行	S 类
不实反馈	违反公司诚信原则，故意对旅游者投诉情况隐瞒事实、推卸责任并提供虚假信息造成投诉升级	S 类
辱骂或骚扰旅游者	在行程中与旅游者发生争执，辱骂旅游者；或骚扰旅游者、与其产生领队与旅游者之外的关系，造成旅游者投诉或其他严重后果的，影响公司品牌形象的	S 类
工作时间代购	领队购物行为违反中国和目的地国家相关法律法规，遭到海关查处的	S 类

案例分析 9-4-1 日本团队出境旅游领队质量缺陷

【案例描述】

某出境旅游领队带团抵达日本大阪，在过关时因携带所购物品违反海关规定被没收，且因此耽搁了很长时间，导致全团旅游者在关外集合时没有出境旅游领队，旅游者不满，投诉了出境旅游领队。

【案例分析】

根据企业质量缺陷等级认定的规定，出境旅游领队购物行为违反中国和目的地国家相关法律法规，遭到海关查处的，认定为S类缺陷。本案中出境旅游领队违反海关规定携带超额免费商品，被海关没收并盘问，造成旅游者大量时间等待出境旅游领队，其行为属于工作时间代购，既违反了相应的法律法规的规定，又属于主观原因造成的投诉，故为S类缺陷。

【案例启示】

旅行社可以接受出境旅游领队因为能力或经验不足原因被投诉，但是对于主观原因违反法律法规而产生的投诉，旅行社往往将其视为缺陷当中的红线，一律认定为S类缺陷。

（二）常见的A类质量缺陷

领队带团中常见的A类质量缺陷如表9－4－3所示。

表9－4－3　A类质量缺陷行为一览表

缺陷简称	缺陷行为	处罚类别
团员丢失	行中未清点人数，造成团员脱团或丢失	A类
挑团拒团	以任何理由挑团、拒团，造成重新安排领队产生成本支出和团队损失	A类
投诉协助处理不力	不配合、不协助平台处理旅游者投诉，导致事件升级，社会影响恶劣	A类
泄露旅游者信息	侵犯旅游者隐私，泄露旅游者信息，引起旅游者投诉	A类
未尽危险提醒义务	行程中旅游者参加游泳、潜水、漂流等高风险活动，未进行任何必要的安全提示，造成旅游者人身伤害的	A类
擅自更改行程	未获得旅游者同意，擅自变更行程	A类
工作时间代购	因代购/购物，未尽到领队职责	A类
	委托旅游者携带领队的任何物品出入海关	A类
出团障碍	因领队个人原因（如证件丢失、证件异常等）没有及时办理签证、签注，影响出团，重新安排领队造成团队损失；领队出团前务必检查核对机票行程单、护照签证、出境名单、分房名单、地接社确认单等团包资料，接听出团警示电话，如因未做到以上工作而造成资料错误、信息缺失导致出行受阻	A类

续 表

缺陷简称	缺陷行为	处罚类别
行前信息沟通不足	未提前联系旅游者告知机场集合时间及出行准备(包括但不限于当地特殊风俗要求、海关对携带物品的规定、落地签办理等注意事项)	A类
登机遇阻	未清点人数或未及时告知旅游者登机口变更或航班变动情况,导致旅游者无法登机	A类
强制自费购物	违背旅游者意愿组织引导旅游者参加行程披露之外的自费、购物项目	A类
强制收小费	强制向旅游者收取小费	A类

案例分析 9-4-2 出境旅游领队主观失误产生的质量缺陷 1

【案例描述】

某出境旅游领队带旅游团登机的当天在机场办理私事,临近登机口关闸时才匆匆赶到,上飞机后发现有一对老夫妻没有上飞机,此时登机口已经关闭,这对老夫妻只能改乘下一班飞机,事后该领队因没有提前联系旅游者而被投诉。

【案例分析】

根据企业质量缺陷等级认定的规定,未清点人数或未及时告知旅游者登机口变更或航班变动情况,导致旅游者无法登机,认定为A类缺陷。本案中出境旅游领队虽然是由于办理私事而未清点人数,造成老夫妻未乘坐飞机,但从主观意愿上来讲,出境旅游领队办理私事属于出境旅游领队主观原因的失误,此质量缺陷影响较大,后续航班的改签费用成本较高,赔偿旅游者时间成本的费用也较高,故认定为A类缺陷。

实践活动 9-4-1 台湾出境旅游领队更换质量缺陷认定实训

任务	出境旅游领队缺陷行为	行为影响	处罚类别认定
台湾出境旅游领队更换质量缺陷认定实训			

(三) 常见的 B 类质量缺陷

领队带团中常见的 B 类质量缺陷如表 9－4－4 所示。

表 9－4－4　B 类质量缺陷行为一览表

缺陷简称	缺陷行为	处罚类别
出团迟到	未提前于集合时间 30 分钟到达机场集合地点举领队旗欢迎旅游者	B 类
强制自费购物	导游强制旅游者参加行程披露之外的购物、自费,领队不作为	B 类
专业性不足	对目的地的知识掌握不足,无法解答旅游者疑问	B 类
行中推销	带团期间从事任何和服务工作无关的推销活动	B 类
游览不满	游览过程中出现旅游者掉队,未及时联系处理	B 类
餐食不满	未提前了解旅游者对餐食的特殊需求(如宗教禁忌、过敏等),导致旅游者用餐不满	B 类
突发事件处理不满	行程中当旅游者出现意外时未及时协助报警、就医、保险报案等,处理态度消极、推诿、不承担相应的责任	B 类
结团报告书未填写	行程结束后,未及时、认真填写结团报告书	B 类

案例分析 9-4-3　出境旅游领队主观失误产生的质量缺陷 2

【案例描述】

某泰国团全体旅游者投诉出境旅游领队,整个行程只知道和导游一起鼓动旅游者买东西,对其他问题总是一问三不知。

【案例分析】

根据企业质量缺陷等级认定的规定:导游强制旅游者参加行程披露之外的购物、自费,出境旅游领队不作为,认定为 B 类缺陷。本案中出境旅游领队的缺陷行为很明显属于主观类问题,但影响相对较轻。

【案例启示】

此案例反映的还是出境旅游领队服务意识缺失的问题。出境旅游领队应该重点思考以下几个问题:① 购物团应该怎样正确地引导旅游者?② 出境旅游领队的工作有哪些?③ 应该运用什么方式去引导旅游者?④ 在导游强迫旅游者买东西(不断挑唆旅游者买东西)时,出境旅游领队应该站在什么立场?

(四) 常见的 C 类质量缺陷

领队带团中常见的 C 类质量缺陷如表 9－4－5 所示。

表 9-4-5　C 类质量缺陷行为一览表

缺陷简称	缺陷行为	处罚类别
行中沟通障碍	旅游者无法顺利找到领队，如微信未得到回复、电话打不通等	C 类
登机遇阻	未清点人数或未及时告知旅游者登机口变更或航班变更情况	C 类
未主动填写入境卡	未主动帮旅游者填写入境卡	C 类
服务和态度不佳	因旅游者的年龄、身份、性别、是否参加自费等原因采取不同态度，或未积极主动地协助旅游者处理行中问题，对旅游者的问题采取回避或推诿的态度	C 类
行李托运与提取不满	未协助旅游者办理行李托运	C 类
	未关心旅游者的行李提取情况，对旅游者的行李提取障碍未协助处理	C 类
留证不足	任何非领队原因造成的旅游者不满，在处理解决过程中领队必须对重要环节和场景做取证工作，如因此项工作处理不妥造成重要证据缺失的	C 类
自费活动安排不合理	未提前一天 20 点前通知旅游者第二天的自费安排	C 类
	未在酒店为非自费旅游者提供服务（除领兼地外）	C 类
	全员参加自费，领队未陪同前往（除非项目本身有明确规定非参与者不得陪同）	C 类
	未提前一天 20 点前给非自费旅游者提供游玩咨询服务	C 类
自由活动服务不满	9~11 点之间未在旅游者入住的酒店为旅游者提供游玩咨询	C 类

三、领队带团中质量缺陷规避的法宝

（1）严于律己。
（2）遵守规则。
（3）热爱领队工作。
（4）处处展现服务。
（5）时时流露真情。

任务评价

任务内容	评价标准	是否达标
质量成本缺陷认知	了解质量成本的构成、不同等级质量缺陷的影响及划分依据	□是　□否
领队质量缺陷及等级	熟悉领队带团中常见的质量缺陷行为，能够运用质量缺陷等级的规定对领队行为进行质量缺陷认定	□是　□否

学习反思

项目小结

本项目从出境旅游领队的高效科学管理出发，在对出境旅游领队选派的影响因素、逻辑及规则、领队助手 App 等辅助工具的使用等知识的科学梳理的基础上，开展对领队在实际带团中心理危机的产生与干预、领队带团中常见缺陷的认定等内容的综合分析与运用实训，体现了对出境旅游领队的科学管理与人文关怀。

一、判断题

1. 护照有效期即将届满或护照页即将用完，领队人员可以申请更换护照。领队人员可提前6个月向户口所在地县级以上的（县）公安局入出境管理部门申请换发护照。（　　）
2. 携程将团队等级分为五级，从高到低依次是5钻、4钻、3钻、2钻及1钻。（　　）
3. 当团队钻级相同时，按照团队区域进行排序，优先顺序为：中国台湾、欧洲、美洲、加拿大、澳洲、中东非、日本、韩国、其他地区。（　　）
4. 如遇带团区域分值也相同的情况，按照姓氏从A~Z排序的规则，选排领队。（　　）
5. 领队带团期间从事任何和服务工作无关的推销活动，属于A级质量缺陷。（　　）
6. 领队未提前于集合时间前30分钟到达机场集合地点举领队旗欢迎旅游者，属于C级质量缺陷。（　　）

二、单选题

1. 欧洲申根签证办理的工作时长为（　　）。
   A. 7个工作日　　B. 10个工作日
   C. 15个工作日　　D. 20个工作日
2. 领队回程后，为帮领队的下一个团队预留充足的时间，系统派团会在上一个团与下一个团之间预留（　　）的空隙时间（如有销签时间，包含在销签时间内）。
   A. 1个工作日　　B. 3个工作日
   C. 5个工作日　　D. 7个工作日
3. 领队带团中常见的质量缺陷可以分为（　　），处罚最严厉的是（　　）。
   A. 5级　A类　　B. 4级　A类
   C. 4级　S类　　D. 5级　S类

三、多项选择题

1. B级领队对应（　　）团队。
   A. 6钻　　B. 5钻　　C. 4钻　　D. 3钻
   E. 2钻　　F. 1钻

2. 心理危机类型有(　　　)。

A. 发展性危机　B. 境遇性危机　C. 存在性危机　D. 焦虑性危机

3. 增加多巴胺的分泌的途径有(　　　)。

A. 多吃富含酪氨酸的食物　B. 多吃抗氧化的食物

C. 多做运动　D. 保证充足睡眠

某出境旅行社组织了全省共计30名旅游者前往境外旅游,该旅行社的行前会操作模式是由出境旅游领队(以下简称领队)自己召集,并按照《旅行社出境旅游服务质量》的要求操作的,由于领队经常带旅游团出境,自认为经验丰富,不需要专门召开行前说明会,而且全省旅游者都是各自赶往机场集中,领队决定在机场召开说明会,结果由于旅游者陆续到达机场,领队只好分期分批召开简单的说明会。领队向旅游者讲解了解有关事项并发放相关资料。最后5名旅游者到达机场后,领队又因为忙于办理登机手续,一直没有机会给他们具体讲解有关事宜,直到旅游团抵达境外后,领队才给这5名旅游者发放行程计划表,并匆忙向他们交代了几句。黄先生是第一次出国旅游,加之行前说明会过于简单,他无意中冒犯了当地习俗,遭到当地居民的指责。黄先生回国后,要求该旅行社道歉并赔偿精神损失。

实训要求:

1. 请思考造成该案例中出现服务质量缺陷的原因是什么。

2. 领队人员将会受到旅行社何种等级的质量缺陷处罚呢?

参 考 文 献

[1] 徐辉. 出境旅游领队实务[M]. 北京：中国财政经济出版社,2016.
[2] 王建民. 出境旅游领队实务[M]. 7 版. 北京：旅游教育出版社,2022.
[3] 赵明. 领队业务[M]. 北京：中国旅游出版社,2018.
[4] 邓应华. 出境旅游领队实务[M]. 北京：清华大学出版社,2022.
[5] 曾招喜,全国花. 出境旅游领队实务[M]. 北京：中国人民大学出版社,2019.
[6] 王新军,蔡望霞. 出境旅游领队工作培训手册：领队英语[M]. 北京：中华工商联合出版社,2005.
[7] 袁智敏,仉向明. 领队英语[M]. 6 版. 北京：旅游教育出版社,2019.
[8] 王哲. 出境旅游领队英语[M]. 北京：中国旅游出版社,2017.
[9] 陈健. 出境领队实用英语指南[M]. 北京：旅游教育出版社,2021.
[10] 北京凤凰假期国际旅行社有限公司. 出境旅游操作实务[M]. 北京：兵器工业出版社,2006.
[11] 仉向明,黄恢月. 出境旅游领队工作案例解析[M]. 北京：旅游教育出版社,2008.